ISBN 978-0-259-25136-1
PIBN 10677868

1 MONTH OF
FREE
READING

at

www.ForgottenBooks.com

By purchasing this book you are eligible for one month membership to ForgottenBooks.com, giving you unlimited access to our entire collection of over 700,000 titles via our web site and mobile apps.

To claim your free month visit:

www.forgottenbooks.com/free677868

English
Français
Deutsche
Italiano
Español
Português

www.forgottenbooks.com

Mythology Photography **Fiction**
Fishing Christianity **Art** Cooking
Essays Buddhism Freemasonry
Medicine **Biology** Music **Ancient
Egypt** Evolution Carpentry Physics
Dance Geology **Mathematics** Fitness
Shakespeare **Folklore** Yoga Marketing
Confidence Immortality Biographies
Poetry **Psychology** Witchcraft
Electronics Chemistry History **Law**
Accounting **Philosophy** Anthropology
Alchemy Drama Quantum Mechanics
Atheism Sexual Health **Ancient History**
Entrepreneurship Languages Sport
Paleontology Needlework Islam
Metaphysics Investment Archaeology
Parenting Statistics Criminology
Motivational

DESCRIPTION DE LA COLLECTION

DE

M. P.-CHARLES ROBERT

PAYS-BAS ET NORD DE LA FRANCE
ÉVÊCHÉS DE METZ, TOUL ET VERDUN
LORRAINE ET BARROIS
LUXEMBOURG, ALSACE, TRÊVES, COLOGNE, MAYENCE
PAYS DIVERS D'OUTRE-RHIN
EST ET SUD-EST DE LA FRANCE

PRIX : 10 FRANCS

LA VENTE DE LA COLLECTION AURA LIEU AUX ENCHÈRES PUBLIQUES
A l'Hôtel des Commissaires-Priseurs, rue Drouot, n° 5
Salle n° 4, au premier
LE LUNDI 29 MARS 1886 ET LES CINQ JOURS SUIVANTS
à 2 heures précises

M° DELESTRE, commissaire-priseur, 27, rue Drouot
MM. ROLLIN et FEUARDENT, experts, 4, rue Louvois

Exposition particulière chez MM. ROLLIN et FEUARDENT,
du 20 au 27 Mars.
Exposition publique à l'Hôtel Drouot le dimanche 28 mars de 1 heure à 6 heures du soir

PARIS — 1886

CONDITIONS DE LA VENTE

La vente sera faite au comptant.

Les adjudicataires payeront CINQ POUR CENT en sus des enchères.

La collection que nous mettons en vente, sans être très nombreuse, est du plus haut intérêt par la spécialité de quelques-unes de ses séries ; elle ne comprend guère que des pièces frappées dans l'ancien royaume de Lorraine. La description que nous en donnons n'est, en général, qu'un extrait du catalogue raisonné dressé par le propriétaire. Elle comprend quatre parties formant chacune un fascicule.

Le premier fascicule renferme des monnaies appartenant aux Pays-Bas et au nord de la France.

Le second, les monnaies des Trois-Évêchés, Metz, Toul et Verdun ;

Le troisième, les monnaies de Lorraine et de Bar ;

Enfin, le quatrième, des monnaies de Strasbourg, de Luxembourg, de Trèves et quelques pièces de l'est et du sud-est de la France.

C'est dans la deuxième et la troisième parties, et spécialement dans la deuxième, que se rencontrent les monnaies, les jetons et les médailles les plus rares. La collection des Trois-Évêchés formée depuis longues années par M. P. Charles Robert et grossie en 1874 d'un grand nombre de pièces achetées à la vente Monnier, peut être considérée comme impossible à refaire aujourd'hui. Elle comprend les monnaies impériales et royales, les monnaies semi-impériales et semi-épiscopales, les monnaies purement épiscopales, les monnaies des comtes et, en ce qui concerne Metz, deux séries uniques : celle des monnaies de la cité et celle des monnaies et jetons des maîtres-échevins. Cette dernière série renferme un grand nombre de spécimens qui n'existent dans aucune autre collection publique ou privée. La série des Trois-Évêchés réunie par M. P.-Charles Robert a figuré, en 1880, à l'Exposition du Palais de l'Industrie. Le catalogue sommaire qui en a été publié à cette époque par M. Maxe Werly a déjà donné aux amateurs une idée de son importance.

La troisième partie de la collection, la Lorraine, est beaucoup moins complète que la seconde. On ne s'est pas attaché à y faire entrer les gros écus et les pièces modernes ; mais, parmi les monnaies anciennes qui sont, comme on le sait, souvent difficiles à interpréter, il en est qui présentent une importance toute particulière pour la science numismatique. A côté de la série ducale sont venues prendre place des séries peu connues émises par divers pouvoirs à Saint-Dié, à Remiremont, à Épinal, à Neufchâteau, etc. Malheureusement, les procédés de fabrication monétaire, en Lorraine comme dans les Trois-Évêchés, étaient si défectueux aux époques anciennes, que les coins, pour bon nombre de pièces rares parfaitement conservées, n'ont porté que sur une partie du flan. Certaines monnaies de la deuxième et de la troisième parties n'ont donc pas, nous ne saurions nous le dissimuler, grand attrait pour les yeux ; mais, d'une époque où les droits régaliens se constituaient, elles intéressent l'histoire des provinces de l'Est ; aussi, est-ce aux véritables numismates que nous les recommandons.

Nous signalerons tout particulièrement dans les collections des Trois-Évêchés et de Lorraine, les pièces suivantes, pour la plupart uniques :

METZ : Lothaire I, n° 394. — Lothaire II, 395. — Henri l'Oiseleur, 401. — Quelques variétés des deniers d'Adalbéron I et d'Otton, 407 à 410. — Thiéri I et Otton I, denier au monogramme carolingien, 411. — Adalbéron II, deniers à tête, 419 à 421. — La superbe série de Thiéri II et notamment les n°ˢ 422, 433 et 434. — Adalbéron III, obole frappée à Metz, 446, et obole frappée à Épinal, 451. — La série, d'une frappe belle et régulière, au nom d'Hériman, 452 à 461, et les pièces anonymes du même règne, parmi lesquelles un denier de Sarrebourg, 464, et un denier de Saint-Trond, 465. — Deux pièces aux noms de Poppon et d'Henri IV, 466 et 467. — Le denier inédit que Poppon signe seul, 468. — Un grand nombre de deniers inédits signés par Adalbéron IV ou contemporains de son règne, 470 à 491. — Étienne de Bar et Henri V, 492. — Denier d'Étienne de Bar frappé à Saint-Trond, 509. — Deux oboles de Metz, 517 et 519, et une obole de Marsal, 526, pièces anonymes du temps d'Étienne. — Thiéri III, denier unique sans nom d'atelier, 527. — Obole de Frédéric de Pluvoise, 538. — Obole de Bertram, 547. — Denier de Bouchard d'Avesnes frappé à Marsal, 612. — Gérard, denier frappé à Conflans, 616. — Petit cavalier de Renaud de Bar, d'un type inédit, 619. — Denier sur lequel Adhémar de Monthil prend le titre d'élu de Metz, 623 *bis*. — Grande plaque, 629, et gros, 632, frappés à Marsal par Adhémar de Monthil après sa consécration épiscopale. — Gros unique de Marsal, de Thiéri de Boppart, 643. — Gros au saint Étienne de Raoul de Coucy, 649. — Plusieurs pièces de Conrad Bayer et notamment les n°° 655 et 663. — Jeton d'Henri de Lorraine, 664. — Magnifique jeton d'argent de Jean IV de Lorraine, 665. — Florins d'or, 666 et 667, et écus d'argent, 668 et 670, de Charles I⁰ʳ de Lorraine. — Florin d'or, 680, écu d'argent, 681, et demi-écu 682, de Robert de Lenoncourt. — Jeton d'argent de Louis de Lorraine, 701. — Grand écu de Charles II de Lorraine frappé pour Strasbourg, 702. — Jeton d'argent d'Anne d'Escars, 712. — Denier inédit du chapitre de Metz, frappé dans un atelier non encore fixé, 725. — Jeton d'Henri de Haraucourt, 731. — Deniers incertains de très beau style, 732 à 734. — Florins d'or de la cité avec dates, 749 à 752. — Florins d'or de la cité au buste de saint Étienne, 753 et 754. — Gros de module réduit, 776. — Thalers rarissimes de l'année 1638, n° 813 à 815. — Quart de thaler, 829. — Monnaies uniques des maîtres échevins, Jean le Braconnier, 868, Wiriat Copère, 869, et Jean de Villers, 871. — Toutes les pièces de la série des maîtres échevins, jusqu'à Thomas de Bérard, sont pour ainsi dire introuvables. — Jeton unique de C. Praillon et N. de Ceretani, 914.

TOUL : Deniers du roi Arnould, 943, de Charles le Simple, 944, et d'Otton le Grand, 974; trois pièces manquent à la collection, cependant si complète, de M. Ernest Gariel. — Beau denier de l'évêque Brunon, 949. — Deniers d'Udon, 953 à 956. — Denier très beau de Pibon, 957. — Obole d'Henri de Lorraine, 964. — Deniers inédits de Pierre de Brixey, 967 à 974. — Denier inédit attribué à Gérard de Vaudémont, 981. — Denier inédit de Garin, 982. — Trois oboles de Conrad Probus, 993, 994 et 996, et denier inédit du même, 998. — Plusieurs deniers d'une grande rareté de Jean de Sierck, 1000 à 1007. — Gros à tête, 1008, et esterlin frappé à Blénod, 1011, de Jean d'Arzilières. — Demi-gros d'Amédée de Genève, 1016. — Gros et demi-gros de Pierre de la Barrière, 1029 et 1030.

VERDUN : Obole au type du temple et au nom immobilisé de Louis le Débonnaire, 1040. — Denier impérial de Charles le Chauve ou Charles le Gros, 1045. — Denier inédit de Conrad, frappé à Dieulouart, 1050. — Denier de Godefroy, comte de Verdun, 1062. — Denier aux noms de l'évêque Heymon et d'Henri II, 1064. — Denier d'Heymon frappé à Dieulouart, 1066. — Deux deniers de Raimbert, dont un, signé par Conrad le Salique, 1067 et 1068. — Denier de Richard, frappé à Hatton-Châtel, 1069. — Trois deniers de grand module, de Thiéri, 1070 à 1072, et oboles du même, 1074, 1076 et 1085. — Deniers de Richer frappés à Dieulouart, 1100, à Hattonchâtel, 1101, à Dun, 1004, et à Sampigny, 1105. — Obole d'Henri, unique, mais mal frappée, 1113. — Denier d'Albéron, connu à deux exemplaires, 1114. — Imitations du double parisis et du gros tournois à la fleur de lis, frappés par Henri d'Apremont, 1116 et 1117. — Une série d'imitations des monnaies royales, battues par Hugues de Bar, 1118 à 1120. — Gros frappé à Verdun et demi-gros frappé à Varennes par le cardinal Louis de Bar, 1121 à 1125. — Quatre monnaies très rares de Louis de Haraucourt, 1126 à 1129. — Trois florins d'or variés d'Erric de Lorraine, 1132 à 1135. — Deux florins d'or et un grand écu de Charles de Lorraine-Chaligny, 1146 à 1148.

LORRAINE ET BAR : Double tournois à la couronne inédit de Robert, duc de Bar, 1172. — Deux deniers de Gérard, premier duc bénéficiaire de Lorraine, frappés à Saint-Dié, 1175 et 1176. — Denier du même frappé à Remiremont, 1177. — Denier de Thiéri I frappé à Saint-Dié, 1178. — Denier de Simon I, frappé à Remiremont, 1181. — Denier unique de Mathieu II, frappé à Prény, 1208. — Denier rarissime de Ferri III frappé à Châtenoi, 1234. — Denier du même d'un atelier inconnu, 1271. — Deux gros tournois anonymes de Thibaut II, 1276 et 1277. — Denier parisis inédit de Ferri IV, 1298. — Double gros de Jean I que de Saulcy n'avait jamais rencontré en nature, 1323; gros, 1324; demi-gros, 1326; tiers de gros inédit, 1233; demi-gros inédit, représentant le duc Jean I à mi-corps, 1340; imitation des doubles de France, 1341. — Plaque de Jean I frappée à Prény, 1343. — Tiers de gros aux noms de Jean I, duc de Lorraine et de Robert, duc de Bar, 1347. — Gros de Charles I frappé à Saint-Mihiel, 1366. — Deux florins d'or et un demi-florin d'or de René I, 1383 à 1385. — Plaque inédite d'Antoine, 1408 et grand écu du même prince, 1417. — Rarissime jeton d'argent de Renée de Bourbon, 1438. — Jeton d'argent de Christine de Danemark, 1446. — Brillante série de monnaies d'or de Charles III, comprenant un quadruple ducat, 1418, un double ducat, 1419, un essai de ducat, 1450, une double pistole inédite, 1451, une pistole, 1452 et une demi-pistole, 1453. — Médaille d'or de Charles III, 1491. — Double pistole, 1558, et teston, 1559, de Charles IV frappés à Remiremont. — Médaille d'or ovale du même prince, 1570. — Deux doubles léopolds, léopold et demi-léopold d'or de Léopold I, 1580 à 1583. — Monnaie d'or de François III, 1622. — Charles de Lorraine, abbé de Gorze, jeton d'argent, 1639, et teston, 1730. — Épreuve en or du jeton d'Anne-Caroline de Lorraine, 1651. — Monnaies rarissimes de Saint-Dié, 1663 à 1667. — Monnaies de l'abbaye de Remiremont pour la plupart de grande rareté et parmi lesquelles le n° 1678, denier unique aux noms des saints Pierre, Romaric et Amé. — Dans la série des médailles signalons tout particulièrement une grande médaille aux bustes de Renée de Lorraine et de Guillaume V, comte palatin, intéressant à la fois la Lorraine et la Bavière (n° 1638); signalons aussi la belle médaille du maréchal de Bassompierre, n° 1751.

Nous n'insisterons, ni sur la première partie, ni sur la quatrième. Il s'y trouve néanmoins des spécimens importants, notamment quelques pièces inédites des évêques de Cambrai, un denier unique d'Otbert, archevêque de Strasbourg, une médaille d'or de Jean Hugo d'Orsbeck, archevêque de Trèves, un demi-florin d'or au type de Florence de Guillaume de Gennep, archevêque de Cologne, etc., etc.

Pour faciliter les recherches dans les différents fascicules du catalogue nous donnons ci-après la table des noms géographiques et des ateliers mentionnés dans les descriptions.

ROLLIN ET FEUARDENT.

DESCRIPTION

DE LA

COLLECTION NUMISMATIQUE

DE

M. P.-CHARLES ROBERT

TABLE DES NOMS DE LIEU

ET DES ATELIERS

●

(Les n°° cités renvoient à la description et non aux pages.)

PREMIER FASCICULE

PAYS-BAS ET NORD DE LA FRANCE

DEUXIÈME FASCICULE

METZ — TOUL — VERDUN

METZ

Chatel-sur-Moselle, mentionné comme atelier sur les pièces épiscopales anonymes de la fin du xiii° siècle, 587 à 590.

Conflans, mentionné comme atelier sur les pièces épiscopales anonymes de la fin du xiii° siècle, 590 ; — atelier de Gérard, 616.

Épinal, atelier épiscopal sous Thiéri II, 437 à 442 ; Adalbéron III, 447 à 451 ; Étienne de Bar, 501 à 508 ; Conrad, 560 ; — mentionné sur les pièces épiscopales anonymes de la fin du xiii° siècle, 599 à 604 ; sous Gérard, 615 ; Renaud de Bar, 617 à 623.

Marsal, atelier épiscopal sous Thiéri II, 434 à 436 ; Heriman, 460 et 461 ; Étienne de Bar, 523 à 526 ; — mentionné sur les épiscopales anonymes de la fin du xiii° siècle, 597 à 598 ; sous Bouchard d'Avesnes, 612 ; Adémar de Monthil, 620 à 636 ; Jean III de Vienne, 637 ; Thiéri V de Boppart, 643 à 648 ; Raoul de Coucy, 649 à 654 ; Conrad Bayer, 655 à 663.

TOUL

VERDUN

TROISIÈME FASCICULE

LORRAINE ET BARROIS

—

QUATRIÈME FASCICULE

ALSACE, LUXEMBOURG, TRÈVES, BORDS DU RHIN, ETC.

SUISSE, BOURGOGNE, PROVENCE, ETC.

COLLECTION P.-CH. ROBERT

PREMIER FASCICULE

PAYS-BAS

ET

NORD DE LA FRANCE

MONNAIES CAROLINGIENNES

Charlemagne

1. *Denier.* ✛ PISTIANA PELCIO. Temple tétrastyle large.
   ℞˙ ✛ CARLVS REX FR. Croix cantonnée de globules..   AR.

   Nous classons cette pièce à Charlemagne, parce que son prototype a pu être créé sous ce prince; mais l'incorrection des légendes lui assigne une date bien postérieure.

Louis le Débonnaire

2. *Denier palatin.* PALATINA MONETA, légende disposée en trois lignes au milieu du champ ; un point secret sous l'R.
   ℞. ✛ HLVDOVVICVS IMP. Croix pattée.   AR.

3. *Denier.* ✕ PISTIANA RELIGIO. Temple tétrastyle large.
   ℞. ✛ LVDOVVICVS IMP. Croix cantonnée de globules.   AR.

   Belle pièce de bon style, lettres très régulières.

   Cette pièce officielle de Louis le Débonnaire, qui porte ✕PISTIANA RELIGIO, a joui d'un crédit énorme: elle a été imitée jusqu'au moyen âge, tant dans les ateliers impériaux ou royaux des bords du Rhin, qu'en France, en Allemagne et en Italie.

   Nous classons nos spécimens, suivant la forme du temple, et dans chaque groupe, en tenant compte du faire général et de la croix du revers. Nous donnons ensuite des deniers qui, par des signes particuliers placés dans le champ, peuvent être considerés comme appartenant à des ateliers spéciaux.

4. *Denier.* ✕ PISTIANA RELIGIO. Temple tétrastyle très écrasé.
   ℞. ✛ HLVDOV.VIOVS IMP. Croix pattée cantonnée de quatre globules.   AR.

5. *Denier.* + PISTIANA RELIGIO. Temple tétrastyle.
R). + HLVDOVVICVS IMP. Croix pattée cantonnée de quatre globulos. Lettres très irrégulières. AR.

6. *Denier.* ✕ PISTIANA RELIGIO. Temple tétrastyle large.
R). + HLVDOVVICVS IMP. Croix cantonnée de quatre globules. AR.
Les lettres et la croix très épaisses.

7. *Denier.* ✕ IPVTIANA RELIGIO. Temple tétrastyle élevé.
R). + HLVDOVVICVS IMP. Croix cantonnée de quatre globules. AR.

8. *Denier.* + PISTIANA RELIGIO. Temple tétrastyle.
R). + HLVDOVICVS |✕|IP Croix cantonnée de quatre globules. AR.

9. *Denier.* + PISTIANA RELIGIO. Temple tétrastyle.
R). + HLVDOVVICVS |✕|IP. Croix cantonnée de quatre globules. AR.

10. *Denier.* ✕PISTIANA PIIICIO. Temple tétrastyle.
R). + HLVDOVVICVS II'IP. Croix pattée cantonnée de quatre globules AR.

11. *Denier.* ✕ PISTIANA RELIGIO. Temple tétrastyle.
R). + HLVDOVVICVS IMP. Croix cantonnée de quatre globules. AR.

12. *Obole.* ✕PISTIANA REO. Temple tétrastyle.
R). + HLVDOVICV ∞ IMP. Croix cantonnée de quatre globules.

13. *Obole.* + PISTIANA RELI. Temple tétrastyle.
R). + HLVDOVVICVS. Croix petite et pattée cantonnée de quatre globules. AR.
Deux pièces variées dont une cassée.

14. *Obole.* + PIANAICO ? légende embrouillée. Temple tétrastyle.
R). + IVDOVICVM. Croix pattée cantonnée de quatre globules. AR.

15 *Denier.* ✕ PISTIANA RELIGIO. Temple tétrastyle.
R). + HLVDOVVICVS IMP. Croix cantonnée de quatre globules. AR.
Lettres régulières, le grenetis très large.

16. *Denier.* ✕ PISTIANA RELIGO. Temple tétrastyle ; le premier degré moins large que le deuxième.
R). PISVIVVOQVIIM. Croix cantonnée de quatre globules. AR.
Pièce de très basse époque.

17. *Denier.* ✕ PISTIANA RELIGIO. Temple tétrastyle.
R). + HLVDOVVICVS IMP. Croix cantonnée de quatre globules. Un point secret sous la croisette initiale de la légende. AR.

Lothaire Ier

40. *Denier.* + HLOTHARIVS IMP (MP liés). Croix cantonnée de
quatre globules.
R). + PISTIANA REIICIO. Temple tétrastyle. Exemplaire
écorné.   AR.

Charles le Chauve

41. *Denier.* + PALATINA MONEAT. Monogramme carolingien.
R). + CAROLVS REX. Croix.   AR.

Autre, avec : + PALATINA MONE et + CVATI D-1 REX. Deux
pièces.

Charles le Gros (?)

42. *Denier.* + CARLVS REX. Croix.
R). + RIANVIICIO. Monogramme carolingien.   AR.

43. *Denier.* + OIIS + IA + TER. Croix cantonnée de quatre
globules.
R). + OIIS + IA + TER Croix cantonnée de quatre globules.
AR. fio.

Grand denier, très beau. — Inédit.

MONNAIES DES PAYS-BAS

ET DU NORD

DE

LA FRANCE

HOLLANDE

Florent V (1256-1296)

44. Deniers à tête. Trois exemplaires.   AR.

Philippe le Bon (1436-1467).

45. *Vierlander* et *Quart de Vierlander*, frappés à Dordrecht. Deux pièces.   AR.

Philippe II (1555-1598). .

46. *Dixième d'écu*, frappé à Dordrecht.   AR.

Guerre de 1672

47. *Jeton.* LUDOVICUS MAGNUS REX. Buste à droite. ℞ INSCENSA BATAVORUM CLAS. Génie tenant un foudre dans un bateau.   Cuivre.

UTRECHT

David de Bourgogne, évêque (1455-1496)

48. *Florin d'or.* SANCTVS MARTINVS. Saint Martin assis; à ses pieds, un écu.
℞. + MON. NOVA. AVREA. TRAIETEN. Ecu dans un trilobe.
Pièce fausse du temps.   Cuivre doré.

49. *Plaque* + DAVID : DE : BVRGONDIA EPIS' TRAIECTEN. Armes écartelées de Bourgogne et d'Utrecht.

℞. + MONET – A : NOVA : – EPIS : – TRAIECTE. Croix pattée, coupant la légende et cantonnée des lettres D-A-V-I.

AR

50. *Gros.* + SANCTVS MARTIN EPS. Saint Martin sous une arcade ogivale.

℞. + MONETA NOVA. EPS. TRAIECTEN. Ecu de l'évêque.

AR.

51. *Gros.* + MONETA NOVA. EPIS. TRAICTENS (lég. ext.) ANNO. DNI. MCCCCLXXVIII (lég. ext.) Ecu écartjlé.

℞. DNE – DAVID – MEM – ETO. Croix coupant la légende, bordure de lis.

AR.

52. *Quart de Vierlander.* DAVID DE BVRGVNDIA. Armes en plein champ.

℞. EPIS – COPVS – TRAIE – CTNS. Croix évidée coupant la légende, cantonnée de lions et de lis.

AR.

Philippe II, seigneur d'Utrecht.

53. *Sol.* PHS. D. G. HISPANIA. REX. Ecu couronné

℞ 1578. MONE NOVA CIVITA TRÆ. Croix feuillue.   AR.

FRISE

Charlemagne

54. *Denier.* CARO – LVS en deux lignes.

℞. DOR – STAT en deux lignes; dessous, une francisque.

Pièce soudée. AR

Charlemagne ?

55. *Denier.* + CARLVS. REX. FR. Croix.

℞. + DORESTATVS. Monogramme carolingien.

Exempl. troué. AR

Brunon, comte de Frise (1038-1057)

56. *Denier*, frappé à Leeuwarden, + HENRICVS IEX. Tête couronnée à droite ; un sceptre devant elle.

℞. LIVN-VERT. Au milieu du champ, entre deux lignes pointillées : BRVN.

Dannenberg, pl. XXII, n° 50ᵒ.

AR.

Emden

57. *Denier.* + RIEREMON. Tête à droite.

℞. Croix cantonnée des lettres : + A – HH – TN – ON. Sept exemplaires.

Dannenberg, n° 773.

AR.

58. *Escalin* de la ville d'Emden. s. d.   AR.

GUELDRE

Edouard (1361-1371)

59. *Double gros* dit *Botdraeger*. EDWARDVS ː DEI ːˑGRA ː DVX ː
 Z ː DNS ː GELREN. Lion heaumé.
 ℞. BENEDICTVS, etc. (lég. ext.) + MONETA ARNEME (lég. int.).
 Croix feuillue.   AR.

Nimègue

60. MONETA . NOVA . NOVIMAG. Ecu à l'aigle biceps.
 ℞. PAX. - SIT. - SEP. - NOB. Croix évidée coupant la légende.
 Bil. noir

OVERYSSEL

Philippe II.

61. *Cinquième d'écu* de 1566 au titre ou D. TRS. ISSV.   AR.

JULIERS et BERG

Guillaume VII (1328-1358) (Juliers).

62. *Esterling*. DVX WILHELMVS. Ecu écartelé aux quatre lions
 ℞. + MONETA IVLIACESIS. Croix feuillue.   AR.

63. *Esterling*. Type de la pièce précédente, mais frappé à Du-
 ren ː + MONETA DVRENSIS.   ˈ   AR.

Guillaume VII (1356-1361), (Juliers).

64. *Tiers de gros*. WILHELMVS DVX. — IVLIACI. Ecu au lion dans
 un entourage de trois ogives alternées d'arcs.
 ℞. + MONETA . NOVA . DVREIN. Croix feuillue, chargée d'un
 écu à l'aigle.   AR

Guillaume II (1360-1380)

65. *Gros*. WILHELM COMES DE MONTE Z. Ecu écartelé dans une
 épicycloïde.
 ℞. + XPE VICIT, etc. (lég. ext.) MONETA MOLINS. Croix pattée.
 AR.

Guillaume IV (1475-1511)

66. *Gros*. WILHEL DVX - IVL . Z . MON. Le duc à mi-corps ;
 devant lui l'écu écartelé.

℞. + MONETA . NOVA . MOLHBM (lég. oxt.). A . M   CCCC . L.
XXX   III (lég. int.) . Croix pattée.   AR.

FLANDRE

Charles le Simple (898-923)

67. *Denier.* + CR·A·T·AO·REX. Monogramme carolingien.
℞. + BRVCCIA MO. (un point devant l'm). Croix cantcnnée de
quatre fers de lance.   AR.

Baudouin IX (1194-1206).

08. *Denier.* Guerrier debout tenant un bouclier chevronné.
℞. Croix longue, cantonnée de globules.
Gaill. pl. xv, n° 141.   AR.

Mailles municipales du XIII° siècle.

ALOST

69. *Denier.* Guerrier tenant bannière, à mi-corps.
℞. Croix longue, cantonnée de globules
Gaill. pl. vi, n° 44.   AR.

BRUGES

70. *Denier.* Guerrier debout tenant un bouclier au lion.
℞. Croix losangée, cantonnée de rosaces.
Gaill., pl. vii, n° 60.   AR.

COURTRAI

71. *Denier.* Ecu au chevron.
℞. C-V-R-T. Croix pattée.
Guill. pl. viii, n° 65.   AR.

DOUAI

72. *Denier.* Type de la plante.
Gaill., pl. ix, n° 71.   AR.

GAND

73. *Denier*. Type de la tête casquée. Variété muette.
Gaill. pl. x, nº 85.

Variété avec GAND.
Gaill., pl. ix, nº 77.   AR.

LILLE

74. *Denier*. Fleur de lis dans un cercle. Bordure de globules et
·1'étoiles.
R. Croix pattée, cantonnée de LI et de deux croissants. Deux
exemplaires.
Gaillard, pl. xi, nº 92.   AR.

75. *Denier*. Variété du même type, étoiles au revers.
Gaillard, pl. xi, nº 94.   AR.

YPRES

76. *Deniers*. Type des triangles clichés avec IPRA. Cinq exempl.
Gaill., pl. xiv, nº 122   AR.

Robert de Béthune (1305-1322)

77. *Esterling*. + R : COMES : FLANDRIE. Tête de face, couronnée.
R MON - ETA - ALO - TEN . Croix longue contournée de
douze globules.
Gaill.. pl. xx, nº 174.   AR.

Interrègne (1322)

78. *Gros* sans nom de comte. + MON : GANDENSIS. Lion; bordure
de trèfles.
R). NOMEN. DNI. etc. (lég. ext.)+ COMES : FLANDRIE (lég. int.).
Croix pattée
Gaill. pl. xxiv, nº 200.   Billon.

Louis de Male (1346-1383)

79. *Chaise*. + LVDOVICVS : DEI. GRA.COM. Z. DNS FLAND. Le comte
assis sur un trône, tenant l'écu au lion.
R. +XPC : VINCIT : XPC : REGNAT : XPC. IMPERAT. Croix trè-
flée et ornée dans un quadrilobe.
Gaill. pl. xxvi, nº 218.   OR.

80. *Quart de chaise*. + LVDOVIC. DEI GRA. COMES. FL. Le comte
sur un trône gothique, tenant un écu à l'aigle.

℞. + XPC. VINCIT, etc. Dans un quadrilobe, croix tréflée et ornée.
Gaill. pl. XXV, n° 209. OR.

81. *Gros au lion* (aigle). MONETA FLAND. Lion Bordure de feuilles de néflier.
℞. BNDICTV : SIT : etc. (lég. ext.). LVD – OVI ˙ - C'. CO - MES. (lég. int.). Croix longue coupant la légende intérieure.
Gaill., pl. XXVII, n° 219. AR.

82. *Double gros* dit *Botdraeger*. LVDOVICVS : DEI : GRA : COMES : z : DNS : FLANDRIE. Lion heaumé.
℞. + BENEDICTVS : QVI : VENIT : IN : NOMINE : DOMINI. (lég. ext.). + MONETA . DE . FLANDRIA. (lég. int.). Croix feuillue.
Gaill., pl. XXVII, n° 224. AR.

83. *Gros* dit *Botdraeger*. Type de la pièce précédente.
Gaill., pl. XXVIII, n° 227. AR.

84 *Mite* de billon avec FL. 2 pièces.

Philippe le Hardi (1383-1404)

85. *Double gros* dit *botdraeger*. PHILIP : DEI : GRA : DX : BVRG : z : COM : FLAND. Lion tenant une bannière.
℞. + SIT : NO - MEN : DNI : BENED - ICTVM. Croix coupant la légende, sur un écu.
Deschamps de Pas, Maison de Bourgogne, n° 18. AR.

86. *Gros*. Type de la pièce précédente.
Deschamps, Bourg, n° 19. AR.

87. *Double gros*. PHILIPP : DEI : GRA : DVX : BVRG : z : COM : FLAND. Deux écus accolés au dessus desquels un aigle.
℞. + SIT : NO - MEN : DOM., etc. (lég. ext.). MONE –TA˙ DE. - FLAN - DRIA. (lég. int.). Croix longue coupant les légendes.
Deschamps, Bourg, n° 13. AR.

Jean Sans-Peur (1404-1419)

88. *Double gros*. IOHS : DVX BVRG : z : COMES FLANDRIE. Deux écus sous un heaume.
℞. + MONETA : NOVA : COMITIS : FLANDRIE. Croix longue cantonnée de lions et de lis.
Deschamps, Bourg, n° 26. AR.

Philippe le Bon (1419-1467)

89. *Noble*. PHS. DEI. GRA. DVX. BVRG : COMES. z. DNS. ELAND. Le duc tenant l'écu, dans un bateau.

R). + IHC AVTEM TRANSIENS : PER : MEDIVM : ILLORVM : IBAT.
Croix très feuillue, cantonnée de lions et de couronnes.
Deschamps, Bourg, n° 42.   OR.

90.   *Lion d'or.* PHS. DEI GRA. DVX. BVRG. COM. FLAND. Lion assis
sous des arcades gothiques accostés de briquets.
R). + SIT NOMEN DOMINI BENEDICTVM. AMEN. Ecu brochant sur
une croix feuillue.
Deschamps, Bourg, n° 5.   OR.

91.   *Double gros.* PHS : DVX : BVRG : Z : COMES : FLANDRIE.
Deux écus sous un heaume.
R). + MONETA : NOVA : COMITIS : FLANDRIE. Croix longue
cantonnée de lions et de lis.
Deschamps, Bourg, n° 41.   AR.

92.   *Gros* dit *Vierlander.* + PHS : DEI : GRA : DVX : BVRG :
COMES : FLAND. Armes en plein champ.
R). + MONET – A : NOVA : C – OMITIS : FLAND. Croix coupant
la légende cantonnée de lions et de lis.
Deschamps, Bourg, n° 46.   AR.

Charles le Téméraire ; (1467-1476)

93.   *Gros* dit *Vierlander.* KAROLVS : DEI : GRA : DVX : BG : COM :
FL. Armes en plein champ.
R). + MONE-TA : NO – COMIT : • FLAND. Croix longue, can-
tonnée de lions et de lis, coupant la légende.
Deschamps, Bourg, n° 61.   AR.

94.   *Demi-gros Vierlander.* Type de la pièce précédente. Deux
exemplaires.
Deschamps, Bourg, n° 62   AR.

95.   *Double briquet.* + KAROLVS : DEI : GRA : DVX : BVRG : CO :
FL. Deux lions sous un briquet.
R). SALVVM – FAC : POP – VLV : TVV – DNE. 1474. Ecu sur une
croix feuillue coupant la légende.
Deschamps, Bourg, n° 65.   AR.

96. *Double Patard*. + KAROLVS : DEI : GRA : DVX : BVRG : CO : FL. Ecusson écartelé.
R. SIT : NOMEN : etc. Croix feuillue.
Deschamps, Bourg, n° 60. AR.

Marie de Bourgogne (1476-1482)

97. *Gros à l'm*. + MARIA. DVCISSA. BG. CO. FL. Grand M dans une épicycloïde.
R. + BENEDIC. etc. 1478. Croix feuillue
Deux exemplaires variés. Deschamps, Bourg, n° 73. AR.

Philippe le Beau (1482-1506)

98. *Demi-patard* de la minorité. *Patard* et *demi-patard* de la majorité. Trois pièces.
Deschamps, Bourg, n°' 11, 75 et 7. AR.

François, duc d'Alençon (1581-1583)

99. Pièces de douze et de six mites. Trois pièces. Cuivre.

Jetons de Flandre

100. *Jeton* attribué à Robert de Béthune. AVE. MARIA : GRACIA. PLE. Tête à droite.
R. + A - VE - MA - RI - Croix fleurdelisée.
Deux exemplaires. Cuivre.

101. *Jeton flamand*. + LES : GROIVRRS DE : LATA. Ecu au lion dans une épicycloïde.
R. Croix feuillue dans un quadrilobe. Cuivre jaune.

102. *Jeton* attribué à Bruges. + C'EST LA MALLE BEST. Ours à gauche.
R. AVE. G. Croix feuillue dans un quadrilobe. Cuivre.
Cette attribution à Bruges, proposée par quelques numismates belges est contestée par MM. de Longpérier et Rouyer.

103. *Flandre*. LUD. XIIII D. G. FR. ET NAV. REX. Buste du roi à droite.
R. LA FLANDRE SUBJUGUÉE. 1677. La Flandre assise au pied d'un trophée.
Deux exemplaires. Cuivre.

104. *Lille*. DE CASTILLE. Z. VIVE LE ROI CHARLES. Ecu couronné.
R. GETTONS. PO' LA. CHAMBRE DU COMPTE A LILLE. Croix de Bourgogne, briquet, toison d'or et trois écussons.
Van Hende, n° 294. Cuivre.

105. — + IN EQUITATE. TUA. VIVIFICA. ME. 1544. Cavalier à droite.
R. G. DE LA CHAMBRE DES COP. Ecu couronné.
Van Hende, n° 306. Cuivre.

106. — CHARLES V EMPER. DE SES REBELLES VAINCQR. L'empereur à mi-corps à droite.

R). GECST. POUR. LA. CHABRE. DES. COPTES. A. LILLE. Combat de cavalerie.
Van Hende, n° 312. Cuivre.

107. — PHS. D. G. HISPANIARVM REX Bustes affrontés sous une couronne. 1560.

R). GECT. DE. LA. CHAMBRE. DES. COPT. A LILLE. 1557. Ecu losange. Cuivre.

108. — PHS. ET. ANNA. D. G. HISP. REX. Bustes affrontés sous une couronne.

R). AD. VSVM. CAMERŒ. RATIONVM. INSVLENS. Ecu écartelé et couronné, accosté de la date : 15 - 71.
Van Hende, n° 396 et 398. Cuivre.

109. — ORDINES. PROVINCIÆ. INSVLANAE. ANNO 1588. Cinq écussons rangés en croix.

R). Dans une couronne : IN DOMO DOMINI AMBVLAVIMVS CVM CONSENSU.
Van Hende, n° 417. Cuivre.

110. — Variété de 1612 de la pièce précédente.
Van Hende, n° 418. Cuivre.

111. — Variété de 1617 de la pièce précédente.
Van Hende, n° 421. Cuivre.

112. — PHS. IIII D : HIS. REX. DNS. PROV. INS. Buste couronné à droite accosté de la date : 1622.

R). SIT. NOMEN. DNI. BENEDICTVM. Cinq écussons disposés en croix.
Van Hende, n° 428. Cuivre.

113. — Mereau de Saint-Etienne. Le saint assis accosté de S.-E.
R). Grand 3 sous lequel 1637.
Van Hende, n° 592. Cuivre.

114. — 1635. PHIL. IIII. D. G. HISP. REX. DOM. PROV. INS. Buste à droite.

R). DA. PACEM. DOMINE. IN. DIEBVS. NOSTI. Cinq écus en croix
Van Hende, n° 430. Cuivre.

115. — PHIL. IIII. D. G. HISP. REX. DOM. PROV. INS. Deux bustes affrontés.

R). IVNCTA. SALVS. NOSTRA. Ecu ovale.
Van Hende, n° 442. Cuivre.

116. — 1639, DA. PACEM. DOMINE. IN. DIEBVS. Cinq écus en croix.
R). Dans une couronne : ESTATS DE LILLE.
Van Hende, n° 423. Cuivre.

117. — SERVANDO REGI FIDEM. Buste de Philippe IV, à droite.

℞. CONCULGAVIT LEONEM. Lion surmonté d'un lis : dans le champ : LILLA IN FLANDRIA.
Van Hende, n° 445. Cuivre.

118. — Variété de la pièce précédente.
Van Hende, n° 446. Cuivre.

119. — PIA CONCORDIA FRATRUM. Foi surmonté d'un calice.
℞. Dans une couronne : JOSEPHUS CLEMENS DEO LITANS INSULIS. CALEND IANUAR. IN. ECCL. P. P. SOC. IESU.
Van Hende, n° 454. Cuivre.

120. — LUDOVICUS MAGNUS REX. Buste du roi à droite.
℞. REGE. INCOLUMI - MENS. OMNIBUS. A l'exergue : LES ESTATS DE LILLE. 1687. Ruche entourée d'abeilles.
Van Hende, n° 710. Ar.

121. — FRANÇOIS BECHARD. Monogramme sous une couronne de roses.
℞. Même revers que la pièce précédente.
Comp. Van Hende n° 710. Cuivre.

122. — LUD. XIIII. D. G. FR. ET. NAV. REX. Buste de Louis XIV à droite.
℞. IN. MIRACULA. DIVIDIT ANNUM. A l'exergue : LES ESTATS DE LILLE. Soleil et Zodiaque.
Van Hende, n° 449. Cuivre.

123. — LUDOVICUS. MAGNUS REX. Buste du roi à droite.
℞. MOTOS. PRAESTAT. COMPONERE. FLUCTUS. A l'exergue : ESTAT DE LILLE, 1697. Neptune dans un char traîné par des chevaux marins.
Van Hende, n° 452. Cuivre.

124. — LUDOVICUS MAGNUS REX. Buste du roi à droite.
℞. UNI SERVAVIT AMOREM. A l'exergue : LES ESTATS DE LILLE, 1713. Solanée éclairée par le soleil. Deux exemplaires. Cuivre.
Van Hende, n° 476.

125. — 1667. NUMERAT. CUM. DOTE. TRIUMPHOS. Bustes accolés à droite.
℞. ESTATS. DES. VILLE. ET. CHATELLENIE DE LILLE. Lis chargé de quatre écussons. Deux exemplaires.
Van Hende, n° 447. Cuivre.

126. — Type de la pièce précédente, module plus petit.
Van Hende, n° 448. Cuivre.

127. — LUD. XV. REX CHRISTIANISS. Buste du roi à droite.
℞. SECURITAS PROVINC. INSUL. A l'exergue : LES ESTATS DE LILLE. La ville de Lille debout appuyée sur un autel fleurdelisé, etc.
Van Hende, n° 460 et 402. Variété. Cuivre.

128. — LUD. XV REX CHRISTIANISS. Buste du roi à droite.
℞. Type de la pièce précédente, mais avec la date : 1737.
Van Hende, n° 458. Cuivre.

129. — LUDOVICUS XV REX CHRISTIANISSIMUS. Buste couronné du roi à droite.

℞. CONNUBIO JUNGAM STABILI. A l'exergue : LES ESTATS DE LILLE. Statue et trophée d'artillerie. Deux exemplaires.
Van Hende, n° 457.   Cuivre.

130. — LUD. XV D. G. FR. ET NAV. REX. Buste poupard et lauré à droite.

℞. UT. REGAT. HINC. REGITUR. A l'exergue : CHAMBRE DES COMMUNES DE LA VILLE DE LISLE.
Van Hende, n° 491.   Cuivre.

131. — LABORIS FRUCTUS IMMUNITAS. A l'exergue : A. A. A. F. F. La Monnaie agenouillée devant le roi trônant.

℞. AD REGIS NUTUM OTIA PELLUNT. A l'exergue : MONNOYE DE LILLE. Ruche, abeilles, parterre de fleurs.
Van Hende, n° 451.   Cuivre.

132. — LA NATION, LA LOI ET LE ROI. A l'exergue : IE LE IURE. Trois guerriers prêtant serment sur un autel.

℞. En plein champ : CONFÉDÉRATION DES DÉPARTEMENTS DU NORD, DU PAS DE CALAIS ET DE LA SOMME, A LILLE, LE 6 JUIN.
Petite médaille. Van Hende, n° 550.   Cuivre doré.

133. — TOILES PEINTES NATIONALES. Ecusson d'azur.

℞. BUREAU DE LILLE, en plein champ.
                                                        Plomb.

BRABANT

Chapitre de Sainte-Gudule à Bruxelles

134. *Denier.* + OTGERVS M S P C T. Croix pattée cantonnée d'un ornement en forme de trois croissants.

℞. Au milieu du champ la légende : BRUOC-SE-LLA disposée en croix, cantonnée de P-G-E-S.
Van der Chys, Brabant, pl. I, n° 8.   Ar.

Époque de Henri III

135. *Denier.* Le duc à cheval, armé d'une épée.

℞. Croix dite brabançonne cantonnée de globules.   Ar.

136. *Deniers.* Pièces au type du pont, du lion, de la double aigle. Sept exemplaires variés.
Van der Chys, pl. ii, n°° 16, 21 et 25. Ar.

Jean Ier (1261-1294)

137. *Esterling.* + DUX BRA-BANTI-E. Écu au lion coupant la légende.
R). + I-DEI-GRA-TIA. Croix cantonnée de W-A-L-T et coupant la légende. Trois exemplaires frustes. Ar.

138. *Esterling.* + I-DVX-BRABANTIE. Tête de face, couronnée.
R). DVX-BRA-BAN-TIE. Croix pattée cantonnée de douze globules et coupant la légende.
Van der Chys, pl. v, n° 15. Ar.

Jean II (1294-1312)

139. *Gros au châtel.* + MONETA : BRVXEL. Châtel brabançon; bordure de points.
R). + NOMEN : DOMINI : NOSTRI : SIT : BENEDICTVM (lég. ext.). + BRABANTIE DVX. Croix pattée. Ar.

140. *Double esterling.* MON-ETA BR·VXELL. Ecu écartelé aux quatre lions, coupant la légende.
R). + IOHANNES : DUX : BRABANTIE (lég. ext.). + SIGNVM : ORVOIS (lég. int.). Croix pattée.
Van der Chys, pl. vi, n° 5. Ar.

141. *Double esterling.* La même pièce, fruste. *Esterling* au châtel de Bruxelles et *esterling* à l'écu parti de Louvain. Trois pièces frustes. Ar.

Jean III (1312-1355)

142. *Gros au châtel.* + MONETA : AND WP'. Châtel brabançon ; bordure de tréfeuilles.
R). + BNEDICTV, etc. (lég. ext.). + IOH'. BRABAN'. DVX (lég. int.). Croix pattée.
Van der Chys, pl. vii, n° 5. Ar.

143. *Gros au lion.* MONETA' BRABAN. Lion; bordure de trefeuilles.
R). + BENEDICTV (lég. ext.) IO DVX LOT BRAB (lég. int.). Croix coupant la légende intérieure.
Van der Chys. pl. ix, n° 24. Ar.

144 *Gros au lion.* Deux exemplaires de la même pièce.
Ar. et Billon.

145. *Gros.* + MONETA : NOVA : BRABANCIE. Quatre lions dans un quadrilobe.
R. + LOT : BRAB, etc. (lég. ext.) + IOH. DPI : GRA'. DVX (lég. int.). Croix pattée.
Van der Chys, pl. viii, n° 15. Ar.

146. *Gros à tête.* + MONETA BRVX ELLENSIS. Buste couronné dans un épicycloïde.

 ℞. '+ BNEDICTV, etc. (lég. ext.) SIG·NVM-CRV-CIS (lég. int.). Croix cantonnée de douze globules et coupant la légende intérieure.
 Van der Chys, pl. VIII, n° 9.   Ar.

147. *Gros au Saint-Pierre.* + S : PETRVS : LOVANIENCIS. Saint Pierre à mi-corps; devant lui un écu.

 ℞. + I. DVX : LOT : BRA : LEB'. ET MARCIO. Croix feuillue.
 Van der Chys, pl. IX, n° 22.   Bill.

148. *Esterling.* Pièces au type de l'écu aux quatre lions frappées à Louvain et à Halen. Deux pièces.
 Van der Chys, pl. VIII, n°s 9 et 10.   Ar.

Jeanne et Wenceslas (1355-1383)

149. *Ecu au Saint-Pierre.* + WENCELAVS Z . IOHANA. — DEI . GRA . BRAB'. DVCES. Dans un entourage d'arcs de cercle, saint Pierre à mi-corps tenant devant lui l'écu écartelé.

 ℞. + XPC . VINCIT : XPC . REGNAT : XPC . IMPERAT. Croix feuillue.
 Van der Chys, pl. IX, n° 3.   OR.

Jeanne, seule (1392-1406)

·150. *Double tiers de gros* à l'écu aux quatre lions et *gros* au lion frappés à Vilvorde. Deux pièces frustes.
 Van der Chys, pl. XII, n°s 12 et 9,   Ar.

Philippe le Bon (1427-1467)

151. *Lion d'or.* PHS . DEI . GRA . DVX . BVRG . BRAB . DNS . ML. Lion assis sous une double arcade gothique.

 ℞. + SIT . NOMEN . DOMINI. etc. Sur une croix feuillue, écu écartelé.
 Van der Chys, pl. XV, n° 3.   OR.

152. *Ecu au Saint-Pierre.* + PHS : DVX : BVRG : BRAB : LIMB : Z : Z. Saint Pierre à mi-corps tenant l'écu écartelé; entourage d'arcs de cercle.

 ℞. + PAX : XPI : MANEAT : SEMPER : NOBISCVM. Croix feuillue.
 Van der Chys, pl. XV, n° 6.   OR.

153. *Gros* dit *Vierlander.* Deux exemplaires.
 Van der Chys, pl. XV, n° 8.   Ar.

Charles le Téméraire (1467-1477)

154. *Double Briquet* et *Double Patard* à l'écu. Deux pièces.
 Van der Chys, pl. XVII, n°s 7 et 3.   Ar.

Marie de Bourgogne (1477-1482)

155. *Briquet* de 1479.
Variété de date de Van der Chys, pl. XVIII, n° 4.   Ar.

Philippe le Beau (1482-1500)

156. *Griffon.* DENARIS . SIMPLEX . NOIAT . GRIFON. Griffon tenant
le triquet.
℟. DEV' PL – VS . AMA . – QVA – ARGENTV. Sur une croix
pattée coupant la légende, l'écu parti.
Van der Chys, pl. XIX, n° 15.   Ar.

157. *Patard* et *Sol.* Pièce.
Van der Chys, pl. XXII, n°ˢ 11 et 13.   Ar.

Charles-Quint (1506-1555)

158. *Couronne.* CARO : D : G : RO : IMP : HISP : REX : DVX : BVRG .
Z : BRA. Ecu couronné accosté de deux briquets.
℟. DA . MIHI . VIRTVTE . COTRA . HOSTES . TVOS. 1544 (la
main d'Anvers). Croix fleurdelisée centonnée de deux
aigles et de deux tours.
Van der Chys, pl. XXIV, n° 6.   Ar.

Philippe II (1555-1598)

159. *Dixième d'écu* frappé à Maestricht, 1571 ; autre frappé à
Anvers. Deux pièces.   Ar.

160. *Vingtième d'écu.* Deux exemplaires frappés à Anvers, 1585
et 1593.   Ar.

161. *Vingtième d'écu* frappé à Maestricht, 1593.   Ar.

Albert et Isabelle (1598-1621)

162. *Escalin* au paon ; *double sol.* Deux pièces.   Ar.

Philippe IV (1621-1665)

163. *Escalin* au lion de 1624, frappé à Anvers.   Ar.

164. Lot de monnaies diverses du Brabant, Flandre, etc. Vingt-
neuf pièces.   Cuivre et billon.

Jetons divers de Brabant

165. *Anvers.* Mereau de la corporation des brouettiers. SANCTVS
ANDREAS. Saint André et sa croix,
℟. GHEMAECKT INT IAER 1546. Brouette.   Cuivre.

166. *Bruxelles.* Jeton de la famille de Visscher. PROSPERITATE ET BENIGNITATE. L'écu de de Visscher heaumé.

℞. SINE FUCO. Un miroir suspendu à un nœud, accosté de la date 16-65.

Van Orden, I, n° 1303. Cuivre.

167. — Jeton de la famille Van der Haegen. L'écu de la famille accosté de la date 16-67.

℞. FAVSTVS . AB . HESPERIA . MIHI . SEMPER . CAROLVS. Vue du canal de Willebroeck.

Van Orden, t. I, n° 1307. Cuivre.

168. — Armes écartelées.

℞. S . P . Q . B . 1698. Dans une couronne. Cuivre.

169. — Médaille du monument du *Manneken-pis.* 1820.

Plomb.

170. *Bucho d'Aytta.* QVÆ . SVRSVM . SVNT . QVERITE. Les armes abbatiales de Bucho d'Aytta surmontées du chapeau d'abbé avec six houppes.

℞. ATTRITA RECRESCO. Guerrier passant vers la droite.

Cuivre.

171. *Croy.* PHLE . SYRE] . DE . CROY . DVC . D'ASCHOT. Buste à droite.

℞. ET DE PORCEAN Z. PRINCE DE CHIMAY. Ecu couronné, entouré du collier de la Toison d'or.

Van Loon, t. I, p. 13. Cuivre.

172. *Hasselt.* SANCTE . IOANNES . BAPTISTA . ORA PRO NOBIS. Saint Jean entre deux écus échancrés.

℞. D . IOANNES . ZENGELBEECK . S . THEOL . LICENT . HASSEL. (lég. ext.). IN . BACVLO . HOC . TRANSIVI. (lég. int.). Ange tenant un écu.

Van Orden, t. I, n° 1109. Cuivre.

173. IECT . POVR . LE . CAMBRE . DES . COMPTES. Lion dans un enclos.

℞. DV . DVC . DVSTRICE . DE . BO. Sautoir cantonné de deux M.

Cuivre.

174. 1523. MON ESPERANSE PASSE MES FORTVNE. Roue et globe terrestre.

℞. CETTOIRS. DE MESSIEVRS DES FINANCES DE L. Armes de l'empire. Cuivre.

175. 1540. GECT. DE MESS DES FINANCES DE L. Armes impériales.

℞. CAROLVS V. AVGVSTVS IMP. HISP. REX Z. Buste à gauche.

Cuivre.

176. *Alliance de l'Angleterre et des Pays-Bas.* SERMO DEI QVO ENSE. ANCIPI. ACUTIOR. Epée éclairée par le nom de Jehovah. 1586.

℞. EST ALTRIX ESVRIENTIVM EVM. Elisabeth d'Angleterre sur son trône et tendant une épée à deux Belges prosternés.

Van Loon, t. I, p. 359. Ar.

177. *François d'Anjou.* FRAN. F. FRAN., etc. Son buste à droite.
℞. DEFENSOR LIBER. PROVIN., etc. Cavalier terrassant des
ennemis. 1582.
Van Loon, t. I, p. 319, et autres jetons relatifs aux
Pays-Bas. Cuivre.

178. *Allusion au camp de Gruyningen*, 1596. FRVSTRA
OPPVGNAT, etc. Deux armées séparées par le bouclier
céleste.
℞. VIGILATE ET ORATE, etc. La Pucelle de Hollande.
Van Loon, t. I, p. 465, et cinq autres jetons relatifs aux
troubles des Pays-Bas. Cuivre.

179. *Siège d'Ostende*, 1604. SOLI DEO GLORIA. Vue à vol d'oiseau
des environs de l'Ecluse.
℞. XPY Σ ΒΑ. XAΛKEION. Vue à vol d'oiseau d'Ostende.
Van Loon, t. II, p. 15, et sept autres jetons des Pays-
Bas. Cuivre.

180. Jetons de la chambre des comptes des Pays-Bas sous
Philippe IV et Charles II. Six pièces. Cuivre.

LIÈGE

Raoul de Zaeringhen (1167-1191)

181. *Denier.* ROF. Deux bustes, dont l'un crossé et mitré.
℞. PERV. VOC. Deux bustes séparés par le perron. Ar.

Albert de Cuyck (1191-1194)

182. *Denier.* PPO. S. Buste à droite devant lequel une croix
longue.
℞. EQVVS VANALIS. Cheval devant un arbre. Ar.

Hugues de Pierrepont (1200-1229)

183. *Denier.* HVGO. Buste mitré avec crosse.
℞. HOI (Huy). Cheval devant un arbre.
De Renesse, pl. I, n° 1. Ar.

Jean d'Eppes (1229-1236)

184. *Denier.* IOHS. Buste mitré et crossé.
℞. LEOD. EPC. Aigle à gauche. Deux pièces variées.
De Renesse, pl. IV, n° 4. Ar.

Robert de Langres (1240-1247)

185. *Denier.* Buste épiscopal de face.
℞. Perron entre deux lis.
De Renesse, pl. IV, n° 3. Ar.

Jean de Flandre (1282-1292)

186. *Esterlin* à l'écu au lion frappé à Huy.
De Renesse, pl. v, n° 1

Adolphe de Lamarck (1313-1345)

187. *Gros à l'aigle.* ✛ ADOLPHVS : EPVS : LEODNS. Aigle ; sous ses
serres une étoile.
℞. ✛ MONETA AVROTENSIS. Croix feuillue.
De Renesse, pl. VI, n° 1.   Ar.

188. *Tiers de gros* frappé à Huy. ✛MONETA HOYENSIS. Type de la
pièce précédente.
De Renesse, pl. VII, n° 4.   Ar.

189. *Tiers de gros* frappé à Avroie. ✛MONETA AVROTENSIS. Type
des pièces précédentes.
Inconnu à De Renesse.   Ar.

Engelbert de La Marck (1345-1364)

190. *Gros.* ENG . EPS . LEOD. Buste de face mitré ; bordure de lis.
℞. MON-ETA-SPE-TRI (lég. int.). BNDICTV SIT, etc. (lég. ext.)
Croix longue.
Inconnu à De Renesse.   Ar.

Arnould de Hornes (1378–1390)

191. *Denier.* ARNOLD-EPS-LEOD. Évêque à mi-corps, devant lui
l'écu parti.
℞. MON ETA-LEO-DIN. Croix pattée cantonnée de deux huchets.
Rev. num. 1845, pl. 443,   Billon.

192. *Variétés* de la pièce précédente. Trois exemplaires frustes.

Jean de Bavière (1390-1418)

193. *Demi-griffon.* ✛ IOHS . DE . BAVA . ELC . LEO . Z . C. Griffon
tenant un écu penché.
℞. MON-ETA L-EODI-ECIS. Croix coupant la légende, brochánt
sur un quadrilobe ; écu en cœur.
De Renesse, pl. IX, n° 4.   Ar.

194. *Denier noir* à l'écu penché, frappé à Liège.
De Renesse, pl. x, n° 6.

195. *Deniers noirs.* Sept pièces. De Renesse, pl. x, n° 7.

Jean de Heinsberg (1419-1459)

196. *Gros.* ✛ IOH . EPS . LEODIEN . DX . BVLLO . Z . COM . LOS.
Armes en plein champ.

℞. ✝ ANNO . DOMINI . MILLESIO . CCCCXXXVIII. Croix longue.
Inconnu à De Renesse.   Ar.

197. *Liard* au type du perron. Deux exemplaires.
De Renesse, pl. II, n° 7.   Cuivre.

198. *Demi-liard* aux armes en plein champ.
De Renesse, pl. XII, n° 8.   Cuivre.

Louis de Bourbon (1456–1482)

199. *Plaque.* LVDO . EPS . LEOD . DVX . BVL . COM . LOSS. Armes de
Bourbon, barrées.

℞. MONE : LV . ELEC . LE-O : FACTA : HASSEL. Croix cantonnée
de lis.
De Renesse, pl. XIV, n° 6.   Ar.

200. *Double briquet.* LVDO . DE . BORB . EPS . LEOD . DVX . BVL.
Deux lions affrontés.

℞. SALW - FAC . P - TVV . D . - LXXIX. Croix feuillue chargée
d'un écu.
De Renesse, pl. XV, n° 9.   Ar.

201. *Demi-briquet.* LVDOVIC . EPS . LEODIENSIS. Lion à mi-
corps au-dessus d'un écu.

℞. BENEDIC , etc. Croix feuillue.
De Renesse, pl. XIV, n. 8.   Ar.

Jean de Hornes (1482–1505)

202. *Florin d'or.* SANCTVS LAMBERTV. Saint Lambert debout,
crossé et mitré.

℞. ✝ IOHS . DE . HORN . EPS . LEODIE. Ecu dans une épicycloïde.
De Renesse, pl. 17, n° 2.   OR.

203. *Pièce de trois sols.* Fruste.
De Renesse, pl. XX, n° 16.   Billon.

204. Jean de Hornes et Louis de Bourbon. Trois billons variés.
De Renesse, pl. XV, n° 11, pl. XIX, n° 12.   Cuivre.

Erard de La Marck (1505-1538)

205. *Snaphan* ou quart d'écu. SANCTVS HVBERT. Saint Hubert à
cheval.

℞. ERARD' D·MAR . CADINAL' EPS . LEO. Croix feuillue chargée
d'un écu.
Troué. De Renesse, pl. XXIII, n° 13.   Ar.

206. *Liard* aux armes de La Marck, dans le tribunal.
De Renesse, pl. XX, n° 11.   Cuivre.

Georges d'Autriche (1544-1557)

207. GEORGIVS AB . AVSTRIA   DEI . GRA. 15-47. Armes surmontées
d'un heaume lambrequiné.
℞. EPS . LEO . DVX . BVLL . CO . LOSS. Saint Georges à cheval
terrassant le dragon.
Très bel exemplaire . Variété de De Renesse,pl. xxviii , n° 12.
Ar.

208. *Ecu.* GEORG . AB . AVS . D . G . EP . LEO . D . BVL . C . LOS.
Ecu écartelé.
℞. CAROLVS . V . ROM . IMP . SEMP . AVG. Double aigle impé-
riale.
Très belle pièce. De Renesse, pl. xxvii, n° 8.   Ar.

Robert de Berghes (1557-1563)

209. *Plaquette* à l'écu de Berghes de 1561. Deux exemplaires.
De Renesse, pl. xxxii, n° 5.   Ar.

Gerard de Groesbeek (1563-1580)

210. *Ecu.* GERARD.A.GROISB. EP.LEO.D.BVL.CO.LO. Ecu heaumé
et lambrequiné.
℞. MAXIMILI. II. ROMA. IM.SEM.AVGV.1567. Double aigle de
l'empire.
Très bel exemplaire. Variété de De Renesse, pl.xxxiii, n° 4.
Ar.

211. *Escalin* et *pièce de trois sols.*
De Renesse, pl. xxxvi, n° 17, et xxxv, n° 10.   Ar.

Ernest de Bavière (1580-1612)

212. *Escalin.* ERNES.BAV.DVX. EPI. LEO.DVX.B.CO.LOS. Ecu dans
un cartouche.
℞. RUDO-II.ROM.- IM.DE - CRETO. Croix feuillue.
Très beau, pl. xxxviii, n° 10.   Ar.

213. *Plaquette.* Type de la pièce précédente.
Deux exemplaires. De Renesse, pl. xxxviii, n° 12.　　Ar.

214. *Liard* et *demi-liard.* Deux pièces.
Variété de Renesse, pl. xl, n· 22, et pl. xxxix, n· 18. Cuivre.

Ferdinand de Bavière (1612-1650)

215. *Ducat.* FERDINANDVS.D.G.AP.CHI. (*sic*) COL.PRIN.LEO. Croix
feuillue cantonnée de F.
℞. EPS.ET.PR.LEO.VT.BA.ET.S.BV.DVX. Ecu dans un cartouche et accosté de la date 16-35.
De Renesse, pl. xlvi, n° 19. Variété.　　OR.

216. *Demi-écu.* FERDINAN.DEI.G.ARGHI.COL.PRINC.ELE. Buste à
gauche.
℞. EPISC.ET-PRINC.LEOD., etc. Ecu couronné cantonné de deux
F, sous lequel xxx-1631.
De Renesse, pl. xlv, n· 15. Varié de légende et de date.
　　　　　　　　　　　　　　　　　　　　　　　　　　Ar.

217. *Demi-écu* au même type de 1614.　　Ar.
218. *Demi-écu* au même type et de même date.　　Ar.
219. *Liards* et *demi-liards* de Ferdinand et de Maximilien Henri.
Cinq pièces.　　Cuivre.

Maximilien-Henri de Bavière (1652-1668)

220. *Ecu.* MAX.HEN.D.G.ARC.COL.PRIN.LE. Buste à droite.
℞. EP.ET.PRIN.LEOD.DVX.BVL.MAX.FR.CO.LO.HO. Ecu cou-
ronné; au-dessus 16-66.
De Renesse, pl. ii, n° 3. Autre date.　　Ar.

221. *Ecu.* MAX.HEN.D.G.A.C.P.E.ET.ET.PRINC.LEOD. 1671. Buste
à droite.
℞. SVPREMVS BVLLONENSIS DVX. Ecu couronné tenu par des
lions.
De Renesse, pl. li, n· 5. Autre date.　　Ar·
222. *Ecu.* Même pièce.　　Ar.
223. *Escalin.* MAXIM.HENRI.D.G.ARCHIE.COL. Lion tenant écu.
℞. EP.ET.PRIN LEO.ET.S.BV.DVX. Ecu couronné, accosté de 16-51.
De Renesse, pl. lii, n° 7.　　Ar.

Jean-Louis d'Elderen (1688-1694)

224. *Ecu.* IOAN.LVD.D.G.EP.ET.PRIN.LEOD. Buste à droite;
sous l'épaute : 1689.
℞. SVPREMVS BVLLONIENSIS.DVX. Ecu couronné soutenu par
deux chèvres.
De Renesse, pl. liv, n° 2.　　Ar.

Joseph-Clément de Bavière (1694-1723)

225. *Ecu.* IOSEPH.CLEM.D.G.AR.COL.P.EL. Buste à droite.

℞. EP . RT . PRINC . LEOD.DVX . BVL.MAR.FR.CO.LO.HO. Ecu
couronné. La couronne accostée de 17-00.
De Renesse, pl. LVII, n° 5.   Ar.

226. *Jeton.* CONSECRATIO CLEMENTIS ARCHIEPISCOPI COLONIENSIS.
Légende en plein champ, entourée d'une couronne.
℞. VENI.DATOR.MVNERVM. Insignes épiscopaux.
De Renesse, pl. LVII, n° 3.   Cuivre arg.

Siège vacant (1724)

227. *Ecu.* S.LAMBERTVS PATRONVS LEODIENSIS. Buste à gauche.
℞. MONETA . NOVA . CAPLI . LEOD. SEDE. VACANTE. Grard écu
rond, mantelé et couronné : 17-24.
Très beau et rare. De Renesse, pl. LIX, n° 2.   Ar.

Georges-Louis de Berghes (1724-1743)

228. *Liard.* De Renesse, pl. LX, n° 1.   Cuivre.

Siège vacant (1744)

229. *Ducat.* S . LAMBERTVS . PATRO . LEOD. 1744. Buste de saint
Lambert à gauche.
℞. SÈDE.VACANTE.DEC. ET. CAP. LEOD. Ecu ovale, couronne
ducale.
De Renesse, pl. LX, n° 1.   OR.

Jean-Théodore (1744-1763)

230. *Escalin* de 1752, *plaquette* de 1751, *liards* divers dont un
du siège vacant de 1744. Huit pièces dont deux arg. et six
cuivre.

Siège vacant (1763)

231. *Ducat.* S . LAMBERTVS . PATRONVS . LEODIENSIS. Buste de
saint Lambert à gauche.
℞. DEC.ET.CAP.LEOD.SEDE. VACANTE. 1763. Ecu rond. Fleur
de coin.
De Renesse, pl. LXIV, n° 1.   OR.

232. *Ecu* au type du saint Lambert.
De Renesse, pl. LXIV, n° 2.   Ar.

233. *Escalin* au type du saint Lambert.
De Renesse, pl. LXV, n° 3.   Ar.

Siège vacant (1771)

234. *Escalin* au type du saint Lambert.
De Renesse, pl. LXVI, n° 3.   Ar.

Siège vacant (1792)

235. *Ecu* au type du saint Lambert.
De Renesse, pl. LXIX, n° 2.   Ar.

Eglise Saint-Jacques

236. Méreaux de présence en plomb, de 1785.

LOOZ

237. *Denier anonyme du XI° siècle.* Buste de face.
℞. + HOVOH.OIL. Oiseau à gauche regardant derrière lui.
Revue belge, 1856, p. 418.   Ar.

GERDINGEN

238. *Denier.* + IOHANNA DE GER. Fleur de lis.
℞. + MONETA NOVA ST? Croix pattée.
Fruste   Cuivre.

NAMUR

Guillaume II (1337-1345)

239. Lot de quatorze deniers de billon noir au type de l'écu à
l'aigle, des lettres NAM, etc.

240. Lot de sept billons variés.

Philippe le Beau (1482-1506)

241. *Double patard.* PHS : DEI: GRA: ARCHIDV : AVST : DVX : BVR
CO : RA. Ecu écartelé dans un épicycloïde.
℞. OMNIS : OPUS, etc., 1503. Croix feuillue.
Chalon. Monnaies de Namur, pl. XVI, n° 213.   Ar.

Marie d'Artois, dame de Poilvache (1342-1352)

242. *Denier noir.* + MARIA.DE.ARTESN. Portail brabançon.
℞. + MONETA MERAVD. Croix pattée.
Chalon, pl. VI, n° 100   Cuivre.

Gaucher de Porcien (1312-1322)

243. *Esterling.* + GALCHS.COMES.PORC. Tête couronnée de face.
℞. MON-ET N-OVA-YVE. Croix pattée coupant la légende et
cantonnée de douze globules.
Chautard. Type esterlin, pl. XIX, n° 3.   Ar.

HAINAUT

244. *Denier* muet au monogramme.
Chalon Monnaies du Hainaut, pl. I, n° 4.   Billon.

245. *Denier* au monogramme cantonné de VA - LE - CE-NE. Trois exemplaires.
Chalon, pl. I, n° 11.   Ar.

Marguerite de Constantinople (1244-1280)

246. *Gros au cavalier.* + MONETA VALENCENENSIS. Cavalier à droite
℞. + MARGARETA COMITISSA (lég. ext.). + SIGNVM CRVCIS. (lég. int.). Croix pattée.
Chalon, pl. II, n° 17.   Ar.

Jean II d'Avesnes (1280-1304)

247. *Gros tournois.* HAN - ONIE. Monogramme. Bordure de trèfles.
℞. + XPC VINCIT, etc. (lég. ext.). + IOHANES. COMES (lég. int.). Croix pattée.
Chalon, pl. III, n° 24.   Ar.

248. *Esterling.* I : COMES : HAYONIE. Tête de face, couronnée de roses.
℞. MEL - BOD - IEN - SIS, Croix longue cantonnée de douze globules.
Chalon, pl. V, n° 41.   Ar.

Guillaume I (1304-1337)

249. *Petit gros.* GVILLELMVS COMES HANONIE. Monogramme dans une épicycloïde.
℞. MONE - TA : VA - LENC - ENIS. (lég. ext.) SIG- NVM - CRV - CIS. (lég. int.). Croix coupant la légende.
Chalon, pl. VI, n° 50. Rare.   Ar.

250. *Esterling.* G : CO - MES - HAN - ONIE. Croix coupant la légende et cantonnée de douze globules.
℞. VAL - ENC - HEN - ENS. Monogramme dans un losange.
Chalon, pl. VIII, n° 52.   Ar.

251. *Coquibus.* Quatre exemplaires.
Chalon, pl. VIII, n° 59.   Billon noir.

Guillaume II (1337-1345)

252. *Esterling au lion.* + MONETA : VALEN : CEN. Lion.
℞. G. CO - MES - HAI - ONI. Croix pattée cantonnée de trèfles
Deux exemplaires.
Chalon, pl. IX, n° 72.   Billon.

Marguerite II d'Avesne (1345-1356)

253. *Grande plaque.* + MARGARET. COM' : HANON'. Aigle portant
en cœur le monogramme de Hainaut. Bordure de fleurs
de lis.
℞. + ƁNDICTV ⦂ SIT ⦂ NOME ⦂ DNI ⦂ DEI ⦂ IHV ⦂ XPI
(lég. ext.). + MONETA VALENCENENSIS (lég. int.). Croix
pattée.
Très rare, mais trouée. Chalon, pl. xi, n· 84. Ar.

Guillaume III (1356-1389)

254. *Double gros.* + GVILLELMVS : COMES : HANONIE. Grand monogramme hainuyer cantonné de HA - HO - ZE - FR.
℞. + MONE - TA. VAL - ENCEN - ENSIS. Grande croix cantonnée de lions et d'aigles.
Chalon, pl. xiv, n° 101. Ar.

Guillaume VI de Bavière (1404-1417)

255. *Double gros* dit *tuin.* GVLM : DX : DEI ⦂ GR ⦂ COM ⦂ HANOIE ⦂
HOL ⦂ Z ⦂ ZE ⦂ Lion tenant un écu, dans une haie.
℞. + MONET - A ⦂ NOVA ⦂ - FAC ⦂ IN ⦂ - VALENC. Grande
croix coupant la légende et brochant sur un quadrilobe.
Chalon, pl. xix, n° 137. Ar.

Jacqueline de Bavière (1417-1433)

256. *Double gros* dit *tuin,* DVCISSA. IAQ : DI : GR : COI : HANOIE ⦂
HO : Z. Type de la pièce précédente.
℞. Type du n° 255.
Chalon, pl. xix, n° 143. Ar.

Jean IV, duc de Brabant (1418-1427)

257. *Drielander.* + IOH : DX : BRAB : Z : LIMB : COM : HAN : HOL :
Z. ZE. Deux écus penchés dans une épicycloïde.
℞. + SIT NOMEN, etc. (lég. ext.) + MONETA FCA. IN : VALENC.
(lég. int.) Croix.
Chalon, pl. xx, n° 148. Ar.

Philippe le Bon (1434-1467)

258. *Gros* dit *vierlander.* PHS : DEI ·.· GRA : DVX : BVRG : Z : COM :
HANONIE. Armes en plein champ.
℞. MONET -A : NOVA : V - ALENCE - NENSIS. Croix longue cou-
pant la légende et cantonnée de lis et de lions, Deux
exemplaires.
Chalon, pl. vxii, n° 163. Ar.

Bauduoin, seigneur de Beaumont (1246-1288)

259. *Gros au cavalier.* + B. D'AVENIS. DNS. BELIMOTIS. Cavalier à
droite.
℞. + IN NOMINE DOMINI, etc. (lég. ext.) + SIGNVM. ORVOIS.
(lég. int.) Croix pattée cantonnée de croissants.
Var. inédite. comp. Chalon, pl. XXVI, n⁰ˢ 189 et 190.   Ar.

Philippe II, seigneur de Tournai (1555-1598)

260. *Vingtième d'écu.* de 1595 au titre de D. TOR et à la marque
de la tour.   Ar.

JETONS

261. *Jeton* du clergé du Hainaut. COMPTES. ET GETTES. IVSTEMENT
Ecu couronné, brochant sur une crosse.
℞. 1581. CRAINDANT. LE. DIVIN. JVGEMENT. Vue de Sodome
Cuivre.

262. *Seneffe.* Jeton de Louis XIV. Bataille de Seneffe.
Cuivre.

263. *Jetons* attribués à Tournai, etc. Quatorze pièces au type des
trois ronds. etc.   Cuivre.

264. *Tournai.* Jeton au type de la tour accostée de deux briquets
℞. Croix pattée cantonnée de A-N-S-O.   Cuivre.

265. *Prise de Valenciennes et de Condé,* 1657. VALENCIENAM
LIBERASTI CONDATVMQVE RECVPERASTI. Buste de Phi-
lippe IV.
℞. MIRACVLOSO DEO· HOSTEM FVCASTI. Vue à Valenciennes.
Cuivre.

266. *Cysoing.* S. EVERARDVS. FVNDATOR. CYSONI. Ecu couronné de
l'abbé Vraux sous lequel la devise : VNANIMITER.
℞. 1661. GETS DE LABBAIE DE CYSOING. Ecu timbré de la
crosse et de la mitre, sous lequel la devise PEDETENTIM.
Van Hende, n 582.   Cuivre.

ARTOIS, PICARDIE, etc.

Charles le Simple

267. *Denier.* Traces de + GRATIA D-I REX. Monogramme carolingien.
℞. + ATRE B. A. ɒ CIV. Croix pattée.   Ar.

Le monétaire Simon

268. *Denier.* Lis aboutés, globules.
℞. SIMON. Croix pattée, cantonnée de globules et de crois-
sants.
Gaillard, pl. v, n° 35. Deux exemplaires,   Ar.

Robert I d'Artois (1237-1249)

269. *Denier.* Ecu d'Artois.
℞. A – R – A – 8 Croix fleurdelisée.
Poey d'Avant, pl. CLVII. n° 10.   Ar.

Philippe IV (1621-1661)

270. *Escalin* au lion, frappé à Arras. 1625.   Ar.

271. *Liard* de 1639.
Poey d'Avant, pl. CLVIII, n° 15.   Cuivre.

TÉROUANNE

272. *Jeton.* AVE MARIA GRACIA : PLE. Ecu à trois mitres, brochant
sur une crosse.
℞. Croix fleurdelisée, dans une courbe à quatre lobes.
Rare, mais fruste   Cuivre.

ARRAS

273. Méreau de III deniers du chapitre métropolitain d'Arras.
Fruste   Cuivre.

SAINT-OMER

274. Méreaux du chapitre de Saint-Omer. Pièces de II, IIII, VII
et XII deniers. 8 pièces.   Cuivre.

275. Jeton de J.-A. de Valbelle, évêque de Saint-Omer, 1730.
        Cuivre.

CALAIS

Henri V (1413-1422)

276. *Gros* HENRIC. DI. GRA. REX. ANGL. ET FRANC. Dans une épi-
cycloïde, une tête de face couronnée.
℞. + POSVI - DEVM, etc. (lég. ext.) VILLA CALISIE. (lég. int.)
Croix pattée, coupant les légendes et cantonnée de douze
globules.
Poey d'Avant, pl. CLV, n° 16.   Ar.

ROIS PIRATES

Les monnaies suivantes se rattachent jusqu'à un certain point au continent par le n° 280 frappe a Quentovic.

Canut

277. *Denier.* CRTENXV (pour CNVT REX) Croix à la branche inférieure recroisetée.

R). + MIRABILIA FE. Croix pattée avec deux globules.
Ar.

278. *Denier.* CRTENXV (pour CNVT REX). .Croix à la branche inférieure recroisetée.

R. + EBRAICE CIVITA. Au centre, le monogramme carlovingien.
Ar.

279. *Denier.* CRTENXV (pour CNVT REX). Croix à la branche inférieure recroisetée.

R). + CVN : : NET : : TI : : Croisette avec globules.   Ar.

280. *Denier.* ÇRTENXV (pour CNVT REX). Croix cantonnée de quatre globules.

R. + CVENTOVICI. Croix
Ar.

Sigfroid

281. *Denier* + SIE .˙ FRE :: DVS :: REX :: Croix recroisetée.

R). + EBRAICE CIVI. Croisette gammée, accostée de quatre groupes de trois points.
Ar.

282. *Denier.* SI - VE – IE – RT, légende en partie à rebours. Croix recroisetée, coupant la légende.

R. + EBRAICE CIVI. Type de la pièce précédente
Ar.

283. *Denier.* Variété avec RS – IE – VE-RT et au revers : + E D :: IAI :: CEC :: IVI ::
Ar.

284. *Denier.* + SIEURTRE.Croix au bras supérieur recroiseté.

R). + DNS :: DS :: D E :: (légende placée extérieurement) Croisette accostée de deux globules.
Ar.

285. *Denier.* DNS DS — O REX, en deux lignes séparées par une croisette :
 ℞. + MIRABILIA FRCIT :[Croisette, accostée de deux globules. Ar.

Anonymes

286. *Denier.* + EBRAICE C. Croix à la branche supérieure recroi-
 setée.
 ℞. + MIRABILIA FC. Croix cantonnée de deux globules
 Ar.

PONTHIEU

Guillaume III (1191-1221)

287. *Denier.* WILELM COMS. Dans le champ : PONTIV.
 ℞ + ABBATISIVIE. Croix cantonnée de deux globules.
 Poey d'Avant, pl. CLVI, n°14. Bil. bl.

BEAUVAIS

Hervé (987-998)

288. *Denier.* BELVA.....ITAS. Monogramme par c.
 ℞. HVGO REX HERVRVS Croix cantonnée de deux globules.
 Deux exemplaires. Ar.

287. *Obole* au type de la pièce précédente.

VERMANDOIS

Éléonore (1167-1214)

290. *Denier.* + CO . VIROMENDI. Dans le champ : ALIENO.
 ℞. + S. QVENTINVS. Croix.
 Poey d'Avant, pl. CLVI, n° 5. Bill. bl.

SOISSONS

291. *Denier.* ESBESDEBESD. Etendard et croisette.
 ℞. CAPVT IMEPDI. Tête à droite.
 Poey d'Avant, n° 6511. Ar.

Raoul (1180-1237)

292. *Denier.* SVESSIONIS. Temple
 ℞. + RADVLF' COM. Croix.
 Poey d'Avant, pl. CLI, n° 13. Bill. bl.

LAON

Charles le Chauve

293. *Denier.* + GRATIA D-L REX. Monogramme carlovingien.
℞. + LVGDVNVNI CLAVATI. Croix. Ar.

Roger de Rosoi (1175-1201)

294. *Denier.* ROGERVS EPE. Tête mitrée de face.
℞. + PHILIPPVS RE. Tête couronnée de face.
Poey d'Avant, pl. CLII, n° 8 Deux exemplaires Bill. bl.

JETONS DIVERS

295. *Bapaume.* QVAE . CITO . MOENIA . RVPTA . Ville sur laquelle descendent les feux célestes ; au-dessous : BAPPAVME.
℞ LUDOVICUS XIII FRANCORUM ET. NAV. REX. Ecus accolés, sous une couronne, et entourés du collier de l'ordre de Saint-Michel Cuivre jaune.

296. *Saint-Quentin.* SAINT-QVANTIN. Ecu à l'aigle.
℞. GECTS DES COMT . POUR . LES . CON. Ecu accosté de 16-25.
Cuivre usé.

297. *Petremol; mariage.* + NOMINVM . ET . ANIMORVM . FOELIX . COPVLA. Monogramme formé des lettres : H. P. I. M.
℞ + IVCTA . PETRAE . MOLLI . DOM . HAEC . SVRGET . IN . ALTV. Ecu ovale, parti, dans un cartouche.
Inédit. Cuivre jaune.

Ce jeton de mariage n'appartient peut-être pas au nord de la France, mais à Paris où nous trouvons un Antoine Petremol, seigneur de Rosières et de Saint-Vrain, greffier de la Cour des Aides, reçu maître des Comptes le 20 septembre 1538. Ce Petremol portait *d'azur au chevron d'or accompagné, en chef, de deux coquilles et, en pointe, d'un lion, le tout d'or.* Les armes du jeton portent de plus un lambel, comme brisure.

298. Lot de jetons aux types de trois lis, de l'écu fleurdelisé, de l'écu losangé, de la chaise, etc. 39 pièces. Cuivre.

299. Lot de jetons aux types monétaires du tournois, de l'esterlin, de la couronne. 28 pièces frustes ou bien conservées.
Cuivre.

300 Lot de jetons aux types du dauphin, des lettres : I H S. 18 pièces Cuivre.

.301. Lot de 19 jetons, deniers, types de l'écu au lion, l'écu
d'Angleterre, les deux clefs, etc. Cuivre.

CAMBRAI ET CAMBRESIS

Deniers anonymes du XIII' siècle

302. *Denier* ou *maille* Buste épiscopal de face; crosse à droite ;
dans le champ un M.
℞. Croix pattée et annelée, cantonnée de S-T-S-T.
Deux exemplaires.
Robert, Numismatique de Cambrai, p. 69, n° 1.　　Ar.

Nicolas III de Fontaines (1248-1272)

303. *Double esterling* ou tiers de gros. + NICHOLAVS EPISCHOPVS.
Tête de face mitrée et légèrement barbue.
℞. + AVE MARIA GRACIA PLENA (lég. ext.) CA - MA - RA - CV
(lég. int.). Croix évidée cantonnée de douze globules.
Robert, pl. 4, n· 4. Variété.　　Ar.

304. *Double esterling.* Variété de la pièce précédente. Deux exemplaires frustes.
Robert, pl. IV, n· 4　　Ar.

Enguerrand II de Crequi (1273-1292)

305. *Esterling.* + IGB - RRANN' - EPISC. Ecu aux trois lions.
℞. MON - CAM - ERA — CEN. Croix pattée, cantonnée de quatre
tréfeuilles, et coupant la légende.
Cf. Robert, pl. v, n· 5.　　Ar.

306. *Esterling.* Variété de la pièce précédente. La légende du
droit est : INGE . RRAN . NEPS.
Robert, pl. v, n· 8.　　Ar.

Guillaume I de Hainaut (1292-1296)

307. *Esterling.* + GVILLS . EPISCOPVS. Tête de face, couronnée
de roses.
℞. CAM - ERA - CEN - SIS. Croix pattée, cantonnée de douze
globules et coupant la légende.
Deux exemplaires dont un troué.
Robert, pl. VI, n°ˢ 2 et 3.　　Ar.

Gui II de Collemède (1296-1306)

308. *Coquibus.* + GUIDO . EPISCOPVS. Aigle.
℞. + CAMERACENSIS. Croix pattée.
Robert, pl. VII, n° 1. Deux exemplaires.　　Billon.

309. *Coquibus.* + GUIDO EPISCOPVS. Croix pattée.

℞. CAMERACENSIS. Aigle.
Robert, pl. VII, n° 3. Deux exemplaires. Billon.

Philippe de Marigny (1306-1309)

310. *Coquibus.* + PHILIPPVS EPC. Croix pattée cantonnée d'un petit aigle.
℞. CAMERACENSIS. Aigle éployée.
Robert, pl. VIII, n° 2. Deux exemplaires. Billon.

Pierre de Mirepoix (1309-1324)

311. *Double esterling.* + : PETRVS : EPISCOPVS. Tête mitrée de face.
℞. + AVE MARIA' GRATIA PLE (lég. ext.) CA - ME - RA - CV' (lég. int.). Croix évidée coupant la légende.
Robert, pl. IX, n· 1. Ar.

Guillaume II d'Auxonne (1337-1342)

312. *Gros.* VERITAS : DNI ; MANET.... (lég. ext.). + GVI-LELMVS EPS (lég int.). Croix pattée avec un petit aigle au premier canton.
℞. + CAMERACORVM. Deux crosses liées sous une mitre. Bordure de douze trèfles.
Robert., pl. X, n° 2. Ex. ébréché. Ar.

Gui IV de Ventadour (1342-1348)

313. *Florin d'or.* + FLOR - EPI' . CA Grande fleur de lis florentine.
℞. + S . IONA — NNES . B (une hure de sanglier comme marque). Saint Jean-Baptiste debout.
Légère variété de coin de Robert, pl. XI, n° 6. OR.

314. *Florin d'or.* Variété de la pièce précédente, un annelet derrière la hure du sanglier.
Robert, pl. XI, n° 6. Variété. OR.

315. *Florin d'or.* Pièce fausse du temps, variété des pièces précédentes. Cuivre doré.

316. *Florin d'or*. La marque monétaire est dans le bas.
Robert, pl. xi, n° 7.   OR.

317. *Florin d'or*. Variété inédite. La marque monétaire est une
tête de chien.   OR.

318. *Florin d'or*. Variété inédite. La marque monétaire est une
tête de faucon encapuchonnée.   OR.

Pierre d'André (1349-1368)

319. *Franc à cheval*. IOHANNE? : ET : LVCAS : MARCVS : MATHEX.
Cavalier armé et fleurdélisé à gauche.
R̂. ✝ XPC . VINCIT . XPC . REGNAT . XPC . IMPERAT. Croix
très ornée, avec lis dans les cantons.

Comparez pour les types, Robert, pl. xiv, n° 5 et pl. xv
n° 2   OR.

320. *Flaque*. ✝ PETRVS : EPISCOPEIVS : CIVITAS en légende extérieure, et ES-BE-RA-CO. en légende intérieure. Au centre,
type contrefait du Hainaut.
R̂. MONE-TA NOV-ACAME-RACEN. Croix pattée, cantonnée de
deux lions et de deux aigles.

Inédit. Un côté usé.   A

321. ✝ PETRVS.EPISCOP. Croix fleuronnée à pied patté.
R̂. ✝ CAMERAC. Dans le champ, une mitre sous laquell ⸱
MON-ETA.

Inédit, mais fruste. Ar.

Robert II de Genève (1368-1372)

322. *Double* + ROBERTVS EPS COMES, en légende, et CAMEDRC, au
centre en deux lignes.
℞. + MONETA DVPLEX. Croix pattée, cantonnée de deux roses.
Robert, pl. xv, n· 5. Deux exemplaires frustes. Bill. noir.

Jean V de Gavre (1411-1439)

323. *Drielander.* + IOHANES : EPVS : ET : COMES : CAMERAC.
Crosse épiscopale entre deux écus au lion inclinés.
℞. + SIT : NOMEN : DOMINI : BENEDICTVM. Croix pattée, can-
tonnée d'un lion et d'une mitre.
Robert, pl. xviii, n· 2. Ar.

Maximilien de Berghes (1556-1570)

324. *Florin d'or.* + M . A . BERGIS . D . G . EPS . ET . D . C . S . IM.
Dans un trilobe ogival alterné d'angles, l'écu à l'aigle ac-
costé de trois autres écus.
℞. FERDINADVS . ROMA . IMP . SEMP . AVG. Aigle biceps
couronnée.
Robert, pl. xxiii, n· 1. OR.

325. *Ecu d'argent.* MAX . A . B . D . G . ARC . EPS . ET . D . C .
S . IMP . CO . CAM. Double aigle couronnée, tenant trois
écus.
℞. SANCTVS . MAXIMILIANVS. Le saint debout.
Robert, pl. xx, n· 4. Variété. *Rare.* Ar.

326. ·*Thaler.* MAX . A . BERG . ARCH . Z . D . CAM . S . IP . PR .
C . C. Ecu de famille heaumé et lambrequiné.
℞. MAXIMILI' . II . ROMA . IM . SEM . AVG . 1569. Aigle impé-
riale couronnée.
Robert, pl. xxiv, n· 2. Ar.

327. *Thaler.* Même pièce. Ar.

328. *Thaler.* MAX . A . BERG . ARCH Z . D . CAM . S . EP . PR . C . CA.
Ecu heaumé et lambrequiné.
℞. MAXIMIL I. II . ROMA . IM . SEM . AVG . 1570. Aigle impé-
riale couronnée. Contremarqué à l'écusson de Zélande.

Cf. Robert, pl. xxiv, n· 1. Var. de date citée dans le texte, p. 169, d'après un dessin de l'abbé Mutte.　Ar.

329. *Pièce de cinq patards.* + M . A . BERGIS . D . G . EPS . ET D . C . S . IMP . P . CO . CAMERA. Ecu à cinq quartiers.
℞. NEO . CITO NEC . TEMERE . Croix feuillue coupant la légende.
Robert, pl. xxi, n· 1. Variété.　Ar.

330. *Pièce de cinq patards.* Exemplaire rogné de la pièce précédente.

331. *Pièce de cinq patards.* Variété avec : + M . A . BER. D . G . ARO. EPS . ET D . CA . S . IMP . P . CO . CAME.　Ar.

332. *Pièce de cinq patards.* Variété avec : + M . A . BER . D . G . ARO . EPS . ET D . CA . S . IMP . P . CO . CAME.　Ar.

333. *Patard.* Robert, pl. xxi, n· 8. Variété. Fruste. Billon blanc.

334. *Mitte.* + MAX . A . BER . ARO . EPS . D . CAME. Ecu échancré.
℞. MONETA . NOVA . CAMERASEN. Sur un cartouche écu ovale.
Robert, pl. xxii, n· 5. Variété.　Cuivre.

335. *Mitte.* Quatre exemplaires à légendes variées.　Cuivre.

336. *Jeton.* MAX . A . BERGIS . EPS . ET . D . CAME. Ecu écartelé surmonté du chapeau de cardinal.
℞. NEC . OITO . NEC . TEMERE. Horloge.
Robert, pl. xxii, n· 7.　Cuivre.

Louis de Berlaimont (1570-1596)

337. *Pièce de six deniers.* + LUD . A . BERLAIMONT . D . GRA
Dans le champ, un écu surmonté de : VI.
℞. Croix portant un lion en cœur, cantonnée de L-O-Y-S.
Robert, pl. xxv. n· 3. Deux exemplaires.　Cuivre.

338. *Pièce de deux deniers.* + LUD . A . BERLAIMONT . D . GR.
Ecu surmonté de : II.
R). ARCH -ET-DUX-CAM. Croix fleuronnée.
Robert, pl. xxv, n° 5. Deux pièces.   Cuivre.

339. *Pièce de deux deniers.* Variété avec la date : 76.
Robert, pl. xxv, n° 6.   Cuivre.

340. *Pièce d'un denier.* LUD . A . BERLAIMONT . D . GRA. Ecu.
R). + D . G . ARCH . Z . DUX . CAM. Ecu dans un cartouche.
Robert, page 179, n° 5.   Cuivre.

CHAPITRE DE NOTRE-DAME

341. *Pièce de six deniers.* + CAPITULUM CAMERACENSE. Chiffre
VI couronné accosté d'un lion et d'une étoile.
R). + SALVE REGINA . MISERICOR . 1549. Vierge tenant l'enfant Jésus.
Inédit. Aucun méreau de ce type n'a été publié avec date.
Cuivre jaune.

342. *Pièce de six deniers.* Méreaux sans date au type de la
pièce précédente.
Robert, pl. xxix et xxx. Sept exemplaires variés.   Cuivre.

343. *Pièce de quatre deniers* contremarquée d'un lion.
Robert, pl. xxxi, n° 5.   Cuivre.

344. *Pièce de deux deniers.*
Robert, pl. xxxii, n° 4. Variété.   Cuivre.

345. *Pièce d'un denier.*
Trois exemplaires variés, Robert, pl. xxxii.   Cuivre.

CHAPITRE DE SAINT-GERY

346. *Pièce d'un denier.* + CAPITULUM SANCTI. Dragon.
R. S GAVG-ERICI.1541. Le saint debout.
Robert, variété de p. 217, n° 4 et autre très barbare.
Deux pièces.   Cuivre.

347. *Pièce de trois deniers.*
Robert, pl. xxiii, n° 9.   Cuivre.

OCCUPATION FRANÇAISE

348. *Pièce de six deniers.* DENIER MONNOIE. Chiffre VI couronné.
R). + DE CAMBRAI 1588. Aigle à deux têtes.
Robert, pl. xxxviii, fig. 5.   Cuivre rouge.

SIÈGE DE 1595

349. *Pièce de XX patards.* HENRICO PROTECTORE. Ecu couronné

accosté des chiffres 9-5 (1595). Sur les bords de la pièce, trois poinçons, le nombre xx, la lettre p et les armes de Balagny.

Robert, pl. xl. n° 2.   Cuivre.

JETONS ET MEDAILLES

350. *Jeton.* + cambrai . cité . de . paix . 1579. Trois écus.
℞. + pour . les . comis . aux . fortifications. L'aigle de Cambrai ; dans le bas, deux mains jointes et la date : 1579.
Robert, pl. xxxiv, n° 2.   Cuivre.

351. *Médaille de Notre-Dame.* Notre - Dame do Cambrai à mi-corps.
℞. maria . m. gratlæ . tv. nos. ab . hoste. protege. 1676.
Robert, pl. xliii, n° 8.   Ar.

352. *Louis XV.* lud . xv . d . g . fr . et . nav . rex. Buste poupard à droite.
℞. dvlcivs . vivimvs. Ville fortifiée; à l'exergue : les . estats . de . cambray.
Robert, pl. xlviii, n° 2.   Ar.

353. *Louis XV.* lud . xv . rex . christianiss. Buste à droite; sur la tranche de l'épaule : duvivier.
℞. civitas cambracensis. Ecu ovale brochant sur une double aigle couronnée.
Robert, pl. xlviii, n° 6. Variété de coin.   Ar.

354. *Louis XV.* lud . xv . rex . christianiss. Tête à droite; dessous : r . filius.
℞. Type de la pièce précédente.
Robert, pl. xlviii, n° 9.   Ar.

355. *Médaille de Fénelon.* franciscus . arch . dux . camera-cencis.
Buste à droite; sous l'épaule : caunois f.
℞. urbi venerandus et orbi. Monument funéraire. 1825.
Robert, pl. liv, n° 1.   Bronze.

356. *Charles X.* carolus x . rex . franciæ. Tête à gauche.
℞. Au milieu du champ inscription, rappelant la restauration de l'hôpital et la date 1829.
Robert, pl. lv, n° 2.   Bronze.

357. *Charles* X. Petite médaille. Visite à Cambrai en 1827.
Robert, pl. lvi, n° 3.   Bronze.

358. Médaille de la Caisse d'Epargne 1834.   Bronze.

359. Méreau de la Société de bienfaisance. 1839.   Plomb.

360. Médaille coulée, aux armes de Mgr. Giraud. Adresse des catholiques à Pie IX. 1849.
                                                                    Plomb.

SEIGNEUR E D'ELINCOURT

Jean de Luxembourg

361. *Demi - cromsteert.* IOH . DE . LVCENBOVRG . COM . LINEI.
Lion avec écu en cœur.
℞; + MONE - TA . NOV - A . ELIN - COVRT. Croix pattée.
Poey d'Avant, pl. CLXI, n° 18.   Ar.

CHAMPAGNE

REIMS

Charles le Chauve

362. *Denier.* + GRACIA D-I REX. Monogramme carolingien.
℞. + REMIS CIVITAS. Croix.   Ar.

Henri Iᵉʳ (1162-1176)

363. *Denier.* + ARCHIEPISCOPVS. Dans le champ, en deux
lignes : HENRICVS.
℞. ✕ REMIS CIVITAS. Croix cantonnée de deux lis et de deux
croissants.
Poey d'Avant, pl. CVLI, n· 6.   Bill bl.

Guillaume (1176-120?)

364. *Denier.* + ARCHIEPISCOPVS. Dans le champ, en deux lignes:
GUILLMVS.
℞. + REMIS CIVITAS. Croix cantonnée de deux croissants et
de deux lis.
Poey d'Avant, pl. CXLI, n· 5.   Bill. bl.

Aubri (1207-1219)

365. *Denier.* + ARCHIEPISCOPVS. Dans le champ, en deux lignes :
ALBRICVS.
℞. ✕ REMIS CIVITAS. Croix cantonnée de deux lis et de deux
croissants.
Poey d'Avant, pl. CXLI, n· 4.   Bill. bl.

Arquebusiers, etc.

366. *Jeton des arquebusiers.* PRO. REGE ET PATRIA P. C. R. 1707.
Panoplie.
℞. PATRON DE M. LES ARQUEBUZIERS DE REIMS. Saint Antoine
debout; à l'exergue : ST ANTOINE.   Cuivre.

367. Jeton. Sacre de Louis XIV le 31 mai 1654.

Cuivre jaune.

368. Jetons. Sacre de Louis XV, le 23 octobre 1723.
Deux variétés.

Cuivre jaune.

CHALONS-SUR-MARNE

369. *Jeton*. LUD. XV. REX. CHRISTIANIS. Buste à droite.
℞. PRIX GENERAL DE LA VILLE DE CHAALONS 1754. Ecu couronné sur un cartouche.

Cuivre.

COMTÉ DE VERTUS

Jean Galeaz Visconti (1385-1402)

370. *Pegione*. S. AMBROSIV - MEDIOLAN. Le saint assis.
℞. COMES. VIRTVTVM. D. MEDIOLANI. Croix ornée dans un
trilobe.
Gnecchi, Monnaies de Milan, n· 6. Deux exemplaires.   Ar.

371. *Sesino*. GALEAZ. COMES. VIRTVTVM. Croix pattée.
℞. D. MEDIOLANI. VERONE ETC. Givre accostée de G-Z.
Gnecchi, n· 14. Cinq exemplaires variés.   Ar.

372. *Soldo*. S. AMBROSIV. MEDIOLAN. Le saint à mi-corps.
℞. GOMES. VIRTVTVM. D. MEDLI. ETC. Croix ornée.
Gnecchi, n° 10. Trois exemplaires.   Ar.

373. Autre. COMES. VIRTVTVM. Heaume couronné et cimé d'un vol.
℞. D. MEDIOLANI. Croix.   Bill. bl.

374. *Danaro*. + D. MEDIOLANI. ZC. en plein champ : G-Z.
℞. + COMES. VIRTVTVM. Croix ornée.
Gnecchi, n° 22. Six exemplaires.   Bill.

375. *Danaro*. + D. MLI. PADVE. Z.C. Dans le champ : G Z.
℞. + COMES. VIRTVTVM. Croix ornée.   Bill. bl.

MEAUX

Gautier I (1045-1082)

376. *Denier*. GALTERIVS PESV. Dextre bénissante.
℞. + MELDIS CIVITAS. Croix.
Poey d'Avant, pl. CXXXIX, n° 12.   Ar.

Bouchard (1120-1134)

377. *Denier*. BVRCARDVS EPS. Main tenant une crosse.

℞. + CIVITAS MELDIS. Cro x pattée, cantonnée de deux globules.
Poey d'Avant, pl. CXXXIX, n· 15.   Ar.

Etienne de la Chapelle (1161-1171)

378. *Denier.* +STEPHANVS. E. Crosse entre deux lis.
℞. · ∴· MELDIS CIVITAS. Croix cantonnée de deux annelets.
Poey d'Avant, pl. CXXXIX, n· 20.   Bill. bl.

379. *Denier.* STEPHANVS EPC. Tête mitrée à gauche.
℞. + MELDIS CIVITAS. Croix cantonnée de croissants.
Poey d'Avant, pl. CXXXIX, n· 23. Deux exemplaires. Bill. bl.

Pierre I (1172-1174)

380. *Denier.* PETRVS EPISCOP'. Tête mitrée et et crossée à gauche.
℞. + MELDIS CIVITAS. Croix cantonnée de deux globules et de deux lis.
Poey d'Avant, pl. CXXXIX, n· 96.   Bill. bl.

PROVINS

Henri I (1152-1180)

381. *Denier.* + HENRI COMES. Croix cantonnée.
℞. + CASTRI PRVVINS. Peigne.
Poey d'Avant, pl. CXXXVIII, n· 20· Trois exemplaires. Billon.

Thibaut III (1197-1201)

382. *Denier.* + TEBALT COMES. Croix cantonnée.
℞. + CASTRI PRVVINS. Peigne.
Poey d'Avant, pl. CXXXVIII, n· 25. Cinq exemplaires. Billon.

TROYES

Henri II (1180-1197)

383. *Denier.* + TRECAS CIVITAS. Monogramme.
℞. + HENRI COMES. Croix.
Poey d'Avant, pl. CXXXVIII, n· 7. Huit exemplaires.   Bill.

LANGRES

Louis IV (936-954)

384. *Denier.* + HLVDOVVICVS. Au centre, un R et un X liés.
℞. + LINCONIS CIVIS. Croix.
Poey d'Avant, pl. CXXXV, n° 5.   Ar.

385. Deux exemplaires, moins beaux, de la pièce précédente.

Louis VI (1108-1137)

386. *Denier.* + LVDOVICVS REX. Crosse entre deux étoiles.
℞. + VRBS LINGONIS. Croix.
Poey d'Avant, pl. CXXXV, n° 11.   Bill.

Guillaume II de Joinville (1209-1219)

387. *Denier.* + GVL' EPISCOPVS. Ecu à quatre lis.
℞. + LINGONENSIS. Croix.
Poey d'Avant, pl. CXXXV, n° 14.   Bill.

BOUILLON ET SEDAN

Henri de la Tour (1591-1623)

388. *Double tournois.* HENRI DE LA TOUR. DUC. DE. BUILLO. Buste
lauré à droite.
℞. DOUBLE TOURNOIS 1598. Ecu couronné.
Poey d'Avant, pl. CXLVIII, n° 2.   Cuiv.

Frédéric Maurice de la Tour (1623-1652)

389. *Double tournois.* F. MAURICE. DE . LA . TOUR P. S. D. S. Buste
à droite.
℞. + DOUBLE TOURNOI 1632. Trois lis et tourelle.
Poey d'Avant, pl. CXLVIII, n° 5.   Cuiv.

Godefroid Maurice (1652-1671)

390. *Double.* GOD EF. D. G. DUX BULLIONUS. Buste à droite.
℞. En plein champ : DOUBLE DE . BOUILLON.
Poey d'Avant, pl. CXLVIII, n° 13.   Cuiv.

Volontaires de Sedan

391. VOLONTAIRES PATRIOTES. Sanglier devant un arbre; à l'exergue : SEDAN et trois lis. Pièce uniface et concave.   Cuiv.

CUGNON

Ferdinand Charles (1644-1672)

392. *Denier*. F. C. C. D. L. RO. S. S. D. CH. CV. Buste à droite.
R). DENIER DE CVGNON 1655. Quatre lis. Deux exemplaires.
Poey d'Avant, pl. CXLVIII, n° 18. Variété de date.   Cuiv.

393. *Denier*. FERDINAN CHARLE. Buste à droite.
R. + DEN. D. L. 30V. D. CVG. Dans le champ, trois roses.
Poey d'Avant, pl. CXLVIII, n° 21.   Cuiv

_____

_____

PAYS MESSIN

TOULOIS ET VERDUNOIS

METZ

—

EMPEREURS ET ROIS

—

Lothaire I, empereur

394. *Denier.* + ʜʟᴠᴛʜᴠʀɪᴠs ᴍᴘ. Croix grêle, cantonnée, de quatre globules.
℞. + ᴍᴇᴅɪᴏᴍᴀᴛʀɪᴄᴏʀᴠ. Temple tétrastyle.

Robert, Nord-Est, pl. xiii, n° 2. *Très rare.* Ar.   T.B.

Lothaire II, roi

395. *Denier.* +- ʜʟᴏᴛʜᴀʀɪᴠs ʀᴇx. Croix grêle, cantonnée de huit globules disposés en diagonales.
℞. + ᴍᴇᴛᴛɪs ᴄɪᴠɪᴛᴀs. Temple tétrastyle.

Robert, Ibid., pl. xiii, n° 8. *Unique.*   Ar. fin. F.D.C.

Charles le Chauve

396. *Denier.* + ɢʀᴀᴛɪᴀ ᴅɪɪɪ x. Dans le champ, le monogramme carré.

₨. ✠ METTIS CIVITAS. Croix pattée avec un globule dans le premier canton.

Robert, Ibid., pl. XIII, n° 8. *Rare.*   Ar. fin. F.D.C.

Char'es le Chauve, comme roi, n'a été maître de Metz que pendant un an (869-870); mais son type au monogramme s'est, sans doute, comme celui de Louis le Débonnaire, au temple, immobilisé en Lorraine. Il est donc peu probable que les quatre numéros suivants, de moins bon style, soient de son temps.

597. *Denier.* Variété de la pièce précédente avec ✠ METTIS CIVITAS et la croix non cantonnée.   Ar. fin. T.B.

598. *Denier.* Variétés de coin. Type très dégénéré. Deux exemplaires.   Ar. bas. B. et A.B.

599. *Obole.* Type des pièces précédentes. Un globule dans le deuxième canton de la croix.

Deux exemplaires. Robert, Ibid., pl. XV, n° 4, variété. *Rare.*   Ar. fin. B. et A.B.

400. *Obole.* Variété de coin. Type très dégénéré. Deux exemplaires.   Ar. bas. F.

Henri l'Oiseleur

401. *Denier.* ✠ HEINRICVS RE.X. Croix grêle, cantonnée de quatre globules.

₨. ✠ METTIS CIVITAS. Temple à deux colonnes et à trois pignons; au centre la lettre M.

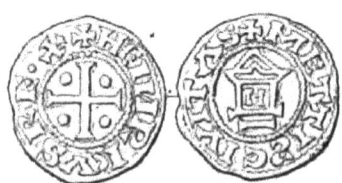

Robert, Ibid., pl. XVII, n° 1. *Très rare.*   Ar. fin. F.D.C.

Otton I

402. *Denier.* + OTTO REX. Croix cantonnée de deux globules.
℞. + GRATIA D-IIIX. Monogramme carolingien. Style barbare.

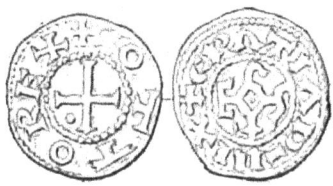

Robert, Ibid., pl. XVII, n° 12. Variété.   Ar.   B.

Cette pièce et les suivantes, quoique ne portant pas le nom de Metz, sont rangées dans la série messine, en raison de l'importance de l'atelier et de leur ressemblance, de faire et de titre, avec les espèces des deux premiers évêques ayant monnayé ; enfin parce que ces pièces se sont rencontrées avec des monnaies de l'évêque Thiéri. On sait, du reste, qu'à cette époque les monnaies royales et impériales furent souvent frappées par les évêques.

403. *Denier.* Variété avec + OTTROEX (sic).   Ar.   B.

404. *Denier.* Variété très dégénérée des pièces précédentes. Deux exemplaires.   Ar. bas.

405. *Denier.* + OTA......I-Я +. Monogramme carré imité du monogramme carolingien. Type immobilisé.
℞. OAOAOAOV. Croix pattée.

Légendes barbares ; *inédit.*   Ar. fin. F.D.C.

Otton II ?

406. *Denier.* .OTTO. D. SIR-EX. Croix cantonnée de quatre globules ; haut relief.
℞. Dans le champ, les mots : OTTO et peut être METTIS, disposés en croix.

Dannenberg, n° 1271, sans attribution.
Très rare   Ar. fin. F.D.C.

METZ ET DOMAINES ÉPISCOPAUX

—

ÉVÊQUES

Les monnaies épiscopales de Metz ont d'abord porté le nom du souverain et celui de l'évêque; puis, sauf de rares exceptions, l'évêque a seul signé les espèces qu'il fabriquait à Metz, à Marsal et à Epinal. Plus tard, dans la seconde moitié du XIII° siècle, les évêques furent contraints par les insurrections de la cité à frapper presque exclusivement dans leurs domaines ruraux; enfin Thiéri de Boppart céda définitivement son coin à la cité, et les évêques n'exercèrent plus le droit régalien de monnaie que dans les châteaux de leur Église. Robert de Lenoncourt racheta le coin de la cité aux bourgeois; mais on ignore s'il frappa effectivement à Metz. Après Robert, l'atelier de Metz demeura fermé aux évêques, et si un prince de la maison de Lorraine, Charles II, évêque de Strasbourg, émit des monnaies où figurait son titre d'évêque de Metz, ces monnaies n'étaient pas frappées dans cette ville. Quant à Henri de Verneuil (1621-1652), le dernier des prélats représentés dans la série monétaire messine, il dut à sa qualité de bâtard de la maison de France la permission de faire frapper monnaie à Vic.

A défaut de monnaies des évêques de la seconde moitié du XVI° siècle et du commencement du XVII°, nous aurons à cataloguer quelques rares jetons qui leur appartiennent.

Nota. Le plus grand nombre des pièces messines est d'une conservation parfaite, mais, dans les premiers temps, les monnaies se frappaient si mal que souvent une partie du type et des légendes n'est pas sortie du coin.

SEMI-ÉPISCOPALES — SEMI-IMPÉRIALES

Adalbéron I et Otton I, empereur (962-964)

SANS NOM D'ATELIER

407. *Denier.* + A(DELBER)O EPS. Temple tétrastyle à trois pignons; le fronton est chargé d'une croix.
℞. (+ IM)ᴾᴱRAT(OR) Croix pattée; O T T O, dans les cantons.
Frappe imparfaite; *variété inédite.* Ar. fin. F.D.C. Gr.

408. *Denier.* Variété, sans croix dans le fronton.
Très rare.   Ar. fin. T.B.

409. *Denier.* + ADE..ᴦ.. ᴾET...., légende incorrecte. Temple tétrastyle avec crosse.
℞. + ᴾBIᴍATOI..... écrit de droite à gauche. Croix avec O T T O écrit en lettres couchées.
Frappe imparfaite; *inédit.*   Ar. fin. T.B.

410. *Obole.* ΛЯO.......... Temple tétrastyle sans croix.
℞. ..... OᴍTIAO.... Croix avec les lettres O T T O couchées, dans les cantons.
Frappe imparfaite; *variété inédite.*   Ar. fin. T.B.   Gr.

Thiéri I et Otton I (964-973)

SANS NOM D'ATELIER

411. *Denier.* ..... ɪᴢᴏᴛᴛ....... Monogramme carolingien.
℞. + ... ᴅᴇʀɪᴄᴠs. Croix pattée.
   Type inédit. ·   Ar. fin. A.B.   Gr.

ATELIER DE METZ

412. *Denier.* + sᴄᴀ ᴍᴇᴛᴛɪs ᴅᴇᴏᴅ(ᴇʀɪ)ᴄ ᴇᴘs. Temple tétrastyle, dont le fronton est chargé d'une croix.
℞. + ɪᴍ-ᴘʀ. ᴀᴠɢ. Croix pattée, cantonnée des lettres ᴏᴛᴛᴏ.
De Saulcy, Évêq. Supp. nº 4. *Rare.*   Ar. fin. A.B.

413. *Denier.* ..... ᴅᴇᴏᴅᴇʀ. ᴇᴘs. Variété du numéro précédent.
                                Ar. bas.

414. *Denier.* ..... ᴅᴇᴏᴅᴇʀ ᴇᴘ... Autre variété.
   Deux pièces.   Ar. bas. F.

415. *Denier.* + sᴄᴀ ᴍᴇᴛᴛɪs ᴅᴇᴏᴅᴇʀɪᴄ ᴇᴘs. Temple tétrastyle sans croix au fronton.
℞. + ɪᴍ(-ᴘʀ.ᴀᴠ)ɢ. Croix pattée cantonnée des lettres ᴏᴛᴛᴏ.

Robert, Nord-Est, pl. xvɪɪɪ, nº 5. *Très rare.* Ar. fin. B.

416. *Denier.* Même pièce. Deux exemplaires.   Ar.   F.

417. *Obole.* + sᴄᴀ ᴍᴇᴛ.... Temple sans croix au fronton.
℞. ... ᴍᴘʀᴛᴀ.. .. Croix pattée cantonnée des lettres ᴏᴛᴛᴏ.
   Très rare.   Ar. bas. F.

418 *Obole.* Même pièce.   Ar. fin. F.   Gr.

SEMI-ÉPISCOPALES — SEMI-IMPÉRIALES
ET ÉPISCOPALES

Adalbéron II (984-1004)

ATELIER DE METZ

419. *Denier.* + ADELBER.... Tête de profil à gauche.
℞. + METTIS. Temple; croix entre les colonnes.
Flan bosselé. *Inédit.*   Ar. fin. B.   Gr.

420. *Denier.* + ADELBERO PRESVL. Tête de profil à gauche.
℞. + SANCTA METTIS. Temple; croix entre les colonnes.
De Saulcy, Évêq, supp., n° 20. *Très rare.* Ar. fin. F.D.C. Gr.

Le temple ayant la même forme que sur le denier messin d'Henri l'Oiseleur, la pièce pourrait être reportée à Adalbéron Ier.

421. *Denier.* Mêmes légendes; temple large et écrasé.
Très rare.   Ar. bas. B.

Thiéri II (1004-1046)

ATELIER DE METZ

422. *Denier.* + DEODERICVS. A la fin de la légende, deux lettres liées.
Croix pattée cantonnée de quatre globules.
℞. + MEDIOMATRICVM. Temple pentastyle à fronton rond.
Flan bosselé. *Inédit.*   Ar. fin. T.B.   Gr.

L'ancien ethnique *Mediomatrici* des monnaies carolingiennes permettrait à la rigueur de classer à Thiéri Ier les n°s 422 et 423.

423. *Denier.* Type et légendes de la pièce précédente. Coin varié.
           Ar. fin. F.

---

424. *Denier.* DEODERICVS E(PS). Tête de profil à gauche.
℞. + (M)ETTIS (CIVITAS). Croix cantonnée de quatre globules.
De Saulcy, Evêques, n° 2. *Très rare.*   Ar. fin. A.B.   Gr.

425. *Denier.* (DEO)D(ER)ICVS EP(S). Tête de profil à gauche, variété de
la précédente.
℞. + (METT)IS C(IVITAS). Croix cantonnée de quatre globules.
Frappe imparfaite. *Rare.*   Ar. fin. F.

426. *Denier.* DIDERICVS (EP)S. Tête de profil à gauche.
℞. + MET(TIS) CIVITAS. Croix grêle avec quatre globules.
Frappe imparfaite. *Rare.*   Ar. fin. A.B.

427. *Denier.* Même pièce; autre coin.   Ar. fin.

428. *Denier.* + (ᴅᴇᴏᴅᴇʀɪᴄꜱᴠ)ᴇɪꜱ (sic). Tête de profil à gauche.
℞ ..... ɪᴅᴜᴠ ..... Croix cantonnée de quatre globules..
Ar. fin. B.   Gr.

---

429. *Denier* + ᴅᴇᴏᴅᴇʀɪᴄᴠꜱ ᴘ. Croix pattée avec quatre globules.
℞. ᴍᴇᴛ ᴛɪꜱ, en deux lignes, dans le champ ; trois points au-dessus de l'ᴇ, un au-dessus de l'ɪ, et trois avant le ᴛ.
Ar. fin. B.   Gr.

430. *Denier.* + ᴅᴇᴏᴅᴇʀɪᴄᴠꜱ... Croix pattée avec quatre globules.
℞. ᴍᴇᴛ ᴛɪꜱ, en deux lignes, dans le champ ; trois points au-dessus de l'ᴇ, deux autres accostant l's.   Ar. fin.

431. *Denier.* Type semblable, mais avec trois points entre les deux lignes de ᴍᴇᴛ ᴛɪꜱ.   Ar. fin.

432. *Deniers.* Mêmes types qu'aux pièces précédentes, mais autres points accessoires. Deux pièces.   Ar. fin.

DENIER AU NOM DE SAINT-PIERRE

433. *Denier.* (ᴅᴇ)ᴏᴅᴇʀɪᴄ(ᴠꜱ). La pièce est effacée.
℞. ... ᴘᴇ - .. ᴠꜱ en deux lignes horizontales ; points dans le champ, flan à peu près carré.
Idédit.   Ar. fin. A.B.   Gr.

> Cette monnaie très ancienne est généralement attribuée à Metz parce que le second exemplaire connu, qui appartient au Musée d'Epinal, porterait (catalogue Laurent), à la suite du mot *Deodericus*, l'abréviation du titre *presul*, et que saint Pierre a été particulièrement honoré à Metz à une époque fort reculée. Nous ignorons si l'abréviation de *presul* est incontestable sur le denier du Musée d'Epinal ; dans le cas contraire, la pièce appartiendrait au duc de Lorraine, Thiéri (1070-1115), et à l'atelier de Remiremont.

ATELIER DE MARSAL

434. *Denier* + ᴅᴇᴏᴅᴇʀɪᴄᴠꜱ.... Croix pattée cantonnée de globules.
℞ + ᴍᴀʀꜱᴀʟ. Temple pentastyle à fronton cintré.
Inédit, très rare.   Ar. fin. A B.   Gr.

---

435. *Denier.* + ᴅᴇᴏᴅʀɪᴄᴠꜱ ᴇᴘꜱ. Croix pattée avec quatre globules.
℞. ᴍᴀʀ ꜱᴀʟ, au milieu du champ, en deux lignes.
Inédit, très rare.   Ar. fin. T.B.   Gr.

436. *Denier.* Deux autres exemplaires variés, légendes très mal sorties du coin et incomplètes.   AR. fin.

ATELIER D'ÉPINAL

437. *Denier.* + ᴅᴇᴏᴅᴇʀɪᴄᴠꜱ.... Croix pattée, cantonnée de trois globules.
℞. + ꜱᴘɪɴᴀʟ. Temple pentastyle avec fronton cintré.
De Saulcy, Evêques, n° 1. *Très rare.*   Ar. fin. A.B.   Gr.

438. *Denier.* Même type que le numéro précédent, si ce n'est que la croix est cantonnée de deux globules. **Ar. fin. F.**

439. *Obole* + DEODEPICVS.... Croix pattée cantonnée de deux globules. ℞ + SPINAL. Temple pentastyle avec fronton cintré.
Inédit, très rare.   **Ar. fin. T.B. ·Gr.**

440. *Obole.* Même type que la précédente, si ce n'est qu'au droit, la croix est cantonnée de trois globules.
Inédit, très rare.   **Ar. fin. F.**

---

441. *Denier.* + DEODERICVS P. Croix pattée cantonnée de trois globules.
℞. SPI NAL, en deux lignes, dans le champ; entre le P et l'A un point.
Inédit, très rare.   **Ar. fin. A.B.   Gr.**

442. ·*Denier.* Mêmes types; autres coins.   **Ar. fin. A.B.**

Adalbéron III (1046-1073)

C'est sous Adalbéron III qu'apparaît le type de saint Étienne ·qui caractérisa si longtemps les monnaies des évêques de Metz.

ATELIER DE METZ

443. *Denier.* + ADELBERO E-PS en légende et METTIS écrit dans les cantons d'une croix pattée.
℞. + (SCS) STEPHANVS. Saint Etienne nimbé et agenouillé, à droite, les bras étendus.
De Saulcy, Evêq., supp., n° 19. *Très rare.* **Ar. fin. T.B.   Gr.**

444. *Denier.* Type et légendes de la pièce précédente, mais coin varié. Exemplaire troué.   **Ar. fin. A.B.**

---

445. *Denier.* + ADELBERO EPS (lég. extérieure), METTIS (lég. int.).
Au centre, une croix pattée cantonnée de quatre globules.
℞. + (SCS STE)PHANVS. Saint Etienne agenouillé à droite, les bras étendus vers la main divine qui coupe la légende.
Exemplaire écorné. *Inédit, très rare.* **Ar. fin. F.   Gr.**

446. *Obole.* Types et légendes comme au numéro précédent. Les lettres sont mal venues dans la frappe, mais ne laissent aucun doute.
De Saulcy, Evêq., supp., n° 25. *Très rare.* **Ar. fin. T.F.**

ATELIER D'ÉPINAL

447. *Denier* + ADELBE(R)O EPS. Croix pattée ; S PI N AL dans les cantons.

℞. (scs) st(e)p(han)vs. Saint Etienne nimbé, agenouillé à droite, les bras ouverts.
De Saulcy, Evêques, supp., n°18. *Rare.* Ar. fin. B.   Gr.

448. *Denier.* Types de la pièce précédente. Les légendes ne sont pas entièrement sorties du coin et le flan est rogné.
Rare.   Ar. fin.

449. *Denier.* Variété des pièces précédentes. Le droit mal venu.
Ar. fin.

450. *Denier.* Variété. Le droit très net, mais le revers surfrappé.
Ar. fin.

451. *Obole:* + adelbero ep - s, en légende, et spinal dans les cantons d'une croix pattée.
℞. scs stephanvs. Saint Etienne agenouillé, les bras ouverts.
Inédit, très rare.   Ar. fin. A.B.   Gr.

Heriman (1073-1090)

SANS NOM D'ATELIER

452. *Denier.* + herimannd eps. Dans le champ, une croix pattée.
℞. s stephanvs. Saint Etienne nimbé, en buste, à droite. Le nimbe forme le grenetis intérieur.
De Saulcy. Evêques, n° 14. *Rare.*   Ar. fin. F.D.C. Gr.

La lettre S, abréviation du mot *sanctus*, est barrée dans cet exemplaire et dans les suivants.

453. *Denier.* Variété de coins du numéro précédent. Ar. fin. A.B.

454. *Denier.* + (heriman)n ep's, même type qu'au n° 452.
℞. Comme au n° 452.
Exemplaire écorné. *Rare.*   Ar. fin. A.B.

455. *Denier.* stephanvs, même type, mais à la fin de la légende un rectangle barré.
℞. + heriman.... croix pattée.
Rare.   Bill. B.

456. *Denier.* + herimannd eps'. Croix pattée.
℞. s stephanvs. Saint-Etienne nimbé en buste, à gauche.
De Saulcy, Evêq., supp., n°64. *Très rare.* Ar. fin. T.B.   Gr.

457. *Denier* + herimanni eps. Croix pattée avec quatre globules.
℞. stephanvs. Grand buste drapé, à droite, de très bon style; tête en relief et bien accusée.
De Saulcy, Evêq., supp., n°68. *Très rare.* Ar. fin. F.D.C. Gr.

ATELIER DE METZ

458. *Denier* ✛ HERIMANND EP - S. Croix pattée ; M ET T IS dans les cantons.
℞ S STEPHANVS. Saint Etienne agenouillé à droite, les bras étendus et ouverts
De Saulcy, Evèques, n° 16. *Très rare.* Ar. fin. F.D.G. Gr.

459. *Denier.* Même pièce, coins variés, deux exemplaires dont un troué.   Ar. fin.

ATELIER DE MARSAL

460. *Denier* ✛ HERIMANNDEP'S. Croix pattée avec M AR S AL (AL liés) dans les cantons.
℞ S STEPHANVS. Grand buste tourné à droite, la tête porte un diadème et le vêtement est très orné.
De Saulcy, Evêq., supp., n° 66. *Très rare.* Ar. fin. T.B.   Gr.

---

461. *Denier* ✛ HERIMAN(ND EPS). Croix pattée avec M AR S AL (AR et AL liés), dans les cantons.
℞. STEPHANVS. Saint Etienne agenouillé à droite, les bras ouverts et étendus.
De Saulcy, Evêques, n° 15. *Très rare.*   Ar. fin. F.D.C. Gr.

Anonymes vers le temps d'Hériman

ATELIER DE METZ

462. *Denier.* S STEPHANVS. Saint Etienne agenouillé à droite, les bras ouverts ; grenetis.
℞. M ET TIS dans les cantons d'une croix pattée ; le tout dans un filet enveloppé d'un grenetis.
Flan épais, *inédit, très rare.*   Ar. fin. F.D.C. Gr.

463. *Obole.* Saint Etienne agenouillé à droite, les bras ouverts. Dans le champ, de chaque côté du saint, une étoile.
℞. M ET TI S, dans les cantons d'une croix patté.
Inédit, très rare.   Ar. fin. F.D.C. Gr.

ATELIER DE SARREBOURG

Les évêques de Metz ont possédé Sarrebourg dès une époque reculée. Leur puissance y fut consolidée par Jean d'Apremont (1225-1239), et ce n'est qu'en 1464 que la ville fut cédée aux ducs de Lorraine. On ne possède aucune monnaie épiscopale signée, sortie de l'atelier de Sarrebourg, mais on a des monnaies anonymes que leur type permet de rapporter à des évêques. Nous allons décrire la plus curieuse de ces monnaies qui appartient au temps d'Hériman. On verra plus loin, sous les n°ˢ 609 à 611, des petits deniers de Sarrebourg également de caractère épiscopal.

464. *Denier.* STEPHANVS. Buste de saint Étienne de profil à droite.
℞. ✛ SAREBVRG. Croix pattée.
Très rare.   Ar. fin. F.D.C. Gr.

ATELIER DE SAINT-TROND

465. *Denier.* s STEPHAN'. Buste drapé, tourné à gauche, la tête ceinte
d'un double bandeau, devant le visage une crosse.
℞. + SCS - TRVDO - I. Eglise avec portail et tours.
Très rare. Ar. fin. T.B. Gr.

Revue belge de num., 1856, article de M. de Coster, qui considère ce
denier comme étant de l'époque où Saint-Trond appartenait à l'évêque de
Metz.

Poppon et Henri IV empereur (1093-1103)

SANS NOM D'ATELIER

466. *Denier.* HI... en légende circulaire POPPO, dans le champ entre
deux barres perlées ; au-dessus et au-dessous, une rosace
dans un perlé elliptique.
℞. S STE.... I. SaintEtienne nimbé, agenouillé à droite, les mains
jointes, le tout dans un perlé.

Belle conservation, mais mauvaise frappe ; ancienne coll.
Monnier. Robert, Nord-Est, pl. XVIII, n° 12. *Très rare.*
Ar. fin. F.D.C.

467. *Denier* + HIN... HIN, en légende circulaire. POPPO. dans le
champ, entre deux barres perlées ; au-dessus et au-dessous,
une rosace dans un perlé elliptique.
℞. STEP.. N. Saint Etienne agenouillé à droite, les bras ouverts
et étendus, mais ne s'appuyant que sur le genou droit.

Robert, Nord-Est, pl. XVIII, n° 13. *Unique.* Ar. fin. F.D.C.

Poppon seul (1093-1103)

SANS NOM D'ATELIER

468. *Denier.* + POPPO METN - SPE - S. Edifice à pignon, flanqué de
deux tours, type usité à Verdun et à Toul.

ᴀ̣. s stephanvs. Buste de Saint-Etienne de face ; la tête entourée d'un grand nimbe.
De Saulcy, Evêq., supp., n° 78. *Très rare.* Ar. fin. F.   Gr.

Anonyme du temps de Poppon

SANS NOM D'ATELIER

469. *Obole*......, légende effacée, au centre un édifice rappelant ceux des deniers d'Udon, évêque de Toul.
ᴀ̣. s stepha(nvs). Buste de Saint Etienne de face.
Inédit, unique.   Ar. fin. F.

Adalbéron IV (1103-1115)

SANS NOM D'ATELIER

470. *Denier.* + adalbero - pc. Croix pattée chargée au centre d'une croisette en sautoir.
ᴀ̣. s stephan'. Tête avec diadème perlé de profil à droite ; devant le visage un sceptre étoilé.
De Saulcy, Evêq., supp. n° 35. *Très rare.* Ar. fin. F.D.C. Gr.

—————

471. *Denier.* + adalbero pc. Croix pattée chargée au centre d'une croisette en sautoir ; étoiles dans les cantons.
ᴀ̣. s stephanvs. Buste à droite avec diadème et nimbe ; la main droite tient un livre ; la gauche bénit.
Très rare.   —————   Ar. fin. F.D.C. Gr.

472. *Denier.* + adalbero eps. Croix pattée cantonnée de quatre étoiles.
ᴀ̣. s stephanvs. Buste drapé à droite, la tête ceinte d'un double diadème perlé ; le saint tient une longue palme de la main droite.
Inédit, très rare.   Ar. fin. F.D.C. Gr.

—————

473. *Denier.* + adalbero epc. Croix pattée cantonnée de quatre étoiles.
ᴀ̣. s stephanvs. Tête à droite, avec cheveux perlés formant diadème.
Inédit.   Ar. fin. B.   Gr.

474. *Denier.* Variété de la monnaie précédente, la croix plus grande et plus grêle.   Ar. fin. F.

475. *Denier.* + albero eps (al liés). Même type qu'au n° 471.
ᴀ̣. s stephanvs (te liés). Même type qu'au n° 471.
                          Ar. fin. B.

476. *Denier.* Variété de coin de la pièce précédente.
Quatre exemplaires.   Ar. fin. B. et AB.

477. *Denier.* La même pièce. Quatre exemplaires.

Ar. fin. B. et A.B.

478. *Denier.* + ABEIIO OEP. Croix pattée cantonnée de quatre étoiles.
℞. S STEPHAN (TE liés). Tête barbare à droite.
Inédit. Contrefaçon du temps.   Ar. fin. B.

ATELIER DE METZ

479. *Denier.* +· ADLEBREO EPS (sic). Croix pattée cantonnée de M ET TIS.
℞. S STEPHANVS. Tête nue à droite devant laquelle une crosse.
Inédit, très rare.   Ar. fin. T.B.   Gr.

480. *Denier.* + ADLEBERO EPS. Croix pattée cantonnée de M ET TIS.
℞. S STEPHANVS. Buste drapé et lauré à droite.
De Saulcy, Evêques, n° 8.   Ar. fin. T.B.   Gr.

481. *Denier.* + ADLEBERO aPS (aP liés). Même type, variété de coin ;
lettres retournées et inversées dans le poinçonnage du coin.
Ar. fin.

482. *Denier.* + ADALBERO EPC entre deux grenetis. Dans le champ,
METTIS, tracé sur les branches d'une croix pointillée.
℞. S STEPHANVS. Buste drapé et diadème à droite.
De Saulcy, Evêques, n° 9. *Très rare.* Ar. fin. F.D.C. Gr.

483. *Denier.* Variété de coin de la pièce précédente.
Ar. fin. F.

Anonymes du temps d'Adalbéron IV

ATELIER DE METZ

484. *Denier.* S STEPHANVS. Buste drapé à gauche ; le bandeau et les
cheveux forment une sorte de crinière retombant sur le cou.
℞. M ETT IS, écrit en trois lignes ; quatre étoiles dans le champ.
De Saulcy, Evêques, suppl. n° 95.   Ar. fin. B.   Gr.

ATELIER INDÉTERMINÉ (RVMELINGIS)

485. *Denier.* S STEPHANVS. Buste à droite.
℞. + RVMELINGIS en légende, et M ET TI S, écrit dans le champ, sur
une croix pointillée.
Flan bosselé, toutes les lettres ne sont pas sorties du
coin. De Saulcy, Evêques, suppl. n° 43.
Très rare.   Ar. fin. F.D.C Gr.

486. *Denier.* S STEPHANVS. Buste à droite, drapé et diadémé, les cheveux courts et hérissés.

℞. ⊹ ʀᴠᴍᴇʟɪɴɢɪꜱ. Croix pattée sur laquelle une croisette en sautoir, un petit globe dans chaque canton.
De Saulcy, Evêques, suppl. n° 44. *Rare.*

Ar. fin. F.D.C. Gr.

487. *Denier.* Variété de coin de la pièce précédente.
Rare. Ar. fin. F.D.C.

488. *Denier.* ꜱᴛᴇᴘʜᴀɴᴠꜱ. Tête à droite, avec main ouverte.
℞. ✶ ʀɪᴍᴠʟɪɢɪꜱ. Croix pattée cantonnée d'une étoile et d'un croissant.
Très rare. Ar. fin. A.B.

489. *Denier.* Variété de coins du numéro précédent.
Rare. Ar. fin. A.B.

490. *Denier.* Les mêmes pièces. Trois exemplaires.
Ar. fin. A.B.

ATELIER INDÉTERMINÉ (SOCCHEIS)

491. *Denier.* ꜱ ꜱᴛᴇᴘʜᴀɴᴠꜱ. Buste de profil à droite, diadémé, cheveux courts.
℞. ꜱᴏᴄᴄʜᴇɪꜱ. Croix pattée cantonnée de quatre étoiles.
Variété inédite, très rare. Ar. fin. B.   Gr.

Etienne de Bar et Henri V, empereur (1120-1125)

492. *Denier.* ⊹ ꜱᴛᴇᴘʜᴀɴᴠ(ꜱ ᴇᴘ)ᴄ. Croix pattée cantonnée de quatre étoiles.
℞. ʜᴇɴʀɪᴄ.... Buste de l'empereur tourné à gauche, la tête barbue et portant une couronne ornée de perles et surmontée de trois croix.
Variété inédite, Cf. Robert, Nord-Est, pl. XVIII, n° 14.
Très rare. Ar. fin. B.   Gr.

Etienne de Bar, seul (1120-1163)

PIÈCES SANS NOM D'ATELIER

493. *Denier.* ✶ ꜱᴛᴇᴘʜᴀɴᴠꜱ ᴇᴘᴄ (le ᴘ barré). Croix pattée, placée sur un petit cercle et cantonnée de quatre étoiles.
℞. ꜱ ꜱᴛᴇᴘʜᴀɴ'. Saint Etienne à mi-corps de face élevant les mains et tournant la tête à droite.
Inédit, très rare. Ar. fin. T.B.   Gr.

494. *Denier.* ✶ ꜱᴛᴇᴘʜᴀɴᴠꜱ, sans le titre d'évêque. Types semblables à ceux du n° précédent.
De Saulcy, Evêques, suppl. n° 82. Ar. fin. T.B.

495. *Denier.* ● STEPHAN EPC (le P barré). Croix pattée, cantonnée de quatre étoiles.
℟. S STEPHAN'. Buste à droite, la tête ceinte d'un bandeau orné de perles.
Inédit. Ar. fin. F.D.C. Gr.

496. *Denier.* Même pièce, mal frappée. Ar. fin. A.B.

497. *Denier.* SPEHAINA. Croix pattée, cantonnée de quatre étoiles.
℟. S SEPHAN. Tête à droite, la chevelure formée de traits tombant sur le front et se terminant en petits globes.
Inédit. Imitation peut-être étrangère Ar. fin. F.D.C.

———

498. *Denier* SEIIEANVS. Croix pattée, posée sur un petit cercle.
℟. S STEPHAN'. Buste à droite, la tête ceinte d'un bandeau formé de deux cordons dans lesquels sont inscrits trois annelets, coiffure qui caractérise le temps d'Etienne de Bar.
Inédit. Ar. fin. B.

———

499. *Denier.* Légende mal venue. Croix sans rien dans les cantons.
℟.... . EPVNAN'. Tête à droite avec le bandeau formé de cordons et d'annelets comme au numéro précédent.
Inédit. Ar. fin. A.B.

———

500. *Denier.* STEPHAN EPC. Main tenant une crosse.
℟. STEPHA'. Buste à droite.
Inédit. Pièce cassée en deux. Ar. fin. F.

ATELIER D'ÉPINAL

501. *Denier* (grand module) · STEP(HAN)VS. Croix pattée, cantonnée d'un globule au deuxième et au troisième canton.
℟. SPI(NAL). Eglise tristyle avec arcades et fronton.
Laurent, Ateliers des Vosges, fig. 16. Vente Monnier, n° 960.
Très rare. Ar. fin. B.

502. *Denier* (grand module). Mêmes types. Ar. fin. B.

503. *Denier* (grand module). Mêmes types, variété de coins.
Ar. fin. T.B.

504. *Denier* (grand module). Mêmes types, variété de coins.
Ar. fin. A.B.

505. *Obole* · STEPHANVS. Croix pattée, cantonnée d'un globule au deuxième et au troisième canton.
℟. SPINAL. Eglise tristyle avec arcades et fronton.
Laurent, Ibid., pl. III, fig. 22. Vente Monnier, n° 964.
Très rare. Ar. fin. F.D.C. Gr.

506. *Denier* (petit module). STEFANI. Au commencement de la légende
un globule entouré de points; au centre, une croix pattée
cantonnée au premier et au quatrième d'un globule entouré
de points, et au deuxième et au troisième d'un globule.
ꝶ. SPINA....S. Église tristyle avec arcades et écrasée sous un toit
aigu que surmonte une croix.   Ar. fin. T.B.   Gr.

507. *Denier* (petit module). Mêmes types. Six exemplaires.
    Ar. fin. B.

508. *Denier* (petit module). Mêmes types. Six exemplaires.
    Ar. fin. B.

On remarquera que les monnaies précédentes (n°° 501 à 508), attribuées
à Etienne de Bar par M. Laurent, présentent deux tailles et deux styles
différents. Les grands deniers ont à peu près le même module que le denier
semi-impérial frappé au commencement de l'épiscopat d'Etienne; les petits
deniers se rapprochent, en tous points, de ses monnaies messines purement
épiscopales. Il faut remarquer d'ailleurs que l'épiscopat d'Etienne a duré
quarante-trois ans, ce qui justifie des modifications importantes dans la
taille des espèces.

ATELIER DE SAINT-TROND

509. *Denier*. STEPHAN. Buste à gauche, une crosse devant le visage.
ꝶ. Édifice à trois tours dans une enceinte.
Très beau.   Ar. fin. F.D.C.

Revue belge de num., 1853, article où M. Meyers considère la pièce comme
étant d'Etienne de Bar et comme frappée à Saint-Trond, qui appartenait encore aux évêques de Metz.

Anonymes du temps d'Etienne

ATELIER DE METZ

510. *Denier*. S STEPHAN'. Saint Etienne à mi-corps les mains levées,
comme au n° 493.
ꝶ. + METENSIS. Croix pattée cantonnée de deux étoiles, l'une
dans le premier, l'autre dans le quatrième canton.
De Saulcy, Évêques, suppl. n° 28.   Ar. fin. A.B.   Gr.

511. *Denier*. Même type, variété avec les étoiles du revers dans le
deuxième et le troisième canton.   Ar. fin. B.

512. *Denier*. S STEPAN'. Buste à droite, la tête ceinte d'un bandeau
formé de deux cordons et trois annelets, comme au n° 498.
ꝶ. + METENSIS. Croix pattée, un point au centre.
De Saulcy, Évêques, suppl. n° 83.   Ar. fin. B.   Gr.

513. *Denier*. S STEPHAN'. Type de la pièce précédente, au revers la
croix sans point central.
Deux exemplaires   Ar. fin. F.D.C.

514. *Denier*. Même type. Variété de coins.
Quatre exemplaires.   Ar. fin. B.

515. *Denier.* Même type. Quatre exemplaires. Ar fin. B. et A.B.

516. *Denier.* s stephan. Buste à droite, la tête ceinte d'un bandeau
comme au n° 498
℞. • n • ei • t • ei, dégénérescence du mot *metensis;* au centre
une croix pattée. Ar. fin. A.B.

517. *Obole.* stephan'. Buste à droite, la tête ceinte d'un bandeau
comme au n° 498.
℞. ✛ metensis. Croix pattée.
Inédit, très rare. Ar. fin. A.B. Gr.

_____

518. *Denier.* s sephan. Buste à droite, la tête ceinte d'un double
diadème perlé.
℞. ✛ metensis. Main tenant une crosse.
Inédit, très rare. Ar. fin B.

_____

519. *Obole.* s stephan'. Tête à droite.
℞. ✛ metensis. Main tenant une crosse.
Inédit, très rare. Ar. bas. T.B. Gr.

_____

520. *Denier.* s stephan. Saint Etienne, à mi-corps, à droite, tenant
une palme.
℞. metensis. Main tenant une crosse.
De Saulcy, Evêques, suppl. n° 90. *Rare.* Ar. fin. F D.C Gr.

521. *Denier.* Type de la pièce précédente.
Deux exemplaires. Ar. fin. T.B. et B.

522. *Denier.* Mêmes types. Deux exemplaires. Ar. fin. B.

ATELIER DE MARSAL

523. *Denier.* s stephan'. Buste à droite, la tête ceinte d'un bandeau.
℞. marsal. Croix pattée.
De Saulcy, Evêques, n° 26. Ar. bas. F. Gr.

524. *Denier.* Type de la pièce précédente. Deux exemplaires.

_____

525. *Denier.* (mar)sal. Saint Etienne, à mi-corps, à droite, tenant une
palme.
℞. marsal. Main tenant une crosse.
Deux exemplaires. *Rare.* Ar. fin. B.

526. *Obole.* .... n .... Saint Etienne, à mi-corps, à droite, tenant
une palme, comme au n° 525.
℞. marsal. Main tenant une crosse.
Inédite. Ar. fin. B. Gr.

ÉPISCOPALES PURES
Thiéri III (1164-1171)

SANS NOM D'ATELIER

527. *Denier.* ᴛᴇᴏᴅᴇʀɪᴄ'. Buste de profil à droite avec palme et livre.
   ℞. ·ᴇᴘ'...... ᴇᴛ? Croix cantonnée de deux étoiles.
   Unique.   Ar. fin, A.B.   Gr.

ATELIER DE METZ

528. *Denier.* + ᴛᴇᴏᴅᴇʀɪᴄ. Croix avec point au centre et extrémités
   tridentées, cantonnée de quatre étoiles.
   ℞. ᴍᴇᴛᴛɪs. Buste à gauche, avec crosse et livre.
   Exemplaire cassé, mais très net.
   Très rare.   Ar. fin.

529. *Denier.* Même pièce, légendes peu visibles. Ar. fin.   Gr.

Anonymes du temps de Thiéri III

ATELIER DE METZ

530. *Denier.* ᴍᴇᴛᴛɪs. Buste à gauche avec crosse et livre.
   ℞. + ᴍᴇᴛᴇɴsɪs. Croix avec point au centre, cantonnée de quatre
   étoiles.
   Inédit, très rare.   Ar. fin. F.

531. *Denier.* Variété de coin de la pièce précédente.
   Exemplaire écorné.   Ar. fin.

532. *Denier.* Variété avec ᴍᴇᴛɪs; la légende du revers commence par
   un globule entouré de points.
                                            Ar. fin.

533. *Denier.* Même pièce.   Ar. fin. A.B.

Avec Thiéri III, le diamètre des pièces, variable sous les derniers évêques, diminue définitivement, et l'on n'a plus, du moins dans l'atelier de
Metz, que de très petits deniers jusqu'au temps de Renaud de Bar, c'est-à-
dire jusqu'au commencement du xıvᵉ siècle.

Frédéric de Pluvoise, élu (1171-1173)

ATELIER DE METZ

534. *Denier.* ꜰʀɪᴅᴇʀɪᴄ'. Buste de profil, à gauche, les cheveux globulés.
   ℞. ᴍᴇᴛᴇɴsɪs. (Au commencement de la légende, un globule
   entouré de points). Croix pattée avec un croissant dans le

deuxième canton, et un globule entouré de points dans le troisième.
Inédit.   Ar. fin. F.D.C. Gr.

535. *Denier.* Variété de coins. Deux exemplaires. Ar.   F.D.C.

536. *Denier.* Variété de coins. Deux exemplaires. Ar. fin. F.D.C.

537. *Denier.* Variété de coins. Deux exemplaires. Ar. fin. F.D.C.

538. *Obole.* FRIDERIC. Tête à gauche, les cheveux globulés.
℞. + METENSIS. Croix pattée cantonnée d'un croissant et d'un globule entouré de points.
Inédit, très rare.   Ar. fin. F.

Thiéri IV, élu (1173-1179)

ATELIER DE METZ

539. *Denier.* TEODERIC'. Buste de profil à gauche, les cheveux globulés.
℞. METENSIS. (Au commencement de la légende un globule entouré de points). Croix pattée avec un croissant dans le deuxième canton et un globule entouré de points dans le troisième.
De Saulcy, Evêques, suppl. n° 97.   Ar. fin. T.B.   Gr.

540. *Denier.* Variété de coins de la pièce précédente.
Deux exemplaires.   Ar. fin. T.B.

541. *Denier.* Variété de coins. Deux exemplaires. Ar. fin. T.B.

542. *Denier.* La même pièce. Trois exemplaires. Ar. fin. T.B.

543. *Obole.* TEODERIC'. Type des pièces précédentes.
℞. ..... NSIS. Type des pièces précédentes.
Inédite, très rare.   Ar. fin. F.   Gr.

Bertram (1179-1212)

ATELIER DE METZ

544. *Denier.* BERTRANN'. Buste de profil, bénissant à gauche.
℞. METENSIS. Main divine sur une croix dont les branches à double bandes, coupent la légende.
De Saulcy, Evêques, n° 29.   Ar. fin. F.D.C. Gr

545. *Denier.* La même pièce. Quatre exemplaires. Ar. fin. F.D.C.

546. *Denier.* Même pièce, coins plus petits.
Quatre exemplaires.   Ar. fin. F.D.C.

547. *Obole*. (B)ERTRANN'. Type des pièces précédentes.
℞. METENSIS. Type des pièces précédentes.
De Saulcy, Evêques, n° 32.   Ar. fin. F.   Gr.

L'obole de Bertram est de la plus grande rareté. Il ne s'en trouvait pas un seul exemplaire dans le grand trésor exhumé à Kerling, en 1853.

548. *Denier*. Même type que le n° 544. Un point dans le quatrième canton de la croix. Trois exemplaires.   Ar. fin. F.D.C.

549. *Denier*. Même type que le n° 544. Un point dans le troisième canton de la croix. Deux exemplaires.   Ar. fin. F.D.C.

550. *Denier*. Même type que le n° 544. Points dans le troisième et le quatrième canton de la croix.
Quatre exemplaires.   Ar. fin. F.D.C.

551. *Denier*. Même type que le n° 544. Un annelet dans le troisième canton de la croix. Deux exemplaires.   Ar. fin. F.D.C.

552. *Denier*. Même type que le n° 544. Un annelet pointé dans le troisième canton de la croix.   Ar. fin. F.D.C.

553. *Denier*. Même type que le n° 544. Un globule entouré de perles derrière le buste du droit.
Trois exemplaires.   Ar. fin. F.D.C.

554. *Denier*. Même type que le n° 544. Un globule entouré de points derrière le buste du droit, et au revers, des globules dans le troisième et le quatrième canton.   Ar. fin. F.D.C.

555. *Denier*. Même type que le n° 544. Un globule derrière le buste du droit, et au revers, des globules dans le troisième et le quatrième canton. Deux exemplaires.   Ar. fin. F.D.C.

556. *Denier*. Même type que le n° 544 Un croissant derrière le buste au droit. Cinq exemplaires.   Ar. fin. F.D.C.

557. *Denier*. BERTRA.NN'. Même type que le n° 544, mais un annelet devant le buste au droit.
Très rare.   Ar. fin. F.

Conrad (1212-1225)

ATELIER DE METZ

558. *Denier*. CONRADVS. Buste mitré de profil à gauche et bénissant ; derrière la tête, trois globules.
℞. METENSIS. Main divine sur une croix dont les bandes coupent la légende (type de Bertram).
De Saulcy, Evêques, n° 23. *Très rare*. Ar. fin. B.   Gr.

559. *Denier*. Variété de la pièce précédente, derrière le buste un annelet.
    Inédit, très rare.   Ar. fin. B.

ATELIER D'ÉPINAL

560. *Denier* + conradvs (le d retourné), croix pattée cantonnée de deux globules et de deux croissants.
    ℞. espinal. Edifice carré et crénelé.
    Très rare.   Ar. fin. B.   Gr.

Jean I (1225-1239)

561. *Denier*. iohannes. Buste bénissant, de profil à gauche ; derrière le buste un annelet.
    ℞. metensis. Main divine sur une croix dont les branches à doubles bandes, coupent la légende ; un annelet dans le troisième et le quatrième canton. (Type de Bertram.)
    De Saulcy, Evêques, nᵘ 34. *Très rare.* Ar. fin. A.B.   Gr.

562. *Denier*. Variété de la pièce précédente, au revers un annelet dans le quatrième canton de la croix.
    Très rare.   Ar. fin. F.

563. Variété avec un annelet dans le troisième canton.
    Très rare.   Ar. fin. A.B.

564. *Denier*. iohannes (l's est retourné). Type du nº 561, mais sans annelet au droit, derrière le buste, ni au revers dans les cantons de la croix.
    Très rare.   Ar. fin. A.B.

565. *Denier*. iohannes écrit à rebours. Buste mitré avec crosse, de profil à gauche.
    ℞. metensis. Croix pattée.
    Variété inédite.   Ar. fin. B.   Gr.

566. *Denier*. Même pièce.
    Deux exemplaires de coins différents.   Ar. fin. B.

567. *Denier*. Type du nº 565, mais quatre croissants dans les cantons de la croix du revers.   Ar. fin. A.B.

568. *Denier*. Type du nº 565, mais quatre globules dans les cantons de la croix du revers. Exécution un peu barbare. Trois exemplaires.
    De Saulcy, Evêques, nº 43.   Ar. fin. B.

569. *Denier*. iannes (sic). Type du nº 565, mais au revers quatre globules dans les cantons de la croix.   Ar. fin. A.B.

570. *Denier.* SNETES. Type du n° 565, mais au revers quatre globules dans les cantons de la croix. Ar. fin. T.B.

571. *Denier.* Variété d'une gravure très délicate, au revers la croix est cantonnée de deux croissants et de deux étoiles. *Rare.* Ar. fin. T.B.

572. *Denier.* TIVO..ISEN. Type du n° 565.
℞. METENSIS. Croix pattée cantonnée de deux étoiles et de deux croissants. Ar. fin. A.B.

573. *Denier.* MET. Type du n° 565.
℞. METENSIS. Croix pattée cantonnée de quatre points. Ar. fin. A.B.

Contrefaçons barbares des deniers de Jean I
DANS LES ATELIERS ÉTRANGERS?

574. *Denier.* ...EI... Buste mitré avec crosse, à gauche.
℞. ...GIE - EN. Croix pattée cantonnée de deux étoiles et de deux croissants.
Inédit. Ar. fin. A.B.

575. *Deniers* Trois pièces au type du n° 574, portant respectivement ....IENGIO, . ..ENGIO et IEGN . . Ar. fin. A.B.

576. *Denier.* Quatre pièces au type du n° 574 portant respectivement . .ɔIGOI..., OIENGIE, . .IGIVIE .. et ., IOLVIG. Ar. fin. A.B.

Jacques (1239-1260)
ATELIER DE METZ

577. *Denier.* IACOB...S. Buste mitré avec crosse, de profil, à gauche.
℞. METENSIS. Croix pattée cantonnée de deux étoiles et de deux croissants. *Inédit.* . Ar. fin. AB. Gr.

578. *Denier.* Même pièce, autres coins. Trois exemplaires. Ar. fin. AB.

579. *Obole.* IACOBVS. Buste mitré avec crosse de profil à gauche.
℞. METENSIS. Croix pattée cantonnée de deux étoiles et de deux croissants. *Inédit. Très rare.* Ar. fin. T.B. Gr.

580. *Obole.* Exemplaire troué de la pièce précédente℞ Ar. n.

581. *Obole.* Autre exemplaire; les fanons de la mitre occupent une partie du champ. *Inédit. Très rare.* Ar. fin. A.B.

582. *Denier*. ɪᴀᴋᴇ. Nom en langue vulgaire. Buste mitré avec crosse, de profil, à gauche.
℞. ᴍᴇᴛᴇɴsɪs. Croix cantonnée de croissants.
De Saulcy, Evêques, n° 54. *Très rare*. Ar. fin. A.B. Gr.

SANS INDICATION D'ATELIER

583. *Denier*. ɪᴀᴄᴏв'. Tête mitrée, de profil, à gauche.
℞. Croix dont les branches à doubles bandes sont tréflées et cantonnées de quatre lis.
Deux exemplaires. De Saulcy, Evêques, supp. n° 119.
Ar. fin. A.B. Gr.

584. *Denier*. Variété du numéro précédent; la tête est barbue et un globule est placé entre les deux pointes de la mitre.
Inédit. _____ Ar. fin. F.

585. *Denier*. ɪᴀᴄᴏвvs. Tête mitrée, de profil, à gauche.
℞. Croix à branches pleines, chargée au centre d'une étoile, et cantonnée de quatre lis.
De Saulcy, Evêq., supp., n° 123. Ar. fin. F. Gr.

Temps de Philippe de Florenges à Jean de Flandre (1260-1282)

MONNAIES ANONYMES

ATELIER DE METZ

586. *Denier*. Evêque mitré bénissant, à mi-corps, à gauche.
℞. + ᴅᴇ · ᴍᴇs. Croix pattée.

Robert, Mélanges de numismatique, 1877.
Ar. B.

ATELIER DE CHATEL

587. *Denier*. Evêque mitré bénissant, à mi-corps, à gauche.
℞. + ᴄʜᴀɪsᴛᴇ. Croix pattée.

Robert, Ibid. Ar.

·588. *Denier*. Même pièce. Ar. F.

589. *Denier*. Même pièce. Deux exemplaires. Ar. F.

ATELIER DE CONFLANS

590. *Denier*. Evêque mitré bénissant, à mi-corps, à gauche.
℞. + CONFANT. Croix pattée. Légèrement écorné.

Robert, Ibid. Ar. B.

ATELIER DE VIC-SUR-SEILLE

591. *Denier*. Evêque mitré bénissant, à mi-corps à gauche, derrière la mitre, une molette.
℞. + DE VI. Croix pattée.

Robert, Ibid. Ar. A.B.

592. *Denier*. Variété sans molette du droit, et avec + CE VIT au revers. *Inédit*. Ar. F.

593. *Denier*. Même droit qu'au n° 591.
℞. + CEST · VI. Croix pattée. *Inédit*. Ar. F.

594. *Denier*. Variété du numéro précédent, au droit une molette, devant et derrière la mitre.

Robert, Ibid. Ar. B.

ATELIER DE MOYENVIC

595. *Denier*. Evêque mitré bénissant, à mi-corps, à gauche.
℞. + MOIIAVI. Croix pattée.

Robert, Ibid. Ar. B.

596. *Denier*. Même pièce.   Ar.   F.

ATELIER DE MARSAL

597. *Denier*. Evêque mitré bénissant, à mi-corps, à gauche; devant le visage une molette à rais pointés; derrière la mitre une petite molette.
℞. + ᴍᴀʀꜱᴀᴠᴛ. Croix pattée.

Variété inédite. Cf. Robert, Ibid.   Ar.   T.B.

598. *Denier*. Même pièce.   Ar.   B.

ATELIER D'ÉPINAL

599. *Denier*. Evêque mitré bénissant, à mi-corps, à gauche; devant le visage une rosace.
℞. + · ᴇꜱ · ᴘɪ · ɴᴀᴠꜱ. Croix pattée.

Robert, Ibid.   Ar.   T.B.

600. *Denier*. Même pièce. Deux exemplaires.   Ar.   T.B.

601. *Denier*. Evêque bénissant, comme au n° 589.
℞. ᴇꜱᴘɪɴᴀᴠꜱ. Un point devant la légende. Croix pattée.
                                                      Ar.   T.B.

602. *Denier*. Même pièce. Deux exemplaires.   Ar.   T.B.

603. *Denier*. Evêque bénissant, comme au n° 589.
℞. + ᴇꜱᴘɪɴᴀᴠꜱ. Croix fleuronnée. *Inédit*.   Ar.   T.B.

604. *Denier*. Mêmes types qu'au numéro précédent; mais au droit sans rosace devant la tête et avec une croisette derrière.
                                                      Ar.   B.

ATELIERS DE RAMBERVILLERS

605. *Denier*. Evêque à gauche mitré, tenant le livre et la crosse.

℞. +· RAM · BERVIL · (L barré). Croix pattée.

　　　　Robert, Ibid.　　　　　　　　　Ar.　　F.D.C.

606. *Denier*. Variété avec +· RAN.BER · VI · L. Ar.　　F.D.C.

607. *Denier*. Variété avec + RAM · BERVILL (L est barré).
　　　　　　　　　　　　　　　　　　　　Ar.　　A.B.

608. *Denier*. Variété avec + RAMBER · VILL'.　　Ar.　　B.

ATELIER DE SARREBOURG

609. *Denier*. Evêque mitré bénissant, à mi-corps, à gauche.
℞. SA · RE · BOR. Ecusson dans lequel une crosse.
　　　　Robert, Ibid.　　　　　　　　　Ar.　　F.

610. *Denier*. Variété avec + SAREBOC.　　Ar.　　A.B.

611. *Denier*. La même pièce. Deux exemplaires. Ar.　　F.

Bouchard d'Avesnes (1282-1198)

ARELIER DE MARSAL

612. *Denier*. BOVCARDVS. Au centre l'écu de l'évêque, chargé d'un
lion sur lequel une crosse posée en bande.
℞. + MARSALLENSIS. Croix pattée. *Très rare*. Ar. fin. F.D.C. Gr.

Gérard (1298-1302)

ATELIER DE METZ

613. *Denier*. IERAD. Evêque mitré bénissant et tourné à gauche.
℞. DE MES. Croix pattée. *Inédit? Très rare*. Ar.　　A.B.　　Gr.

614. *Denier*. Type de la pièce précédente. Deux exemplaires.
　　　　　　　　　　　　　　　　　　　　Ar.　　F.

ATELIER D'ÉPINAL

615. *Denier*. GE..COP. Ecu billeté avec bande et crosse en pal, brochant sur le tout ; un entourage à six angles coupant la légende.
℞. EPNA. Croix à triples bandes évidée en quadrilobe, et coupant la légende. *Très rare*.　　　　　Ar. fin. A.B.　　Gr.

ATELIER DE CONFLANS

616. *Denier.* IERA · D. Evêque mitré bénissant, tourné à gauche.
℞. + COFLANT. Croix pattée.
Inédit. Très rare. Ar. A.B. Gr.

Renaud de Bar (1502-1319)

Renaud, frère du comte de Bar, introduisait dans son atelier le type et la taille des espèces lorraines. Il copia particulièrement le *petit cavalier* et le *spadin*.

ATELIER D'ÉPINAL

617. *Petit cavalier ou double denier.* + R EPS METECIS. Cavalier à droite, armé d'une lance et couvert d'un écu aux bars.
℞. MONETA SPINALEN. Epée en pal, coupant la légende, et accostée de deux bars.
De Saulcy, Evêques, Supp. n° 131. Ar. T.B. Gr.

618. *Petit cavalier ou double denier.* Pièce semblable.
Ar. A.B.

619. *Petit cavalier ou double denier.* + R. METENCIS EPS. Cavalier à droite armé d'une lance et couvert d'un écu aux bars.
℞. MONETA SPINALEN. Epée en pal coupant la légende; dans le champ, deux bars, chacun entre deux croisettes, simulant les alérions de Lorraine.
Inédit, très rare. Ar. F.D.C. Gr.

———

620. *Denier ou spadin.* R. EPS. L'évêque mitré en pied, de face, tenant une crosse et un livre.
℞. ESPINAVS. Epée en pal coupant la légende.
De Saulcy, Evêq., supp. n° 132. Ar. F.D.C. Gr.

621. *Denier ou spadin.* Trois exemplaires semblables.
Ar. T.B.

622. *Denier ou spadin.* RENA. L'évêque mitré, en pied, comme au n° 620.
℞. EPINAV. Epée en pal, comme au n° 620.
De Saulcy, Evêq., supp , p. 62. Ar. T.B.

623. *Denier ou spadin.* Autre exemplaire. Ar. B.

Adémar de Monthil (1327-1361)

Les grandes plaques et les gros commencent dans l'évêché de Metz sous Adémar. C'est à Marsal qu'on paraît les avoir d'abord frappées.

ATELIER DE METZ

624. *Fraction du gros.* + ADEMARIVS ⚹ EPS. Evêque mitré, vu à mi-corps à droite, bénissant d'une main et tenant une crosse de l'autre.
℞. + MONETA ⚹ METESI. Croix pattée, cantonnée de deux étoiles et de deux croissants figurés.
De Saulcy, Evêq., n° 61.   Ar.   F.D.C. Gr.

625. *Fraction du gros.* Pièce semblable au numéro précédent.
Deux exemplaires.   ·   Ar.   B.

---

626. *Denier.* A · EPS. Evêque mitré vu à mi-corps à droite, bénissant d'une main et tenant une crosse de l'autre.
℞. METENSIS. Croix pattée cantonnée de deux étoiles et de deux croissants.
De Saulcy, Evêq., n° 64. *Rare.*   Ar. fin. F.D.C Gr.

SANS NOM VISIBLE D'ATELIER

627. *Double denier.* + A : E(PISCOPV)S : METEN? Fleur de lis dans le champ, comme sur les *doubles* de Philippe de Valois.
℞. + MONET.. ... Croix fleurdelisée et évidée au centre.
Très rare.   Bill.   F.   Gr.

628. *Double denier.* Deux exemplaires analogues au numéro précédent.
dent   Bill.   F.

Ces billons ne sont pas incontestablement messins. Ils constitueraient dans tous les cas une anomalie, les évêques de Metz n'ayant jamais copié la monnaie royale.

ATELIER DE MARSAL

629. *Grande plaque.* + ADEMARIVS : EPISCOPVS : DE : METENSI : Ecu aux trois croix, évidées, cléchées et pommetées, chargé d'une crosse en pal; l'écu est accosté de trois couronnes et placé dans un contour de quatre lobes dont les angles rentrants sont ornés de tréfeuilles.
℞. + ADEMARIVS : EPISCOPVS : DE : METENSI : en légende extérieure, + MONETA : DE : MARSA en légende intérieure dans le champ, une croix pattée cantonnée de quatre couronnes.
Très rare.   Ar. fin. F.D.C Gr.

630. *Fraction de la plaque.* A×EPS MET×, au centre un écu **semblable**
      à celui du numéro précédent.
      ℞ M A R S. Croix évidée, cléchée et pommetée coupant la légende.
      De Saulcy. Evêq. n° 69.   Ar.   F.D.C. Gr.

631. *Essai?* Types et légendes de la pièce précédente. Flan épais.
                                              Cuivre. A.B.

_____

632. *Gros.* ✠ ADEMARIVS DEI ✕ GRA ✕ METEN ✕ EPS. Evêque mitré à mi-corps,
      de face, bénissant et tenant une crosse ; de chaque côté, une
      croisette, évidée, cléchée et pommetée.
      ℞. ✠ BNDICTV ⋮ SIT ⋮ NOME ⋮ DNI ⋮ NRI ⋮ DEI ⋮ IHV ⋮ XPI en légende exté-
      rieure, ✠ MONETA ✕ DE ✕ MARSA en légende intérieure ; au centre
      une croix pattée.
          Inédit, unique. Exemplaire percé d'un très petit trou au
          bord supérieur.   Ar.   F.D C. Gr.

_____

633. *Fraction du gros.* ✠ ADEMARIVS ✠ EPS ✠ METEN. Saint Etienne à
      genoux, la tête nimbée et les mains jointes, entre deux
      bourreaux qui le lapident.
      ℞. ✠ MONETA ⚜ DE MARSALLO. Crosse en pal entre deux écus aux
      armes de Monthil surmontés d'un tréfeuille.
          Variété inédite de l'exemplaire de Saulcy, Evêq., suppl.,
          n° 142.   Ar. bas. A.B.   Gr.

634. *Fraction du gros.* ✠ ADEMARIVS ⋮ EPS ⋮ METEN. Saint Etienne
      entre ses bourreaux comme au n° 633.
      ℞. ✠ MONETA ⋮ DE ⋮ MARSALLO. Crosse entre deux écus comme
      au n° 633.
          Variété inédite, très rare. Exemplaire de la coll. Monnier
                                           Ar. bas. B.

_____

635. *Denier.* A EPS. L'évêque mitré, à mi-corps, bénissant et tenant
      une crosse.
      ℞ MONETA MARSA ⋮ . Crosse en pal, coupant la légende et accostée
      de deux croix de Monthil.
      Inédit.   Ar.   F.D.C. Gr.

636. *Denier.* Pièce semblable. Deux exemplaires.
                                         Ar.   B.

Jean III de Vienne (1361-1365)

ATELIER DE MARSAL

637. *Gros.* ✠ IOH'ES ⚬ DEI ⚬ GRA ⚬ EPS ⚬ METES'. Crosse en pal entre deux
      écus à l'aigle, chargée d'un lambel.
      ℞. ✠ MONETA ⚬ DE ⚬ MARSALLO en légende ; saint Etienne agenouillé
      à gauche, la tête nimbée et les mains jointes ; S ⋮ STEFANNVS

écrit, dans le champ, en deux lignes coupées par le corps
du saint.

Variété du n° 70 de Saulcy, Evêques.

Très rare.   Ar.   T.B.   Gr.

Thierry V de Boppart (1563-1384)

638. *Gros.* THEODC'⊛ EPS'⊛ METE'⊛. Evêque debout, de face, bénissant et tenant une crosse.

℞. + BNDICTV'∘SIT⸰NOME'∘DNI'∘NRI'∘IHV'∘XPI'∘, en légende extérieure et GROSSVS METE'S' en légende intérieure. Au centre,
une croix pattée coupant la seconde légende.

De Saulcy, Evêques, n° 72. Deux exemplaires.

Ar.   F.D.C.

-----

639. *Tiers du gros.* THEO'∘EPS'∘ME'∘. Evêque de face à mi-corps, bénissant et tenant une crosse.

℞. MONETA METENS'∘. Croix pattée, coupant la légende.

De Saulcy, Evêques, n° 73. *Rare.*   Ar.   F.D.C. Gr.

640. *Tiers du gros.* Même pièce. Deux exemplaires.

Ar.   T.B.

-----

641. *Sixième du gros.* THE'∘EPS'∘. Buste de l'évêque de face.

℞·+ MONETA⸰METEN'∘. Croix pattée, au centre.

De Saulcy, Evêq., n° 74. *Très rare.*   Ar.   T.B.   Gr.

-----

642. *Angevine.* + THEODER' · EPS'∗. La lettre M, initiale du nom de
la ville, au milieu du champ.

℞. MONETA ME. Croix pattée coupant la légende.

De Saulcy, Evêq., supp. n° 144. *Rare.*   Bill.   B.   Gr.

643. *Gros.* THEODC'⊛ EPS'⊛ METEN'⊛. Evêque debout, de face, bénissant et tenant une crosse.

℞. + BNDICTV'∘SIT⸰NOME'∘DNI'∘NRI'∘IHV'∘XPI'∘ en légende extérieure et MONETA⸰D'E∘MARS' en légende intérieure. Croix
pattée, coupant la légende intérieure.

Robert, Mélanges, p. 94. *Unique.*   Ar.   F.D.C.

644. *Gros.* + THEOD'C'.DEI:GRA:EPS:MET'. Crosse en pal, entre deux
écus au lion.

℞. + MONETA:DE:MARSALLO. Saint Etienne agenouillé à gauche,
la tête nimbée et les mains jointes. S. STEPHANVS, dans le
champ, en deux lignes coupées par le corps du saint.
Variété de Saulcy, Evêq. supp. n° 146.
Exemplaire fendu. *Rare.*   Ar.   Gr.

645. *Gros.* Même pièce. *Rare.*   Ar.   A.B.

646. *Tiers du gros.* + THEOD'C'○DI'○GRA○EP'S○MEr. Ecu au lion,
posé sur une crosse en pal et accosté de deux tréfeuilles; le
tout dans un contour de quatre arcs.

℞. + BNDICTV SIT·NOME·DNI·NRI, en légende extérieure, et + M D○
MASALLO, en légende intérieure; au centre, une croix pattée.
Très rare.   Ar.   T.B.   Gr.

647. *Sixième du gros.* THEODC' EP'S ○ MET. Lion brochant sur une crosse
en pal qui coupe la légende.

℞. + M'O'○DE○MARSAL'. Croix pattée.
De Saulcy, Evêques, n° 76. *Très rare.*   Ar.   T.B.   Gr.

648. *Sixième du gros.* Même pièce. *Très rare.*   Ar.   T.B.

Raoul de Coucy (1388-1415)

ATELIER DE MARSAL

649. *Gros.* RAD'+ D'+ COCY EPVS ‡ METEN'. Saint Etienne debout, vu de face,
tenant une palme et une pierre de son martyre. Dans le
champ, deux écus de Coucy sur chacun desquels est posée
une crosse.

℞. + BNDICTV'⁚ SIT ° NOME'○ DNI'○ NRI'○ IHV'○ XPI'○ en légende extérieure, ★ GROSSVS ‡ D'+ MARSAL, en légende intérieure; au
centre, une croix pattée.
De Saulcy, Evêques. supp. n° 151.
Très rare.   Ar.   F.D.C. Gr.

650. *Petit gros.* RAD'○ D'○ COCY ○ EPVS ○ METE'⁚. Croix pattée coupant la
légende; deux couronnes et deux crosses dans les cantons.

℞. MONETA ° D'○ MARSAL. Saint Etienne à mi-corps tenant la palme et
une pierre de son martyre; devant lui l'écu de vair des Coucy.
De Saulcy, Evêques, n° 77.   Ar.   T.B.   Gr.

651. *Petit gros.* Même pièce. Deux exemplaires. Ar.   B.

652. *Sixième du gros.* + RAD' D' COVCI· EPS. Ecu de vair des Coucy,
dans le champ.

℞. MONET MARSA. Crosse en pal coupant la légende.
Inédit, très rare.   Bill.   F.   Gr.

---

653. *Angevine ou double.* + RAD' D' COVCI' EPS. Grand ʍ gothique
      surmonté d'un trait d'abréviation.
      ℞. MONE MASA○. Croix coupant la légende.
      De Saulcy. Evêq. supp. n° 153.
          Six exemplaires.   Bill.   B.

654. *Angevine ou double.* Variété avec + RAD' D' COVCI' S.
                                                Bill.

Conrad Bayer de Boppard (1416-1457)

ATELIER DE MARSAL

655. *Gros.* CONRAD' EPS'✱METE'✱. L'évêque debout de face, tenant une
      crosse et bénissant.
      ℞. + MONETA ○ NOVA + DE + MARSALLO ‡ Croix pattée cantonnée du
      lion de Boppart au premier et au quatrième, et d'un dextro-
      chère au deuxième et au troisième.
      De Saulcy. Evêq. supp. n° 158.
          Très rare.   Ar.   A.B.   Gr.

656. *Gros.* CONRAD' EPS'✱METEN'. Le reste comme au numéro précédent.
                                                Ar.   A.B.

---

657. *Demi-gros.* ✱CORAD'✱EPS✱MET'. L'évêque à mi-corps de face tenant
      une crosse et bénissant.
      ℞. + MONETA NOVA DE MARSA. Croix pattée.
      Inédit, très rare.   Ar.   A.B.   Gr.

658. *Demi-gros.* Mêmes types, mais au revers : + MONETA○NOVA○DE
      MARSAL ⁰̥.
          Inédit, très rare. Exemplaire écorné. Ar.

---

659. *Douzième du gros.* CORAD' EPS ME'. Buste de l'évêque vu de face.
      ℞. MONETA D MA. Croix pattée, coupant la légende, et cantonnée
      de quatre étoiles.
      De Saulcy, Evêq. supp. n° 159. *Rare.* Bill.   F.D.C. Gr.

660. *Douzième du gros.* Même pièce.
          Deux exemplaires.   Bill.   B.

---

661. *Blanc ?* CORAD'✱BEIER✱EPS'✱MET. Ecu écartelé de deux lions et de
      deux dextrochères, et brochant sur une crosse en pal qui
      coupe la légende.

℞ ⊛ MONETA ∗ NOVA ∗ MARSA. Croix pattée.
De Saulcy, Evêques, n° 79. *Rare*   Bill.   F.   Gr.

662. *Blanc?* Même pièce, mais, au revers, + MONETA ∗ NOVA ∗ MARSA.
                                           Bill.   F.

_____

663. *Subdivision du blanc.* CORAD' = B'⚬EPS⚬MET. Ecu écartelé de deux
      lions et de deux dextrochères.
      ℞. + MONETA⚬NOVA⚬MAS⚬ Croix pattée.
      Inédit, très rare.   Bill.   A.B.   Gr.

Henri de Lorraine (1484-1504)

664. *Jeton.* ·SANCTVS:STEPHANVS:PLENVS:GRACIA:. Saint Etienne debout,
      tenant une palme et un livre, et portant sur la tête une pierre
      de sa lapidation.
      ℞. HENRICVS:DE:LOTHARINGIA:EPS:METEN: Ecu aux trois alérions
      de Lorraine placé sur une crosse en pal qui coupe la légende.
      R. Serrure, Bulletin de Num., t. III, pl. X, n° 1.
                                           Cuivre.   T.B.   Gr.

Jean IV de Lorraine (1505-1550)

665. *Jeton.* IEHAN ⁑ DE ⁑ LO9 ⁑ EVESCQ ⁑ DE ⁑ METZ. Ecu sinueux aux
      armes de Lorraine, placé sur une crosse en pal qui coupe
      la légende.
      ℞. GECTZ⁑DES⁑QPTZ⁑DE⁑LEVE⁑DE⁑METZ. Crosse en pal, dans
      un champ parsemé d'alérions.
      De Saulcy, Evêques, n° 81. *Très rare.* Ar.   T.B.   Gr.

Charles I de Lorraine (1550-1574)

666. *Florin d'or.* = STEPHA oo PROTHOM'. Saint Etienne debout, nimbé,
      tenant une palme et une pierre, dans un double contour
      elliptique.
      ℞. + FLORENVS∗EPI∗METENSIS. Ecu de la cité de Metz, d'argent et
      de sable, dans un contour épicycloïdal formé alternative-
      ment d'arcs et d'ogives.
      De Saulcy, Evêq., supp., n° 172.
      Très rare.   Or.   T.B.

667. *Florin d'or.* Mêmes types, autre coin; les émaux de l'écu ne
      sont pas indiqués.
      Très rare.   Or.   T.B.   Gr.

_____

668. *Grand écu.* + CAROLVS:CAR DE:LOTHOR:SAC:IMP:PRIN. Tête barbue
      à droite.
      ℞. o ∗S:STEPHANVS∗ oo ∗PROTHOMAR∗o Saint Etienne debout dans
      un double ovale; à ses pieds, la date 1557, sous laquelle un B.
      Très rare.   Ar.   T.B.

669. *Grand écu.* Autre de 1558.
     Très rare.   Ar.   **A.B.**

670. *Grand écu.* Autre de 1559.
     De Saulcy, Evêq., n° 82. *Très rare.*   Ar.   **F.D.C. Gr.**

---

671. *Bugne.* s steph ○ protho ⊃ Saint Etienne agenouillé à gauche, entre
     deux c, initiales du nom du prélat ; à l'exergue, un B.
     ℞. mon epi met ens. Croix pattée cantonnée de quatre étoiles et
     coupant la légende.
     De Saulcy, Evêq., supp., n° 167. *Rare.* Ar.   **F.D.C. Gr.**

672. *Bugne.* Même type, mais de coin varié.
     Deux exemplaires.   Ar.   **T.B.**

673. *Bugne.* ∗s steph∗protho∗. Saint Etienne agenouillé à gauche,
     à l'exergue un B.
     ℞. mon epi met ens. Croix pattée cantonnée de quatre étoiles et
     coupant la légende.   Ar.   **A.B.**

674. *Bugne.* s ○ steph ○ protho ∗. Le reste comme à la pièce précédente.
                                  Ar.   **B.**

675. *Bugne.* s ○ steph protho ○ et ∘ s ∘ steph ∘ protho ⊃ Le reste comme
     au n° 673. Quatre pièces.   Ar.   **B.**

676. *Bugne.* ∘s steph protho∘. Saint Etienne agenouillé à gauche ;
     rien à l'exergue.
     ℞. mon epi met ens. Croix pattée, cantonnée de quatre étoiles et
     coupant la légende. Deux exemplaires. Ar.   **B.**

677. *Bugne.* ∘s steph ∗prothm∘. Le reste comme au numéro précé-
     dent. Deux exemplaires.   Ar.   **B.**

678. *Bugne.* s steph ∘ proth m ∘. Le reste comme au n° 676.
     Trois exemplaires.   Ar.   **B.**

---

679. *Demi-bugne.* ∘s ste∘phanv. Saint Etienne debout tenant une
     palme et un caillou.
     ℞. + mon epi metnsis. Dans le champ, deux c entrelacés.
     De Saulcy, Evêq., supp., n° 166. *Rare.* Ar. bas. T.B.   **Gr.**

Robert de Lenoncourt (1551-1555)

680. *Florin d'or.* ∗s∗stepha∗prothom'. Saint Etienne debout nimbé,
     tenant une palme et une pierre, dans un double contour
     elliptique.

℞. + FLORENVS ∗ EPI ∗ METENSIS. Ecu à la croix engrelée de Lenoncourt, dans un contour épicycloïdal formé alternativement
d'arcs et d'ogives.
De Saulcy, Evêq. nº 89. *Très rare.* Or. A.B. Gr.

---

681. *Ecu.* + ROBERTVS· CARD· DE· LENONCOVRT· 51. Buste à droite, barbe
très longue, beau style.
℞. 'SANCTVS· STEPHANVS· METENSIS. Saint Etienne à genoux, à gauche, entre deux écus de Lenoncourt, timbrés du chapeau de
cardinal ; dans le haut, une main divine bénissant.
De Saulcy, Evêq., supp., nº 174.
Très rare. Ar. F.D.C. Gr.

---

682. *Demi-écu.* + ROBERTVS· CARD· DE· LENONCOVRT. Buste à droite,
barbe très longue, beau style.
℞. SANCTVS ∗ STEPHANVS ∗ METENSIS. Saint Etienne à genoux, à gauche,
entre deux écus de Lenoncourt timbrés du chapeau de cardinal ; dans le haut, une main divine bénissant.
De Saulcy, Evêq., supp., nº 175.
Très rare. Ar. B.

---

683. *Bugne de type épiscopal.* R· C· DE· LENONCOVRT. Ecu à la croix
engrelée timbré du chapeau de cardinal.
℞. ∗ S STEPH MTEN. Saint Etienne, à genoux, à gauche.
Rare. Ar. T.B. Gr.

---

684. Autre. S· STEPHANVS· METEN, au revers ; le reste comme à la pièce
précédente. Ar. B.

---

685. *Demi-bugne de type épiscopal.* R. C. D. LENONCOVRT. Ecu à la croix
engrelée, timbré du chapeau de cardinal.
℞. S· STEPH METE. Saint Etienne à genoux à gauche.
Très rare. Ar. bas. B.

---

686. Autre, avec la date 15-51 dans le champ du revers. Pièce
trouée.
Très rare. Ar. bas. T.B.

---

687. *Bugne de type municipal modifié.* S STEPH ∗ METEN ∗. Saint Etienne
à genoux, à gauche ; une étoile dans le nimbe.
℞. MON EPI MET ENS. Croix pattée, chargée au centre d'un petit
écu de Lenoncourt, coupant la légende et cantonnée de quatre
étoiles ; la branche inférieure de la croix broche sur un
petit écu de Lenoncourt placé dans la légende.
Deux exemplaires. Ar. B.

688. *Demi-bugne de type municipal modifié.* s steph * mete *. Saint
    Etienne à genoux à gauche ; au-dessous un B.
    ℞. mon epi met ens. Croix pattée placée sur un écusson et coupant
    la légende. Trois exemplaires variés.   Bill.

689. *Demi-bugne de type municipal modifié.* s ⚬ steph * mete ⚬. Saint
    Etienne à genoux.
    ℞. r cᵗ d lenoncovrt. Croix pattée et coupant la légende, écu de
    Lenoncourt placé sur la croix.   Ar.   B.   Gr.

690. Autres. Mêmes types; ponctuations variées ; quatre exemplaires.
                                            Bill.

---

691. *Bugne de type municipal modifié.* s steph * meten *. Saint
    Étienne à genoux à gauche, une étoile dans le nimbe.
    ℞. mon epi met ens. Croix pattée coupant la légende et cantonnée
    de quatre étoiles. La branche supérieure de la croix est
    chargée au sommet d'un petit écusson à la croix engrêlée de
    Lenoncourt. Deux exemplaires.   Ar.   T.B.   Gr.

692. Autre. Même type, mais ponctuation variée ; trois exemplaires.
                                            Ar.

---

693. *Bugne de type municipal pur.* s steph meten. Saint Etienne à ge-
    noux, à gauche.
    ℞. mon epi met ens. Croix pattée coupant la légende et cantonnée
    de quatre étoiles.
    Cf. de Saulcy, Ibid, nᵒ 87.   Ar.   T.B.

694. Autre. Même type, mais signes séparatifs variés.
    Cinq exemplaires.   Ar.   B.

695. Autre. * s steph * meten. Saint Etienne à genoux à gauche ; une
    étoile dans le nimbe.
    ℞. mon epi met ens. Croix pattée, coupant la légende et cantonnée
    de quatre étoiles.
    Deux exemplaires.   Ar.   B.

696. Autre. Même type, mais signes séparatifs différents.
    Cinq exemplaires.   Ar.   B.

---

697. *Demi-bugne?* + de lenoncovrt. Croix engrêlée de Lenoncourt.
    ℞. + in labore qvies. Deux R entrelacés.
    De Saulcy, Evêq. nᵒ 91. *Rare.*   Bill.   T.B.   Gr.

698. Autre. Type semblable; un point après la légende du revers.
                                    Bill.   T.B.

699. *Jeton.* + ROBERTVS ✶ CAR ✶ DE ✶ LENONCOVRT. Buste à droite, longue barbe.

℞. † ꞉ ⚙ ○ IN ○ ⚙ ○ LABORE ○ ⚙ ○ QVIES ꞉ ⚙ ○ 1554 ○ ⚙ ○. Ecu à la croix engrelée, timbré du chapeau de cardinal.

Très rare. Cuiv. T.B. Gr.

> Nous avons dit plus haut qu'on ignorait si Robert de Lenoncourt avait repris effectivement possession de l'atelier de Metz, mais on sait qu'avant d'être évêque de cette ville, il faisait fabriquer ses jetons à la monnaie de Paris. (Autorisations données le 26 janvier 1541 et le 12 février 1543 à Claude Le May, tailleur de la Monnaie de Paris. Arch. nat., reg. Z, 1ᵇ 10, fᵒ 93, vᵒ.)

Temps de François de Beauquerre (1555-1568)

700. *Plaque de mendiant.* Feuille estampée portant l'écusson de la cité de Metz sur une crosse; dans le champ, la date 1562, grènetis circulaire.

Inédit, très rare. Cuiv. T.B.

Louis de Lorraine (1568-1578)

701. *Jeton.* + LVDOVICVS · CARD · A · GVYSIA · EPS · METEN. Ecu de Lorraine, timbré d'un chapeau de cardinal.

℞. FIDVS INDEX NVMERI 1576, en quatre lignes, dans une couronne de laurier.

Inédit, rare. Ar. T.B. Gr.

Charles II de Lorraine (1578-1607)

702. *Ecu.* CAROL · D ꞉ G ꞉ CARD ꞉ LOT ꞉ EPISC ꞉ ARG ꞉ ET · MET꞉ Ecu ovale de Lorraine, timbré du chapeau de cardinal.

℞. RVDOLP ꞉ II ꞉ ROM ꞉ IMP ꞉ SEMP ꞉ AVG ꞉ P ꞉ F ꞉ DEC꞉ Double aigle; au-dessus, la couronne fermée.

Très rare. Ar. F.D.C. Gr.

---

703. *Quart d'écu.* ✶ CAROL · D ꞉ CARD · LOTH · EP · ARGENT · ET ✶ MET. Buste de l'évêque à droite.

℞. ˙ALSAS˙LANGRA. Ecu écartelé, timbré du chapeau de cardinal. De Saulcy. Evêque, nᵒ 95.

Deux exemplaires variés. Ar. B.

704. Autre, avec la date 1603 sous le buste. Ar. T.B.

705. Autres de 1603 et de 1604. Deux pièces. Ar. F.

706. Autres de 1605. Deux exemplaires. Ar. B.

707.   *Sixième du sou.* •c • card • de • loth. Deux C entrelacés.
        ℞. •sexta·· solidi. Crosse en pal dont le pied coupe la légende.
        De Saulcy, Evêq. supp. n° 196. Deux exemplaires dont un
              doré.   Bill.   B.   Gr.

        _____

708.   *Médaille.* carol • d • g • episc • meten • dvx • loth • et • b. Buste
        de l'évêque à droite, la tête coiffée de la barrette.
        ℞. + tv✱mihi✱christe✱scopvs✱1585. Ecu de Lorraine, surmonté
        d'une mitre et placé sur une crosse; dans le champ, à droite
        et à gauche, une croix de Lorraine couronnée.
        De Saulcy, Evêq., n° 97. Médaille du temps, à belière,
              dorée.   Cuiv.   T.B.   Gr.

        _____

709.   *Jeton.* carolvs • a • loth • episcop • metensis. Ecu de Lorraine sur-
        monté d'une mitre et placé sur une crosse; dans le champ, à
        droite et à gauche, une croix de Lorraine couronnée.
        ℞. te • dvce • vela dado. Navire guidé par le Saint-Esprit. A
        l'exergue • 1587.
        De Saulcy, Ib., supp., n°199. *Très rare.* Ar.   T.B.   Gr.

710.   *Jeton.* caro • a • lothorin • episco • meten. 1579. Ecu de Lorraine
        placé sur une crosse.
        ℞. ✱christvs✱sol✱ivsticiae. Dans le champ, un tournesol, le soleil
        et trois étoiles. A l'exergue : sol seqviv.
        De Saulcy, Evêq., supp., n° 197.
        Deux exemplaires. *Rare.*   Cuiv. B et F.   Gr.

711.   *Jeton.*+carol • d • g • card • lotha • episc • argent • et • metens.
        Ecu de Lorraine, timbré du chapeau de cardinal.
        ℞. vt • in • coelo • metat • sic • solvm • colit. Laboureur appuyé
        sur sa bêche et levant les yeux au ciel, où la Religion apparoit
        dans un nuage; à l'exergue, la date • 1600 •
              Très rare.   Cuiv.   A.B.   Gr.

Anne d'Escars de Givry (1608-1612)

712.   *Jeton.*+ annas • descars • card • de • givry • episc • met • s • rip.
        Buste coiffé de la barrette, dans le bas, l'écu de Givry tim-
        bré du chapeau de cardinal.
        ℞. non • alidi • stat • firma. Ancre soutenue par des palmes et
        descendant du ciel; dans le bas, des montagnes et la mer;
        à l'exergue, la date de • 1612 •

        Robert, Mélanges. *Très rare.*   Ar.   B.

CHAPITRE. 41

Henri de Verneuil (1621-1652)

ATELIER DE VIC

713. *Imitation de l'alérion lorrain.* HENRI · D · G · EPVS · METENSIS. Ecu de bâtard de France, couronné et surmonté d'une mitre et d'une crosse.
℞. MONETA · NOVA · VICENSIS. Alérion couronné.
Très rare. Ar. bas. T.B. Gr.

714. HENRI · D · G · EPVS · METENSIS. Ecu de bâtard de France, couronné et surmonté d'une mitre et d'une crosse.
℞ MONETA · NOVA · VICENSIS. Au centre la lettre H couronnée.
De Saulcy, Evêq., n° 100. Deux exempl. Ar. bas. F.D.C. Gr.

715. Autre avec METENSI. Bill. F.

Henri de Verneuil et Nicolas Coeffeteau

716. *Jeton.* HENRIC · BORBONIVS · EPISC · MET · S · R · IPR. Ecu de bâtard de France, couronné et surmonté d'une crosse et d'une mitre.
℞. ⚜ NICOL · COEFFETÆO · EPISC · DARDAN · ADMINISTRATE. Ecu à la croix accompagnée d'une étoile dans le premier canton et d'une autre dans le deuxième; l'écu est timbré d'une mitre et d'une crosse; dans le champ, la date 1620.
De Saulcy, Evêq., supp., n° 201. *Rare.* Cuiv. B. Gr.

CHAPITRE DE LA CATHÉDRALE

—

MONNAIES

Le chapitre de la cathédrale de Metz a obtenu de l'empereur, en 1056, à la demande de l'évêque Adalbéron III, l'autorisation d'avoir un atelier monétaire à Sarrebourg. Les monnaies suivantes, dont M. de Saulcy ne connaissait qu'une partie, sont considérées par lui comme appartenant à ce monnayage capitulaire. Notre n° 725 a été attribué à Saverne et aux évêques de Metz qui ont eu des droits sur cette ville; mais la pièce étant au type de saint Paul, nous la laissons au chapitre, sans nous prononcer sur le nom de lieu inscrit au revers.

ATELIER DE SARREBOURG

717. *Denier.* S · PAVLVS. Buste diadémé de profil à droite.
℞. + SARERVRG. Croix pattée, cantonnée de quatre étoiles.
Inédit, très rare. Ar. fin. F.D.C. Gr.

718. *Denier.* s · ᴘᴀᴠʟᴠꜱ. Buste diadémé de profil à droite.
      ℞. · ꜱᴀʀᴇʙᴠʀɢ. Croix pattée, rien dans les cantons.
      Inédit, très rare.   Ar. fin. T.B.

719. *Denier.* Même pièce, deux exemplaires.   Ar.   A.B.

720. *Denier.* s · ᴘᴀᴠʟᴠꜱ. Buste de profil à droite; perlé en haut du
      vêtement.
      ℞. ＊ꜱᴀʀᴇʙᴠʀɢ. Croix pattée cantonnée de deux étoiles.
      Flan assez large, mais coin étroit; *très rare.*
                                            Ar. fin. F.D.C.

---

721. *Obole.* ᴘᴀᴠʟᴠꜱ ɪ. Tête de face.
      ℞. ꜱᴀ....... Main droite tenant une croix longue.
      Inédite, très rare.   Ar. fin. F.D.C. Gr.

---

722. *Denier.* ₀ꜱ. ᴘᴀᴠʟᴠꜱ, écrit de droite à gauche. Buste de profil à
      gauche, légende barbare écrite de droite à gauche.
      ℞. ꜱᴠɢʀᴛᴅᴇ. Main tenant une croix longue.
      Inédit.   Ar. fin. T.B.

      Les pièces décrites sous ce numéro et les deux suivants, sont des contre-
      façons, peut-être étrangères, non déterminées.

723. *Denier.* Variétés avec ᴇᴘᴛʟᴏᴠ. Deux pièces.
      Inédites.   Ar. fin. A.B.

724. *Denier.* ɪᴘᴛᴠɪᴠꜱ, légende barbare. Buste de profil à gauche.
      ℞. ɪᴏᴛɪꜱᴏ légende barbare. Main tenant une crosse.
      Deux exemplaires, *inédits.*   Ar. fin. T.B.

ATELIER INDÉTERMINÉ

725. *Denier.* s · ᴘᴀᴠʟᴠꜱ. Buste à droite, la tête ceinte d'un bandeau.
      ℞. ＊ꜱᴀʀᴇᴠᴇɴ. Croix pattée avec point au centre.
      Inédit, unique.   Ar. fin. B.   Gr.

JETONS
Administration du siège vacant

726. *Jeton.* ✠ ᴄᴀᴘɪᴛᴠʟᴏ · ᴍᴇᴛᴇɴꜱɪ · ᴀᴅᴍɪɴɪꜱᴛʀᴀɴᴛᴇ. Ecu au bras armé,
      accosté des deux cailloux de saint Etienne, armes du cha-
      pitre; dans le champ, la date de 16-15.
      ℞. ᴄᴀᴍᴇʀᴀ · ᴄᴏᴍᴘᴠᴛᴏʀᴠᴍ · ᴠɪᴄᴇɴꜱɪᴠᴍ. Ecu à quatorze quartiers,
      parmi lesquels celui de l'évêque mineur Henri de Verneuil,
      bâtard de France. Sur l'écu, une couronne surmontée d'une
      mitre et d'une crosse.
      De Saulcy, Evêques, nᵒ 101. *Rare*   Cuiv. B.   Gr.

CHAPITRE. 45

727   *Jeton.* + SANCTVS · STEPHANVS · PROTOMARTIR. Buste du saint, à
gauche, la tête nimbée.

℞. * G · D'AVBVSSON · EPVS · MET · CAPIT · ADMI · SEDE · QVASI · VAC.
Ecu ovale, à la croix ancrée, couronné, posé sur une croix
et surmonté du chapeau de cardinal; dans le bas, la date 1696.
De Saulcy, Evêques, n° 102. Jeton frappé pendant la ma-
ladie du prélat.   Cuiv.   B.   Gr.

728.   *Jeton.* + SANCTVS · STEPHANVS · PROTO MARTIR. Buste du saint à
gauche, la tête nimbée.

℞. + CAPITVLO METEN · ADMINIST · SEDE VACANTE. Cartouche échan-
cré avec l'écu ovale du chapitre; dans le champ, la date 1697.
De Saulcy, Evêques, n° 103. Jeton frappé après la mort de
G. d'Aubusson.   Ar.   F.D.C.

729.   *Jeton.* Mêmes types.   Cuiv.   B.

730.   *Jeton.* + SANCTVS STEPHANVS PROTOMARTIR. Buste du saint à gauche,
la tête nimbée.

℞. * CAPITVLO · METEN · ADMINIST · SEDE VACANTE. Cartouche très
orné, aux armes du chapitre, accosté des chiffres 17 60.
De Saulcy, Evêques, n° 104. Jeton frappé après la mort de
l'évêque de Saint-Simon.   Ar.   F.D.C.

Henri de Haraucourt, chancelier du chapitre

731.   *Jeton.* + H * DE * HARAVCOVRT * CANC * ET * C * METEN. Ecu à la
croix, avec un lion dans le premier canton, armes des
Haraucourt.

℞. * HEROVM * CVRIA * COELO. Personnage debout à gauche; dans
le haut, des nuages.

Robert, *Revue numism.*, 1884. *Unique.* Cuiv.   F.

INCERTAINS
—

Les monnaies suivantes, qui ne portent que le nom de Metz, sont d'attribution douteuse; elles ont été rapportées à divers pouvoirs c'est-à-dire aux évêques et même aux comtes par quelques numismates, à la cité par de Saulcy et par Jacob. Les premières sont fort anciennes; les dernières semblent ne pas dépasser le xvᵉ siècle.

732. *Petit denier.* Chrisme dont deux des branches sont réunies par une barre transversale de manière à former un A. Double grenetis.

 ℟. ᴍᴇᴛɪs dans les cantons d'une croix pattée, double grenetis.
 Flan épais, *unique, inédit.*   Ar. fin. F.D.C. Gr.

Cette monnaie, dont les lettres sont très en relief, rappelle encore les petites pièces d'argent de la fin de l'époque mérovingienne et des premières années de l'épin.

———

733. *Denier.* Buste à droite, la tête ceinte d'un bandeau de perles; grènetis extérieur; point de légende; gravure fine, beau style.

 ℟. ᴍ ᴇᴛ ᴛɪ s. Dans les cantons d'une croix pattée, le tout dans un contour formé d'un grènetis entre deux filets.
 Légère sur frappe, *inédit, unique.* Ar. fin. T.B. Gr.

734. *Denier.* Variété de la pièce précédente. Au revers, un double grènetis sans filet; bon style.
 Inédit, unique.   Ar. fin. T.B.

Les nᵒˢ 733 et 734 sont remarquables par l'expression du profil et par une coiffure formée de lobes aboutissant aux perles du bandeau. Ils paraissent appartenir à une époque intermédiaire entre le petit denier au chrisme, nᵒ 732, et les deniers à hauts reliefs et d'exécution barbare, nᵒ 735 et suivants.

735. *Denier.* Tête barbare à gauche, ceinte d'un bandeau perlé; traces de boucles dans la chevelure.
 ℟. ᴍ ᴇᴛ ᴛɪs, écrit dans les cantons d'une croix pattée avec globule au centre.
 De Saulcy, Cité de Metz, pl. I, nᵒ 1. *Très rare.*
           Ar. fin. T.B. Gr.

736. *Denier.* Variété de la pièce précédente. Les boucles de la chevelure sont remplacées par des perles; le bandeau a disparu; mais les cordons d'attache sont figurés derrière la tête.
 De Saulcy, Ibid., pl. 1, nᵒ4. *Rare.* Ar. fin. T.B.

737. *Denier.* Même type. Deux exemplaires de coins variés.
            Ar. fin. A.B.

738. *Denier.* Même type. Deux exemplaires. Ar. fin. A.B.

CITÉ

—

Les monnaies municipales messines se partagent en deux groupes : 1° les pièces à flan mince, qui ont commencé dans la seconde moitié du xiv° siècle ; 2° les pièces à flan épais, qui ne se montrent qu'au xvi° siècle, après la réunion de l'évêché à la France. L'apparition des espèces lourdes du second groupe, n'a toutefois pas arrêté immédiatement la fabrication des espèces à flan mince. Le type général de la monnaie municipale, dans l'un et l'autre groupe, est l'image de saint Etienne en pied, à mi-corps, en buste ou réduite à la tête avec amorce du cou. Quelques menues espèces de billon du premier groupe, créées pour l'appoint, au début de la monnaie municipale, et les *liards* frappés à la fin du xvi° siècle, ont seuls remplacé l'image du patron, par diverses combinaisons de la croix, de l'écu municipal et de l'initiale du mot Mettis.

Les monnaies municipales messines, surtout celles du premier groupe, ont joui d'un grand crédit. Elles ont été contrefaites à l'étranger, ainsi qu'on le verra par les n°° 802 à 867.

PREMIER GROUPE

Florins d'or

La fabrication des espèces d'or remonte à Metz à la seconde moitié du xiv° siècle et finit au milieu du xvii°. Contrairement à l'opinion générale (Jacob, *Catalogue*, p. 98), le type du saint debout a commencé avant 1400 ; cela résulte de la composition de la trouvaille de Bretzenheim décrite par M. Joseph. Les spécimens suivants sont rangés autant que possible chronologiquement d'après leur style et les caractères de leurs légendes. Ainsi, nous classons à la fin du xiv° siècle et à la première partie du xv° les pièces où les E sont lunaires et ouverts et celles où les E sont lunaires et fermés ; à la fin du xv° et à la première partie du xvi° nous rangeons les florins où les E sont doublement lunaires ; enfin à la fin du xvi° et au xvii°, les spécimens qui représentent des E de forme moderne. Le florin d'or, au buste de saint Etienne, qui rentre paléographiquement dans cette dernière catégorie, n'a paru que peu d'années avant la supression du monnayage d'or à Metz Il est très rare.

TYPE AU SAINT DEBOUT

FIN DU XIV° SIÈCLE ET PREMIÈRE PARTIE DU XV°

739. ✴ s '✴ STEPHANVS · · PROTHOMAR ✴ Saint Etienne debout, nimbé, tenant une pierre et une palme, dans un double contour elliptique dont le premier est pointillé.

℞. + (✴ FLORENVS (✴ CIVITATIS (✴ METENSIS (✴ Ecu de Metz dans une épicycloïde ornée en dedans d'ogives et en dehors de tréfeuilles.

Variété du n° 101, pl. I, Saulcy, Cité de Metz.

Or.   T.B.

740. • s′ • ꜱᴛᴇᴘʜᴀɴᴠꜱ • ᴘʀᴏᴛʜᴏᴍᴀʀ′. Le reste comme au numéro précédent.   Or.   T.B.

FIN DU XVᵉ SIÈCLE ET PREMIÈRE PARTIE DU XVIᵉ

741. ꜱ ꜱ ꜱᴛᴇᴘʜᴀ oo ᴘʀᴏᴛʜᴏ * ᴍ (. Saint Etienne debout, comme au
numéro précédent, mais l'encadrement intérieur n'est pas
pointillé et le bas de la robe du saint le dépasse.
ꝶ. ╪ ꜰʟᴏʀᴇɴᴠꜱ (* ᴄɪᴠɪᴛᴀᴛɪꜱ * ᴍᴇᴛᴇɴꜱɪꜱ (*. Type des pièces précédentes, mais l'écu est plus arrondi. Or.   F.D.C.

742. o ꜱ o ꜱᴛᴇᴘʜᴀɴ o ᴘʀᴏᴛʜᴏ o ᴍ (* et ╪ ꜰʟᴏʀᴇɴᴠꜱ o ᴄɪᴠɪᴛᴀᴛɪꜱ o ᴍᴇᴛᴇɴꜱɪꜱ (
le reste comme au numéro précédent.   Or.   T.B.

743. * ꜱ′ o ꜱᴛᴇᴘʜᴀɴᴠꜱ * * ᴘʀᴏᴛʜᴏᴍᴀʀ * et ╪ • ꜰʟᴏʀᴇɴᴠꜱ (⁞ ᴄɪᴠɪᴛᴀᴛɪꜱ (⁞
ᴍᴇ′ꜱɪꜱ (⁞ .   Or.   T.B.

744. o ꜱ ꜱᴛᴇᴘʜᴀɴᴠ′ o ᴘʀᴏᴛʜᴏ o ᴍᴀ ꜱ. La palme que tient Saint-Etienne
dépasse l'encadrement.
ꝶ. ╪ (o ꜰʟᴏʀᴇɴᴠꜱ ᴄɪᴠɪᴛᴀᴛɪꜱ ꜱ ᴍᴇᴛᴇɴꜱɪꜱ o). Même type qu'au numéro précédent.   Or.   T.B.

745. ꜱ ꜱᴛᴇᴘʜᴀɴ oo ᴘʀᴏᴛʜᴏ ꜱ ᴍᴀʀ et ✕ o ꜰʟᴏʀᴇɴᴠꜱ o ᴄɪᴠɪᴛᴀᴛɪꜱ o ᴍᴇᴛᴇɴꜱɪꜱ o
avec écu autrement placé dans l'épicycloïde.
                                       Or.   T.B.

FIN DU XVIᵉ SIÈCLE ET COMMENCEMENT DU XVIIᵉ

746. ꜱ ꜱᴛᴇᴘʜᴀ • ᴘʀᴏᴛʜᴏᴍ et′ ✿ ꜰʟᴏʀᴇɴᴠꜱ ᴄɪᴠɪᴛᴀᴛɪꜱ ᴍᴇᴛᴇɴꜱɪꜱ. L'écu de
Metz est très petit, le reste comme au n° 745.
                                       Or.   T.B.

747. ꜱ • ꜱᴛᴇᴘʜᴀ • ᴘʀᴏᴛʜᴏᴍ • et ✿ ꜰʟᴏʀᴇɴᴠꜱ • ᴄɪᴠɪᴛᴀᴛɪꜱ • ᴍᴇᴛᴇɴꜱɪꜱ • le
reste comme au numéro précédent.   Or.   F.D.C.

748. ᴘʀᴏᴛʜᴏ au lieu de ᴘʀᴏᴛʜᴏᴍ.   Or.   F.D.C.

XVIIᵉ SIÈCLE AVEC DATES INDIQUÉES

749. ꜱ • ꜱᴛᴇᴘʜᴀ ᴘʀᴏᴛʜᴏᴍ • Saint-Etienne debout, nimbé, tenant une
pierre et une palme; double contour elliptique; dans le
champ 1623.
ꝶ. ✿ ꜰʟᴏʀᴇɴᴠꜱ ᴄɪᴠɪᴛᴀᴛɪꜱ ᴍᴇᴛᴇɴꜱɪꜱ. Petit écu de Metz dans une
épicycloïde ornée d'ogives en dedans et d'annelets en dehors.

Rare.   Or.   B.

750. Autre avec la date 1624. *Rare.* Or. B.

751. Autre avec la date 1626. *Rare.* Or. F.D.C.

752. Autre avec la date 1630. *Rare.* Or. F.D.C.

TYPE AU BUSTE DU SAINT
XVIIᵉ SIÈCLE AVEC DATES

753. ✠ s • STEPHANVS • PROTOMARTYR. Saint-Etienne en buste, à gauche.
℞. ✪ FLORENVS CIVIT • METENS • 1639. Au centre écu de Metz dans
un contour épicycloïdal, comme aux numéros précédents.
Rare. Or. F.D.C.

754. ✠ s • STEPHANVS • PROTOMAR. Buste de saint Etienne, à gauche,
accosté des chiffres 16-45.
℞. ✪ FLORENVS • CIVIT • METENS: 1644. Ecu de Metz, dans un contour épicycloïdal.

Pièce frappée avec les coins de deux années différentes.
Anc. collection Monnier. *Très rare.* Or. F.D.C.

Gros d'argent

Les gros sont la plus ancienne monnaie municipale; ils présentent le
saint debout ou le saint agenouillé; le premier type a peu duré; le second,
a été longtemps employé; il comprend de nombreuses variétés dont quelques-unes sont rares. Les gros du second type ont été classés à peu près
chronologiquement d'après les mêmes principes que les florins d'or.

TYPE AU SAINT DEBOUT
FIN DU XIVᵉ SIÈCLE

755. ✶s✶ STEPH✶ ✶PROTHO'✶. Saint-Etienne debout, nimbé, tenant
la pierre et la palme dans un double contour elliptique; le
contour intérieur est pointillé.
℞. ✠ BNDICTV' ○ SIT ⚬ NOME' ⊃ DNI' ○ NRI' ○ IHV' ○ XPI' ⚬ en lég. ext., et
GRO SSV S ✶ M ETE, en lég. int. Au centre, une croix pattée cou-
pant la légende intérieure.
De Saulcy, Cité de Metz, pl. II, n° 1. *Rare.*
Ar. F.D.C.

756. Même pièce. Deux exemplaires. Ar. T.B.

TYPE AU SAINT AGENOUILLÉ

FIN DU XIVe SIÈCLE ET COMMENCEMENT DU XVe

757.   s' ✥ STEPH' ✥ P ROTHO' ✥ M' ✥. Saint-Etienne agenouillé à gauche ; dans le champ, de chaque côté un écu de Metz ; dans
le haut, la main divine bénissant.
℞. BNDICTV' ○ SIT ⚬ NOME' ○ DNI' ○ NRI' ○ IHV' ○ XPI' ○ en lég. ext., et
GROSSVS ✥ METE en lég. int. ; au centre, une croix pattée coupant la légende intérieure et cantonnée de quatre étoiles.

Ar.   T.B.C.

758.   Variété avec un annelet sous l't de XPI dans la légende extérieure
du revers.   Ar.   F.B.C.

759.   Autre ; coins différents. Six exemplaires.   Ar.   B.

760.   Variété avec XPI' *⁚ dans la légende extérieure du revers.
Ar.   A.B.

761.   Autre avec une étoile au revers dans l'o de GROSSVS et des étoiles
au bout des bras de la croix.
Quatre exemplaires de coins différents. Ar.   B.

762.   Autre avec un annelet dans la lettre o. Deux exemplaires.
Ar.   AB.

763.   Autre avec un ı au centre de l'o. Deux exemplaires.
Ar.   AB.

764.   Autre avec les E des légendes ronds et fermés. Exemplaire
cassé. *Rare*   Ar.

FIN DU XVe ET COMMENCEMENT DU XVIe SIÈCLE

765.   ✶ S ⚬ STEPH '⚬ ▫ PROTOM, les E sont en forme de ɛ et il y a un
annelet sous l'M. Dans le champ, saint Etienne agenouillé
comme sur les pièces précédentes.
℞. BNDICTV' ▫ SIT ○ NOME ○ DNI ▫ NRI ▫ IHV ▫ XP, en lég. ext., et GROSSVS
M ETF, en lég. int. Au centre, une croix pattée.
Ar.   T.B.

766.   Autre avec ○ S' ▫ STEPH '✶ P ⚬ ROTHO ○ M.

767.   Autre avec ⚬ ▫ S'STEPH ⚬ P ⚬ ROTHO ⚬ M ⚬.

768. Autre avec ⚬ s' ⚬ STEPH' ⚬ PROTHO ⚬ M.

769. Autre avec ⚬ s STPEH ⚬ P ⚬ ROTHO ⚬ M.

FIN DU XVIᵉ ET XVIIᵉ SIÈCLE

770. ⚬⚬ S ⚬ STEPHA ⚬⚬ PROTH ✳ M ✳. Saint Etienne nimbé, agenouillé, comme sur les pièces précédentes, entre deux petits écussons.
℞. BNDICTV' ⚬ SIT ⚬ NOM ⚬ DNI ⚬ NRI ⚬ IHV ⚬ XPR, en légende extérieure, et GROSSVS ✳ METE, en légende intérieure. Au centre, une croix pattée. Ar. T.B.

771. Variété · ✳ S · STEPHA ✳ ✳ PROTH ✳ M.

772. Autres avec ⚬ S ⚬ STEPH ⚬⚬ PROTH ✳ M · et ⚬ S ⚬ STEPHA ⚬ PROTHO ⚬ M ✳ ⚬ . Deux pièces. Ar. B.

773. Autres avec ⚬ S ⚬ STEPHANV ⚬ PROTH ⚬ M✳⚬ ; ✳S✳ STEPHA✳ ⚬ PROTH ⚬ M ✳ et · S ⚬ STEPHAN ⚬ PROTH ⚬ M ✳. Trois pièces. Ar. B.

774. Autres avec ✳ S ✳ STEPHA ✳ P ✳ ROTHO ✳ M ; ✳⚬⚬ S ⚬ STEPHA ⚬⚬ PROTH ✳ M ⚬ Trois pièces. Ar. B.

775. Autres avec ✳ S ✳ STEPHA ✳ ✳ PROTH ✳ M ✳ et S · STEPHA · · PROTHM. Les pointillés qui séparent les légendes, sont remplacées par de simples lignes, particularité caractérisant les dernières émissions.
Trois exemplaires. Ar. bas. B.

Gros de petit module

Cette pièce, qui ne s'est rencontrée qu'une fois, est très ancienne, et a un diamètre beaucoup plus petit que celui des autres gros ; c'est évidemment le résultat d'une fabrication à poids réduit, faite dans une circonstance exceptionnelle.

776. S' ⚬ STEPH'✳ P ✳ ROTHO'M ⚬ . Saint Etienne agenouillé entre deux petits écussons ; au-dessus, dans la légende, une main le bénit.
℞. SIT ⚬ NOME' ⚬ DNI ⚬ NRI' ⚬ IHV'✳XPI'✳BNDICTV✳ en légende extérieure, et GROSSVS ⚬ METE' ⚬✳ en légende intérieure. Croix pattée cantonnée de quatre étoiles.

De Saulcy, Cité de Metz, pl. II, n° 2. *Très rare.*

Ar. fin. F.D.C.

Demi-Gros

Le demi-gros n'a été créé qu'assez tard ; les exemplaires datés appartiennent au milieu du xvi° siècle et les autres ne paraissent guère plus
anciens.

777.   s · STEPHA · PROTH · M · Saint Etienne agenouillé entre deux
       petits écus ; au-dessus dans la légende, la main divine qui
       bénit.
       ℞. ✠ SIT NOMEN DNI NRI IHV XPI BNDICT, en lég. ext., et SEMIGROSS ·
       METE, en lég. intérieure, au centre, une croix cantonnée de
       quatre étoiles.
       Deux exemplaires.   Ar. bas. T.B.

778.   Autre avec un point après METE.
       Deux exemplaires.   Bill.   A.B.

779.   s · STEPHA · PROTO · M ; à l'exergue, la date · 1647 ·
       ℞. ✠ SIT · NOM · DNI NRI · IHV · XPI · BNDICT · en lég. ext., et SEMI
       GROSS · METEN · , en lég. int.   Ar. bas. A.B.

780.   Variétés avec les dates 1648,1649 et 1650 · Quatre pièces.
                                              Ar. bas. B.

781.   Variété avec les dates 1651 et 1652. Quatre pièces.
                                              Ar. bas. A.B.

Bugne ou Tiercelle

La bugne, qui valait, suivant de Saulcy, le tiers du gros ou quatre deniers,
est aussi ancienne que le gros ; il en est question en 1376. La fabrication
en a continué jusqu'à la suppression de la monnaie messine. Les bugnes
ont été classées comme les monnaies précédentes, autant que possible,
d'après leur style et leurs caractères paléographiques.

FIN DU XIV° SIÈCLE ET PREMIÈRE PARTIE DU XV°

782.   s′ ᴄ STEPH′ ᴏ PROTHO′. Saint Etienne nimbé, agenouillé à gauche.
       ℞. MON ETA MET ENS′ ᴏ. Croix pattée coupant la légende et can-
       tonnée de quatre étoiles.
       De Saulcy, Cité, pl. III, n° 1. Quatre exemplaires.
                                              Ar.   T.B.

783.   Variétés plus récentes avec les M et les E ronds.
       Cinq exemplaires.   Ar.   T.B.

FIN DU XV° SIÈCLE ET COMMENCEMENT DU XVI°

784.   Variété avec les E doublement lunaires.   Ar.   B.

785. Variétés avec lettres de forme moderne. Quatre exemplaires,
dont un contremarqué à l'aigle d'Empire

Ar. B.

786. s · STEPH · PROTHO · M○. Saint Etienne nimbé, agenouillé, les
m⁀ins jointes, à gauche ; dans le champ, deux petits écus de
la cité reproduction exacte du type du gros.
℞. MON ETA MET ENS. Croix pattée coupant la légende et cantonnée de quatre étoiles.

Très rare. Ar. F.D.C.

787. s○ STEPH PROT✱ M✱ Même type.
Très rare. Ar. F.D.C.

Demi Bugne

788. s'○STE PHANVS. Saint Etienne agenouillé à gauche. Il n'y a point
de grènetis intérieur.
℞. ✛ MONETA ⚮ METEN'○. Croix pattée cantonnée de quatre étoiles.

Inédit. Ar. fin. F.D.C.

789. s'○STE PHANVS. Saint Etienne agenouillé à gauche ; grènetis in-
térieur.
℞. ✛ MONETA ⚮ METEN'○. Croix pattée, cantonnée de quatre étoiles.
De Saulcy, Cité, pl. III, n° 2. Trois exemplaires.
Ar. fin. F.D.C.

790. Variété d'un style plus récent. Ar. fin. B.

Quart de Bugne

791. s'○STEP HANVS. Saint Etienne agenouillé à gauche.

℞. **MONETA ME**. Croix pattée coupant la légende et cantonnée de quatre étoiles.

Inédit. Ar. fin. A.B.

Doubles Deniers au chef de saint Etienne

792. ✠ + **S** + **STEP HANVS**. Buste nimbé de saint Etienne de face ; le buste coupe la légende.
℞. ✠ **MONE** + **METENSIS**. Croix pattée.

De Saulcy, Cité, pl. III, n° 1. Ar. fin. T.B.

793. Variété avec + **S** + **STEP HANVS** et ✠ **MONE** + **METENSIS**. Deux exemplaires. Ar. fin. T.B.

794. ✠ **S STEPHANVS ✶ PRO**. Petite tête nimbée de saint Etienne, de face, au milieu du champ.
℞. ✠ **MONETA ✶ METENSI ✶ ·** Croix pattée avec quatre étoiles.

De Saulcy, Cité de Metz, pl. III, n° 4. Bill. T.B.

795. Variétés diverses. Cinq exemplaires. Bill. B.

Deniers

796. **· S · STEPHA · PROTH · M**. Buste nimbé, de trois quarts à gauche.
℞. ❀ **DENARIVM ✶ C · M · 1 · 5 · 90**. Croix pattée.
De Saulcy, Cité de Metz, pl. III, n° 2.
Quatre exemplaires. Bill. B.

Angevines

797. ✠ **QVARTVS ⁘ DENAR**. Au milieu du champ, un **M** gothique.
℞. **MONETA ME**. Croix pattée, coupant la légende.
De Saulcy, Cité, pl. III, n° 1.
Quatre exemplaires. Bill. B.

798. ✛ ꞯᴠᴀʀᴛᴠꜱ ⚬ ᴅᴇɴᴀʀ. Ecu de la cité de Metz.
    ℞. ᴍᴏɴᴇᴛᴀ ᴍᴇ. Croix pattée coupant la légende et cantonnée
    de quatre étoiles.

    De Saulcy, Cité de Metz, pl. III, n° 2. Six exemplaires trou-
    vés avec des angevines de l'évêque Raoul de Coucy
    (1388-1415).   Bill.   T.B.

799. Quinze exemplaires de la même pièce.   Bill.   B.

800. Sept exemplaires au même type, mais de coin plus récent.
                                       Bill.   B.

801. Variété avec ✛ ꞯᴠᴀʀᴛᴠꜱ ⚬ ᴅᴇɴᴀᴇᴠꜱ. *Inédite*.
                                       Bill.   F.

---

802. ꞯᴠᴀʀᴛᴠꜱ ᴅᴇɴᴀ. Petit écu de Metz surmonté du chef de saint
    Etienne.
    ℞. ᴍᴏɴᴇᴛᴀ ᴍᴇ. Croix pattée, coupant la légende et cantonnée
    de quatre étoiles.

803. Variété avec ꞯᴠᴀʀᴛᴠꜱᴅᴇɴ. Six exemplaires.
    Rare.   Bill.   A.B.

Bractéate

804. ᴍᴇᴛᴇɴꜱɪꜱ en légende. Au centre, un écu aux armes de Metz.

    De Saulcy, Cité de Metz, pl. III, n° 1. *Très rare*.
                              Ar. fin. F.D.C. Gr.

805. Autre semblable.   Ar. fin. F.D.C.

DEUXIÈME GROUPE

Thalers

Les thalers, bien qu'essentiellement allemands, ne commencent à Metz que sous la domination française. Ils continuent jusqu'au milieu du xviie siècle. Ils présentent trois types : 1° saint Etienne debout et l'aigle d'Empire; 2° le saint debout et l'écu de la cité, de diverses formes; 3° le buste du saint et l'écu de la cité. Les spécimens du type intermédiaire sont d'une extrême rareté.

TYPE DE L'AIGLE DOUBLE ET DU SAINT DEBOUT

806.   s · stepĥanvs ⊛ ⊛ prothomart. Saint Etienne nimbé, debout, vu de trois quarts à gauche, tenant une palme de la main gauche et de la droite un livre(?) sur lequel sont posés trois cailloux, le tout dans un double contour elliptique.

ꞵ. ✛ moneta · nova · metensis · 1628 · Aigle double d'empire, portant en cœur l'écu de la cité.

Type décrit par Saulcy, Cité de Metz. p. 84, et par Jacob, cat., mais date nouvelle.   Ar.   B.

807.   Variété de 1629, Jacob, Cat. p. 100. Deux exemplaires variés.
                                                              Ar.   T.B.

808.   Autre de 1630, cité par Saulcy, ibid , p. 84 et par Jacob, Cat.
                                                              Ar.   A.B.

809.   Autre de 1631, cité par Jacob, Cat.   Ar.   F.D.C.

810.   Autre de 1632, cité par Saulcy et Jacob.   Ar.   B.

811.   Autre de 1633. Date inédite.   Ar.   B.

812.   Autre de 1634. Saulcy, ibid.   Ar.   B.

TYPE INTERMÉDIAIRE : ÉCU DE LA CITÉ ET SAINT DEBOUT

813. s · stephanvs ⊛ ⊛ prothomart. Saint Etienne debout, de trois quarts à gauche, dans un double contour elliptique.
℞. ⊛ moneta civitatis meten. 1638. Ecu de la cité dans un contour à six lobes ornés chacun de trois arcs de cercle.

Inconnu de Saulcy et de Jacob. *Rare.* Ar.　　T.B.

814. s · stephanvs ⊛ ⊛ prothomart. Saint Etienne debout, dans un double contour elliptique comme au n° 806.
℞. ⊛ moneta civitatis meten · 1638 · Ecu ovale de la cité, posé sur un cartouche cruciforme.
Type décrit par Jacob, *Rare.*　　　　Ar.　　T.B.

815. Autre exemplaire. *Rare.*　　　　　　Ar.　　T.B.

TYPE A L'ÉCU DE LA CITÉ ET AU SAINT EN BUSTE

816. + s · stephanvs protomartir. Buste de saint Etienne, la tête tournée à gauche.
℞. ⊛ moneta civita · metensis · 1638 · Ecu échancré dans une épicycloïde à six lobes ornés.
Mentionné par de Saulcy et par Jacob. Ar.　　B.

817.   Autre de 1639.
         Mentionné par de Saulcy et par Jacob.   Ar.   B.

818.   Autre de 1640.
         Mentionné par de Saulcy et par Jacob.   Ar.   B.

819.   Autre de 1641.
         De Saulcy, ibid, pl. l, nº 4, et Jacob, Cat. p. 101.
                                                 Ar.   F.D.C.

820.   Autre de 1643.
         Mentionné par de Saulcy, d'après un ancien auteur.
                                                 Ar.   A.B.

821.   Autre de 1645, date inédite.   Ar.   B.

822.   Autre de 1646.
         Mentionné par de Saulcy, ibid. p. 85. Ar.   F.D.C.

823.   Autre de 1647.
         Mentionné par de Saulcy, ibid. p. 85. Ar.   A.B.

824.   Autre de 1650.
         Mentionné par de Saulcy, d'après un ancien auteur.
                                                 Ar.   A.B.

Demi-Thalers

Les demi-thalers ne sont connus qu'au type de l'écu échancré que présentent les thalers à partir de 1638. Les demi-thalers sont très rares;
Saulcy et Jacob n'en connaissaient qu'un exemplaire, celui de 1641.

825.   ✛ s • STEPHANVS PROTOMARTIR. Buste de saint Etienne, la tête de
         profil à gauche; sous le buste et coupant la légende, l'indi-
         cation de la valeur ($\frac{1}{2}$).
       ℞. ✿ MONETA CIVITA • METENSIS 1638. Dans une épicycloïde fleur-
         delisée à six lobes, l'écu échancré de Metz.
         Date inédite, rare.   Ar.   B.

826.   Autre de 1640, troué. *Date inédite, rare.* Ar.   T.B.

827.   Autre de 1642. *Date inédite, rare.*   Ar.   B.

828.   ✛ s • STEPHANVS PROTOMARTIR. Buste de saint Etienne, comme
         au nº 825; sous le buste, l'indication de la valeur ($\frac{1}{2}$).
       ℞. ✿ MONETA CIVITA • METENSIS • 1643 • Au centre, l'écu échancré
         de la ville, dans un contour épicycloïdal orné de lis et de
         points.

Date nouvelle, très rare.   Ar.   T.B.

Quart de Thaler

Le quart de thaler est au type du demi-thaler; il est de la plus grande rareté.

829. ✛ s · STEPHANVS PROTOMARTYR. Buste de saint Etienne, la tête de profil à gauche; sous le buste et coupant la légende, l'indication de la valeur ($\frac{1}{4}$). ·

℞. ✿ MONETA CIVITA · METENSIS · 1640 · Dans une épicycloïde fleurdelisée à six lobes, l'écu échancré de Metz.
Inédit, très rare. Ar. B.

Testons

Les pièces, nommées testons à Metz, ne portent point une tête comme les pièces du même nom en France et en Lorraine; elles sont relativement anciennes. De même type que les premiers thalers, elles paraissent en être le tiers.

830. • s • STEPHA • • PROTHO • M •. saint Etienne nimbé, debout à gau-.che, dans un contour elliptique; au-dessous et coupant la légende, la date 1590.

℞. ✛ MONETA • NOVA • METENSIS. Double aigle portant en cœur l'écu de Metz.
De Saulcy, pl. II, n° 1. Ar. T.B.

831. Autres de 1592 et 1593. Deux exemplaires; mentionnés par de Saulcy et Jacob. Ar. B.

832. Autre avec la date 1597, mentionné par De Saulcy et Jacob.
Ar. A.B.

833. Autres de 1598 et 1599. L'entourage elliptique est coupé par une ligne de sol sous laquelle sont inscrits les deux derniers chiffres de la date.
Mentionnés par de Saulcy. Ar. A.B.

834. Autre. Types du n° 833, mais avec la date 1600 écrite en tous chiffres sous une ligne de sol.
Inédit. Ar. F.

835. Autre avec 1611. La date est placée au bas de l'entourage elliptique comme au n° 830,
Mentionné par de Saulcy et Jacob. Ar. A.B.

Francs

La pièce de douze gros dont de Saulcy et Jacob ont fait le *franc*, a été adoptée à Metz au commencement du xviie siècle. La fabrication ne paraît pas s'en être prolongée au delà de l'année 1661. Cette pièce s'est subdivisée en demi-francs et en quarts, valant respectivement six gros et trois gros.

836. s · STEPHANVS PROTHOM. Buste de saint Etienne, la tête de profil à gauche. A l'exergue : 1611.

℞. MONETA NOVA METENSIS. Ecu ovale de la cité posé sur un cartouche. A l'exergue : · XII · G.

Mentionné par Jacob.   Ar.   B.

837. Autres de 1614 et 1620. *Dates inédites.* Deux pièces.
                                             Ar.   A.B.

838. Autres de 1617 et 1620. *Dates inédites.* Deux pièces.
                                             Ar.   B.

839. Autres de 1621 et 1622. Mentionnés par de Saulcy et Jacob.
                                             Ar.   B.

840. Autre de 1642. *Date inédite.* Deux exemplaires.
                                             Ar.   A.B.

841. Autres de 1643, de 1649 et 1657. Mentionnés par de Saulcy. Trois pièces.   Ar.   T.B.

842. Autres de 1657 et 1658. Mentionnés par de Saulcy. Deux pièces.   Ar.   A.B.

843. Autre de 1659. Mentionné par de Saulcy. Ar.   B.

844. Autres de 1659 et 1660. Mentionnés par de Saulcy. Deux pièces.
                                             Ar.   B.

Demi-Francs

845. s · STEPHAN · PROTHOM. Buste de saint Etienne, la tête de profil à gauche. A l'exergue, la date · 1621 ·

℞. MONETA NOVA METEN. Cartouche chargé de l'écu de Metz. A l'exergue ·: VI · G ·

Jacob, Catalogue, pl.   Ar.   B.

846. Autres de 1622 et 1623; cette dernière date est nouvelle. Trois exemplaires. Ar. A.B.

847. Autres de 1641 et 1658. Mentionnés par de Saulcy et Jacob. Deux pièces. Ar. B.

848. Autres de 1660. Mentionnées par de Saulcy et Jacob. Deux exemplaires. Ar. A.B.

Quarts de Franc

849. s • STEPHAN • PROTHOM. Buste de saint Etienne, la tête à gauche. A l'exergue : 1621.
℞. MONETA NOVA METENS. Ecu de Metz, de forme échancrée. A l'exergue : • III • G •
De Saulcy, Cité de Metz, pl. II, n° 1. *Rare.*
Ar. B.

850. Même pièce. *Rare.* Ar. B.

851. Autre de 1644. L'écu du revers est plus grand.
Inédit, très rare. Ar. F.D.C.

Liards

L'atelier municipal ne paraît pas avoir adopté le liard ou quart de sou avant 1555 ; mais depuis cette époque jusqu'à la suppression de la monnaie messine, il en produisit à peu près chaque année.

852. + MONETA • METENSIS. Dans le champ, la lettre M, initiale du nom de la cité.
℞. + QVARTA SOLIDI 1555 en légende ; au centre, l'écu de la cité.
Quatre exemplaires. Billon.

853. Autres 1588, 1590 et 1593. Quatre exemp. Billon.

854. + MONETA ✠ METENSIS. Dans le champ, l'initiale du nom de la cité.
℞. QVARTA • SOLIDI. Ecu de la cité, dans le champ ; à l'exergue : 1616.
Deux exemplaires, Billon.

855. Autres de 1623, 1626, 1649, 1651 et 1656. Dix pièces variées. Billon.

856. Autres de 1657, 1658 et 1661. Neuf pièces variées. Billon.

Demi-Liards

L'émission du demi-liard n'a duré que peu d'années. De Saulcy et Jacob ne connaissaient que l'exemplaire de 1584.

857. ✠ OCTAVA • SOLIDI • 1584 • Ecu de la cité de Metz.

℞. ✠ MONETA · METENSIS. Croix pattée, cantonnée de quatre étoiles. De Saulcy, pl. III, fig. 1. Jacob, p. 113, nº 36.

    Cinq exemplaires. *Rares.*   Billon.

858.   Autre de 1589. *Date inédite.*

859.   ✠ MONETA ✶ METENSI. Ecu ovale de la cité sur un cartouche ; à gauche un 3, à droite un D, indication de la valeur.
     ℞. ✠ TRES ✶ DENARII. Croix pattée, cantonnée de chiffres formant la date 1590
     Trois exemplaires. *Rares.*   Billon.

Jetons

860.   *Jeton.* CIVITAS · METENSIS · NB. Au centre l'écu de Metz dans une couronne. A l'exergue 1608.
     ℞. HENRICVS · IIII · FRANCORVM · ET · ET · NAVAR · REX · L'écu de France et l'écu de Navarre accolés sous une couronne royale et entourés des colliers du Saint-Esprit et de Saint-Michel.

    Coin de Nicolas Briot. Robert, Maîtres échevins, pl. VI, fig. 1.   Cuiv. B.

861.   *Jeton.* La même pièce de 1610, sans les initiales du graveur.

PRINCES AYANT CONTREFAIT LA MONNAIE
DE LA CITÉ

—

SEIGNEUR DE STEVENSWEERT

ANONYME DE LA FIN DU XVIe SIÈCLE

862. *Imitation du gros* · s · stepha · proth · m. Saint Etienne agenouillé à gauche, nimbé, les mains jointes; dans le champ,
deux petits écus; dans le haut, la main divine.
℞. sit · nomen · dni · benedictvm, en légende extérieure et
sstwer · v · gros, en légende intérieure. Croix pattée, cantonnée de quatre étoiles et coupant la légende intérieure.
Ar.   T.B.

863. Autres variétés de ponctuation. Deux exemplaires.
Ar.   F.

SEIGNEURS DE RECKHEIM
Guillaume III de Sombreffe (1475-1484)

864. *Imitations de l'angevine.* + gvilhelmvs ⸰ de ⸰ so. Ecu de la cité de
Metz.
℞. moneta re. Croix pattée coupant la légende et cantonnée de
quatre étoiles.
Van der Chijs, De Munten der leenen van Braband, pl. XXVI,
fig. 20. Deux exemplaires.   Cuiv.   A.B.

865. Autre + gvilhelmvs som. *Variété inédite.*   Cuiv.   B.

Jean de Pirmont (1504-1512)

866. *Imitation de l'angevine.* + iohannes ⸰ de ⸰ re. Ecu de la cité de
Metz.
℞. moneta re. Croix pattée coupant la légende et cantonnée de
quatre étoiles.
Van der Chijs, pl. XXVI, fig. 22. *Rare.* Cuiv.   F.

DAME DE STEIN
Jeanne de Merwede

MILIEU DU XVe SIÈCLE

867. *Imitation de l'angevine.* + iohanna ⸰ de ⸰ stei. Ecu de la cité
de Metz.

℞. MO SITA..(?) Croix pattée coupant la légende et cantonnée de quatre étoiles.

Inédit, très rare.   Cuiv.   A.B.

MAITRES ÉCHEVINS ET ÉCHEVINS

—

MONNAIES ET JETONS

Les maîtres échevins de Metz frappèrent, sous le roi de France Henri II, de menues espèces, aujourd'hui d'une excessive rareté, qui portent, d'un côté, le nom et les armes du magistrat, de l'autre, les armes de la cité et l'indication de la valeur. Bientôt, la légende du revers n'indiqua plus la valeur ; mais le type général et le module des pièces leur permirent encore pendant un certain temps de circuler comme espèces d'appoint ; puis le jeton proprement dit, qui parut avec Jean-Baptiste de Villers, fut seul chargé de perpétuer le nom des premiers magistrats de la ville. Aux monnaies et aux jetons des maîtres échevins nous joindrons quelques jetons de simples échevins ou de familles échevinales.

Jean le Braconnier, maître échevin (1561-62 et 1566-67)

868.   *Quart de denier.* ✪ MONETA ○ NOVA ○ MET. Dans le champ, un écu avec fasce accompagnée en pointe d'un huchet.

℞. ✛ QVARTVS ○ DENAR. Dans le champ, l'écu de Metz.

Robert, Maîtres échevins, pl. 1, fig. I. *Unique.*
Billon. T.B.

Wiriat Copère, maître échevin (1576-1577 et 1585-1588)

869.   *Huitième de sol* • • WIRIAT • COPERE • 1585 • Dans le champ, un écu présentant une fasce denchée, accompagnée en chef et en pointe de trois coupes en forme de calices surmontées de leurs couvercles.

℞. ✪ OCTAVA • SOLIDI • 1585 • Dans le champ, l'écu de Metz.

Robert, ibid., pl. 1, fig. 2. *Unique.*   Billon. T.B.

Jacques Praillon, maître échevin (1578-1581, 1588-1600 et 1604-1605)

870. *Monnaie.* ✠ PATIENTIA VICTRIX. Un écu à la bande chargée d'une coquille entre deux roses ; des deux côtés deux des chiffres de la date 1604.

℟. ✠ MONETA · NOVA · METENS. Dans le champ, l'écu de Metz.

Robert, ibid., pl. I, fig. 4. *Très rare.* Ar.　　　F.D.C.

Jean de Villers, maître échevin (1601-1602 et 1607-1608)

871. *Monnaie* (?) ✶ IN SPEM CONTRA SPEM. Dans le champ, un écu à une fasce accompagnée en chef de deux étoiles.

℟. ✠ METIS AN ✶ DOMINI · 1601. Dans le champ, l'écu de Metz.

Robert, ibid, pl. 1, fig. 7. *Unique.* Ar.　　　F.D.C.

Bertrand de Saint-Jure, maître échevin (1602 et 1608)

872. *Monnaie* (?) ✠ ESPOIR ET POEVR. Dans le champ, un écu aux deux flammes, au chef chargé d'une croix alaisée.

℟. ✠ METIS · AN · DOMINI · 1602. Dans le champ, l'écu échancré de la cité.

Robert, ibid, pl. 1, n° 2. *Unique.*　　　Billon. F.D.C.

873. *Monnaie* (?) Types de la précédente, mais de 1608.

Robert, *Revue numismatique*, 1869-70, pl. XIX, n° 4.

Billon. T.B.

Charles Sartorius, maître échevin (1606-1607)

874.   *Monnaie.* ⊛ FIRMA SOLO RADIX · 1606 · Dans le champ, un écu
       à une fasce chargée d'un double vol et accompagnée de trois
       besans, deux en chef et un en pointe.
       ℞. ⊛ MONETA NOVA METENS. Dans le champ, l'écu de Metz.

Robert, Mait. échev., pl. 1, fig. 9. *Unique.*   Ar.   F.D.C.

Nicolas Maguin, maître échevin (1602-1604, 1609-1610 et 1615-1618)

875.   *Monnaie?* ⊛ CRAIN DIEV ET FAY · IVSTI. Dans le champ, un écu à
       six molettes, trois, deux et un.
       ℞. ⊛ METIS · AN · DOMINI · 1609. Dans le champ, l'écu de Metz.

Robert, *Rev. num.*, 1869-70, pl. XIX, fig. 5. *Unique* avec
la date de 1609.   Bill.   T.B.

Abraham Fabert, maître échevin (1610-1614, 1618-20, 1624-25, 1632-33 et 1637-38)

876.   *Monnaie.* ABR · FABERT · M · ESCHEVIN. Dans le champ, Hercule
       debout, appuyé sur sa massue et accosté de huit grenades.
       ℞. MONETA NOVA METE. Ecu ovale de Metz dans un cartouche : à
       l'exergue · 1618 ·
           Robert, Maîtres échevins, pl. II, n° 2. *Unique* avec cette
           date.   Ar. bas. T.B.

877. *Monnaie.* Autre avec la date de 1624.
Robert, ibid. pl. II, n° 4, et Jacob, Cat. de la ville de Metz.
Exemplaire troué. Ar. bas. B.

878. *Monnaie.* Autre avec la date de 1638.

Robert, *Rev. num.*, 1869-70, pl. XIX, fig. 7.
Ar. bas. B.

879. *Jeton.* ✿ ABR · FABERT · M^{TRE} ESCHEVIN · DE · METZ. 1638. Ecu ovale
de Metz, posé sur un cartouche.
℞. A · LA · VERTV · RIEN · N EST · INACCESSIBLE. Ecu aux armes de
Fabert, timbré d'un heaume lambrequiné et entouré du cordon de saint Michel.

Robert, Maîtres échevins, pl. II, fig. 5. Ar. F.D.C. Gr.

Jean-Baptiste de Villers, maître échevin
(1620-24, 1626-30 et 1631-32)

880. *Monnaie.* LEGIBVS ET ARMIS. Dans le champ, un écu écartelé de
Villers et de Mondelange. Heaume et lambrequins.
℞. MONETA NOVA METENS. Dans le champ, l'écu de Metz, de forme
ovale, posé sur un cartouche; à l'exergue · 1620 ·

Robert, Maîtres échev., pl. II, fig. 11. Ar. bas. T.B.

881. *Jeton.* ivstitia ⚬ et marte. Ecu écartelé, comme à la pièce
      précédente ; au-dessous, 1620.
      ℞. ⚬ i • bap^{te} de viller m^{re} eschevin de metz. Ecu de Metz.

Robert, *Rev. num.*, 1869-1870, pl. XIX, fig. 6. *Unique.*
Ar. bas. T.B.

Isaac Bague, maître échevin (1630-31)

882. *Monnaie?* •I• bagve m • eschevin • Ecu ovale de Metz, sur un
      cartouche ; à l'exergue, 1630.
      ℞. ⚬ mancvpio • et • nexv • Ecu à trois bagues entrelacées, au
      chef chargé d'une croix entre deux croisettes.

Robert, Maitres échev., pl. II. fig. 6. Ar.   F.D.C.

Philippe Praillon, maître échevin (1633-37
et 1639-40)

883. *Monnaie?* ⚬ p • praillon • es • m • esche • de • metz • Ecu ovale
      de Metz, sur un cartouche.
      ℞. endvrer • povr • dvrer • Ecu de Praillon, à la bande chargée
      d'une coquille et de deux roses, timbré d'un heaume lan-
      brequiné ; à l'exergue : 1633.

Robert, ibid, pl. II, fig. 8. Exemplaire légèrement surfrappé.   Ar.   F.D.C.

884. *Monnaie?* Autre, mêmes types.   Ar.   T.B.

885. *Jeton.* ☾ P · PRAILLON · ᴋᴿ · ѕᴿ · ᴅᴇ · ѕ · ᴄᴬᴿ · ᴅᴠ · ʀᴏʏ · ᴍᴿᴱ · ᴇѕᴄʜᴇᴠɪɴ ᴅ ᴍ. Ecu de la ville, lambrequiné et surmonté de la pucelle.

℞. ᴇɴᴅᴠʀᴇʀ · ᴘᴏᴠʀ · ᴅᴠʀᴇʀ. Ecu de Praillon; à l'exergue · 1633 ·

Robert, ibid, pl. II, n° 9.　　　　Cuiv.　B.

Adrien de Bonnefoy, maître échevin (1640-41)

886. *Monnaie?* ☾ ɴᴏɴ · ꜰᴀᴄɪʟᴇ · ᴇxᴄɪᴅᴇᴛ · Ecu à l'épée tenue par un dextrochère et un sénestrochère, et accostée de deux mains ouvertes.

℞. ᴇʟʟᴇ · ᴇѕᴛ · ᴇɴ · ʙᴏɴɴᴇ · ᴍᴀɪɴѕ. Ecu ovale de Metz, sur un cartouche, dans les échancrures duquel le millésime 1640.

Robert, ibid, pl. III, fig. 1.　　　　Ar.　F.D.C.

887. *Monnaie?* Exemplaire de la pièce précédente, pourvu d'une bélière et doré.　　　　　　　　　　Ar.　F.D.C.

Nicolas Auburtin, échevin trésorier

888. *Jeton.* ✶ɴɪᴄᴏʟᴀѕ · ᴀᴠʙᴠʀᴛɪɴ · ᴀᴅᴠᴏᴄᴀᴛ · Ecu à un chevron, accompagné, en chef, de trois étoiles et en pointe, d'une gerbe accostée de deux soucis. L'écu est timbré d'un heaume à lambrequins.

℞. ✶ᴇѕᴄʜᴇᴠɪɴ ✶ ᴛʜʀᴇѕᴏʀɪᴇʀ · ᴅᴇ · ᴍᴇᴛᴢ · Ecu de Metz échancré; au-dessous : 1652.

Robert, ibid, pl. III, fig. 3.　　　　Cuiv.　T B.

Thomas de Bérard, maître échevin (1663-65 et 1678-81)

889. *Jeton.* SVA SE FRONDE TVENTVR. Ecu à une fasce chargée de trois trèfles et accompagnée de trois grillons, deux en chef, un en pointe; l'écu est timbré d'une couronne et a deux palmes, pour supports; au-dessous, la date 1663.

ɤ. Ecu de Metz, dans un grand cartouche occupant tout le champ de la pièce.
Robert, ibid. pl. III, fig. 5. Ar. F.D.C.

890. *Jeton.* ⊛ T · DE · BERARD · Mᴿ · ESCHEVIN · DE · METZ · 1678. Ecu ovale de Metz sur un cartouche.
ɤ. SOLE · FAVENTE · RESVRGVNT. Ecu de famille couronné.
Robert, ibid. pl. III, n° 6. Cuiv. T.B.

891. *Jeton.* Variété de la pièce précédente avec la date 1680 et la devise : FOELICIA · TEMPORA · SIGNANT.
Robert, ibid. pl. III, n° 7. Cuiv. B.

Bernard de Pellart de Givry, maître échevin (1667-78)

892. *Jeton.* в · DE · GIVRY · Mᴿᴱ · ESCHEVIN · DE · METZ. Ecu de Metz sur un cartouche. Dans le champ de la pièce, la date 1669.
ꝑ. ✿ ROSTRO · TVA · ET · VNGVE · TVEBOR · Ecu chargé d'une aigle à deux têtes, couronné et supporté par deux palmes.
Robert, ibid, pl. IV, n° 1.　　　　　Cuivre. F.D.C.

893. *Jeton.* ✳ в · DE · GIVRY · Mᴿᴱ · ESCHEVIN · DE · METZ. Ecu de Metz, sur un cartouche; dans le champ, le millésime 1671.
ꝑ. ✳ PARTES · INTENTVS · IN · OMNES. Même écu qu'au numéro précédent.
Robert, ibid, pl. IV, fig. 2.　　　　　Ar.　　B.

894. *Jeton.* Même type et même date.　　　　　Cuiv.　　F.

895. *Jeton.* в · DE · GIVRY · M · ESCHEVIN · DE · METZ · Ecu de Metz sur un cartouche; au-dessous, le millésime 1675.
ꝑ. ✿ SEMPER · IN · EXCVBIIS. Ecu couronné des Givry, soutenu par deux lions.
Robert, ibid., pl. IV, n° 5.　　　　　Ar.

896. *Jeton.* в · DE · GIVRY · M · ESCHEVIN · DE · METZ · Ecu de Metz sur un cartouche; au-dessous, 1675.
ꝑ. SEMPER · IN · EXCVBIIS. Ecu des Givry, comme sur la pièce précédente.
Robert, ibid. pl. IV, n° 7; très petit module.
　　　　　Ar.　　B.

897. *Jeton.* в · DE · GIVRY · Mᴿ · ESCHEVIN · DE · METZ · Ecu de Metz sur un cartouche accosté de deux fleurons. A l'exergue, 1677.
ꝑ. ✿ ✳VNDIQVE ✳✳ SOLEM ✳. Ecu de famille comme sur la pièce précédente.
Robert, ibid. pl. IV, n° 6.　　　　　Cuiv.　　A.B.

898. *Jeton.* в · DE · GIVRY · M · ESCHEVIN · DE · METZ · Ecu de Metz sur un cartouche; au dessous, le millésime : 1677.
ꝑ. VNDIQVE SOLEM. Ecu des Givry couronné et soutenu par deux lions.
Robert, ibid., pl. IV, fig. 8; très petit module.
　　　　　Ar.　　F.D.C.

899. *Jeton.* ✳ в · DE · GIVRY · Mᴿᴱ · ESCHEVIN · DE · METZ. Ecu de Metz, sur un cartouche.
ꝑ. META · MIHI · METÆ · Ecu de famille couronné entre deux palmes.
Robert, *Revue numismatique*, 1869-70, pl. XIX, n° 3; très petit module.　　　　　Ar.　　B.

Philippe Auburtin, échevin trésorier sous le maître échevin B. de Givry

900.   *Jeton.* ✶ ʙ · ᴅᴇ · ɢɪᴠʀʏ · ᴍᴿᴇ · ᴇꜱᴄʜᴇᴠɪɴ · ᴅᴇ · ᴍᴇᴛᴢ. Ecu de Metz sur un cartouche; au-dessous, la date 1672.

℞.   ᴘʜ · ᴀᴠʙᴠʀᴛɪɴ · ᴄᴏɴᴇʀ · ᴇꜱᴄʜᴇ · ᴛʀᴇꜱᴏᴇʀ · Ecu au chevron accompagné en chef de trois étoiles et en pointe d'une gerbe; l'écu est timbré d'un heaume cimé d'une gerbe et lambrequiné.

Robert, Maîtres échevins. pl. IV. fig. 4. Ar.   T.B.

Henri Poutet, maître échevin (1683-88)

901.   *Jeton.* ✿ ʜ · ᴘᴏᴠᴛᴇᴛ · ᴍᴇ · ᴇꜱᴄʜᴇᴠɪɴ · ᴅᴇ · ᴍᴇᴛᴢ · 1683. Ecu ovale de Metz sur un cartouche.

℞.   ꜱᴛᴀᴛ ✿ ᴠɪɢɪʟᴀᴛ ✿ ᴇᴛ ✿ ʟᴠᴄᴇᴛ. Ecu à une montagne, accostée de deux écureuils et accompagnée en chef de deux étoiles. L'écu est timbré d'un heaume lambrequiné, surmonté d'une étoile.

Robert, ibid, pl. 4, nᵒ 9.   Cuiv.   B.

902.   *Jeton.* ʜ · ᴘᴏᴠᴛᴇᴛ · ᴍᴇ · ᴇꜱᴄʜᴇᴠɪɴ · ᴅᴇ · ᴍᴇᴛᴢ · 1684 · Ecu ovale de Metz, sur un cartouche.

℞.   ᴘᴀᴛʀɪᴀᴍ · ʜᴀᴇᴄ · ꜱɪᴅᴇʀᴀ · ꜰɪʀᴍᴀɴᴛ · Ecu de famille comme au numéro précédent.

Robert, ibid. pl. IV, fig. 7; très petit module.
                                          Ar.   F.D.C.

903.   *Jeton.* Variété du numéro précédent avec la date 1686, au droit, et. au revers, la devise : ɪᴍᴍᴏᴛᴠꜱ ꜱᴛᴀᴛ ɪɴ ᴍᴏᴛᴠ.

Robert, ibid. pl. IV, nᵒ 12.   Cuiv.   B.

Pierre-Philippe Pantaléon, maître échevin (1688-90)

904. *Jeton.* ⁎ P · P · PANTALEON · Mᴱ · ESCHEVIN · DE · METZ. Ecu ovale de la cité, posé sur un cartouche accosté de la date 1689.
℞. AD TVTELAM NON AD PRÆDAM. Ecu coupé, au lion issant, timbré d'un heaume lambrequiné.
Robert, ibid, pl. V, fig. 1.　　　　Ar.　　F.D.C.

905. *Jeton.* Variété du numéro précédent, le cartouche du droit n'a pas la même forme, et la date, 1689, est placée dans le bas.

Robert, ibid. pl. V, fig. 2, module moyen, 20 mill.
　　　　　　　　　　　　　　　　Ar.　　F.D.C.

906. *Jeton.* Même type que la pièce précédente.　Cuiv.　B.

Louis-François Jeoffroy, maître échevin (1690-92)

907. *Jeton.* LOVIS · F · IEOFFROY · M · ESCHEVIN · DE · METZ. Dans le champ, la ville de Metz dominée par sa cathédrale; au sommet du tableau, l'écu de la cité supporté par deux cornes d'abondance.
℞. CVSTODIT · NOCTE · DIEQVE · 1690. Ecu à un coq surmonté d'une fasce haussée et accompagnée en chef de deux étoiles.

Robert, ibid. pl. V, fig. 3.　　　　Cuiv.　　F.D.C.

Christophe d'Auburtin, maître échevin (1692)

908. *Jeton.* CHRIST · D AVBVRTIN · M · ESCHEVIN · DE · METZ · Même type qu'à la pièce précédente.

℞. DABVNT · CVM · LVMINE · FRVCTVM · 1692 · Ecu des Auburtin, timbré d'un casque avec lambrequins et posé sur un cartouche.

Robert, ibid. pl. V, fig. 4.   Ar.   F.D.C.

Pierre de Rissan, maître échevin (1692-1712)

909. *Jeton*. PIERRE DE RISSAN M · ESCHEVIN DE METZ 1696. Type légèrement varié de la pièce précédente.
℞. VIRIBVS ET ARMIS. Écu rond au lion, au chef chargé de trois
fers de lance; l'écu est timbré d'une couronne et soutenu
par deux lions.   ·

Robert, ibid, pl. V, nº 6.   Ar,   F.D.C.

910. *Jeton*. PIERRE · DE · RISSAN · CHLR · M · ESCHEVIN · DE · METZ. 1700.
Ville vue à vol d'oiseau; au-dessus, l'écu ovale de Metz dans
un cartouche.
℞. SECVRITAS · PVBLICA. Armes de Rissan, légèrement variées de
celles du numéro précédent.
Robert, ibid. pl. V, nº 8.   Ar.   F.D.C.

911. *Jeton*. Type de la pièce précédente, mais avec la date 1703.
Robert, ibid. p. 56, nº 5.   Cuiv.   B.

912. *Jeton*. Type de la pièce précédente, mais avec la date 1707.
Robert, ibid. p, 56, nº 6.   Cuiv.   B.

Claude-Ph. d'Auburtin, maître échevin
(1707-13 et 1718-38)

913. *Jeton*. CL · PH · D'AVBVRTIN · Mˢ · ESCHEVIN · DE · METZ · 1709
Ecu ovale de Metz dans un cartouche.

℞. HOC • SIDERE • CRESCET • Ecu ovale aux armes d'Auburtin, posé sur un cartouche et timbré d'un heaume lambrequiné.

Robert, ibid. pl. V, n° 9. Ar. F.D.C. Gr.

C. Praillon et N. de Cérétani

914. *Jeton.* ✿ N • DE • CKRETANI • C • PRAILLON. Ecu parti de Cérétani et de Praillon.

℞. ✿ INDE • CEREMONIÆ • DICTÆ • 1642. Porte crénelée; personnage à genoux et trois femmes venant à lui; au second plan, une ville en flammes.

Mariage de N. de Cérétani et de Catherine Praillon, petite fille du maître échevin, Jacques Praillon.

Robert, Mél. d'archéol., p. 98. *Unique.* Cuiv. T B.

CORPORATIONS, ETC.

915. *Méreau.* S. BARTHELEMY • 1639. Le saint à mi-corps et de profil à gauche.

℞. DANIEL LECHOVAV BE. L'inscription est gravée dans le champ, en trois lignes. Cuiv. T.B.

916. *Méreau.* s. ESTIENNE · 1669. Le saint à mi-corps et à gauche. ℞. La date 1742 gravée en creux. Cuiv.

917. *Méreau.* Même pièce, mais sans inscription au revers.

918. *Méreau.* s. ESTIENNE 1745. Le saint à mi-corps et à gauche.

℞. ETIEN HOCQUARD 1750, inscription gravée en trois lignes, dans le champ. Cuiv.

919. *Méreau.* Mêmes pièces, mais avec les dates 1745 et 1754, gravées au revers.

Des pièces analogues à celles décrites sous les nᵒˢ 915 à 919, mais avec d'autres inscriptions, sont attribuées à des corporations messines par M. Jacob.

Obit

920. *Méreau d'obit.* SANCTVS STEPHANVS. Au centre un écu fascé avec une bande chargée de trois fleurs de lis.
℞. SANCTE STEPHANE. Saint Etienne debout, de face, tenant une palme.
Inédit. Plomb. A.B.

Loges de Metz

921. *Médaille.* Tête de Minerve, mains jointes et insignes maçonniques, dans une couronne de laurier.
℞. En plusieurs lignes : □ DE L'ÉCOLE DE LA SAGESSE ET DU TRIPLE ACCORD RÉUNIS O.˙.DE METZ.˙. J. D. P.˙.V.˙.DE L. CENT. 5785.˙.
Pièce coulée. Jacob, ibid. p. 124, nᵒ 7. Cuiv. F.

Cours industriels

922. Plaque portant en creux : COURS INDUSTRIELS DE METZ.
Cuiv. B.

ROIS DE FRANCE
—

Henri II

923. *Défense de Metz en* 1552. HENRICO II FRANC R CHRISTIANIS OPT
PRINCIPI. Buste du roi, de profil, à droite.
℞. Dans le champ, en sept lignes : MET LIBER OBSID CAR V IMP
ET GERM OPPVG FRANC A LOTHOR DVCR GVIS FOELICIS PROPVG. A
l'exergue, un écu de Metz, avec la date 1552.

Robert, Evénements militaires, pl. V. Bronze. Très rare.

Cette pièce, dont les reliefs sont mal accusés, provient de l'ancienne
collection Norblin. Le coin ne s'en trouve pas au Musée monétaire de Paris ;
on la considère comme de fabrication locale.

924. Même pièce. Bronze F.D.C.

925. *Médaille. Evènements militaires de* 1552. HENRICVS · II · GALLIA-
RVM · REX · INVICTISS · PP · Buste du roi de profil à droite.
℞. OB RES IN ITAL · GERM · ET GAL · FORTITER AC FOELIC · GESTAS. La
Victoire et l'Abondance dans un quadrige conduit par la Re-
nommée ; à l'exergue : EX VOTO PVB · 1552.
Robert, Mél. d'archéol., p. 58, n° 2. Diam. : 53 mill.
Exempl. du temps, troué. Br. doré. B.

Louis XV

926. *Liards* de 1720, 1769, 1770, 1772, 1774 avec la marque de
l'atelier de Metz (AA). Cinq pièces. Cuiv. B. et T.B.

927. *Médaille. Convalescence du roi.* LUD · XV · REX CHRISTIANISS.
Buste du roi, à droite ; au-dessous, les initiales : FM.
℞. DEO CONSERVATORI, en légende et à l'exergue : REGE VINCULIS
MORTIS SOLUTO METIS MENS · AUGUST · MDCCXLIV. La France de-
bout, levant les yeux au ciel, devant un autel allumé.
Frappe ancienne. Jacob, p. 119, n° 9. Ar. A.B.

928. *Médaille. Construction du portail de la cathédrale.* LUDOVICUS XV
REX CHRISTIANISS. Buste du roi couronné à droite ; sous le buste :
B · DUVIVIER · F.
℞. En légende : OB RESTIT · IN · URBEM ET AN · 1744 · OPT · PRINC ·
SALUTEM. Dans le champ : PORTICUM AEDIS S. STEPH. AB ECCLES.
METEN. DECR. ET INCHOATAM REX OPIS DIVINAE MEMOR IMPENSA SUA
PERFECIT. À l'exergue : CURANT · MARESC · DUC · DETREES · PRAEF.
PROV · ANNO · 1764.
Frappe ancienne. Jacob. Catal. p. 129, n° 11.

Br. doré. F.D.C.

Louis XVI

929. *Liards* de 1786. Deux exemplaires.   Cuiv.   B.

République

930. *Pièce de cinq centimes* de l'an 8.   Cuiv.   B.

Louis-Philippe

931. *Essai.* Entre deux branches de chêne, frappées en creux, un écu
à contour sinueux également en creux, sur le champ duquel
se détachent en relief les deux majuscules accouplées LP.
℞. Deux branches de laurier, tranchées au bas par un cartouche portant le millésime 1838 ; le tout en creux. Au milieu
du champ un écu également en creux portant en relief :
10 CENT. et la signature *Lucy F*.
Jacob, Catalogue, p. 125, n° 10. Essai frappé à Metz en
1838 ; les creux sont niellés d'argent. Cuiv.   F.D.C.

GOUVERNEURS POUR LE ROI

INTENDANTS, ETC.

—

Le duc d'Epernon, gouverneur de Metz

932. *Médaille.* I · L · A · LAVALETA · D · ESPERN · P · ET · TOT · GAL ·
PEDIT · PRAEF. Buste du duc à droite ; contre la légende est en
petits caractères : F · DVPRE · F · 1607.
℞. INTACTVS · VTRINQUE. Lion en face d'une furie tenant deux
torches.
Jacob, Catalogue, p. 127, n° 5.   Plomb, à belière

Roger de Commenge, commandant de la citadelle (1596-1610)

953. *Jeton.* ⚜ ROG · DE · COMMENGES · DE SAVBOLE. Écu de famille, entre deux branches de laurier.

℞. ⚜ ⚜ CIRCVNSPECTE QVIDLIBET. Épée et caducée en sautoir; devant une balance; un flambeau à droite et à gauche.

Jacob, ibid. p. 120, n° 2.   Cuiv.   F.D.C.

A. de Caumartin, intendant

954. *Jeton octogone.* Écu ovale sur un cartouche; banderole avec la devise : DE MIEVX EN MIEVX.

℞. Dans le champ, en huit lignes : ANT. LOU · FR. LEFEVRE DE CAU-MARTIN M^T . DES REQ^TES. IN^T . DES TROIS EVECH. EN 1754 DE FLANDRE ET ARTOIS EN 1756.

Frappe moderne.   Ar.   F.D.C.

Casimir Metz de Caumartin

955. *Jeton.* CAS · ANT · L · F · METZ DE CAUMARTIN. Fonts baptismaux contre lesquels est appuyé un cartouche aux armes des Caumartin; au dessus, le Saint-Esprit. A l'exergue : la date 1754.

℞. PATRIÆ SPES ALTERA SURGIT. Enfant au berceau; à gauche, Minerve tenant une branche d'olivier s'appuie sur un double écusson aux armes des Caumartin et des Belle-Isle; à droite, l'écu de Metz; à l'exergue, un cartouche aux armes de Mamiel de Marieulles, maître échevin, et le mot : PRÆFECTO.

Robert, Maîtres échevins, pl. V, fig. 10. Exemplaire doré.
Cuiv.   T.B.

936. *Jeton.* Variété de la pièce précédente. La forme du cartouche, à l'exergue du revers, n'est pas la même.
Inédit.   Ar.   F.D.C.

937. *Jeton.* Même pièce.   Cuiv.   B.

Ces jetons ont été frappés, sur l'ordre du maître-échevin Mamiel de Marieulles, à l'occasion du baptême d'un fils de M. de Caumartin, alors intendant des Trois-Evêchés. L'enfant reçut de sa marraine, la maréchale de Belle-Isle, le prénom de Casimir, et de la ville, son parrain, celui de Metz.

Le maréchal de Belle-Isle, gouverneur des Trois Evêchés

938. *Jelon.* CII · L · AUG · FOUCQUET · MARECH · DUC · DE · BELLE-ISLE ·
Buste de profil à gauche.
℟. VTILITATI PUBLICÆ. L'Agriculture, la Science et les Arts debout
avec leurs atributs. A l'exergue : FVNDATVR METIS M · DCC · LX.
Jeton de présence de l'ancienne académie de Metz.
Robert, ibid. pl. VI, nᵒ 8.   Ar.   F.D.C.

939. *Grande médaille.* Buste du duc de Belle-Isle par *J. C. Roettiers.*
℟. Longue légende, en onze lignes, terminée par les mots :
FONDATEVR DE LA SOCI · ROYALE DES SCIENCES ET DES ARTS DE METZ,
1760.
Frappe moderne, diam. 48 millim.
Cf. Cat. des coins du Musée Monétaire, p. 275.
                                               Ar.

Parlement de Metz

940. *Jelon.* IECT · DE · LA · COVR · DE · PARLEMENT · DE · METZ. Ecu de
France couronné et entouré du cordon de saint Michel et de
Saint-Esprit.
℟. LOVYS · LE · IVSTE · ROY · DE · FRANCE · ET · DE · NAVARE. Tête
couronnée du roi à droite.

Robert, ibid. pl. VI, nᵒ 4.   Ar.   F.D.C.

941. *Jeton.* La même pièce.   Cuivre.

TOUL

EMPEREURS ET ROIS

Louis le Débonnaire

942. *Denier*. + HLVDOVVICVS IMP. Croix pattée, cantonnée de quatre globules.
℟. + XPISTIANA RELIGIO. Temple tétrastyle avec croix au centre; au-dessous, trois globules. Ar. fin. B.

Ces trois points, qui se retrouvent sur le denier d'Otton, n° 947, semblent caractériser l'atelier de Toul.

Arnoul, roi (887-896)

943. *Denier*. + ARNVLFVS REX, entre deux grènetis; au centre, une croix pattée.
℟. + TVLLO CIVITAS, entre deux grènetis; au centre, une croix pattée, cantonnée de quatre globules.

Unique. Bill. F.

Charles le Simple ?

944. *Denier*. KAROLVS REX. Croix pattée, cantonnée de quatre globules.

℞. TVLLO, écrit horizontalement dans le champ.

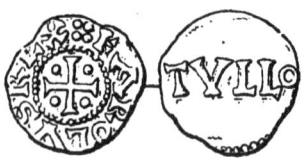

Robert, Nord-Est, pl. XVI, fig. 5. Exemplaire légèrement cassé sur ses bords.   Ar.

Louis IV d'Outremer ou Louis l'Enfant

945. *Denier.* LVDOVVICVS RX. Croix cantonnée de quatre globules.

℞. TVLLO écrit horizontalement dans le champ.
Robert, ibid., pl. XVI, n° 9.   Ar. fin. F.D.C.

946. *Denier.* LV.....CVS REX. Croix cantonnée de quatre globules.
℞. TVLLO écrit dans le champ.
Robert, ibid., pl. XVI, n° 10 ; exemplaire cassé.
     Ar. fin.

Otton le Grand, roi (956-962)

947. *Denier.* OTTO REX : CIVITAS. Croix pattée, cantonnée de quatre globules.
℞. TVLLO, écrit de droite à gauche ; trois points, dans le haut, et un autre, dans le bas.

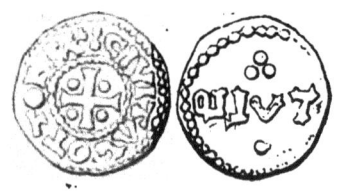

Robert, ibid., pl. XVIII, n° 1 et, d'après lui, Dannenberg, n° 84. *Unique.*   Ar. fin. F.D.C.

COMTES?

—

Pierre, mentionné en 1118

948. *Denier.* PETR.... Dans le champ, une croix pattée, cantonnée de quatre globules.

℞. S PETR.... Au centre, une tête tournée à droite, avec barbe et cheveux courts, sans diadème ni auréole.

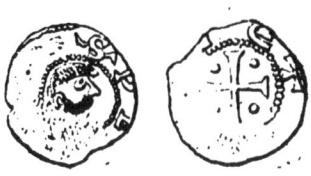

Variété du n° 3, pl. II, Robert, ibid., flan large; lettres mal venues. Ar. fin.

Cette pièce importante, dont un exemplaire s'est rencontré, à Tronville, avec des deniers de l'évêque Pibon, n'a pas encore été attribuée d'une manière certaine. M. de Saulcy la donnait à l'abbaye de Moyenmoutier qui était placée sous le vocable de Saint-Pierre. M. Robert, en 1844, l'avait classée à Pierre, comte de Toul, du commencement du XII° siècle, qui l'aurait frappée dans une des nombreuses localités ayant saint Pierre pour patron. Il s'était demandé aussi si l'on ne pouvait pas la donner à Remiremont dont les coins mentionnent ou représentent si souvent saint Pierre; mais, ainsi que l'a fait remarquer M. Maxe Werly (*Numism. de Remiremont et de Saint-Dié*), les voués de Remiremont, à cette époque, étaient les ducs de Lorraine eux-mêmes.

———

TOUL ET DOMAINES ÉPISCOPAUX

—

ÉVÊQUES

Le monnayage autonome des évêques de Toul, commencé dans la première moitié du XI° siècle, ne paraît pas avoir dépassé le commencement du XIV°; il n'a jamais eu beaucoup d'activité et ses produits ne paraissent pas avoir circulé au loin. En somme, les monnaies épiscopales de Toul sont aujourd'hui très rares, sauf pour les épiscopats de Gilles de Sorcy et de Conrad Probus.

Presque toutes les monnaies des évêques sont frappées dans la ville même de Toul; les plus anciennes présentent encore l'ancien ethnique *Leucha*, suivi du titre de *civitas*. Plus tard, le nom de Toul paraît accolé au mot *urbs*. Quelques rares monnaies de la fin du XII° siècle ont été frappées dans les domaines épiscopaux de Liverdun et de Blénod Les évêques de Toul ont longtemps mis sur leurs monnaies un édifice (église ou château) dont la forme a varié, et dans lequel il faut voir la dégénérescence, de plus en plus accusée, du temple carolingien. Ils ont aussi copié parfois les

types de France, de Lorraine, et même de Cambrai, de Hainaut et de
Brabant. A l'époque des armoiries ils ont, mais rarement, mis les leurs au
droit ou au revers de leurs monnaies.

La fabrication des espèces est très défectueuse, dans les premiers temps,
à Toul comme à Metz : des pièces presque neuves présentent un champ
contourné et, le coin ayant mal porté, elles ne laissent lire qu'une partie
de la légende.

Brunon (1026-1048)

ATELIER DE TOUL

949. *Denier.* BRVNO EPS. Croix à extrémités tridentées.
℞. LEV · CHA · CIV. Temple surmonté d'un toit conique aplati,
présentant l'aspect d'une ruche.

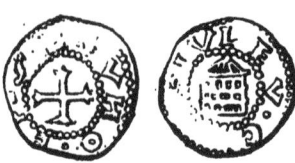

N° 1178 de la vente Monnier ; variété du n° 4, pl. 1, de
Robert, Evêques de Toul. *Très rare.* Ar.   B.

950. *Denier.* Variété de la pièce précédente ; la croix est pattée.

Exemplaire cassé.   Ar. fin.

951. *Denier.....* OIA ..... Croix pattée.
℞ .... CHA ..... Temple en forme de ruche.

Flan carré, légendes mal sorties.
Inédit.   Ar. fin. B.

952. *Obole.....* VN ..... Croix pattée.
℞.... EC A .... Temple en forme de ruche.
Légendes mal sorties du coin.
Inédite, très rare.   Ar. fin.

Udon (1051-1069)

ATELIER DE TOUL

955. *Denier.* vdo eps. Au centre une croix, la légende est placée dans l'intérieur du grènetis et entoure la croix ; le tout est sans relief.

℞. civitas levcha. Edifice à étages, avec porte et fenêtres.

Robert, Evêques de Toul, pl. I, n° 5, d'après Duby.
Ar. fin. B.

954. *Denier.* + vdo epvs. Croix pattée.

℞. + civitas levcha. Edifice à étages plus étroit et plus haut.

Inédit.   Ar. fin. B.

955. *Denier.* v do epvs écrit autour d'une croix pattée ; le tout dans le grènetis.

℞. sevcha c... Au centre un édifice à étages ; le tout dans un grènetis.

Exemplaire surfrappé, flan large, lettres en dehors du grènetis. *Inédit.*   Ar. fin.

956. *Denier.....* vasa ....? Au centre, une croix légèrement pattée ; e p i s dans les cantons de la croix.

℞........ ua .. .. Edifice à étages, comme au n° 954.
Fabrication barbare, temps d'Udon. *Inédit.*
Bill.   F.

Pibon (1069-1107)

ATELIER DE TOUL

957. *Denier.* + PI.... EP-S. Croix pattée et tridentée.
℞. + TV.LVM. Temple en forme de ruche, semblable à celui des deniers de Brunon.

. Robert, Evêques de Toul, pl. II, n° 1. Ar. fin. B.

958. *Denier....* PC .... Au centre, une croix pattée.
℞. TVL..... Temple en forme de ruche.
  Variété du numéro précédent. Ar. fin.

959. *Denier.* Même type ; pièce écornée. Ar. fin.

Henri de Lorraine (1127-1168)

ATELIER DE TOUL

960. *Denier.* ENRICVS E..... Au centre, une croix pattée.
℞. * VRBS...... Eglise flanquée de deux tours, trois portes cintrées ; une croix au-dessus de la principale ; dans le haut un soleil.

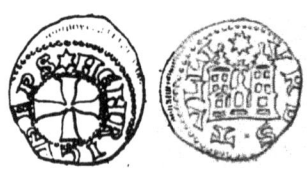

Robert, ibid., pl. II, n° 5 ; *très rare.* Ar. fin. A.B.

961. *Denier.* HENRICVS..... Croix pattée avec point au centre.
℞. ..BS TVLV. Eglise comme au numéro précédent.

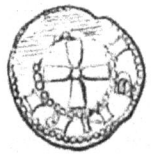 

Robert, pl. II, n° 6.   Ar. fin.

962. Autre. Semblable au n° 961. Deux exemplaires.

Ar. bas. F.

963. Autre. Exemplaires ébréchés. Ar. bas. F.

---

964. *Obole* ❋ ..ᴋʀɪᴄᴠs ᴇᴘs. Croix pattée avec point au centre.
℞. ❋ ᴠʀʙs · ᴛᴠʟʟɪ. Eglise comme au n° 960.

Inédite, très rare. Ar. bas. A.B.

Pierre de Brixei (1168-1191)

L'évêque Pierre a continué pendant un certain temps, à Toul, les deniers à flan large de ses prédécesseurs, mais en substituant sa propre image au type traditionnel du temple. Il a adopté ensuite, avec divers types, les deniers de petite taille qui ont été si longtemps employés après lui dans les ateliers de l'évêché. Une de ces dernières monnaies montre encore, à Toul, une église quelque peu analogue à l'édifice des pièces de Henri ; enfin un château crénelé, mais qui n'a plus rien du temple carolingien, paraît sur les petits deniers de Pierre frappés à Liverdun.

ATELIER DE TOUL

965. *Denier*. ᴘᴇᴛʀ..... L'évêque à mi-corps, à droite, nu-tête, tenant un livre.
℞. ᴛᴠʟʟɪ. Croix cantonnée de deux étoiles et de deux étoiles inscrites dans des annelets.

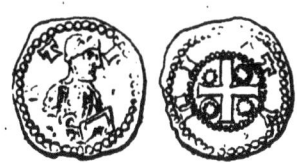

Comp. Robert, ibid., pl. III, n° 3. Ar. A.B.

966. Autre. Mêmes types, lettres mal sorties du coin. Deux exemplaires. Ar.

---

967. *Petit denier*. ᴘᴇᴛʀ...... Buste à gauche, nu-tête, tenant une crosse devant lui.

℞. ᴛᴠ.... Edifice à pignon, surmonté d'une croix et flanqué de deux tourelles rondes.

Inédit.   Ar.   A.B.

Cette pièce commence le second système monétaire de Pierre et inaugure la série des deniers toulois de petit module, qui furent frappés dans les ateliers épiscopaux jusqu'au commencement du xiv⁰ siècle.

---

968.   *Denier.* ᴘᴇᴛʀᴠs. Buste mitré, tourné à droite.
      ℞ · ᴛᴠʟʟɪ · Main droite tenant une crosse en pal.

Robert, Evêques de Toul, pl. III, n° 5. Ar.   A.B.

969.   *Denier.* Trois exemplaires de la pièce précédente.
                                     Ar.   F.

ATELIER DE LIVERDUN

970.   *Denier.* ᴘᴇᴛʀᴠs. Edifice à tourelles crénelées.
      ℞. ʟɪʙᴅᴠɴ. Dans le champ, un poisson allant à gauche.

Robert, ibid., pl. IV, n° 1.   Ar. fin. B.

971.   *Denier.* Mêmes types.   Ar. fin. A.B.

972.   *Denier.* Même pièce. Trois exemplaires de coins variés.
                                     Ar.   F.

973.   *Denier.* Variété de la pièce précédente avec ʟᴠᴠɪʀᴅᴠɴ.
       Inédite, rare.   Ar. fin. A B.

SANS NOM D'ATELIER

974. *Denier.* (s)ᴘᴇᴛ... Buste de saint Pierre, à mi-corps, vu de face, tenant d'une main un livre, de l'autre une clef. Points dans le champ.

℞. ᴘᴇᴛ•ʀ.. Dans le champ, une clef en pal accostée de deux rosaces.
Inédit. Ar. fin. B.

Le type tout trévirois du droit et du revers semblerait, au premier abord, appartenir à Trèves; mais aucun évêque du nom de Pierre n'a occupé le siège de cette ville. Ce denier de Pierre de Brixey rappelle les monnaies de Metz, où l'évêque Etienne écrivait son nom, sans le titre d'évêque, d'un côté de la pièce, tandis que le nom du patron, *S Stephanus,* figurait de l'autre.

Mathieu de Bitch (1198-1207)

ATELIER DE TOUL

975. *Denier.* ᴍᴀʜᴇ ᴇᴘ. Buste mitré et crossé, de profil, à gauche.
℞. ᴛᴠᴛʟɪ. Eglise à double portail accosté de deux tours.

Ar. fin. T.B.

976. *Denier.* Variété de la pièce précédente, avec une étoile dans le champ du droit. Ar. fin. T.B.

977. *Denier.* Variété de coin des pièces précédentes. .
Deux exemplaires. Ar. fin. B.

Voir à la fin de ce fascicule sous les nᵒˢ 977 *bis* et 977 *ter,* trois deniers de Mathieu de Bitch, sans nom d'atelier.

Renaud de Senlis (1210-1217)

ATELIER DE TOUL

978. *Denier.* ʀɪɴᴀʟᴅ'. Buste mitré et crossé, de profil, à gauche.

℞. TVLLI. Eglise à double portail accosté de deux tours.

Ar. fin. F.

---

979. *Denier*. RINALDVS. Buste mitré et bénissant, vu de profil à gauche.
℞. TVLLI. Au centre, une main tenant une crosse.

Rare. Deux exemplaires.   Ar. fin. A.B.

980. *Denier*. Variété ; deux rosaces et une étoile dans le champ du
revers.   Ar. fin. A.B.

Gérard de Vaudémont (1217-1218) ?

SANS NOM D'ATELIER

981. *Denier...* VL .... Buste à mi-corps ; tête nue tournée à droite
et bénissant.
℞. Aigle de Lorraine, aux ailes éployées.
Inédit. Pièce fendue. *Très rare.*   Ar.   F.

Le n° 981 porte au droit un type épiscopal, et, au revers, l'aigle éployée,
qui fut placée, suivant Saulcy, pour la première fois dans le champ des
espèces lorraines sous le duc Mathieu (1220-1251) ; il paraît donc devoir
être classé à un évêque de la maison de Lorraine ayant vécu à cette époque.

Garin (1229-1250) ?

ATELIER DE TOUL

982. *Denier*. GPPV....? Buste de face, crossé et bénissant.
℞. Légende surfrappée dans laquelle on reconnaît ...V...EN..
(*tullens*). Crosse en pal.

Inédit.   Ar. fin. B.

Le denier précédent, de type essentiellement toulois, provient de la collec.

tion Gastaldi. Il a été mentionné comme appartenant à Garin, par M. L. Maxe Werly dans le catalogue sommaire des monnaies des Trois Évêchés exposées par M. Robert au palais de l'Industrie en 1880, p. 7.

Roger de Marcey (1230-1252)

ATELIER DE TOUL

983. *Denier.* R retourné. Buste mitré de face.
℞. TVLL ENE. Crosse en pal accostée de deux étoiles.

Robert, ibid., pl. V, n° 3. Variété.   Ar. fin. A.B.

Gilles de Sorcy (1253-1271)

ATELIER DE TOUL

984. *Denier.* GILES AVESKES. Crosse tournée à gauche, entre deux étoiles.
℞. TOVL. dans les cantons d'une large croix sur laquelle se dessine une main qui bénit.

Robert, pl. V, n° 4. Deux exemplaires. Ar. fin. A.B.

985. *Deniers.* Variété de coin de la pièce précédente. Deux exemplaires.
Robert, pl. V, n° 4. Deux exemplaires. Ar. fin. F.

986. *Denier.* GI(I.)-LE(S). Tête mitrée de face.
℞. TVLLENSIS. Main tenant une crosse accostée d'une étoile et d'un croissant.

Inédit.   Ar. fin. A.B.

Incertaines du temps de Gilles de Sorcy

ATELIER DE TOUL

987. *Denier*. vidl vs? Evêque bénissant, à mi-corps, à gauche.
℞. tovl, dans les cantons d'une large croix sur laquelle se dessine une main qui bénit.
Inédit.   Bon Ar.

988. *Denier*. Cavalier à droite, armé de toutes pièces.
℞. + tvllvs. Croix pattée.

Exemplaire surfrappé. *Inédit.*   Ar. fin. A.B.

Cette pièce qui reproduit le cavalier du duc de Lorraine Ferri III ne peut être que de son contemporain Gilles de Sorcy. Le cavalier de Ferri ayant joui d'un immense crédit a été imité dans plusieurs petits États voisins de la Lorraine.

SANS NOM D'ATELIER

989. *Denier*. G de grande dimension suivi de différentes lettres de forme irrégulière. Dans le champ, une crosse et deux étoiles.
℞. Cavalier à droite, armé de toutes pièces.

Inédit.   Ar. fin. B.

990. *Denier*. Variété de la pièce précédente. Mal sortie du coin.
Inédit.   Ar. fin.

Conrad Probus (1271-1296)

SANS NOM D'ATELIER

991. *Denier...* ravs. Croix pattée.
℞. Buste épiscopal, mitré et bénissant de profil à gauche.

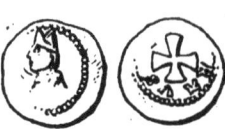

Inédit.   Ar. fin. B

ATELIER DE TOUL

992. *Denier.* Buste épiscopal, à gauche, mitré et bénissant, semblable à celui de la pièce précédente.
℞. + ᴛᴠʟʟᴠ. Croix pattée.

Robert, ibid., pl. VI, n° 4. Trois exemplaires.
Ar. fin. B.

993. *Obole.* Buste épiscopal, comme au n° 992.
℞. + ᴛᴠʟʟᴠ. Croix pattée.
Inédite, très rare.   Ar. fin. B.

994. *Obole.* Même pièce. *Inédite, très rare.*   Ar. fin. B.

995. *Denier.* Variété du n° 992, au droit un croissant derrière le buste.
Robert, ibid., pl. VI, n° 5.   Ar. fin. T.B.

996. *Obole.* Types de la pièce précédente. *Inédite, très rare.*
Ar. fin. T.B.

997. *Denier.* Variété du n° 992, au droit, une étoile derrière le buste ; au revers, deux étoiles dans les cantons de la croix.
Robert, pl. VI, n° 6. Deux exemplaires. Ar. fin. T.B.

998. *Denier.* Buste épiscopal, à gauche, mitré et bénissant.
℞. + ᴛᴠʟʟᴠs. Croix pattée.

Inédit, très rare.   Ar. fin. T.B.

_____

999. *Denier.* Buste épiscopal, à gauche, mitré et bénissant.
℞. ᴛᴠʟᴠ. Crosse en pal, à droite.

Inédit.   Ar. fin. A.B.

Cette pièce anonyme est au même type qu'un denier portant le nom de Conrad, publié par Robert, pl. VI, n° 2.

Jean de Sierck (1296-1305)

ATELIER DE TOUL

1000. *Denier.* 10. Buste mitré de face, crossé et bénissant.
℞. TVLLENSI. Crosse en pal, à droite.

Inédit, très rare.   Ar. fin. B.

1001. *Denier.* + IOHANNES. Dans le champ, une mitre.
℞. TVLLV. Crosse en pal à droite.

Robert, Mélanges, p. 105, n° 4. *Unique.* Ar.   A.B.

Les monnaies suivantes, qui constatent l'apparition des armoiries dans le coin épiscopal de Toul, montrent au revers un écu à la bande chargée de trois coquilles ; elles devraient être classées, d'après cette indication héraldique, à l'évêque Jean de Heu (1363-1372), qui portait *de gueules à la bande d'argent chargée de trois coquilles de sable ;* mais le caractère de ces petits deniers les rapporte bien mieux au temps de Jean de Sierck. Ce prélat avait, il est vrai, pour blason, suivant le P. Picard et au témoignage de ses sceaux : *d'or à l'aigle de sable.* Mais si l'on s'en rapporte à dom Calmet (Notice de Lorraine, mot : Sierck), la maison de Sierck aurait aussi porté : *d'or à une bande de gueules chargée de trois coquilles d'argent.*

1002. *Denier.* + IOHES. Buste mitré et bénissant de profil à gauche.
℞. DE TOV. Ecu à une bande aux trois coquilles, placé sur une crosse.

Inédit, rare. Exemplaire de la coll. Monnier.
           Ar. fin. F.

1003. *Denier.* Même pièce avec DE TOVL au revers.
Rare.   Ar. fin. F.

1004. *Denier.* Deux exemplaires de coin varié de la pièce précédente, l'un est légèrement écorné. *Rare.*   Ar. fin. F.

1005. *Denier.* ioh' ep-s. Ecu à la bande aux trois coquilles sur laquelle broche une crosse en pal.
℞. tovl. Croix à triple bande, pattée et cantonnée des lettres de l'inscription.

Robert, Mélanges, p. 104, n° 5. *Très rare.*

Ar.   T.B.

1006. *Denier.* ioh'e ep. Ecu à la bande aux alérions sur laquelle broche une crosse en pal.
℞. tovl. Croix à triple bande pattée, cantonnée des lettres de l'inscription.
Var. inédite. *Très rare.*   Ar. fin. B.

1007. *Denier.* Type de la pièce précédente, coin varié.
Ar. fin. A.B.

Jean d'Arzilières (1309-1320)

ATELIER DE TOUL

1008. *Imitation du type cambrésien.* + iohannes episcopvs. Dans le champ, une tête de face, coiffée d'une mitre écrasée et ornée.
℞. + ave maria gratia plena en légende extérieure et + tvllensi en légende intérieure. Au centre, une croix à doubles bandes, coupant la légende intérieure.

Robert, ibid., pl. VII, n° 5. *Unique.* Ar.   F.D.C.

1009. *Imitation du cavalier de Jean II d'Avesnes.* + iohan ⁝ comes ⁝ tvllens. Cavalier à gauche couvert d'un écu au lion. Le lion est à la fois l'emblème héraldique du Hainaut et la pièce principale du blason des Arzilières.

℞. + MONETA : NOVA : TVLLENSIS : EPIS en légende extérieure et + SIGNVM CRVCIS en légende intérieure. Au centre, une croix pattée.

Robert, Mélanges, p. 106, n° 1. *Très rare.*

Ar.   F.D C.

1010. *Imitation du spadin de Ferri IV, duc de Lorraine.* + IOH · DI · GRA · TVLLEN · Epée entre deux oiseaux, imités de l'alérion de Lorraine.

℞. + EPISCOP · ET · COMES. Cavalier à droite, armé de tou'es pièces.

Robert, Mélanges, p. 107, n° 2. *Très rare.*

Ar.   T.B.

ATELIER DE BLÉNOD

1011. *Imitation de l'esterlin de Jean I, duc de Brabant.* IOH · EPISCOPVS. Ecu parti aux deux lions de Brabant-Limbourg.

℞. + MONETA · BLNOD. Croix pattée coupant la légende; une rosace et trois fleurons dans les cantons.

Robert, Mélanges, p. 109, n° 3. *Unique.* Ar.   F.D.C.

Cette monnaie unique est le seul spécimen connu de l'atelier de Blénod. En copiant servilement l'écu de Brabant-Limbourg, l'évêque de Toul reproduisait deux fois la pièce principale de son blason.

ATELIER DE LIVERDUN

1012. *Imitation du denier de Renaud de Bar, évêque de Metz.* MONETA. Epée en pal.

℞. · D · L'I · B'. L'évêque debout de face, tenant une crosse et un livre.

Deux exemplaires.   Ar.

1013. *Denier.* Variété des pièces précédentes avec D' · BI · B. Deux exemplaires.   Ar.

1014. *Denier.* Variété des pièces précédentes avec D · LIBER. Deux exemplaires.   Ar.   B.

1015. *Denier.* Variété des pièces précédentes avec I NTL. Deux exemplaires.   Ar.   B.

Bien que ces monnaies de Liverdun soient anonymes, on les classe généralement à Jean d'Arzillières, dont les monnayeurs ont contrefait plusieurs types étrangers. La légende de la dernière pourrait, à la rigueur, se développer en *Iohannes tullensis*.

Amédée de Genève (1320-1330)

ATELIER DE LIVERDUN

1016. *Imitation du demi-gros de Charles IV.* + AMEDEVS ⫶ EPISCOPVS ⫶ TVLLENSIS en légende extérieure, et + KASTRO MEVS en légende intérieure. Au centre, une croix pattée.

℞. + PLANCHO LE'D'. Châtel tournois. Bordure de neuf lis et de deux crosses.

Robert, Mélanges, p. 111, n° 1. *Unique.* Ar.   B.

La légende intérieure du droit et la légende du revers sont arrangées de manière à simuler les inscriptions du prototype français.

1017. *Imitation du double tournois de Philippe VI.* + MONETA AMEDEI. Croix fleurdelisée.

ꝶ. + ᴋᴀꜱᴛʀᴏ ʟɪʙᴅᴠ. Au centre, la couronne royale dont les fleurons latéraux coupent la légende.

Robert, Mélanges, p. 111, n° 2. *Très rare.*
                                                    Bill.   B.

1018. Autre d'un coin différent. *Très rare.*   Bill.   B.

Cité de Toul vers le temps d'Amédée

ATELIER DE TOUL

1019. *Petit spadin.* ᴛᴏᴠʟ. Guerrier debout tenant une épée et un bouclier.
ꝶ. ɴᴏ ᴄɪᴛʜɪ. Au centre, une épée en pal.

Robert, Évèques de Toul, pl. VII, n° 7. *Rare.*
                                                    Ar. fin. T.B.

Le type de ce spadin est servilement emprunté aux menues espèces du duc de Lorraine Ferri IV. Cette pièce, par sa légende, ne semble pas épiscopale. On peut y voir un rare spécimen des espèces que les bourgeois ont dû frapper à Toul dans un des moments où ils s'étaient emparés de la ville.

1020. Autre, semblable. *Rare.*   Ar. fin. T.B.

1021. Autre, avec ɴᴏ ᴄɪᴛᴇʟ au lieu de ɴᴏ ᴄɪᴛᴇɪ.

Inédit, très rare.   Ar. fin. T.B.

Thomas de Bourlémont (1330-1353)

1022. + ᴛʜᴏᴍᴀꜱ ⁚ ᴇᴘɪꜱᴄᴏᴘᴠꜱ. Au centre, dans un contour formé de trois arcs alternés de trois angles, l'écu fascé de Bourlémont sur lequel broche une crosse.

℞. MONETA ⵣ TVLLENS. Crosse en pal accostée de deux écus semblables à celui du droit.

Robert, Mélanges, p. 113. *Très rare.* Ar. fin. B.

1023. Autre où les mots sont séparés par des annelets avec points inscrits.
    Inédit, très rare.   Ar. fin. T.B.

1024. *Esterlin.* + THOMAS RPISCOPVS. Tête de face couronnée, imitée du type anglais.
    ℞. SIGNVM CRVCIS. Croix coupant la légende; douze globules dans les cantons.

Robert, Evêques de Toul, pl. VIII, n° 5. Exempl. cassé et
    soudé.   Ar. bas.

1025. *Esterlin.* + EC. MONETA NOSTRA. Tête de face couronnée.
    ℞. TOLLO CIVITAS. Croix coupant la légende, et cantonnée de douze globules.

Robert, ibid., pl. VIII, n° 6. Exempl. de la coll. Gastaldi.
                  Ar.   ·B.

1026. *Esterlin.* Variété de la pièce précédente; au revers la légende est LVNTOLENGIEN pour imiter l'esterlin de Ferri IV, duc de Lorraine.

Robert, Mélanges, p. 116.   Ar.   B.

1027. *Esterlin.* + ʜɪᴄ ᴍᴏɴᴇᴛᴀ ɴᴏsᴛʀᴀ. Tête de face couronnée.
    ℞. ʟᴠɴᴛᴏʟᴇɴɢɪᴇɴ. Croix coupant la légende et cantonnée de douze
        globules.
           C. A. Serrure, *Revue belge de Num.*, 1852, pl. I, n° 9.
           Très rare.   Ar.   A.B.

1028. *Esterlin.* + ᶠₒ ᴇᴅ....... Tête couronnée de face.
    ℞. .....ᴇᴘs ᴛ..... Croix coupant la légende cantonnée de douze
        globules.
           Inédit, mais fruste.   Ar. bas. F.

        Si cette pièce est réellement de Toul, elle constituerait une contrefaçon
    plus directe des monnaies anglaises que les esterlins précédents.

Pierre de la Barrière (1330-1353)

1029. *Gros.* ᴘᴇᴛʀᴠs ˣ ᴅᴇ ˣ ʙᴀʀʀ' ˣ ᴇᴘs ˣ ᴛᴠʟʟɪ. Ecu écartelé aux armes de
        l'évêque, brochant sur une crosse et accosté de deux trèfles.
    ℞. + ʙɴᴅɪᴄᴠ ˣ sɪᴛ ˣ ɴᴏᴍᴇ ˣ ᴅɴɪ ˣ ɴʀɪ ˣ ᴅᴇɪ ˣ ɪʜᴠ ˣ xʀɪ en légende
        extérieure et + ᴍᴏɴᴇᴛᴀ ˣ ᴛᴠʟʟᴇɴᴄɪs en légende intérieure. Au
        centre, une croix pattée.

           Robert, Evêques de Toul, pl. IX, n° 1.
           Unique.   Ar.   T.B.

1030. *Subdivision du gros.* ᴘᴇᴛʀᴠs ˣ ᴅᴇ ˣ ʙᴀʀ' × ᴇᴘs ᴛᴠʟ. Ecu écartelé aux
        armes de l'évêque, brochant sur une crosse et accosté de
        trèfles.
    ℞. + ᴍᴏɴᴇᴛᴀ ˣ ᴛᴠʟʟᴇɴᴄɪs. Croix pattée.

           Robert, Mélanges, p. 119. *Très rare.* Bill.   A.B.

Charles de Lorraine-Vaudémont (1580-1587)

1031. *Jeton*. + CARO · A · LOTHAR · CARDI · VADEMONTANVS · Ecu de Lorraine surmonté du chapeau de cardinal; dans le champ, des croisettes.
℞. MERITO DEFENDO TVENTEM, écrit sur une banderolle; église sur un rocher.
    Robert, Mélanges, p. 123, n° 2.   Cuiv. A.B.

1032. *Jeton*. CAROLVS A LOTHARINGIA CARDINALIS VADEMONTANVS. Le prélat en buste, à droite, coiffé de la barrette.
℞ +:MERITO:DEFENDO:TVENTEM: Ecu comme au droit de la pièce précédente.
    Robert, Mélanges, p. 122, n° 1.   Cuiv. A.B.

TOUL

—

DIVERS

—

François du Saussay, vicaire général
sous André du Saussay

1033. *Jeton*. FRANCOIS · DE · LESPY · DV · SAVSSAY. Armes de famille dans un cartouche surmonté d'un buste d'ange.
℞. MALO · MORI · QVAM · FŒDARI. Chasseurs, chiens et loups.

    Robert, Mélanges, p. 124. *Rare*.   Cuiv. T.B.

Jean Forget, doyen du Chapitre

1054. *Jeton gravé en creux.* Dans le champ, l'écu du chapitre de la cathédrale, aux trois cailloux de Saint Etienne.

℞. Armes du doyen Jean Forget, au chevron accompagné en chef de deux roues, et en pointe d'une ancre.

Inédit; très rare.   Cuiv.   T.B.

Compagnie des Cadets-Dauphin (1714-1790)

1035. *Jeton.* SOLERT · DELPH · DEDICAU · MAG · TVL · 17 □. Grand T surmonté d'un dauphin et accosté de deux lis.

℞. PSITTACI PRŒMIVM. Monument accosté de deux édifices entourés d'une grille ; à l'exergue : FONTAINE, signature du graveur.

Robert, Mélanges, p. 124. *Très rare.* Cuiv.

Concert de Toul (1761)

1056. *Jeton uniface.* CONCERT DE TOVL. Au centre, une lyre. Le tout gravé en creux.   Cuiv.

Plomb indéterminé

1037. Le dessin que nous donnons de ce plomb, trouvé à Toul,
permettra peut être d'en déchiffrer les légendes, qui sont
restées pour nous une énigme.

C'est sous toutes réserves que nous classons cette pièce dans
la série touloise.

VERDUN

—

EMPEREURS ET ROIS

—

Louis le Débonnaire

1038. *Denier.* + ʜʟᴠᴅᴏᴠᴠɪᴄᴠꜱ ɪᴍᴘ. Croix pattée.
℟. ᴠɪʀɪᴅ ᴠɴᴠᴍ, en deux lignes séparées par un point.

Robert, Nord-Est, pl. XII, fig. 8. *Rare.* Ar. fin. T.B.

1039. *Denier.* + ɪᴅᴏᴡɪᴄᴠꜱ ɪᴍᴅ. Croix pattée.
℟. ᴠɪʀɪᴅ ᴠɴᴠᴍ, en deux lignes séparées par un point.

Robert, Nord-Est, pl. XII, fig. 9.
Type immobilisé postérieur à Louis Iᵉʳ. Bill.   F.

1040. *Obole.* + ʟᴠɪɪᴠ....ᴅ. Croix dans le champ.
℟. ᴠɪʀ ᴅᴠɴ, écrit en deux lignes, moitié de gauche à droite, moitié de droite à gauche ; un petit globe au centre.

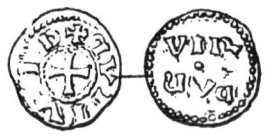

Robert, ibid., pl. XII, fig. 10.
Type immobilisé. *Unique.*   Ar.

Lothaire I, empereur

1041. *Denier.* + HLVTHARIVS IMP. Croix pattée cantonnée de quatre globules.
℞. + VIRIDVNVM CIVIS. Temple tétrastyle.

Robert, ibid., pl. XVI, fig. 6. Troué, faux du temps ayant perdu sa feuille d'argent. Cuiv.

Lothaire II, roi de Lorraine

1042. *Denier.* + HLOTHARIVS REX. Croix cantonnée de quatre globules.
℞. + VIRIDVNVM CIVIS. Temple tétrastyle; des globules entre les degrés.

Robert, ibid., pl. XII, fig. 9. *Rare.* Ar. fin. F.D.C.

1043. Autre comme le précédent, sauf une croisette entre les degrés du temple.
Robert, ibid., pl. XIII, fig. 10. Ecorné. Ar. fin.

Charles le Chauve

1044. *Denier.* GRATIA DI REX. Monogramme carré avec point au centre.
℞. VIRDVNI CIVIV. Croix cantonnée de quatre globules.

Inédit. Ar. fin. T.B.

Charles le Chauve ou Charles le Gros

1045. *Denier.* + REX IMPERATOR, la lettre o a un point au centre. Dans le champ, le monogramme carré.
℞. + VIRDVNVM CVI. Croix cantonnée de quatre globules.

Robert, ibid., pl. XIV, n° 10. *Très rare.* Ar. fin. A.B.

Charles le Simple

1046. *Denier.* + CAROLVS, en légende, et REX, écrit horizontalement dans le champ.
℞. + VIRDVNI CIVITVS. Croix pattée.
Robert, ibid., pl. XVI, fig. 1.   Ar. fin. B.

1047. *Denier.* + CAROLVS en légende, et REX, écrit horizontalement dans le champ.
℞. + VIRDVNI CIVTVS. Croix pattée.

Robert, ibid., pl. XVI, n° 2.   Ar. fin. A.B.

1048. *Denier.* + CAROLVS, en légende, et REX, écrit horizontalement dans le champ.
℞. + VIRDNI CIVITS. Croix pattée.
Inédit, rogné.   Ar. fin.

Lothaire II, roi de France

1049. *Denier.* LOHERIVS RE. Tête couronnée à gauche.
℞. Légende incertaine. Croix cantonnée de quatre globules.
Inédit, très rare, écorné.   Ar. fin.

Cette monnaie, au type lorrain de la croix cantonnée de quatre points, a dû être frappée à Verdun, par Lothaire, qui reprit pied sur la Meuse et conserva cette ville jusqu'à sa mort.

Conrad

ATELIER DE DIEULOUART

1050. *Denier.* ╬ CHVON....... Tête couronnée à droite.
℞.... o .... VART... ∽ . Edifice à étages.

Inédit, mal sorti du coin.　　　Ar. fin. A.B.

Cette pièce, quoiqu'elle ne soit pas frappée à Verdun, trouve ici sa place, l'atelier de Dieulouart ayant fonctionné vers la même époque pour les évêques de Verdun.

Henri l'Oiseleur

1051. *Denier.* ╬ HEINRICVS, en légende, et REX, écrit horizontalement dans le champ.
℞. ╬ VIRDVNI. Croix pattée, avec un globule dans le premier canton.

Robert, ibid., pl. XVII, n° 3.　　　Ar. fin. F.D.C.

1052. *Denier.* ╬ HNRIPV, en légende, et REX, écrit horizontalement dans le champ.
℞. ╬ IIIDVCII. Croix bifurquée, avec un globule dans le premier canton.
Type immobilisé.　　　Ar. fin. F.D.C.

1053. *Denier.* Type de la pièce précédente, plus barbare. Deux exemplaires.　　　Ar. fin.

1054. *Obole* de la pièce précédente; style barbare.

1055. *Deniers.* Légende irrégulière ; RIX, CIX, etc., dans le champ, au lieu de REX.

℟. Le mot VIRDVN à peu près méconnaissable. Dans le champ, une croix à branches très évasées.

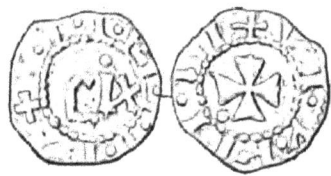

Quatre exemplaires rencontrés avec des monnaies féodales du moyen âge.　　　　　　Bill.

1056. Autres. Variés. Quatre exemplaires.　　　　Bill.

1057. *Obole.* Même dégénérescence du type de Henri. Un croissant au lieu d'un globule dans les cantons.
Deux exemplaires.　　　　　　Bill.

1058. *Denier* au type général de Henri l'Oiseleur, mais la croix du revers est cantonnée de deux points au lieu d'un. Légendes mal conservées.　　　　　　Ar. fin.

M. L. Maxe-Werly a publié un article dans lequel il s'attache à démontrer que ces barbares imitations des anciennes monnaies de Verdun ont été fabriquées dans un pays voisin, le Barrois.

COMTES

—

Les deniers suivants ont été revendiqués pour diverses localités telles que Herstal, Huy, Maestricht. M. C.-A. Serrure (*Notice sur le cabinet monétaire du prince de Ligne*, 2ᵉ édition, 1880, p. 84) a déjà constaté qu'ils peuvent aussi être attribués à Verdun. Les luttes soutenues par les princes de la maison d'Ardenne contre les évêques pour les droits utiles du comté de Verdun donnent un grand appui à cette dernière opinion, surtout lorsqu'il s'agit de spécimens présentant, comme les monnaies épiscopales verdunoises, la légende : SCA. MARIA et l'image de la Vierge. Ces pièces sont généralement bien conservées, mais les légendes ne sont qu'imparfaitement sorties du coin (Voir plus haut, p. 6).

Gozelon (1019-1044)

1059. *Denier.* (GOZELO DVX?). Figure debout, la main droite levée tenant de la gauche une lance et son fanon.
℟. (SC MARIA?). Buste à droite, tenant une fleur.
Mal sorti du coin, peu lisible. Cf. Dannenberg, nº 129.
　　　　　　　　　　　　Ar. fin.

1060. *Denier.* (GOZELO DVX). Tête à gauche.

℞. Deux figures debout tenant un arbre.
Très mal frappé. Cf. Dannenberg, n° 130.

Ar. bas.

1061. *Denier*. La même pièce. Ar. bas.

Godefroid (1049-1060)

1062. *Denier*. (ᴳ)ᴏᴛᴅᴇғʀ(ɪᴅᴠꜱ)ᴅᴠх. Buste à droite, tête nue.
℞. хɪх ꜱ(ᴄᴀ)ᴍᴀʀɪ(ᴀ) en légende, et (ᴠ)ɪʀ(ᴄ)ᴏ écrit dans le champ en trois lignes horizontales.
Exemplaire de la collection Monnier. Légèrement écorné.

Dannenberg, n° 177. *Très rare.* Ar. fin. A.B.

VERDUN ET DOMAINES ÉPISCOPAUX

—

ÉVÊQUES

—

Les monnaies épiscopales commencent à la fin du х° siècle. Pendant les premiers temps, elles portent, à Verdun, la signature de l'empereur en même temps que celles de l'évêque, et ce dernier ne frappe seul que dans ses domaines ruraux. Le monnayage de Verdun n'a jamais eu qu'une très faible importance, sauf sous Thierry et Richer. Il cesse avec l'épiscopat de Louis de Haraucourt (1430-1437). Les pièces que deux évêques frappèrent longtemps après, lorsque Verdun appartenait déjà à la France, ne témoignent pas d'une restauration des droits régaliens de l'évêché. Elles sont simplement la conséquence d'une mesure bienveillante prise en faveur de la maison de Lorraine, à laquelle appartenaient ces deux évêques.

SEMI-ÉPISCOPALES — SEMI-IMPÉRIALES
ET ÉPISCOPALES

Heymon et Otton III (996-1002)
SANS NOM D'ATELIER

1063. *Obole* .... ᴏʀ..., dans le champ une crosse cantonnée de quatre globules.

℞. ᴀᴠɢ écrit horizontalement ; points dans le champ.

A rapprocher du n° 8, pl. XVII, Robert, Nord-Est.
Inédite, mal sortie du coin.   Ar. fin.

Heymon et Henri II (1002-1011)

SANS NOM D'ATELIER

1064. *Denier*. · ʜᴀᴇɪᴍᴏ. Tête de profil, à gauche.
℞. · ʜᴀ(ᴇɪ)ɴʀɪᴄᴠs. Croix cantonnée de quatre globules.

Variété de Cf. Dannenberg, pl. V, n° 99.
Très rare, flan bosselé.   Ar. fin. A.B.

1065. *Denier*. Légende illisible. Château avec porte cintrée.
℞... ɪɴʀɪᴄᴠs ... Croix cantonnée de quatre globules.
Dannenberg, pl. V, n° 101.
Très rare, écorné.   Ar. bas. F.

Heymon seul (988-1024)

ATELIER DE DIEULOUART

1066. *Denier*. ʜᴀᴇɪᴍᴏᴇ (ᴘs)ʟ. Croix légèrement gammée, cantonnée de
deux globules.
℞. ᴅs.ʟᴏᴠᴠᴀʀᴛ. Main bénissant.
Dannenberg, pl. V, n° 100. Variété.
Très rare.   Ar. fin. B.   Gr.

Raimbert et Conrad le Salique (1027-1038)

SANS NOM D'ATELIER

1067. *Denier*. ✛ · ᴄᴏɴʀᴀᴅs ɪᴍᴘ ᴀᴠɢ. Dans le champ, une tête barbue
et couronnée, tournée à gauche.

℞. ╂ · ʀ • ᴀ'ʙᴛ' ᴘsʟ ᴠʀᴅᴠɴɪ. Croix.

Robert, pl. XVIII, n° 6 et Dannenberg, pl. V, n° 102.
Très rare. Ar. fin. F.D.C.

Raimbert seul (1025-1038)

ATELIER D'HATTON CHATEL

1068. *Denier.* ╂ · ʀᴀᴍʙᴇʀ' ᴘsʟ. Tête nue, de profil, à gauche.
℞. ╂ ʜᴀᴅᴏɴɪ · ᴄᴀsᴛʀᴠ. Croix cantonnée de quatre globules.
Inédit, très rare. Flan bosselé. Ar. fin. Gr.

ÉPISCOPALES PURES

Richard (1039-1047)

ATELIER D'HATTON CHATEL

1069. *Denier.* (ʀɪᴄ)ᴀʀᴅᴠs ᴇ(ᴘs). Au centre, une main bénissant.
℞. ╂ ʜ.....ᴄᴀsᴛʀ. Dans le champ, un temple.
Inédit, lettres mal sorties du coin. Ar. fin. B. Gr.

Thierri (1047-1088)

PREMIER SYSTÈME. FLANS LARGES COMME SOUS LES PREMIERS ÉVÊQUES

ATELIER DE VERDUN

1070. *Denier.* ╂ ᴛᴇᴏᴅᴇʀɪᴄᴠs ᴇᴘs. Au centre, une tête de face, surmontée d'un croissant.
℞. ╂ ᴠʀʙs ᴄʟᴀᴠᴏʀᴠᴍ. Temple quadrangulaire à colonnes et à soubassement, vu à vol d'oiseau.
Inédit, très rare. Ar. fin. F.D.C. Gr.

1071. *Denier.* ╂ ᴛᴇ.....ᴇᴘs. Tête de face, surmontée d'un croissant.
℞. ╂ ᴠʀʙs(ᴄʟᴀᴠᴏ)ʀᴠᴍ. Édifice à deux étages, semblable à celui qui se voit sur les monnaies de Toul.
Inédit, très rare. Ar. fin. F. Gr.

1072. *Denier.* + TEO DE...... Tête de face.

℞. + VIRDVNVM. Edifice analogue à celui du numéro précédent.
Inédit, très rare, surfrappé.   Ar. fin. A.B.   Gr.

DEUXIÈME SYSTÈME. PETITS DENIERS

ATELIER DE VERDUN

1073. *Denier.* TIEDERIC' EPS. Buste nue tête, à droite ; crosse devant le visage.

℞.... IRDVNV .... Eglise surmontée d'une croix et flanquée de deux clochers.   Ar. fin. F.D.C. Gr.

1074. *Obole.* TIEDERIC'. Buste de profil, à droite.

℞. + VIRDVNVM. Eglise vue de face.
Mal sortie du coin. *Inédite, très rare.*
Deux exemplaires.   Ar. fin.   Gr.

1075. *Denier.* + VRBS CLAVORV, entre deux grènetis, et s MARIA dans le champ, en trois lignes.

℞. + TEODERIC' EPS. Croix dont les branches s'élargissent en tulipe avec point au bout ; un petit globe se voit dans le quatrième canton.
Dannenberg, pl. V, n° 111.   Ar. fin. F.D.C. Gr.

1076. *Obole.* Type de la pièce précédente, mal sortie du coin.
Inédite, très rare.   Ar. fin.   Gr.

SANS NOM D'ATELIER

1077. *Denier.* TEODKRIC EPS, en trois lignes horizontales.

℞. MARIA VIRGO, écrit en croix dans le champ ; à droite et à gau-che un ornement en forme de T.   Ar. fin. T.B.   Gr.

1078. Autre. Aucun ornement dans le champ du revers.
                    Ar. fin. A.B.

1079. *Denier.* Type du n° 1077 ; mais, au revers, dans le champ, deux étoiles. Deux exemplaires.   Ar. fin. B.   Gr.

1080. Autre. Mêmes types ; mais au revers, dans le champ, deux croisettes.
Dannenberg, pl. V, n° 109.
Deux exemplaires.   Ar. fin. T.B.   Gr.

1081. Autre. Mêmes types ; mais au revers, dans le champ, deux oiseaux regardant en dehors.
Deux exemplaires.   Ar. fin. F.D.C. Gr.

1082. *Obole.* TEODERIC EPS, en trois lignes.

℞. MARIA VIRGO, disposé en croix, dans le champ à gauche de l'A, deux petits globes.   Ar. fin. A B.   Gr.

1083. Autre où le ʌ, au revers, est placé entre deux petits globes.
Ar. fin. B.

_____

1084. *Denier.* -|- TIBDERICVS EPS. Dans le champ, une croix pattée.
℟. -|- SCA MARIA entre deux grènetis. Dans le champ, la tête de
la Vierge nimbée et voilée, tournée à droite.
Deux exemplaires. Ar. fin. T.B. Gr.

1085. *Obole* au type de la pièce précédente.
Inédite, très rare. Ar. fin. T.B.

1086. *Denier.* Variété du type précédent. La croix du revers est cantonnée de quatre petits globes.
Dannenberg, pl. V, n° 107. Ar. fin. F.D.C.

1087. Autre. Variété de coin. Deux exemplaires. Ar. fin. F.D.C.

1088. Autre. Les branches de la croix au revers, sont terminées chacune par un globule. Ar. fin. T.B.

1089. Autres semblables. Deux exemplaires. Ar. fin. T.B.

1090. *Obole.* Même type que le numéro précédent.
Rare. Ar. fin. A.B.

1091. Autre. Mêmes types. Légendes mal sorties du coin.
Deux exemplaires. Ar. fin.

Richer (1088-1107)

ATELIER DE VERDUN

1092. *Denier.* RICHERVS EP'. Tête de profil à droite, les cheveux courts;
devant le visage, une crosse.
℟. VIRDVNVM. Edifice réduit à deux tours.
Inédit. Ar. fin. T.B. Gr.

SANS NOM D'ATELIER

1093. *Denier.* RICHERVS EP, écrit dans un cadre formé de deux filets
et d'un grènetis.
℟. MARIA VIRGO, en quatre lignes dans un entourage semblable
à celui du droit.
Rare. Ar. fin. T.B. Gr.

_____

1094. Autre. Même type. *Rare.* Ar. fin. F.

1095. *Denier.* RICHERVS EP'. Croix pattée, avec un petit globule au bout
des bras.
℟. -|- MARIA VIRGO. Au centre, la tête de la Vierge à gauche.
Inédit, très rare. Ar. fin. F.D.C. Gr.

1096. *Obole.* Type du numéro précédent. Les légendes sont mal venues dans la frappe.
     Inédite, très rare.   Ar. fin.

1097. *Denier.* ✠ ʀɪᴄʜᴇʀᴠs ᴇᴘs. Edifice flanqué de deux tours.
     ℞. ᴍᴀʀɪᴀ ᴠɪʀɢᴏ. Croix pattée avec un petit globe à l'extrémité de ses branches.
     Rare.   Ar. fin. B.   Gr.

1098. Autres de coins variés. Trois exemplaires. Ar. fin. A.B.

1099. ✠ ʀɪᴄʜᴇʀᴠs ᴇᴘs. Croix pattée, cantonnée de quatre petits globes.
     ℞. ᴍᴀʀɪᴀ ᴠɪʀɢᴏ. Tour à deux étages, surmontée d'une couverture conique
     Dannenberg, pl. V, n° 112. *Rare.*   Ar. fin. A.B.   Gr.

ATELIER DE DIEULOUART

1100. *Denier.* (ʀɪᴄʜᴇʀᴠs ᴇᴘs), légende fruste. Au centre, une croix pattée.
     ℞. ✠ ᴅ(s ʟᴏᴠ)ᴠᴀʀᴛ. Au centre, un édifice surmonté de deux tours.
     Dannenberg, pl. V, n° 115. *Très rare.* Ar. fin. F.   Gr.

ATELIER D'HATTON CHATEL

1101. *Denier* ∴ ʀɪᴄʜᴇʀᴠs ᴇᴘs, les lettres ʜ et ᴇ sont liées. Au centre, tour à deux étages.
     ℞. ✠ ʜᴀᴛᴛᴏɴ ᴄᴀsᴛᴇʟ, les lettres ᴛ et ᴇ sont liées. Au centre, une tour à deux étages.
     Rare.   Ar. fin. B.   Gr.

1102. Autre avec ✠ ʜᴀᴛᴛᴏɴɪs, au revers.   Ar. fin. B.   Gr.

1103. Autre semblable au n° 1102.
     Deux exemplaires.   Ar. fin. A.B.

ATELIER DE DUN

1104. *Denier.* ★ ᴅᴠɴᴠᴍ. Édifice circulaire avec porte et fenêtres cintrées; au milieu s'élève une tour terminée en poivrière.
     ℞. ∴ ʀɪᴄʜᴇʀᴠs ᴇᴘs. Croix cantonnée au 1ᵉʳ et au 5ᵉ d'une sorte de ɪ et au 2ᵉ et au 4ᵉ d'une étoile.
     Dannenberg, pl. V, n° 116. *Très rare.* Ar. fin. A.B.   Gr.

ATELIER DE SAMPIGNY

1105. *Denier.* ✠ sᴀᴍᴘɪɴɪᴀᴄᴠ. Edifice circulaire surmonté d'une tour.
     ℞. ∴ ʀɪᴄʜᴇʀᴠs ᴇᴘs. Croix pattée, posée sur un cercle.
     Dannenberg, pl. V, n° 119. *Très rare.* Ar. fin. A.B.   Gr.

1106. Autre. Même type, mais coin différent.
Très rare. Ar. fin. A.B.

Richer (1089-1107) ou Richard II (1107-1113)

ATELIER DE VERDUN

1107. *Denier.* VIRDVNVM. Bâtiment flanqué de deux tours.
℞. SALVS MVN(DI). Croix légèrement bifurquée avec globules à
l'extrémité des bras.
Dannenberg, pl. V, n° 121. *Très rare.* Ar. fin. A.B.   Gr.

Henri (1117-1129)

SANS NOM D'ATELIER

1108. *Denier..* ENRI ..... Au centre, une croix pattée.
℞. (MAR)IA VI(RGO). Tête de la Vierge voilée et tournée à gauche.
Variété, pl. V, n° 122 de Dannenberg. Lettres mal sorties
du coin.   Ar. fin.   Gr.

1109. Autre avec ... ENRICVS P... et MAR....GO.
Variété de tête. *Rare.*   Ar. fin. A.B.

1110. *Obole.* HENR.... Croix pattée.
℞. ..... VIR ... Tête voilée de la Vierge, à gauche.
Bien conservée, mal frappée. *Inédite, très rare.*
Ar. fin.

1111. *Denier.* ✠ H..RICVS EPS. Dans le champ, une croix pattée avec
un point au bout de ses branches, une étoile au premier
canton.
℞. MA....IRGO, au centre la tête voilée de la Vierge et tournée à
gauche.
Cf. Dannenberg, pl. V, n° 122. *Très rare.* Ar. fin A.B.   Gr.

1112. Autre avec un point dans un des cantons de la croix au lieu
d'une étoile.
Lettres mal sorties du coin.   Ar. fin.   Gr.

1113. *Obole.* ...EN..CV.. Tête nue, une étoile à côté du cou.
℞. VIR.. MARIA. Oiseau éployé regardant à gauche.
Abbé Clouet, Hist. de Verdun, t. II, p. 199, et Dannenberg,
pl. V, n° 121. Ancienne coll. Monnier.
Unique.   Ar.   F.   Gr.

Albéron (1131-1158)

SANS NOM D'ATELIER

1114. *Denier.* ALBERO .... Tête nue, de l'évêque, tournée à gauche.

8

℞. + (s)c(a)maria. Croix formée de quatre feuilles pointues; un petit globe au premier canton et au quatrième.

Un des deux exemplaires connus, Cf. catalogue Monnier, n° 1250, exemplaire frappé à moitié du coin.

Ar. fin.　　　　　Gr.

1115. *Denier.* ★ albero..... Croix pattée.

℞. sca maria. La Vierge en buste à gauche, la tête voilée. Le corps coupe la légende et le grènetis intérieur forme un nimbe.　　　　　　　Ar. fin. A.B.　Gr.

Henri d'Apremont (1312-1349)

ATELIER DE VERDUN

Il y a après l'évêque Albéron une longue lacune pendant laquelle il semble que les évêques n'aient pas eu d'espèces à leur coin. La fabrication monétaire reprend sous Henri d'Apremont; mais, à cette époque, l'imitation des monnaies de France avait pris un grand développement; aussi l'atelier de Verdun, bien que peu actif, imita-t-il les espèces royales sous Henri d'Apremont et sous l'évêque Hugues. Le titre du métal s'altéra en même temps et, à l'argent fin, se substitua le billon.

1116. *Imitation du double parisis de Philippe le Bel.* + henricvs epc. Croix fleuronnée.

℞. + moneta virdvn en légende, legalis, au centre en deux lignes horizontales. Dans le champ, un petit écu à la croix d'Apremont, chargée d'une crosse en bande.
Unique.　　　　　　　　Bill.　A.B.　Gr.

1117. *Imitation du gros tournois à la fleur de lis.* + henric episcop, dans un entourage circulaire formé de petits lis; au centre une grande fleur de lys.

℞. + bn d.... ome · dni · nri · dei, en lég. ext. et + moneta virdvn en lég. int. Dans le champ, une croix pattée.
Unique.　　　　　　　　Bill.　F.　Gr.

Hugues de Bar (1352-1361)

1118. *Imitation du denier blanc à la queue de Philippe VI.* tvronvs civis. Châtel tournois à pignon couronné; bordure extérieure de fleurs de lis.

℞. + bndictv sit.... ni · nr...... en légende extérieure et + hvgonvs episcopvs en légende intérieure. Au centre, une croix à long pied, coupant la légende intérieure.
　　　　　　　　　　　Bill.　B.　Gr.

1119. *Imitation du double tournois du roi Jean.* hvgonvs · verdvns. Au centre une couronne fleurdelisée et au-dessous : eps.

℞. + moneta dvplex. Croix de procession à branches fleuronnées.
　　　　　　　　　　　Bill.　A.B.　Gr.

1120. *Imitation du gros denier blanc.* + bndidtv (si)t ⁝ nome ⁝ dni n(ri) dei ⁝ ihv xpi, en légende extérieure, et hvgonvs episco' en légende intérieure. Au centre, une croix pattée.

℞. TVRONVS CIVIS. Châtel tournois à pignon fleurdelisé. Le tout dans une bordure de douze lis.

.Ancienne collection Dassy. *Très rare.* Bill.   A.B.   Gr.

Louis de Bar (1419-1430)

Une nouvelle lacune se produit dans le monnayage épiscopal de Verdun après Hugues. La fabrication des espèces paraît n'avoir repris que sous un prince de la maison de Bar, le cardinal Louis, pour disparaître encore une fois après son successeur, Louis de Haraucourt, et ne faire qu'une dernière apparition, au xvii⁰ siècle, sous les princes de la maison de Lorraine.

ATELIER DE VERDUN

1121. *Gros.* + LVDOVICVS : CARD'•BARREN'•ADMIST'. Au centre, un écu écartelé de Bar et de France, surmonté du chapeau de cardinal.

℞. + BNDICTV'•SIT : NOME'•DNI'•NRI'•IHV'•XPI, en légende extérieure et GROS'•EPAT•VIRD'•, en légende intérieure. Croix pattée coupant la légende intérieure.
Inédit, très rare.   Ar.   F.D.C. Gr.

1122. *Subdivision du gros.* + LVDOVICVS · CARD. Ecu écartelé aux bars et aux lis, timbré du chapeau de cardinal.
℞. + MONETA · VIRDVNES. Croix pattée.
Rare.   Bill.   A.B.   Gr.

1123. Autre. + LVDOVICVS'•CARD'. Ecu parti aux bars et aux lis.
℞. MON ETA VIR DVN'. Au centre, une croix coupant la légende.
Rare.   Bill.   F.   Gr.

1124. *Imitation de l'angevine de Metz.* + LVDOVICVS · CARD. Ecu écartelé de bars et de lis.
℞. MO NET VIR DV'. Au centre, une croix pattée coupant la légende et cantonnée de quatre lis.
Unique.   Bill.   T.B.   Gr.

ATELIER DE VARENNES

1125. *Demi-gros.* + LVDOVICVS•CARD'•BARRENSIS. Ecu écartelé aux bars et aux lis, timbré du chapeau de cardinal.
℞. SIT NOM EN DOMINI BENEDICTV' en légende extérieure et SEM' GROS'VAREN en légende intérieure. Au centre, une croix pattée coupant la légende intérieure et cantonnée de deux bars et de deux lis.
De Saulcy. Monnaies de Bar, pl. VII, n° 8.
Rare.   Ar. bas. A.B.

Louis de Haraucourt (1430-1437)

1126. + LVDOVICVS'•EPS'•VIRDVNS. Au centre, dans un contour épicycloïdal, un écu chargé d'une croix au franc quartier, paré d'un lion, armes des Haraucourt.

℞. MONETA VIRDVN'◦. Croix pattée coupant la légende, avec une
étoile dans chaque canton.
Très rare.   Bill.   T.B.   Gr.

1127. LVDOV' EPS' VIRDV'◦. Au centre, l'écu de Haraucourt.
℞. MONETA · VIRDVN. Croix pattée coupant la légende.
Rare.   Bill.   A.B.   Gr.

1128. + LVDOVI'◦EP'◦VIRD'◦. Ecu de Haraucourt.
℞. MONE' VIRDV◦. Croix pattée coupant la légende et cantonnée
de quatre étoiles.
Inédit, très rare.   Bill.   T.B.   Gr.

1129. *Imitation de la monnaie messine.* + LVDOVICVS • EPS VIR. L'écu de
Haraucourt.
℞. QVARTVS × D'. Croix pattée coupant la légende.
Inédit, très rare.   Bill.   T.B.   Gr.

Nicolas Psaulme (1548-1575)

1130. *Jeton.* ★ N • PSAVLME • EVESQVE • ET • COMTE • DE • VERDVN. L'évêque en buste, à gauche.
℞. GETZ · DES · COMPTES · DE · L'EVESCHE · DE · VERDV. Ecu aux
armes du prélat. Dans le champ, la date 1575.
Rare.   Cuiv.   F.   Gr.

Nicolas Bousmard (1576-1584)

1131. *Jeton.* ☙ NICOLAS · BOVSMARD · EVESQVE · ET · CONTE · DE · VERDVN.
L'évêque en buste à gauche Dans le champ, ses initiales N et B.
℞. IECTZ · DES · COMPTES · DE · LEVESCHE · ET · COTE · DE · VERDVN.
Sur la lettre O, dans COTE, le trait remplaçant un M. Ecu cou-
ronné de l'évêque, posé sur une crosse. Dans le champ, la
date 1584.
                                       Cuiv.   T.B.   Gr.

Erric de Lorraine (1593-1611)

1132. *Florin d'or.* + ERRIC · A · LOTH · EPS · ET · CO · VIR. Buste de
l'évêque à droite.
℞. FLORENVS · AVREVS · AN · 1608. Ecu de Lorraine, brisé du lambel et timbré d'une couronne ducale, que surmonte une mitre;
après la date, la lettre B.
Rare.   .   Or.   F.D.C.   Gr.

1133. Autre avec la date 1610. *Rare.*   Or.   B.

1134. Autre avec la date 1611.   Or.   T.B.

1135. *Teston.* + ERRICVS · A · LOTH · EPS · ET · COM · VIR. Buste de l'évêque à gauche.

℞. MONET · NO · AN · DO · 1608 · CVSA. Ecu de Lorraine brisé d'un lambel, et timbré d'une couronne de comte que surmonte une mitre; à côté de la date, un B.
Rare.   Ar.   T.B.   Gr.

1136. *Quart de teston.* + ERRICVS · A · LOTH · EPS · ET · CO · VIR. Buste de l'évêque à droite.
℞. MONET · NO · AN · DO · 1608 · CVS · B. Ecu de Lorraine brisé d'un lambel et timbré d'une couronne ducale, que surmonte une mitre.   Ar.   B.   Gr.

1137. *Huitième de teston.* + ERRIC · A · LOTH · EPS · ET · CO · VIR. Buste de l'évêque à gauche.
℞. MONET · NO · AN · 1608 · CV. Ecu à la bande chargée de trois alérions, brisé d'un lambel, et timbré d'une couronne comtale que surmonte une mitre.
Très rare.   Bill.   A.B.   Gr.

1138. Autre de la même année, avec une couronne ducale.
                                                 Bill.   B.

1139. Autre avec la couronne ducale comme au numéro précédent et la date 1609.   Bill.   F.

1140. Autre semblable avec la date de 1610.
Deux exemplaires.   Bill.   F.

1141. *Seizième de teston.* ERRIC · A · LOTH · EPS · ET · C · V. Au centre, un grand E surmonté d'une couronne ducale et d'une mitre.
℞. MONET · NO · A · 1608 · C · VI. Ecu à la bande aux trois alérions, timbré d'une couronne de comte et posé sur une crosse.
Rare.   Bill.   F.   Gr.

1142. *Jeton.* ERRICVS · A · LOTHAR · EPISC · ET · COM · VIRD. Ecu plein de Lorraine timbré d'une mitre avec fanons et posé sur une crosse.
℞. + LVCERNA PEDIBVS MEIS VERBV' TVVM. Lampe allumée, posée sur le livre des Evangiles.
                                                 Cuiv.   F.D.C.   Gr.

1143. *Jeton.* + ERRICVS · A · LOTH · EPS · ET · COM · VIR. Buste de l'évêque à droite.
℞. GECT · DV · BVREAV. Dans le champ, sur un cartouche, l'écu plein de Lorraine, brisé d'un lambel et timbré d'une couronne ducale que surmonte une mitre. A l'exergue : 1610.
Très rare.   Cuiv.   F.

1144. *Jeton.* + ERRICVS · A · LOTH · EPS · ET · COM · VIR. Buste de l'évêque à droite.
℞. GECT · DV · BVREAV. Au centre, dans un cartouche, armes pleines de Lorraine, brisées d'un lambel et timbrées d'une couronne ducale et d'une mitre.
Petit module.   Ar.   T.B.   Gr.

1145. Autre avec CO · VIR.   Ar.   T.B.

Charles de Lorraine-Chaligny (1611-1622)

1146. *Florin d'or.* +—CAROLVS · A · LOTH · EPS · ET · C · VIR. L'évêque en buste, à droite.
℞. FLORENVS · AVREVS · AN · 1612 · B. Ecu plein de Lorraine brisé d'un lambel, et timbré d'une couronne ducale que surmonte une mitre.
Très rare.   Or.   T.B.   Gr.

1147. Autre avec la date 1613. *Rare.*   Or.   T.B.

1148. *Grand écu.* ✿ ✿ ✿ CAROLVS ✿ A ✿ LOTHARINGIA ✿ EPISCOPVS. Buste de l'évêque tête nue, tourné à droite. Dans le bas, IIII. F.
℞. ET · COMES · VIRDVNENSIS · PRS · SRI · IMPERII. Ecu de Lorraine plein, brisé d'un lambel et timbré d'une couronne ducale que surmontent une crosse et une mitre.

Très rare.   Ar.   A.B.   Gr.

1149. *Teston.* CAROLVS · A · LOTHARINGIA · EPISCOPS. Buste à droite.
℞. ET · COMES · VIR · PRS · SRI · IMPERI. Ecu plein de Lorraine, brisé d'un lambel et timbré de la couronne ducale que surmontent une mitre et une crosse.
Rare.   Ar.   B.   Gr.

1150. *Quart de teston.* ✿ CAROLVS · A · LOTHARINGIA · EPISCOPVS. Buste à droite.
℞. MONETA · NOVA · ARGENTVM · VIR. Ecu plein de Lorraine, brisé d'un lambel et timbré d'une couronne.
Très rare.   Ar. bas. B.   Gr.

1151. *Subdivisions du teston.* CAROLVS · A · LOTH · EPS · ET · C · VIR. Buste de l'évêque à gauche.
℞. MONET · NO · AN · 1610 · CV. Ecu de Lorraine à la bande aux trois alérions, brisé d'un lambel et timbré d'une couronne ducale que surmonte une mitre.   Bill.   A.B.   Gr.

1152. Autre avec 1612. Deux exemplaires.   Bill.   B.

1153. Autre avec 1613 et c · VIR. Deux exemplaires. Bill.   A.B.

1154. *Imitation du type ducal de l'alérion.* CAROLVS · A · LOTHARINGIA ·
EPS. Dans le champ un alérion couronné.

℞. ET · COMES · VIR · PRS · SRI · IMP. Ecus accolés de Lorraine
et de Bar brisés d'un lambel et timbrés d'une couronne ; à
l'exergue : G.   Bill.   A.B.

1155. Autre avec EPIS.   Bill.   A.B.   Gr.

1156. Autre avec EPISC et IMPE. Deux exemplaires. Bill.   F.D.C.

1157. Autre avec EPISCO et IMPE.   Bill.   B.

PIÈCES OMISES

—

ÉVÊQUES DE METZ

—

Adémar de Monthil, élu (1327)

La pièce suivante, frappée au moment de l'élection d'Adémar et avant l'arrivée de sa confirmation, est une imitation de la monnaie des archevêques de Besançon à la main bénissant, qui avait un cours très étendu au xɪvᵉ siècle. La main bénissant avait déjà paru à Verdun, sous Heymon, à la fin du xᵉ ou au commencement du xɪᵉ siècle.

623 *bis*. *Denier*. **MONETA NOVA**. Au centre, une main bénissant.
 ℟. + · **A · ELECTI · MET′** entre deux grènetis. Au centre, une croix pattée.
  Ancienne coll. Gariel. *Unique*.   Ar. bas. F.D.C. Gr.

ÉVÊQUES DE TOUL

—

Mathieu de Bitch (1198-1207)

SANS NOM D'ATELIER

677 *bis*. *Denier*. **MA HI VS**. Edifice à trois créneaux surmonté d'un toit quadrillé. Grènetis extérieur.
 ℟. Sans légende. Croix à lourdes branches ancrées; dans chaque canton, une étoile. Grènetis extérieur.
  Robert, Evêq. de Toul, pl. X, fig. 5.
  Trois exemplaires.   Ar. fin. B.

12 159. — Imprimerie A. Lahure, rue de Fleurus, 9, à Paris.

————————

TROISIÈME FASCICULE

————

LORRAINE

ET BARROIS

MOSELLANE

—

DUCS BÉNÉFICIAIRES
Thiéri (984-1024)

1158. *Denier.* + THEODERICVS (DVX). Deux bustes affrontés.
℞. ANDERNAKA, écrit sur les branches d'une croix pointillée qui
coupe tout le champ ; dans les cantons, deux entrelacs et
deux fleurons.
Dannenberg, n° 436.   Ar. fin. A.B.

———

1159. *Denier.* + NTDEPIO DVX. Deux bustes affrontés et séparés par un
sceptre crucigère.
℞. Comme au n° précédent.
Dannenberg, pl. XIX, fig. 439.   Ar. fin. A.B.

ATELIER DE EIL ?

1160. *Denier.* (+ THEO)DERICVS DVX. Tête à gauche.
℞. EIL CIV SIGIBOD, écrit sur les branches d'une croix pointillée
qui coupe tout le champ.
Dannenberg, pl. XIX, fig. 452.   Ar. fin. F.

———

BAR

—

COMTES ET DUCS
Henri III (1296-1302)

ATELIER DE BAR-LE-DUC

Nous ignorons si les monnaies suivantes appartiennent à Henri III
comme le voulait de Saulcy, ou à Henri II (1214-1240) ; on pourrait à la rigueur les attribuer à ce dernier, en se reportant au module, au faire et

au titre déjà abaissé des monnaies qui se frappaient de son temps dans un pays voisin, la Champagne.

Sur ces deniers, le prince prend le titre de comte de Bar, *comes Barri Ducis*. On sait que cette ville s'appelait Bar-le-Duc depuis que son premier comte, Frédéric, avait été créé duc bénéficiaire de Mosellane, en 959, par Otton.

1161. *Denier.* + HENRICVS COMES. Croix pattée, cantonnée au premier et au quatrième d'une fleur de lis.

℞. + BARRI DVCIS. Deux bars adossés; au-dessus, une étoile.
De Saulcy, Monnaies de Bar, pl. I, fig. 4.
Deux exemplaires variés.   Bill.   B.

1162. *Obole.* + HENRICVS COMES. Croix pattée, cantonnée au premier et au quatrième d'une fleur de lis.

℞. + BARRI DVCIS. Deux bars adossés; au-dessus, une étoile.
De Saulcy, Ibid., pl. I, fig. 5. *Rare.*   Bill.   B.

Henri IV (1357-1344)

ATELIER DE BAR-LE-DUC

1163. *Imitation des doubles de Philippe de Valois* (1328-1350). HEND'⋮ COMES en légende et B⁻RANCO, en deux lignes, dans le champ, sous une couronne.

℞. MONETA ✶ DVPLEX. Croix fleurdelisée.
Inédit. Très rare.   Bill.   A.B.

ATELIER DE MOUSSON

1164. *Double.* H · COMES BARRI. Écu semé de croisettes et chargé de deux bars adossés.

℞. ·+ MOTIONS DVPLEX. Croix pattée.
Inédit. Très rare.   Bill.   A.B.

Robert (1352-1412)

ATELIER DE BAR-LE-DUC

1165. *Florin d'or.* + ROBERTVS DVX. Grande fleur de lis.

℞. S IOHANNES B. Saint Jean-Baptiste debout; à gauche, à côté de la tête, une couronne.
De Saulcy, Ibid., pl. IV, fig. 11.   Or.   F.D.C.

1166. *Gros tournois.* + BNDICTV ⋮ SIT ⋮ NOME ⋮ DNI ⋮ NRI ⋮ DEI ⋮ IHV ⋮ XPI, en légende extérieure, et + ROBERTVS · DVX, en légende intérieure. Au centre, une croix pattée.

℞. TVRONVS · CIVIS écrit autour du châtel tournois; bordure extérieure de douze lis.
De Saulcy, Ibid., pl. V, fig. 2.   Ar.   F.D.C.

1167. *Heaume.* ROBERTVS○DVX BARR'○. Ecu de Bar penché ; au-dessus, un heaume surmonté d'un cimier à panache.

℞. + DEI★GRA★ET★MARCHIO★PONTIS. Croix pattée, cantonnée de quatre roses.

De Saulcy, Ibid., pl. III, fig. 8.   Ar.   B.

1168. *Blanc.* DEI⚬GRACIA. Au centre, un grand R couronné et accosté de deux fleurs de lis. Bordure de douze lis.

℞. + BNDICTV : SIT : NOME : DNI : NRI : DEI : IHV : XPI, en légende extérieure, et BARRENSIS⚬DVX, en légende intérieure ; au centre, une croix pattée.

Inédit.   Bill.   B.

1169. Autre. Mêmes types et légendes, mais avec BARRONSIS:DVX:

De Saulcy, Ibid., pl. VI, fig. 6.   Bill.   B.

1170. Autre. Mêmes types et légendes que le n° précédent.

Deux exemplaires.   Bill.   B.

- - - - - -

1171. *Gros blanc à la fleur de lis.* BNDICTV, etc., en légende extérieure, et + ROBERTVS DVX, en légende intérieure. Au centre, une croix pattée cantonnée, au deuxième et au troisième, d'une rosace.

℞. BARRE, écrit dans le champ entre deux lignes de points ; au-dessus et au-dessous, une couronne fleurdelisée accostée de deux lis. Bordure de douze fleurs de lis.

De Saulcy, Ibid, pl. 5, n° 6.   Bill.   F.

_____

1172. *Double tournois à la couronne.* ROBERTVS • BARRESIS, en légende extérieure, et DVX, dans le champ, sous une couronne fleurdelisée.

℞. + MONETA DVPLEX. Croix fleurdelisée à long pied.

Inédit.   Bill.   A.B.

- - - -

1173. *Denier.* + ROBERTVS DVX, en légende, et BAR, en une ligne, au milieu du champ.

℞. + BARRI DVCIS. Croix pattée.
De Saulcy, Ibid., pl. IV, fig. 5.
Quatre exemplaires. Bill. F.

ATELIER DE SAINT-MIHIEL

1174. *Denier.* + ROBERTVS ⁚ DVX, en légende extérieure, et BAR écrit en petites lettres, en une ligne, au milieu du champ.
℞. + MONETA ⁚ MICHAEL. Croix pattée.
De Saulcy, Ibid., pl. IV, fig. 4. *Rare.* Bill. F.

LORRAINE

—

DUCS & DUCHESSES

Gérard d'Alsace (1048-1070)

ATELIER DE SAINT-DIÉ

1175. *Denier.* + GE · BAR DV, entre deux grènetis : au centre, un petit temple tristyle surmonté d'une croix.
℞. DEO(DAT)V(S), entre deux grènetis ; au centre, une tête barbare, à long cou, vue de profil à gauche.
Flan quadrangulaire. Maxe Werly, Remiremont et Saint-Dié, n° 6. *Unique.* Ar. fin. B.

Ce grand denier paraît être l'exemplaire qu'avait vu Dom Calmet et qui avait été trouvé dans les démolitions d'une vieille tour de l'abbaye de Moyen-Moutier.

1176. *Denier.* (GE)RARDV(S D)VX, entre deux grènetis ; au centre, un petit temple tristyle surmonté d'une croix.
℞. + S · DEO(DA)T(VS), entre deux grènetis ; au centre, une tête barbare à long cou, vue de profil à gauche. Le nez, les lèvres et le menton sont représentés par des saillies aiguës qui ôtent au profil tout caractère humain.

Flan quadrangulaire. Maxe Werly, Ibid.. nº 7.

Unique.   Ar. fin. T.B.

ATELIER DE REMIREMONT

1177. *Denier.* + G(E)RARDVS DVX, entre deux grènetis; au centre, une
croix pattée avec un globule au deuxième canton et au
troisième.

℞. + SCS PETRVS, entre deux grènetis; au centre, un édifice
carré, rappelant, sauf la toiture qui a disparu, la dégénérescence du temple fréquente sur les deniers de Toul, à
la même époque.

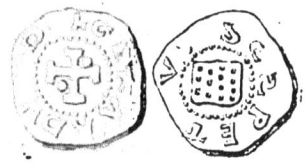

Flan quadrangulaire. Variété du nº 1, pl. I, de Saulcy,
Lorraine. *Très rare.*   Ar. fin. T.B.

Thiéri I (1070-1115)

ATELIER DE SAINT-DIÉ

1178. *Denier.* + (DEODE)RIC....., entre deux grènetis; au centre, un
temple tétrastyle revenu complètement à la forme carolin-
gienne.

℞. ...DEO(DATVS), entre deux grènetis; au centre. une croix
pattée, cantonnée de quatre globules.
Le coin n'a porté que sur la moitié du flan.

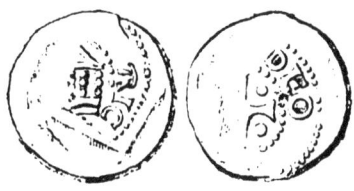

Maxe Werly, Remiremont et Saint-Dié, nº 21.
Unique.   Ar. fin. A.B.

Simon I (1115-1159)

ATELIER DE NANCY

Les monnaies suivantes, bien que les légendes soient très mal sorties du coin, portent deux fois le nom de Nancy. La répétition du nom de l'atelier, au droit et au revers, se trouve à Nancy, sous Mathieu I, successeur de Simon, et à Metz, au temps de l'évêque Thierry III (Voir les nᵒˢ 550 à 553). En outre, des monnaies analogues à celles qui nous occupent, et sur lesquelles on lit deux fois le nom d'Epinal, ont été classées par M. Laurent au temps même de Simon.

1179. *Denier.* NANC(EI), entre deux grènetis; au centre, un édifice à trois colonnes avec arcades et fronton triangulaire.

℞. (+) NANC ..., entre deux grènetis; au centre, une croix pattée, cantonnée de deux globules et de deux étoiles.

Inédit; très mauvaise frappe; légendes mal venues.

Deux exemplaires. Ar. fin.

1180. Autre; même type; fausse du temps. Cuiv. F.

ATELIER DE REMIREMONT

1181. *Denier.* SIMON DVX, entre deux grènetis; au centre, une croix dont les branches aboutissent au grènetis intérieur.

℞. SCS PETRVS?, entre deux grènetis; au centre, saint Pierre nimbé et à genoux, tourné à droite et tenant les deux clefs.

La légende et le personnage sont mal sortis du coin.

Maxe Werly, Remiremont et Saint-Dié, nᵒ 6.

Unique. Ar. fin. A.B.

Cette curieuse pièce, inconnue à de Saulcy, est d'une exécution complètement barbare. Encore bien qu'elle semble avoir peu circulé, son revers est à peu près illisible; de plus, la croix y apparaît en creux et dénature l'image du saint qui se voit au droit.

Ce curieux denier de Simon inaugure, à Remiremont, le type de saint Pierre agenouillé, qui rappelle le saint Etienne des monnaies de Metz.

ATELIER D'ÉPINAL

Epinal appartenait aux évêques de Metz, mais Simon I s'empara de cette ville lorsque l'évêque Hériman eut été expulsé de son évêché. C'est à cette époque qu'ont dû être frappées les pièces suivantes.

1182. *Denier.* + (SPIN)A(L), entre deux grènetis; au centre, un temple formé de trois colonnes que surmontent des arcades et un fronton triangulaire en saillie.

Ŗ. (SI)MON (DVX), entre deux grènetis ; au centre, une croix pattée, cantonnée de deux globules.

Laurent, Ateliers des Vosges, pl. III, fig. 15.

Rare. Ar. fin. F.

1183. *Denier.* + ..., entre deux grènetis; au centre, un temple comme sur la pièce précédente.

Ŗ. ...IOU .?, entre deux grènetis ; au centre, une croix pattée cantonnée de quatre globules.

Variété du n° 14, p. 22, Laurent, Ibid. Ar. fin. A.B.

Mathieu I (1159-1176)

ATELIER DE NANCY

Les monnaies suivantes appartiennent au xII° siècle d'après la composition d'un trésor dont elles faisaient partie ; aussi, quoique anonymes, elles sont attribuées avec toute probabilité à Mathieu I, par M. Maxe Werly, *Trouvaille de Bidestroff,* dans les *Mélanges de Numismatique,* t. I, p. 440 Elles sont toujours très mal frappées, tout en présentant des légendes certaines.

1184. *Denier.* ✱NANCEI, entre deux grènetis ; au centre, un temple à trois colonnes, à arcades et à fronton, comme sur les deniers de Simon frappés à Epinal.

Ŗ. NAN✱C✱EI, entre deux grènetis ; au centre, une croix pattée, cantonnée d'une étoile et d'un besant.

Maxe Werly, Bidestroff. Quatre exemplaires mal venus.

Rare. Ar. bas.

Le dessin ci-dessus est une restitution exécutée à l'aide des quatre pièces formant le n° 1184.

1185. Autres ; mêmes types. Quatre exemplaires. Ar. bas.

1186. *Obole.* ✱NA...., entre deux grènetis ; au centre, un temple à trois colonnes, à arcades et à fronton.

Ŗ. ✱NAN...., entre deux grènetis ; au centre, une croix pattée cantonnée de deux étoiles.

Inédite, très rare. Deux exemplaires. Ar. A.B.

1187. Autre; mêmes types, mais, au revers, la croix est cantonnée de deux globules et de deux étoiles. Exemplaire légèrement écorné. *Inédite.*   Ar.

Les deniers de Mathieu I, que nous venons de décrire, sous les n⁰ˢ 1184 et 1185, sont les dernières pièces ducales rappelant encore par leur diamètre les grands deniers carolingiens. A partir de Berthe de Souabe, le module commence à s'affaiblir et ne se relève qu'avec Thibaut I (1303-1312).

Berthe de Souabe, veuve de Mathieu I
(1176-1195)

ATELIER DE NANCY

1188. *Denier.* BERTA. Figure féminine à mi-corps, à gauche, la tête voilée et tenant dans la main droite un sceptre fleurdelisé.
ᴚ. NANCEI. Croix pattée, cantonnée de deux globules.
De Saulcy, Lorraine, pl. XXXVI, fig. 28.   Ar. fin. A.B.

1189. Autres, mêmes types; trois exemplaires.   Ar. fin. A.B.

———

1190. *Denier.* A PICA. Figure féminine à mi-corps, à gauche, la tête voilée et tenant dans la main droite un chardon fleuri.
ᴚ. NANCEI. Croix pattée, cantonnée de deux globules.
De Saulcy, Lorraine, pl. XXXVI, fig. 29.
Exemplaire écorné.   Ar. fin. F.

Simon II (1176-1205)

ATELIER DE SAINT-DIÉ

Les deniers suivants ont été attribués, par de Saulcy et par plusieurs numismates, à Simon II, en raison de la lettre s qui se voit sous le cheval; mais le module et l'aspect général de ces pièces ne permettent peut-être pas de les croire plus anciennes que les deniers de Ferri III (n° 1211 et suivants); aussi ne les maintenons-nous que sous toutes réserves à Simon II.

1191. *Denier.* Cavalier à droite, armé de toutes pièces; sous le cheval, · s ·, initiale du nom du duc?
ᴚ. SAIN DIEI en légende. Dans le champ, une épée en pal accostée des lettres s.ᴅ. reproduisant le nom du prince, S(imo) D(ux), ou celui de l'atelier, S(ain) D(iei).

Maxe Werly, Remiremont et Saint-Dié, n° 26.
Très rare.   Ar. fin. F.D.C.

1192. Autre, mêmes types; mais, au revers, l'épée est accostée des lettres s.s.

Maxe Werly, Ibid., n° 24. *Très rare.* Ar. fin. F.D.C.

Ferri II (1205-1213)

ATELIER DE NANCY

1193. *Denier.* FERRI, entre deux grènetis; au centre, une épée en pal.
℞. NANCEI, entre deux grènetis; au centre, une croix pattée.
Très rare. Ar. fin. B.

1194. Autre, mêmes types; les lettres des légendes sont moins bien venues.
Très rare. Ar. fin. A.B.

1195. *Denier.* FER · R · I · écrit autour d'un écu à une bande chargée de trois alérions.
℞. NAN CEI, écrit le long des branches transversales d'une croix; la branche supérieure est recroisetée; dans le troisième canton et le quatrième, un lis.
De Saulcy, Lorraine, pl. II, fig. 14. Ar. fin. B.

1196. Autre, mêmes types; coins variés.
Quatre exemplaires. Ar. fin. A.B.

1197. Autre, mêmes types; coins variés.
Trois exemplaires. Ar. fin. F.

1198. *Denier.* Cavalier à droite, armé de toutes pièces; sous le cheval, un objet indéterminé ressemblant à trois créneaux.
℞. + F · DVX LOH. Croix cantonnée d'un croissant au deuxième canton et au troisième.
De Saulcy, Ibid., pl. I, fig. 12. *Rare.* Ar. fin. F.D.C.

1199. Autre, mêmes types. Deux exemplaires. Ar. fin. T.B.

Mathieu II (1218-1251)

ATELIER DE NANCY

1200. *Denier.* Cavalier à droite, armé de toutes pièces; sous le cheval, la lettre M entre deux points.

ᵴ. ᴺᴬN ᴄᴇɪ. Aigle éployée, la tête tournée à gauche.
De Saulcy, Ibid., pl. II, fig. 8.
Deux exemplaires.   Ar. fin. A.B.

1201. *Denier.* Types du n° précédent, mais au droit, sous le cheval,
une fleur de chardon? sortant de deux feuilles.
De Saulcy, Ibid., pl. II, fig. 9.
Deux exemplaires. *Rare.*   Ar. fin. A.B.

ATELIER DE LUNÉVILLE

1202. *Denier.* Cavalier à droite, armé de toutes pièces.
ᵴ. ʟɪɴɪᴠɪʟᴇ. Aigle éployée, la tête tournée à droite.
De Saulcy, Ibid., pl. II, fig. 7. *Rare.* Ar. fin. T.B.

1203. **Autre, mêmes types.**   Ar. fin. T.B.

1204. *Denier.* Semblable au n° 1202, sauf qu'il y a un s sous le
cheval.
Inédit. Rare.   Ar. fin. A.B.

1205. *Denier.* Semblable au n° 1202, sauf qu'il y a un croissant sous
le cheval.
Inédit. Rare.   Ar. fin. A.B.

ATELIER DE MIRECOURT

1206. *Denier.* Cavalier à droite, armé de toutes pièces; sous le cheval,
les lettres ɪᴀ.
ᵴ. ᴍᴠʀɪ ᴄᴏʀᴛ. Aigle éployée, la tête tournée à droite.
Variété inédite. Rare.   Ar. fin. T.B.

1207. **Autre, mêmes types.**   Ar. fin. F.D.C.

ATELIER DE PRÉNY

1208. *Denier.* Cavalier à droite, armé de toutes pièces; le bas de la
pièce, mal venu, ne laisse pas voir le signe qui doit se
trouver sous le cheval.
ᵴ. · ᴘʀɪɴᴇɪ. Aigle éployée, la tête tournée à gauche.

Robert, *Revue numismatique*, 1861, pl. XIII, fig. 1
Unique.   Ar. fin. A.B.

ATELIER DE SIERCK

1209. *Denier.* Cavalier à droite, armé de toutes pièces.

℞. · CI RK ES · , écrit autour d'un écu chargé d'une aigle éployée.
>De Saulcy, Ibid., pl. II, fig. 5.
>Deux exemplaires. *Rare.* Ar. fin. T.B.

1210. Autre, mêmes types. Trois exemplaires. Ar. fin. B.

ATELIER DE THIONVILLE

M. de Saulcy avait donné à Mathieu II les petits deniers au cavalier portant TIONVILLE. Il considérait ces pièces comme frappées par le prince lorrain, en vertu des droits qu'il avait reçus sur Thionville en épousant la fille du comte de Luxembourg. M. Hermerel a récemment maintenu cette attribution dans l'*Annuaire de la Société française de Numismatique*, 1885, p. 184. Mathieu II ayant résigné, après moins d'un an, tout droit sur Thionville, nous réservons pour la série de Luxembourg les petits deniers au cavalier dont les variétés, assez nombreuses, ne peuvent s'expliquer que par un monnayage prolongé.

Ferri III (1251-1303)

ATELIER DE NANCY

1211. *Denier.* FERI. Cavalier à droite, armé de toutes pièces.
>℞. NAN CEI écrit autour d'une épée en pal, accostée d'une fleur de lis et d'une croisette.
>De Saulcy, Ibid., pl. II, fig. 27.
>Deux exemplaires. Ar. fin. B.

1212. Autre, avec FE, au droit. *Inédit.*
>Deux exemplaires. Ar. fin. B.

1213. *Denier.* Cavalier à droite, armé de toutes pièces ; sous le cheval, une fleur de lis.
>℞. NAN CEI, écrit autour d'une épée en pal accostée d'une fleur de lis et d'une croisette.
>De Saulcy, Ibid., pl. XXXV, fig. 21.
>Trois exemplaires. Ar. fin. B.

1214. Autre, mais il n'y a rien sous le cheval.
>De Saulcy, Ibid., pl. XXXV, fig. 21.
>Trois exemplaires. Ar. fin. B.

1215. *Denier.* FER. Cavalier à droite, armé de toutes pièces.
>℞. NANCEI. Epée en pal accostée d'un croissant et d'une étoile.
>De Saulcy, Ibid., pl. XXXV, fig. 24.
>Trois exemplaires. Ar. fin. T.B.

1216. *Obole.* Types et légendes de la pièce précédente.
>*Inédite, très rare.* Ar. fin. B.

1217. *Denier.* FERI. Cavalier à droite, armé de toutes pièces.

℞. NAN CEI, écrit autour d'une épée en pal, accostée de deux croisettes.
>De Saulcy, Ibid., pl. II, fig. 25.
>Quatre exemplaires.   Ar. fin. A.B.

1218. *Denier.* Cavalier à droite, armé de toutes pièces.
℞. NAN CEI, écrit autour d'une épée en pal accostée de deux rosaces.
>De Saulcy, Ibid., pl. II, fig. 29.
>Trois exemplaires.   Ar. fin. B.

1219. Autre, mêmes types ; mais, au droit, sous le cheval, une étoile et un point.
>De Saulcy, Ibid., pl. XXXVI, fig. 1.   Ar. fin. B.

1220. *Denier.* Cavalier à droite, armé de toutes pièces.
℞. NANCEI, écrit autour d'une épée en pal.
>*Inédit.* Quatre exemplaires.   Ar. fin. A.B.

1221. Autre, mêmes types ; mais au droit, sous le cheval, un croissant.
>De Saulcy, Ibid., pl. XXXV, n° 26. *Rare.* Ar. fin. B.

1222. *Denier.* FERI. Cavalier à droite, armé de toutes pièces.
℞. NANCEI. Bras armé.
>De Saulcy, Ibid., pl. II, fig. 22.
>Trois exemplaires.   Ar. fin. A.B.

1223. Autre, mêmes types ; mais, au revers, un croissant et une étoile dans le champ.
>De Saulcy, Ibid., pl. II, fig. 22.
>Deux exemplaires.   Ar. fin. A.B.

1224. Autres, mêmes types qu'au n° précédent.
>Trois exemplaires.   Ar. fin. B.

1225. Autre, mêmes types qu'au n° 1222 ; mais, au droit, le nom est écrit FER.
>*Variété inédite. Rare.* Trois exemplaires. Ar. fin. B.

1226. *Denier.* FERI. Cavalier à droite, armé de toutes pièces.
℞. NAN · · CEI, écrit aux côtés latéraux de l'écu à la bande chargée de trois alérions ; au-dessus de l'écu, une étoile entre deux points.
>De Saulcy, Ibid., pl. XXXV, fig. 4.
>Quatre exemplaires.   Ar. fin. B.

1227. *Denier.* Cavalier à droite, armé de toutes pièces ; sous le cheval, un poisson.

℞. · NAN · · CEI écrit aux côtés latéraux de l'écu à la bande chargée de trois alérions; au-dessus de l'écu, une croisette entre deux points.

Inédit. Deux exemplaires. Ar. fin. B.

1228. *Denier.* Cavalier à droite, armé de toutes pièces ; sous le cheval, une étoile.

℞. · NE · · N · · CI · écrit aux trois côtés de l'écu à la bande chargée de trois alérions.

Inédit. Rare. Ar. fin. A.B.

1229. *Denier.* Cavalier à droite, armé de toutes pièces.

℞. · NA · · NC · EI · écrit aux trois côtés de l'écu à la bande chargée de trois alérions.

De Saulcy, Ibid., pl. XXXV, fig. 9.

Deux exemplaires. Ar. fin. B.

1230. Autre, mêmes types que le n° précédent ; mais, au revers, la légende est NE NC EI.

Variété de Saulcy, Ibid., pl. XXXV, fig. 5. Ar. fin. F.

1231. Autre, mêmes types qu'au n° 1229 ; mais, au revers, la légende est · N · · EN · · CI ·

De Saulcy, Ibid., pl. XXXV, fig. 10.

Trois exemplaires. Ar. fin. A.B.

1232. Autre, conforme au n° précédent, sauf qu'au revers l'initiale du nom de l'atelier est majuscule.

Variété inédite. Deux exemplaires. Ar. fin. A.B.

1233. Autre, mêmes types qu'au n° 1229 ; mais, au revers, la légende est · NE · · NC · · I ·

De Saulcy, Ibid., pl. XXXV, fig. 12.

Trois exemplaires. Ar. fin. B.

ATELIER DE CHATENOI

Châtenoi, entre Neufchâteau et Mirecourt, était un domaine de la maison de Lorraine où Gérard d'Alsace résidait habituellement et où sa femme, la duchesse Hadwide de Namur, fut enterrée. On ne connaît jusqu'ici, pour cet atelier, que le denier suivant :

1234. *Denier.* Cavalier à droite, armé de toutes pièces ; sous le cheval, deux signes très peu nets qui semblent être un lis et l'initiale F.

℞. CHASTENOI. Dans le champ, une épée en pal.

Inédit. Unique. Ar. fin. T.B.

ATELIER DE MIRECOURT

1235. *Denier*. Cavalier à droite, armé de toutes pièces.
℟. ꜱᴠʀɪᴄᴏʀᴛ. Dans le champ, une épée en pal.
De Saulcy, Ibid., pl. III, fig. 7.
Quatre exemplaires. Ar. fin. B.

1256. Autre, mêmes types; mais, au revers, un point dans l'o de
ꜱᴠʀɪᴄᴏʀᴛ.
Variété inédite. Ar. fin. B.

1257. Autre, types du n° 1255; mais, au revers, la légende est ꜱᴇʀɪᴄᴏʀᴛ.
De Saulcy, Ibid., pl. III, fig. 6.
Quatre exemplaires. Ar. fin. B.

1258. Autre, types du n° 1255, mais, au revers, la légende est
ꜱᴇ • ʀɪᴄᴏʀᴛ.
De Saulcy, Ibid., pl. XXXVI, fig. 5.
Deux exemplaires. Ar. fin. B.

1239. Autre, types du n° 1255; mais, au revers, la légende est ꜱᴇʀᴄᴏʀᴛ.
Variété inédite. Ar. fin. A.B.

ATELIER DE NEUFCHATEAU

L'atelier de Neufchâteau a eu, sous Ferri III, une activité prodigieuse,
ainsi qu'on en jugera par le nombre énorme des variétés que présentent
les accessoires du type et la manière d'écrire le nom du lieu.

1240. *Denier*. Cavalier à droite, armé de toutes pièces; sous le cheval, un ᴀ.
℟. ɴᴠᴇꜰᴄʜᴀ. Épée en pal. Ar. fin. B.

1241. Autre, mêmes types; mais, au droit, sous le cheval, les lettres ᴀᴛ.
De Saulcy, Ibid., pl. XXXVI, fig. 23.
Deux exemplaires. Ar. fin. B.

1242. Autre, types du n° 1240; mais, au droit, sous le cheval, les
lettres ɪᴀ.
De Saulcy, Ibid., pl. XXXVI, fig. 22.
Quatre exemplaires. Ar. fin. B.

1243. *Denier*. Cavalier à droite, armé de toutes pièces; sous le
cheval, un lis.
℟. ɴᴏᴠᴏ ᴄᴀᴛʀᴏ. Épée en pal.
Inédit. Ar. fin. A.B.

1244. *Denier*. Cavalier à droite, armé de toutes pièces; sous le
cheval, un ᴀ.
℟. ɴᴠᴇꜰ ᴄʜᴀᴛᴇʟ. Épée en pal; dans le champ, deux globules.
De Saulcy, Ibid., pl. XXXVI, fig. 24.
Quatre exemplaires. Ar. fin. B

1245. Autre, avec NVEF CHATE.
      Variété inédite. Deux exemplaires.   Ar. fin. A.B.

1246. Autre, avec NVEF CHAT.
      De Saulcy, Ibid., pl. XXXVI, fig. 26.
      Quatre exemplaires.   Ar. fin. B.

––––––––––

1247. *Denier*. Cavalier à gauche, armé de toutes pièces; sous le
      cheval, · A ·
      ℞. NVEF CHATEL. Dans le champ, une épée en pal.
      Inédit, très rare.   Ar. fin. A.B.

––––––––––

1248. *Denier*. Cavalier à droite, armé de toutes pièces; sous le
      cheval, AI.
      ℞. NVEFCHA. Bras armé; l'épée est accostée d'un croissant et
      d'une étoile.
      Variété inédite.   Ar. fin. F.

1249. Autre, mêmes types; mais, au droit, IA sous le cheval.
      De Saulcy, Ibid., pl. XXXVI, fig. 20.
      Trois exemplaires.   Ar. fin. B.

1250. Autre, mêmes types; mais au droit, sous le cheval, un lis.
      De Saulcy, Ibid., pl. III, fig. 1.
      Trois exemplaires.   Ar. fin. T.B.

1251. Autre, mêmes types; mais au droit, sous le cheval, un lis
      suivi d'un point.
      Variété inédite. Trois exemplaires.   Ar. fin. B.

––––––––––

1252. *Denier*. Cavalier à droite, armé de toutes pièces; sous le
      cheval, une étoile entre deux points.
      ℞. *NVEFCHATEL entre deux grènetis; au centre, une croix pattée.
      Variété inédite.   Ar. fin. B.

1253. Autre; mêmes types avec · * · NOVI · CASTRI.
      Variété inédite. Quatre exemplaires.   Ar. fin. B.

1254. Autre, mêmes types avec + NOVI CASTRI.
      Variété inédite. Deux exemplaires.   Ar. fin. B.

1255. Autre, mêmes types, avec * NOVO CATRI.
      De Saulcy, Ibid., pl. XXXVI, n° 13.
      Quatre exemplaires.   Ar. fin. F.D.C.

1256. Autre, mêmes types, avec + NOVO CATRI.
      Variété inédite. Quatre exemplaires.   Ar. fin. B.

1257. Autre, mêmes types, avec + NOVO CA · TRI.
  Variété inédite.   Ar. fin. B.

1258. Autre, mêmes types, avec ⁕ NOVO ACTRI.
  Variété inédite.   Ar. fin. T.B.

1259. Autre, mêmes types, avec + NOV CATRO.
  Variété inédite. Deux exemplaires. Ar. fin. B.

1260. Autre, mêmes types, avec + NOVO CATRO.
  Variété inédite. Deux exemplaires. Ar. fin. A.B.

1261. Autre, mêmes types, avec ⁕ NOVO CATO.
  Variété inédite. Quatre exemplaires. Ar. fin. B.

1262. Autre, mêmes types, avec ⁕ NOVO CATR.
  Variété inédite.   Ar. fin. A.B.

1263. Autre, mêmes types, avec + NOVO CATR.
  Variété inédite.   Ar. fin. A.B.

1264. Autre, mêmes types, avec · ⁕ · NOVI CASTEI.
  Variété inédite.   Ar. fin. B.

1265. Autres, mêmes types; légendes incorrectes.
  Quatre pièces. *Inédites.*   Ar. fin. A.B.

1266. *Denier.* Cavalier à droite, armé de toutes pièces; sous le
  cheval, une étoile.
  ℞. ⁕ NOVO CATI entre deux grènetis; au centre, une croix pattée.
  Variété inédite.   Ar. fin. A.B.

ATELIER DE SIERCK

1267. *Denier.* Cavalier à droite, armé de toutes pièces.
  ℞. CIRKES écrit autour d'une croix pattée.
  De Saulcy, Ibid., pl. II, fig. 2. Ar. fin. F.D.C.

1268. Autre, mêmes types. Trois exemplaires. Ar. fin. B.

1269. Autre, mêmes types; mais au droit, sous le cheval, un trèfle.
  De Saulcy, Ibid., pl. II, fig. 1.
  Quatre exemplaires.   Ar. fin. B.

1270. Autre, mêmes types qu'au n° 1256; légendes incorrectes.
            Ar. fin. A.B.

ATELIER INDÉTERMINÉ

1271. *Denier.* Cavalier à droite, armé de toutes pièces; sous le
  cheval, une rosace.

℞. + DEDOI'EDOS *, entre deux grènetis; au centre, une croix pattée.

Inédit, unique.   Ar. fin. B.

Thibaut II (1303-1312)

ATELIER DE NANCY

TYPES LORRAINS

1272. *Double denier.* + T · DVX LOTOREGIE. Cavalier à droite, armé de toutes pièces, tenant une lance ornée de son fanon.
℞. MONETA DE NANCEI. Epée en pal entre deux alérions.
De Saulcy, Ibid., pl. III, fig. 16.   Ar.   T.B.

1273. Même pièce. Trois exemplaires.   Ar.   B.

1274. *Denier.* T · DVX. Personnage debout, tenant une épée de la main droite et un bouclier de la gauche.
℞. NAN CEI. Epée en pal, coupant la légende.
De Saulcy, Ibid., pl. III, fig. 17.   Ar.   T.B.

1275. Même pièce. Deux exemplaires.   Ar.   B.

TYPE FRANÇAIS

Jusqu'ici aucun *gros tournois* n'avait été attribué au duc Thibaut II. Ce prince étant le contemporain de Philippe le Bel, il est naturel qu'il ait contrefait, ainsi qu'on le faisait dans un grand nombre d'ateliers de l'occident de l'Europe, le *gros tournois* créé par saint Louis et maintenu par ses successeurs. Nous donnons donc à Thibaut II les copies lorraines anonymes de cette monnaie française. Ajoutons que, dans tous les pays, les premières copies ont été généralement anonymes et de meilleur aloi que celles qui se sont faites plus tard. Or, les *gros tournois* au nom de Ferri IV sont d'un métal inférieur à celni des deux suivants.

1276. *Gros tournois.* + TVRONVS · DVCIS; au centre, le châtel tournois des gros de Philippe le Bel; bordure extérieure de douze fleurs de lis.
℞. + BNDICTV ⫶ SIT ⫶ NOME ⫶ DNI ⫶ NRI ⫶ DEI ⫶ IHV ⫶ XPI, en légende extérieure et + LVTOREGIE DVX, en légende intérieure; au centre, une croix pattée.
De Saulcy, Ibid., pl. IV, fig. 9.
Très rare.   Ar.   T.B.

1277. Autre, mêmes types, mais avec + LVTORENGIE DVX.
Variété inédite, *très rare*. Ar. T.B

Ferri IV (1312-1328)

ATELIER DE NANCY

TYPES LORRAINS

1278. *Double denier.* + F DVX LOTOREGIE. Cavalier à droite, armé de toutes pièces, tenant une lance ornée de son fanon.
℞. MONETA DE NANCEI. Epée en pal entre deux alérions.
De Saulcy, Ibid., pl. III, fig. 19. Ar. F.D.C.

1279. Autre. Variété avec + F DVX: LOTORENGIE. Ar. F.D.C.

1280. Même pièce. Deux exemplaires. Ar. B.

———————

1281. *Denier.* F · DVX. Cavalier à gauche, armé de toutes pièces, tenant une lance ornée de son fanon.
℞. NAN CEI. Epée en pal, accostée de deux alérions et coupant la légende.
De Saulcy, Ibid., pl. III, fig. 21. *Rare.* Ar. F.D.C.

1282. Même pièce. ——————— Ar. T.B.

———————

1283. *Denier.* F DVX. Personnage en pied, couvert de son armure et tenant un écu et une épée.
℞. NANCEI. Au centre, une épée en pal, coupant la légende.
De Saulcy, Ibid., pl. III, fig. 20. Ar. fin. F.D.C.

1284. Autre, mêmes types. Deux exemplaires. Ar. fin. B.

———————

1285. *Double denier.* FERRIC. Au centre, l'écu de Lorraine dans un contour formé de six angles dont les pointes séparent les lettres de la légende.
℞. DVX LOT ORE GIE. Croix à triples bandes et à branches fleuronnées qui coupent la légende.
Robert, *Revue numismatique*, 1861, pl. XIII, fig. 6.
Très rare. Ar. fin. T.B.

1286. Autre, où l'écu du droit est plus petit et les rentrants du contour sont ornés de trèfles.
Variété inédite. *Très rare*. Ar. fin. F.D.C.

1287. *Denier.* FERRIC. Au centre, l'écu de Lorraine dans un contour formé de six angles dont les pointes séparent les lettres de la légende.

℞. Les lettres D V X et un alérion placés dans les cantons d'une croix pattée, dont les bras sont à triples bandes et dont le centre est évidé en rosace.
De Saulcy, Ibid., pl. IV, n° 5. *Très rare.* Ar. fin. F.D.C.

1288. *Denier.* • FER' • • DVX • écrit à droite et à gauche d'un écu de Lorraine. Au-dessus de l'écu, une croisette entre deux trèfles et deux points.
℞. MONET • • MA'CEI (sic), entre deux grènetis. Dans le champ, une épée en pal coupant la légende.
De Saulcy, Ibid., pl. IV, n° 2. *Très rare.* Ar. fin. T.B.

1289. *Double denier.* + F • DVX LOTO • R • . Le duc, en pied, se couvrant de l'écu de Lorraine et s'appuyant de la main droite sur une épée, la pointe en bas ; à droite, dans le champ, une bande verticale chargée des trois alérions.
℞. MONETA D NACEI. Epée en pal et bande verticale aux trois alérions.
De Saulcy, Ibid., pl. III, fig. 22.   Ar.   F.D.C.

1290. Autres sans point entre l'o et l'R de LOTOR.
Trois exemplaires.   Ar.   T.B.

TYPE MESSIN

Les pièces suivantes, inconnues à de Saulcy, sont généralement attribuées à Ferri IV, qui aurait copié le personnage debout, vêtu d'une longue robe, créé par Renaud de Bar, évêque de Metz (1302-1319); mais il est difficile de croire que l'atelier ducal ait imité les produits d'un atelier moins important; en outre, le mot *moneta*, sans complément, semble indiquer une contre-façon inavouée, due à quelque petit seigneur. Ce sont sans doute ces considérations qui ont porté quelques numismates à classer ces petites monnaies à la maison de Fenestrange.

1291. *Denier.* FE • R' • D'. Personnage debout, vêtu d'une longue robe, tenant un bar de la main droite et un alérion de la gauche.
℞. MONETA. Au centre, une épée en pal coupant la légende.
Trois exemplaires.   Ar. fin. T.B.

1292. Autre, mêmes types. Trois exemplaires.   Ar. fin. B.

1293. *Denier.* FE • R' • D'. Personnage debout vêtu d'une longue robe, tenant, de la main droite, une longue croix pommetée et, de la gauche, un alérion.
℞. MONETA. Au centre, une épée en pal coupant la légende.
Trois exemplaires.   Ar. fin. B.

TYPES FRANÇAIS

1294. *Gros tournois.* + TVRONVS DVCIS. Au centre, le châtel tournois des gros de Louis le Hutin (1314-1316) ; bordure extérieure de douze fleurs de lis.

℞. BNDICTV ⁝ SIT ⁝ NOME ⁝ DNI ⁝ NRI ⁝ DEI ⁝ IHV ⁝ XPI, en légende extérieure, et + PHIRICVS DEVX, en légende intérieure ; au centre, une croix pattée.

De Saulcy, Ibid., pl. IV, fig. 8. Exemplaire cassé.

Rare. Ar.

1295. *Gros tournois.* + TVRONVS · CIVIS. Au centre, le châtel tournois des gros de Charles IV (1322-1528) ; bordure extérieure de douze fleurs de lis.

℞. + BNDICTV ⁝ SIT ⁝ NOME ⁝ DNI ⁝ NRI ⁝ DEI ⁝ IHV ⁝ XPI, en légende extérieure, et + PHIRRLLVS REX, en légende intérieure ; au centre, une croix pattée. La terminaison LVS REX accentuait la contrefaçon de la monnaie royale et facilitait la circulation.

Inédit. Très rare. Ar. B.

1296. *Maille tierce.* + TVRONVS DVCIS. Au centre, le châtel tournois ; bordure extérieure de douze fleurs de lis.

℞. + BNDICTV ⁝ SIT ⁝ NOMEN ⁝ DOMINI, en légende extérieure, et + FERRICVS DEVX, en légende intérieure ; au centre, une croix pattée.

De Saulcy, pl. IV, nº 10. *Très rare.* Ar. F.D.C.

1297. *Fort bourgeois.* + FERRICVS DVREX. Croix à long pied et à branches fleuronnées, comme sur les forts bourgeois de Philippe le Bel.

℞. BVRGENSIS en légende et FORTIS, écrit dans le champ en deux lignes et sous une couronne.

Variété inédite. Bill. F.

1298. *Denier parisis.* + FERRICVS DVX en légende et FRANCO écrit dans le champ, en deux lignes, comme sur les prototypes.

℞. + FERRIS DVS LOI, entre deux grènetis ; au centre, une croix pattée.

Inédit. Très rare. Bill. T.B.

1299. *Esterlin.* ✠ FERRICVS DEI GRA. Tête de face, couronnée et à cheveux bouclés, comme sur les esterlins d'Edouard III, roi
d'Angleterre.

℞. LON TON REN GIEN. Croix pattée coupant la légende et cantonnée de douze globules.

Variété de la fig. 14, pl. IV de Saulcy, Ibid.

Rare. Ar. T.B.

1300. *Esterlin.* ✠ DVS DE LOTOREGIE, Tête de face, comme au n° précédent.

℞. SIG NVM CRV CIS. Croix pattée, coupant la légende et cantonnée de douze globules.

De Saulcy, Ibid., pl. IV, fig. 15. *Rare.* Ar. F.

Raoul (1329-1346)

Pour fixer les idées, nous avons adopté, pour les monnaies de Raoul
et de ses successeurs jusqu'à Antoine, les noms sous lesquels elles sont
généralement désignées dans les catalogues. Nous reconnaissons toutefois
que ces noms ne sont pas suffisamment motivés. De nombreuses pesées,
rapprochées des documents monétaires du temps, permettront seules d'éta-
blir une nomenclature exacte, que de Saulcy avait hésité à entreprendre.

ATELIER DE NANCY

1301. *Demi-plaque ?* ✠ RADVL PHVS × DVX × MARCHIO, entre deux grènetis.
Au centre, une épée en pal entre deux écus de Lorraine
surmontés chacun d'un trèfle.

℞. ✠ MONETA × DE × LOTHORINGIA, entre deux grènetis. Au centre,
dans un entourage formé de quatre arcs, une croix fleuronnée, cantonnée de quatre trèfles.

De Saulcy, Ibid., pl. V, fig. 4. Ar. T.B.

1302. Mêmes types et légendes. Ar. A.B.

1303. *Double denier ?* ✠ R × DVX × LOTORENGIE · entre deux grènetis.
Au centre, un écu de Lorraine dans un entourage formé de
trois arcs et de trois angles alternatifs.

℞. MONETA DE ✠ NANCEI, entre deux grènetis. Au centre, une
épée en pal entre deux écus de Lorraine, surmontés chacun
d'un trèfle.

De Saulcy, Ibid., pl. IV, fig. 3. Ar. F.D.C.

1304. Mêmes types et légendes. Deux exemplaires. Ar. T.B.

1305. Mêmes types et légendes. Trois exemplaires. Ar. B.

1306. *Quart de gros?* ⚹ RADVLPHVS ⚹ DVX ⚹, entre deux grènetis. Au centre, une épée en pal entre deux petits écus de Lorraine.
℞. ✠ MONETA ⚹ DE ⚹ NANCEI, entre deux grènetis. Au centre, une croix pattée.
De Saulcy, Ibid., pl. V, fig. 6. *Rare.* Ar. T.B.

1307. Mêmes types et légendes. *Rare.* Ar. T.B.

1308. *Double denier?* ✠ RADVLPHVS ⦂ MARCHIO, entre deux grènetis. Au centre, une bande à trois alérions dans un contour de quatre arcs de cercle.
℞. DVX LOTHORINGIE, entre deux grènetis. Au centre, une épée en pal entre deux alérions, et coupant la légende.
De Saulcy, Ibid.. pl. V, fig. 10. Ar. T.B.

1309. Mêmes types et légendes. Ar. A.B.

1310. *Denier?* R DVX. Au centre, une bande à trois alérions dans un contour de quatre arcs de cercle; grènetis extérieur.
℞. LOTORINGIE, entre deux grènetis. Au centre, une épée en pal placée entre deux trèfles, et coupant la légende.
Inédit. Ar. T.B.

1311. *Denier?* RA DV LP HV. Ecu de Lorraine placé dans un contour formé de quatre arcs concaves, dont les angles coupent la légende.
℞. MONETA NANCEI, entre deux grènetis. Au centre, une épée en pal coupant la légende.
De Saulcy, Ibid., pl. V, fig. 2. *Rare.* Ar. B.

MINORITÉ DE JEAN I

Marie de Blois, régente (1346-1348)

ATELIER DE NANCY

1312. *Grande plaque.* ✠ IOHANNS ⚹ DVX ⚹ MARCHIO ⚹ DE ⚹ LOTHORINGIE, entre deux grènetis. Au centre, dans un contour de quatre arcs, l'écu écartelé de Lorraine et de Blois, accosté de trois couronnes. Les angles rentrants du contour sont ornés chacun d'une tourelle.
℞. ✠ MARIE ⚹ DVCHESS ⚹ MAINBOVRS ⚹ DE ⚹ LA DVCHI, en légende extérieure, et ✠ MONETA ⚹ DE ⚹ NACEI, en légende intérieure. Au centre, une croix pattée, cantonnée de quatre couronnes.
Inédit, très rare. Ar. F.D.C.

1313. Autre avec + IOHANNES : DVX : MARCHIO : DE : LOTHORIGIE, et, dans les angles, des trèfles au lieu de tours.

℞. MARIE : DVCHESS : MAINBOVRS : DE : LA DVCHI, en légende extérieure, et + MONETA : DE : NACEI, en légende intérieure. Même type qu'au numéro précédent.
De Saulcy, Ibid., pl. V, fig. 13.   Ar.   T.B.

1314. Autre avec + : IOHANNES : DVX : MARCHIO : DE : LOTHORIGIA :. Le reste comme au numéro précédent.

℞. + : MARIE : DVCHESE : MANBOVRS : DE : LA DVCH :. Le reste comme au numéro précédent.
Variété inédite. Très rare.   Ar.   T.B.

1315. Autre avec + · IOHANNESS : DVX : MARCHIO : DE : LOTHORIGEI. Le reste comme au n° 1313.

℞. + MARIE : DVCHESE : MANBOVRS : LA DVCH en légende extérieure, et + MONETA : DE NACEI en légende intérieure. Le reste comme aux numéros précédents.
Variété inédite. Très rare.   Ar.   T.B.

1316. Autre avec + IOHANNES : DVX : MARCHIO : DE : LOTHORIGE. Le reste comme au numéro précédent.

℞. + MARIE : DVCHESS : MAINBOVS : DE : LA DVCHIE :. Le reste comme au n° 1313.
Variété inédite. Très rare.   Ar.   B.

1317 Autre avec + · IOHANNES : DVX : MARCHIO : DE : LOTHORIGIA. Le reste comme au n° 1313.

℞. + · MARIE : DVCHESE : MANBOVRS : DE : LA DVCH. Le reste comme au n° 1313.

ATELIER DE NEUFCHATEAU

1318. *Grande plaque.* + : IOHANNES : DVX : MARCHIO : DE : LOTHORIGIA :, entre deux grènetis. Au centre, dans un encadrement de quatre arcs, l'écu écartelé de Lorraine et de Blois ; cet écu est accosté de trois couronnes, et les angles extérieurs de l'encadrement sont ornés chacun d'un trèfle.

℞. + : MARIE : DVCHESE : MANBOVRS : DE : LA DVCHI :, en légende extérieure, et + MONETA : NOVI : CHAS :, en légende intérieure. Au centre, une croix pattée, cantonnée de quatre couronnes.
Très rare.   Ar.   A.B.

1319. Autre, mêmes types et légendes. Exemplaire écorné.

1320. Autre avec LOTHORIGIE, et, au revers, DE : LA DVICH :
                                        Ar.   F.

Jean I (1348-1389)

ATELIER DE NANCY

1321. *Grande plaque.* ✠ : IOHANNES : DVX : MARCHIO : DE : LOTHORIGIA :, entre deux grènetis. Au centre, dans un contour de quatre arcs, l'écu écartelé de Lorraine et de Blois accosté de trois couronnes. Les angles extérieurs et rentrants sont ornés chacun d'un trèfle.

℞. ✠ : BNDICTV : SIT : NOME : DNI : NRI : DEI : IHV : XPI :, en légende extérieure, et ✠ MONETA : DE : NACEI, en légende intérieure. Au centre, une croix pattée, cantonnée de quatre couronnes.

De Saulcy, Ibid., pl. VI, fig. 1.
Très rare.   Ar.   T.B.

1322. *Grande plaque?* IOHANNES⚔DVX ❀ ❀MARCHIO⚔LOTH', entre deux grènetis. Dans le champ, une épée en pal; à droite et à gauche, un heaume couronné, et cimé d'un alérion; dans le bas, l'écu de Lorraine.

℞. ✠ BNDICTV : SIT : NOME : DNI : NRI : DEI : IHV : XPI en légende extérieure, et ✠ MONETA⚔DE⚔NANCEIO en légende intérieure. Au centre, une croix pattée.

Variété de la fig. 13, pl. VI, de Saulcy.
Très rare.   Ar.   F.D.C.

1323. *Double gros?* IOHANNES⚔DVX⚔MARCH, entre deux grènetis. Ecu de Lorraine penché, placé sous un heaume couronné et cimé d'un alérion ; à droite et à gauche, une bordure de cinq arcs, inscrite dans le grènetis intérieur.

℞. ✠MONETA⚔D⚔NANCEIO⚔IN⚔LOTHORIG, entre deux grènetis. Dans le champ, une croix fleuronnée dont le cœur est en losange et chargé d'un petit alérion.

De Saulcy, Ibid., pl. VII, n° 7, d'après Mory d'Elvange.
Très rare.   Ar.   T.B.

1324. *Gros?* ❀ IOH'ES⚔DVX · · LOT:MARCH', entre deux grènetis. Ecu de Lorraine penché, placé sous un heaume couronné et cimé d'un alérion. Les arcs intérieurs ont disparu.

℞. MONETA ⁝ FCA ⁝ ⁝ IN ⁝ NANCEY ⁝ , entre deux grènetis. Au centre, une épée en pal accostée de deux écus de Lorraine.

Inédit. Ar. F.D.C.

1325. Autre, mêmes types et légendes. Ar. B.

1326. *Demi-gros?* IOH'ES ⁝ DVX ⁺ ⁝ LOT MARCI', entre deux grènetis. Ecu de Lorraine penché, placé sous un heaume couronné et cimé d'un alérion.

℞. MONETA ⁝ FCA ⁺ ⁝ IN ⁝ NANCEY⁺, entre deux grènetis. Au centre, une épée en pal accostée de deux écus de Lorraine.

Très rare. Ar. F.D.C.

1327. *Tiers de gros?* + IOHS ⁝ DVX MARCHIO, entre deux grènetis. Ecu de Lorraine penché, placé sous un heaume couronné et cimé d'un alérion.

℞. + MONETA ✿ DE ✿ NANCEIO ✿, entre deux grènetis. Au centre, un petit écu de Lorraine penché, surmonté d'un alérion.

De Saulcy, Ibid., pl. VI, fig. 11. *Rare.* Ar. T.B.

1328. Autre, mêmes types et légendes. Ar. A.B.

1329. *Demi-gros?* IOHANNES ⁝ DV X ⁝ MARCHIO, entre deux grènetis. Au centre, une épée en pal accostée de deux écus de Lorraine et de quatre trèfles.

℞. + MONETA ⁝ DVCS ⁝ LOTHORIGIE, entre deux grènetis. Au centre, un écu de Lorraine entouré de trois trèfles.

De Saulcy, Ibid., pl. VI, fig. 4. *Rare.* Ar. B.

1330. *Gros?* ○IOHANNES○ ○DVX○LOTH'○, entre deux grènetis. Ecu de Lorraine surmonté d'une aigle essorant.

℞. MONETA○FCA'○IN○NANCEIO, entre deux grènetis. Epée en pal accostée de deux grandes roses.

De Saulcy, Ibid., pl. VI, fig. 14. Exemplaire ayant un petit trou. *Rare.*   Ar.   T.B.

1331. *Subdivision de la monnaie précédente. Denier?* IOHES' · · DVX · LO', entre deux grènetis. Ecu de Lorraine surmonté d'une aigle essorant. Le type coupe les légendes.

℞. MONETA · DE · NANCEI, entre deux grènetis. Epée en pal accostée de deux grandes roses.

De Saulcy, Ibid., pl. VI, fig. 15.
Deux exemplaires.   Ar. bas. T.B.

1332. *Gros?* + IOHES ⁝ DVX ⁝ LOTHOR'∗ET∗MARC'∗, entre deux grènetis. Au centre, l'écu de Lorraine entouré de neuf petits arcs jointifs.

℞. MONETA ⁝ FECTA ⁝ IN ⁝ NAN CEIO, entre deux grènetis. Epée en pal accostée de deux alérions.

De Saulcy, Ibid., pl. VII, fig. 2. *Rare.* Ar.   T.B.

1333. *Tiers de gros?* + IOHANNES⚡MARCHIO, entre deux grènetis. Au centre, une bande aux trois alérions inscrite dans un contour formé de quatre arcs.

℞. DVX⚡LOTHORINGIE, entre deux grènetis. Epée en pal, accostée de deux alérions.

Inédit, très rare.   Ar.   T.B.

1334. *Denier.* IOHANES × DVX ×. Alérion coupant la légende. Grènetis extérieur.

℞. MONETA NANCEI, entre deux grènetis. Epée en pal, accostée de deux roses.

De Saulcy, Ibid., pl. VI, fig.
Deux exemplaires.   Ar.   F.D.C.

1335. *Obole.* ×IOHANES DVX×. Alérion coupant la légende. Grènetis extérieur.

℟. MONETA NANCEI, entre deux grènetis. Épée en pal, accostée de deux roses.
Inédit.   Ar.   T.B.

1336. Autre, mêmes types, coin varié.
Deux exemplaires.   Ar.   B.

1337. *Gros?* IOHES ☓ DVX ☓ LO THOR Z ☓ MAR', entre deux grènetis. Le duc debout, de face, couronné de roses, tenant de la main droite son épée appuyée à l'épaule ; il porte un vêtement court et une large bandoulière aux trois alérions.
℟. + MONETA ⁝ FACTA ⁝ IN ⁝ NANCEIO, entre deux grènetis. Au centre, une croix pattée, cantonnée de quatre alérions.
De Saulcy, Ibid., pl. VII, fig. 15.
Rare.   Ar.   F.D.C.

1338. Autre, mêmes types et légendes. Très bien conservé, mais percé d'un trou.   Ar.

1339. *Demi-gros?* IOHS'⁕DVX⁕LO THOR'⁕Z⁕MA', entre deux grènetis. Le duc debout, de face, comme sur la pièce précédente.
℟. + MONETA⁕FACTA⁕IN⁕NANCEIO, entre deux grènetis. Au centre, une croix pattée, cantonnée de quatre alérions.
De Saulcy, Ibid., pl. VII, fig. VI.
Très rare.   Ar.   F.D.C.

1340. *Demi-gros.* + IOHANNES ✿ DVX ✿ MARCHIO, entre deux grènetis. Au centre, un personnage représenté à mi-corps et de face ; il est couvert de son armure, tient une épée et porte l'écu de Lorraine attaché à l'épaule gauche.
℟. + MONETA ✿ DVCIS ✿ LOTHORIG, entre deux grènetis. Au centre, un petit écu de Lorraine penché, tenu par une aigle aux ailes éployées.

Inédit.   Ar.   T.B.

1341. *Imitation des doubles de France.* IOHANNES ⁝ DVX, en légende, et MAR CHI, en deux lignes, dans le champ. Au commencement de la légende, un petit alérion.

℞. **MONETA NANCEI**, entre deux grènetis. Croix pattée à long pied.
Au commencement de la légende, un petit alérion.

Robert, *Revue numismatique*, 1861, pl. XIV, fig. 14.

Très rare.   Bill.   T.B.

ATELIER DE NEUFCHATEAU

1342. *Denier.* **IOHAN ES · DVX.** Alérion coupant la légende. Grènetis
extérieur.

℞. **MOTA NOVI CAST**, entre deux grènetis. Epée en pal, accostée de
deux roses.

Inédit, très rare. Exemplaire troué.   Ar. bas.

ATELIER DE PRENY

1343. *Grande plaque.* ✚ **: IOHANNES : DVX : MARCHIO : DE : LOTHORIGIA :**, entre
deux grènetis. Au centre, dans un encadrement de quatre
arcs, un écu écartelé de Lorraine et de Blois, accosté de trois
couronnes. Les angles extérieurs et rentrants sont ornés chacun d'un trèfle.

℞. ✚ **: BNDICTV : SIT : NOME : DNI : NRI : DEI : IHV : XPI :**, en légende
extérieure, et ✚ **MONETA : DE : PRINEI**, en légende intérieure.
Au centre, une croix pattée, cantonnée de quatre couronnes.

Très rare.   Ar.   B.

ATELIER DE SIERCK

1344. *Gros?* **IOHANNES : DVX : LOTHOR : MAR**, entre deux grènetis. Au
commencement de la légende, deux épées en sautoir. Au
centre, un écu de Lorraine dans un contour de six arcs.

℞. ✚ **BNDICTV : SIT : NOME' : DNI' : IHV' : XPI**, en légende extérieure, et **MONETA : SIERK'**, en légende intérieure. Au commen-

cement de la légende, deux épées en sautoir. Au centre, une croix pattée.

De Saulcy, Ibid., pl. VII, fig. 3.   Ar.   B.

1345. *Denier?* •IOHAN ES • DVX •. Alérion coupant la légende. Grènetis extérieur.

℞. MONETA IN • CIER, entre deux grènetis. Epée en pal accostée de deux roses.
De Saulcy, Ibid., pl. VI, fig. 17.
Trois exemplaires.   Ar. bas. F.D.C.

Jean I et Robert duc de Bar (1371)

ATELIER DE NANCY

1346. *Gros?* ✛ IOHANES ⚔ ET ⚔ ROBERTVS ⚔ DVX • s', entre deux grènetis. Au centre, un écu parti de Lorraine et de Bar.

℞. ✛ BNDICTV×SIT ×NOME × DNI × NRI × IHV × XPI, en légende extérieure, et ✛ MONETA ⚔ DE NACEIO, en légende intérieure. Au centre, une croix pattée.
De Saulcy, Ibid., pl. VII, n° 11.
Exemplaire écorné. *Très rare.*   Ar. bas. F.

1347. *Tiers de gros?* ✛ IOHANES ⚔ ET ⚔ ROBERT ⚔ DVX, entre deux grènetis. Au centre, un écu parti de Lorraine et de Bar.

℞. MONETA ⚔ DE ⚔ NACEIO', entre deux grènetis. Au centre, une croix pattée.

Inédit. Ancienne coll. Monnier.   Ar.   F.D.C.

Charles II (1390-1431)

1348. *Gros?* KAROLVS ✛ DVX LOTHOR'✛ z ✛ M', entre deux grènetis. Le duc debout, couronné de roses, tient, de la main droite, son épée et, de la gauche, l'écu de Lorraine.

℞. ✛ BNDICTV' SIT ⚬ NOME ⚬ DNI' ⚬ NRI' ⚬ IHV' ⚬ XPI' ⚬, en légende extérieure, et ★ GROSSVS ⁚ DE ⁚ NANCEY, en légende intérieure. Au centre, une croix pattée.
De Saulcy, Ibid., pl. VIII, fig. 1. Légèrement troué au-dessus de la tête. *Rare.*   Ar.   F.D.C.

1349. *Petit gros?* KAROLVS * DV X * LOTHOR', entre deux grènetis. Le duc debout, de face, couronné de roses, tenant son épée de la main droite, et s'appuyant de la gauche sur l'écu de Lorraine.

℞. MONE TA * FC A * IN * N ANCEY, entre deux grènetis. Croix pattée coupant la légende, deux κ et deux aigles essorant dans les cantons.

De Saulcy, Ibid., pl. IX, fig. 11. *Rare.* Ar.   T.B.

1350. *Petit gros?* KAROLVS * DVX LOTHOR' * Z * M, entre deux grènetis. Le duc debout, de face, couronné de roses et l'épée à la main, et portant une bandoulière aux trois alérions de Lorraine.

℞. BNDICTV' * SIT : NOME' * DNI' * NRI' * IHV' * XPI' *, en légende extérieure, et MON ETA * DE * N ANCI, en légende intérieure. Au centre, une croix pattée coupant la légende intérieure.

De Saulcy, Ibid., pl. IX, fig. 18.   Ar.   B.

1351. *Gros.* KAROLVS + DVX LOTHOR' + Z : M, entre deux grènetis. Le duc debout, de face, couronné de roses, tenant son épée et portant une large bandoulière aux trois alérions.

℞ SIT : NO ME : DNI BENED ICTVM, entre deux grènetis. Au centre, un écu parti de Jérusalem et de Naples-Anjou, brochant sur une grande croix pattée dont les branches coupent la légende; dans les cantons de la croix, au premier et au quatrième, la bande aux trois alérions; au deuxième et au troisième, les armes de Bar.

De Saulcy, Ibid., pl. X, fig. 3.   Ar.   T.B.

1352. *Demi-gros.* KAROLVS * DVX LOTHOR * Z * M', entre deux grènetis. Le duc debout, de face, couronné de roses, armé de son épée et portant une large bandoulière aux trois alérions.

℞. SIT * NO ME * DNI BENED ICTVM, entre deux grènetis. Au centre, un écu parti de Jérusalem et de Naples-Anjou, brochant sur une grande croix pattée qui coupe la légende; dans les cantons de la croix, au premier et au quatrième, les armes de Lorraine, au deuxième et au troisième, celles de Bar.

De Saulcy, Ibid., pl. X, fig 4, d'après Mory d'Elvange.
Ar.   F.

1353. *Gros?* KAROLVS + DVX + LOTHOR' + Z + M', entre deux grènetis. Cavalier à gauche, armé de toutes pièces et portant un heaume timbré d'une aigle. Le caparaçon du cheval est orné de deux bandes aux alérions.

℞. ⊗ MONE ⊗ TA : FC ⊗ A' : IN : N ⊗ ANCEY, entre deux grènetis. Croix fleuronnée au cœur en losange, chargé d'un petit alérion; un trèfle dans chaque canton.

De Saulcy, Ibid., pl. VIII, fig. 3.   Ar.   F.D.C.

1354. *Quart de gros?* KAROLVS ɔ DVX * LOTHO, entre deux grènetis. Cavalier à gauche, armé de toutes pièces et portant un heaume timbré d'une aigle. Le caparaçon du cheval est orné de deux bandes aux alérions.

℞. ✸ MONE ✸ TA ○ FC ✸ A′ ○ IN ○ N ✸ ANCEI, entre deux grènetis. Croix fleuronnée au cœur en losange, chargé d'un petit alérion; un trèfle dans chaque canton.

De Saulcy, Ibid., pl. VIII, fig 5. Ar. T.B.

1355. *Tiers de gros?* KAROLVS ✸ DVX LOTHOR′ ✸ Z ✸ M′, entre deux grènetis. Epée en pal, sur laquelle est attaché un écu penché.
℞. SIT ✸ NOME DNI BENEDICTVM, entre deux grènetis. Croix pattée coupant la légende et cantonnée de deux alérions et de deux bars entre deux croisettes.
De Saulcy, Ibid., pl. IX, fig. 14. Ar. T.B.

1356. *Denier?* ✸ KAROL VS ✸ DVX, entre deux grènetis. Ecu de Lorraine surmonté d'une aigle.
℞. MONETA : DE : NANCEI, entre deux grènetis. Epée en pal accostée de deux étoiles.
De Saulcy, Ibid., pl. IX, fig. 3. Bill. T.B.

ATELIER DE SIERCK

1357. *Gros?* KAROLVS ⁝ DVX ⁝ LOTHOR′ ⁝ ET ⁝ MAR′, entre deux grènetis. Ecu de Lorraine entouré de six arcs jointifs, ornés d'annelets aux angles rentrants.
℞. ✛ BNDICTV ⁝ SIT ⁝ NOME ⁝ DNI′ ⁝ IHV′ ⁝ XPI′, en légende extérieure, et MONETA ⁝ SIERK′ en légende intérieure. Au centre, une croix pattée.
De Saulcy, Ibid., pl. VIII, fig. 6 Ar. T.B.

1358. *Gros?* KAROLVS ✸ D VX ✸ LOTHOR′, entre deux grènetis. Ecu de Lorraine penché, surmonté d'un heaume couronné et cimé d'une aigle.
℞. BNDICTV′ · SIT : NOME′ · DNI′ · NRI′ · IHV′ · XPI′ ·, en légende extérieure, et MONETA ⁝ IN ⁝ SIERK, en légende intérieure. Epée en pal accostée de deux feuilles de houx.
De Saulcy, Ibid., pl. VIII, fig. 8.
Deux exemplaires. Ar. F.D.C.

1359. *Double denier?* — KAROLVS ꞊ DVX ꞊ LOTHOR, entre deux grènetis. Au centre, un écu de Lorraine.

℞. MONETA ꞊ IN ꞊ SIERK, entre deux grènetis. Epée en pal accostée de deux roses.

De Saulcy, Ibid., pl. VIII, fig. 7.   Ar. bas. A.B.

***

1360. *Denier?* + KAROLVS · DVX · LOTHO′, entre deux grènetis. Au centre, un écu de Lorraine penché.

℞. MONETA ꞉ IN ꞉ SIERK, entre deux grènetis. Epée en pal accostée de deux feuilles de houx.

De Saulcy, Ibid., pl. VIII, fig. 12.   Ar. bas. B.

***

1361. *Denier?* + KAROLVS · DVX · LOTHE, entre deux grènetis. Au centre, un écu de Lorraine.

℞. MONETA · DE · SIERVE, entre deux grènetis. Une légère surfrappe rend difficiles à lire les quatre premières lettres du nom de lieu. Au centre, une épée en pal accostée de deux feuilles de houx.

Variété inédite, rare.   Bill. . B.

***

1362. *Denier?* ❀ KAROL VS ❀ DVX ❀, entre deux grènetis. Ecu de Lorraine surmonté d'une aigle éployée.

℞. MONETA ꞉ DE ꞉ SIERK′ · , entre deux grènetis. Epée en pal accostée d'un alérion et d'un bar.

De Saulcy, Ibid., pl. IX, fig. 2.

Deux exemplaires.   Ar. bas. A.B.

***

1363. *Gros?* KAROLVS ⁚ DVX ⁚ LOTHOR′ ⁚, entre deux grènetis. Lion accroupi coiffé d'un heaume couronné et cimé d'une aigle essorant; il tient une épée levée et se couvre d'un écu de Lorraine.

℞. MONETA ‑ FCA +IN + SIERK′ +, entre deux grènetis. Croix pattée coupant la légende et cantonnée de quatre alérions.

De Saulcy, Ibid., pl. IX, fig. 7.

Deux exemplaires.   Ar.   T.B.

***

1364. *Denier?* KAROLVS · DVX · LOTHOR′, entre deux grènetis. Epée en pal; à la poignée se trouve suspendu par une courroie l'écu de Lorraine penché.

℞. MON ETA ꞊ DE ꞊S IERK, entre deux grènetis. Croix pattée coupant la légende et cantonnée de quatre alérions.

De Saulcy, Ibid., pl. IX, n° 8.   Ar.   T.B.

ATELIER DE SAINT-MIHIEL

1365. *Gros?* KAROLVS ⁖ DVX LOTHOR ⁖ M, entre deux grènetis. Le duc couronné de roses, armé d'une épée et couvert d'une large bandoulière aux alérions de Lorraine.

℞. MONE TA ✳ FCA IN ⁖ S ⁖ M ICHAL, entre deux grènetis. Au centre, un écu parti de Jérusalem et de Naples-Anjou, brochant sur une grande croix pattée qui coupe la légende ; dans les cantons, au premier et au quatrième, les armes de Lorraine ; au deuxième et au troisième, celles de Bar.

Inedit. _____ Ar.   B.

1366. *Double denier?* KAROLVS DVX LOTHOR ✳ Z ✳ M, entre deux grènetis. Epée en pal sur laquelle est posé un écu de Lorraine penché.

℞. MONE TA ✳ FCA IN ✳ S ✳ M ICHAL, entre deux grènetis. Croix pattée coupant la légende et cantonnée de deux alérions et de deux bars accostés de deux croisettes.

De Saulcy, Ibid., pl. IX, fig. 15.   Ar.   A.B.

LORRAINE ET BAR

—

DUCS ET DUCHESSES

—

René I d'Anjou (1431-1455)

ATELIER DE NANCY

1367. *Gros?* RENATI ✳ DVX ✳ BARREN ✳ Z ✳ LOTH ✳ M. Epée en pal soutenant un écu à cinq quartiers.

℞. ✠ BNDICTV' SIT ✳ NOME' DNI' NRI' ✳ IHV' ✳ XPI' ✳ en légende extérieure, et ✠ MONETA ✳ DE ✳ NANCI, en légende intérieure. Au centre, une croix à deux traverses, dite croix de Lorraine.

De Saulcy, Ibid., pl. X, fig. 11.   Ar.   F.

1368. *Gros?* RENATI * DVX * BARREN * Z * LOH * M. Epée en pal sur laquelle est posé un écu à cinq quartiers.
R̶. SIT * NOMEN * DNI * BENEDICTV. Un lis au commencement de la légende. Croix de Lorraine.
De Saulcy, Ibid., pl. X, fig. 12.
Trois exemplaires.   Ar.   F.D.C.

1369. Variété de la pièce précédente, un alérion au commencement de la légende du revers.
De Saulcy, Ibid., pl. X, fig. 13.
Deux exemplaires.   Ar.   F.D.C.

1370. *Denier?* RENATI * DVX * BARREN * LO. Armes écartelées d'Anjou et de Bar, avec un petit écu de Lorraine sur le tout.
R̶. + MONETA * DE * NANCEI. Croix pattée.
De Saulcy, Ibid., pl. XI, fig. 7.
Trois exemplaires.   Bill.   T.B.

1371. Variété de la pièce précédente, avec NANCEIO au revers.
Inédite.   Bill.   B.

1372. Variété du nᵒ 1370 avec + RENATI * DVX * BARREN * Z * LO, au droit,
Inédite.   Bill.   B.

ATELIER DE SAINT-MIHIEL

1373. *Gros?* RENATI * DVX * BARREN * Z * LOTH * M. Epée en pal sur laquelle est posé un écu à cinq quartiers.
R̶. + BNDICTV' * SIT' * NOME' * DNI' * NRI' * IHV' * XPI' *, en légende extérieure, et + MONETA * S * MICHAL en légende intérieure. Au centre, une croix de Lorraine.
Deux exemplaires.   Ar.   B.

1374. *Gros?* + RENATI * DVX BARRENSIS * Z * LOTHO. Armes écartelées d'Anjou et de Bar, avec un petit écu aux alérions, brochant sur le tout.
R̶. MONETA * NOVA * DE * S * MICHAEL. Epée en pal ; dans le champ, un bar placé entre deux croisettes et un alérion.
De Saulcy, Ibid., pl. XI, fig. 1.   Ar.   A.B.

1375. *Demi-gros?* + RENATI · DVX · BARREN · Z · LOTHO · M. Armes écartelées comme sur la pièce précédente.
R̶. MONETA · FACTA · IN * S * MICHAL. Epée en pal ; dans le champ, un bar placé entre deux croisettes et un alérion.
De Saulcy, Ibid., pl. XI, fig. 2.
Quatre exemplaires.   Ar.   B.

1376. Variété de la pièce précédente avec S * MICHA.
Deux exemplaires   Ar.   B.

1377. *Gros.* ʀᴇɴᴀᴛ' ᴅ ʙᴀʀ' · ᴍ'⁕ ᴘ⁎ᴄᴏ. Le duc debout, couronné de roses, tenant d'une main son épée haute, et, de l'autre, un écu à cinq quartiers.

℞. sıᴛ ɴᴏᴍᴇɴ ⁑ ᴅᴏᴍɪɴɪ ⁑ ʙᴇɴᴇᴅɪᴄᴛ', en légende extérieure, et ᴍᴏɴᴇᴛᴀ s ᴍɪᴄʜᴀ, en légende intérieure. Croix pattée, coupant la légende intérieure.

De Saulcy, Ibid., pl. X, fig. 10. Quatre exemplaires dont un avec ᴍᴏɪᴇᴛᴀ.   Ar.   B.

1378. *Denier ?* + ʀᴇɴᴀᴛᴠsᴏ̤ᴅᴠx ʙᴀʀ ᴍ. Ecu écartelé d'Anjou et de Bar, chargé en cœur d'un petit écu de Lorraine.

℞. ᴍᴏɴᴇᴛᴀ s ᴍɪᴄʜᴀ. Epée en pal, accostée d'un alérion et d'un bar.

Inédit, très rare.   Bill.   T.B.

1379. *Obole ?* + ʀᴇɴᴀᴛɪ ᴅᴠ̇x ʙᴀʀʀᴇɴ ʟᴏ. Armes écartelées d'Anjou et de Bar, avec un petit écu de Lorraine sur le tout.

℞. + ᴍᴏɴᴇᴛᴀ ᴅᴇ ⁎ s ⁎ ᴍɪᴄʜᴀʟ. Croix pattée.

Inédit, très rare.   Bill.   T.B.

Jean II d'Anjou (1455-1470)

ATELIER DE NANCY

1380. *Denier ?* + ɪᴏʜᴀɴs ᴅᴠx ʙ ᴢ ʟᴏ. Dans le champ, un bar, un alérion et un lis.

℞. + ᴍᴏɴᴇᴛᴀ ᴅᴇ ɴᴀɴᴄᴇɪᴏ. Croix pattée.

Inédit, très rare.   Bill.   B.

1381. *Obole ?* + ɪᴏʜᴀɴs ᴅᴠx ʙ ᴢ ʟᴏ. Fleur de lis.

℞. ᴍᴏɴᴇᴛᴀ ᴅᴇ ɴᴀɴ. Epée en pal.

De Saulcy, Ibid., pl. XI, fig. 12.

Très rare.   Bill.   T.B.

1382. Mêmes légendes et mêmes types.   Bill.   A.B.

René II (1473-1508)

ATELIER DE NANCY

1383. *Florin d'or.* + ʀᴇɴᴀᴛᴠs ⩒ ᴅ ˌ ɢ ⩒ ʀᴇx ⩒ sɪᴄɪʟ ⩒ ɪʜʀʟ ⩒ ʟᴏᴛʜᴏ. Dans le champ, les quartiers de Hongrie, Naples, Jérusalem,

Aragon, Anjou et Bar, un petit écu de Lorraine brochant sur le tout.

℞. MONETA ⁸ AVR NANCEY. Saint Nicolas debout, mitré, crossé et bénissant. A ses pieds, à gauche, une cuve dans laquelle on voit trois enfants,

Variété inédite de fig. 5, pl. XII, de Saulcy.

Rare.   Or.   T.B

1384. *Florin d'or.* RENATVS ⚔ D ⚔ G ⚔ R ⚔ SICILIE ⚔ ET ⚔ LOTH ⚔. Armes aux quartiers de Hongrie, Naples, Jérusalem, Aragon, Anjou et Bar avec un petit écu de Lorraine sur le tout.

℞. TVA ⚔ IV VET ⚔ GR'. Saint Nicolas debout, mitré, crossé et bénissant. A ses pieds, à gauche, une cuve dans laquelle on voit trois enfants.

De Saulcy, Ibid., pl. XII, fig. 6. *Rare.* Or.   T.B.

1385. *Demi-florin d'or.* + RENATVS ⁸ D ⁸ G ⁸ REX ⁸ SICILL ⁸ LO'. Armes aux quartiers de Hongrie, Naples, Jérusalem, Aragon, Anjou et Bar, avec un petit écu de Lorraine brochant sur le tout.

℞. MONET' ᵒ A · NANCE. Saint Nicolas debout, mitré, crossé et bénissant. A ses pieds, à gauche, une cuve dans laquelle on voit trois enfants.

De Saulcy, Ibid., pl. XII, fig. 4. *Rare,* Or.   F.D.C.

———————

1386. *Plaque?* RENATVS D ⚔ G REX SI ⚔ IE✳LOTHO' Ecu plein de Lorraine, surmonté d'une couronne à cinq fleurons.

℞. + FECIT ⁸ POTENCIAM ⁸ IN ⁸ BRACHIO ⁸ SVO ⁸. Bras armé sortant d'une nue.

De Saulcy, Ibid., pl. XIII, fig. 8.   Ar.   F.D.C.

1387. Autre, signes séparatifs variés : FECIT ⚔ POTENCIAM ⚔ IN ⚔ BRACHIO ⚔ svo. Au commencement de la légende, une petite croix de Lorraine.   Ar.   T.B.

1388. *Plaque?* + RENATVS ⚓ D ⚓ G ⚓ REX ⚓ SICIL ⚓ IHRL ⚓ IOTHO ⚓. Au centre, un écu plein de Lorraine surmonté d'une couronne à cinq fleurs de lis.

℞. (Petite fleur de lis) FECIT ⚓ POTENCIAM ⚓ IN ⚓ BRACHIO ⚓ SVO ⚓. Bras armé sortant d'une nue.

Inédit.   Ar.   B.

1389. *Demi-plaque?* RENATVS ⚔ D ⚔ G ⚔ R ⚔ S ⚔ IE ⚔ LO ⚔ D Ecu plein de Lorraine, surmonté d'une couronne à cinq fleurons, comme au n° 1386.

℞. FECIT ⁑ POTENCIAM ⁑ IN ⁑ BRACHIO ⁑ s. Bras armé sortant d'une nue.

De Saulcy, Ibid., pl. XIV, fig. 1.   Ar.   F.D.C.

1390. *Demi-plaque?*+RENATVS ⍩ D ⍩ G ⍩ REX ⍩ SICIL ⍩ IRL ⍩ LOTH ⍩ D. Au centre, un écu plein de Lorraine surmonté d'une couronne à cinq trèfles.

℞. + FECIT ⍩ POTENCIAM ⍩ IN ⍩ BRACHIO ⍩ SVO. Bras armé sortant d'une nue.

Inédit.   Ar.   T.B.

1391. *Demi-plaque?* + RENATVS ⍩ D ⍩ G ⍩ REX ⍩ SICIL ⍩ IHRL ⍩ LOTH ⍩ D. Au centre, un écu plein de Lorraine surmonté d'une couronne à cinq trèfles.

℞. + MONETA ⍩ NOVA ⍩ FACTA ⍩ IN ⍩ NANCEIO. Bras armé sortant d'une nue.

De Saulcy, Ibid., pl. XIV, fig. 2.   Ar.   A.B.

1392. *Gros?* RENATVS ⦂ DV ∘ X ∘ LOTHO' ∘ CA ⦂. Le duc debout, couronné, tenant son épée haute et portant une large bandoulière aux trois alérions.

℞. + ADIVVA ∘ NOS ⦂ DEVS ⦂ SALVTA' ∘ NR. Croix de Lorraine à branches évidées.

De Saulcy, Ibid., pl. XII, fig. 2.   Ar.   A.B.

1393. Variété de la pièce précédente avec SALVTA' ∘ NR ⦂.

Ar.   A.B.

1394. *Quart de plaque?* + RENATVS ⍩ D ⍩ G ⍩ REX ⍩ SICIL ⍩ IHRL ⍩ LOTH. Ecu parti de Lorraine et de Bar, timbré d'une couronne à cinq trèfles.

℞. + MONETA ⍩ FACTA ⍩ IN ⍩ NANCEIO. Epée en pal.

Variété inédite. Deux exemplaires.   Ar.   B.

1395. Mêmes types, mais avec MONETA ⍩ NOVA ⍩ FACTA ⍩ IN ⍩ NANCE. Var. de Saulcy, Ibid., pl. XII, fig. 7.

Deux exemplaires.   Ar.   B.

1396. *Quart de plaque?* + RENATVS ⁑ D ⁑ G ⁑ I ⁑ LOT ⁑ D +. Grand écu parti de Lorraine et de Bar, timbré d'une couronne à cinq fleurons.

℞. MONETA ⁑ FACTA ⁑ IN ⁑ NANCEIO. Epée en pal.

De Saulcy, Ibid., pl. XII, fig. 9.

Deux exemplaires.   Ar.   B.

1397. Autre, avec RENATVS ⁑ D ⁑ G ⁑ R ⁑ S ⁑ I ⁑ LO' ⁑ D. Deux exemplaires.

Variété inédite.   Ar.   B.

1398. Autre, avec RENATVS ⦂ D ⦂ G ⦂ R ⦂ SICIL ⦂.

De Saulcy, Ibid., pl. XII, fig. 15.   [Ar.   A.B.

1399. *Double denier ?* RENATVS ⚡ REX CICILIE ⚡ ET ⚡. Ecu à la bande aux
trois alérions, posée sur une épée en pal.
℞. + MONETA ⚡ FACTA ⚡ IN ⚡ NANCEI. Croix de Lorraine.
De Saulcy, Ibid., pl. XIV, fig. 3.
Quatre exempl. variés.   Ar.   B.

1400. Autre, avec RENATVS ⚊ D ⚊ G ⚊ REX ⚊ SI ⚊ ⚊ LOTOR D, et +
MONETA ⚊ FACTA ⚊ IN ⚊ NANCEIO. La croix de Lorraine du revers
est évidée.
De Saulcy, Ibid., pl. XIV, fig. 5.
Trois exemplaires.   Ar.   B.

1401. Autre, avec LOTOR ‡ ⚊ au droit et NENCEIO au revers.
Deux exemplaires.   Ar.   B.

_____

1402. *Denier ?* RENATVS ⚇ DVX ⚇ LOTHORI'⚬. Epée en pal sur laquelle est
posée une bande aux trois alérions.
℞. + MONETA ⚇ FACTA ⚇ IN ⚇ NAN. Croix fleuronnée.
Variété de Saulcy, Ibid., pl. XIV, fig. 8.
Quatre exemplaires.   Bill.   B.

1403. Variété avec RENATVS ⚊ D ⚊ G ⚊ REX ⚊ SI ⚊ LOTOR' et NONETA ⚊
NOVA ⚊ FACTA ⚊ IN ⚊ NENC ⚊.
Inédit, très rare.   Bill.   A.B.

_____

1404. *Obole.* RENATVS ⚇ DVX ⚇ LOTHO. Epée en pal.
℞. + MONETA FACTA NA. Aigle éployé.
Inédite, très rare. Légère écornure.   Bill.   A.B.

Antoine (1508-1544)

Premier système. Flans minces

ATELIER DE NANCY

1405. *Plaque.* + ANTHON ‡ D ‡ G ‡ CALAB ‡ LOTHO ‡ Z + B + D +. Au centre,
un écu plein de Lorraine, timbré d'une couronne à cinq
trèfles.
℞. + FECIT + POTENCIAM + IN + BRACHIO ‡ SV. Bras armé sortant
d'une nue.
Variété de Saulcy, Ibid., pl. XIV, fig. 12.
                                          Ar.   F.D.C.

1406. Autre avec LOTHO + ET + B ‡ D et BRACHO ‡ SVO.
                                          Ar.   T.B.

1407. Autre avec LOTHO + ET ‡ B ‡ D et BRACHIO ‡ SVO.
Deux exemplaires.   Ar.   A.B.

1408. *Plaque.* + ANTHON ⚇ D ⚇ G ⚇ CALAB ⚇ LOTHO ⚇ ET ⚇ BA ⚇ . Au centre, un écu plein de Lorraine, timbré d'une couronne à cinq pointes, sans fleurons.

℞. + FECIT ⚇ POTENCIAM ⚇ IN ⚇ BRACHIO ⚇ SVO. Bras armé sortant d'une nue.

Inédit et unique.   Ar.   T.B.

1409. *Demi-plaque.* + ANTHON ⁝ D ⁝ G ⁝ CALAB ⁝ LOTO ⁝ B ⁝ D ⁝. Au centre, un écu plein de Lorraine, timbré d'une couronne à cinq trèfles.

℞. + MONETA • NOVA • FACTA • IN • NANCEIO. Bras sortant d'une nue et tenant une épée.
Variété de la fig. 13, pl. XIV, de Saulcy. Ar.   T.B.

1410. Autre avec LOTO ⁝ ET ⁝ BA ⁝ D, au droit.
Trois exemplaires variés.   Ar.   T.B.

1411. *Quart de plaque ?* + ANTHON ⚡ D ⚡ G ⚡ CALAB4 ⚡ LOTO. Au centre, un écu parti de Lorraine et de Bar, timbré d'une couronne à cinq trèfles.

℞. + MONETA + FACTA + NANCEIO. Dans le champ, une épée en pal.
Variété de la fig. 14, pl. XIV. de Saulcy. Quatre exemplaires de coins différents.   Ar.   T.B.

1412. Autre, mais la couronne qui timbre l'écu est à cinq pointes, sans fleurons, comme au n° 1408.
Inédit. Rare.   Ar.   T.B.

1413. *Denier?* ANTHON × D × G + CALAB. Epée en pal, supportant un écu aux trois alérions.

℞. + MONETA + FACTA + NANC. Croix de Lorraine évidée.
De Saulcy. Ibid., pl. XIV, fig. 16.   Ar.   B.

1414. *Denier?* + ANT' DVX + LOT. Au centre, un A majuscule, initiale du nom du prince.

℞. ✛ ꜱᴀʟᴠᴇ ✶ ᴄʀᴠx. Croix de Jérusalem, cantonnée de quatre croisettes.

De Saulcy, Ibid., pl. XV, fig. 1. Deux exemplaires.
Bill.   B.

1415. *Obole?* ✛ ᴀɴᴛʜᴏɴ ✗ ᴅ ✗ ɢ ✗ ᴄᴀ. Croix de Lorraine évidée.
℞. ✛ ᴍᴏɴᴇᴛᴀ × ɴᴀɴᴄᴇ. Au centre, un grand A majuscule.
De Saulcy, Ibid., pl. XV, fig. 2.
Exemplaire troué.   Bill.

1416. *Obole?* ✛ ᴀɴᴛʜᴏɴ + ᴅ + ɢ + ᴄᴀʟ. Au centre, un alérion.
℞. ᴍᴏɴᴇᴛᴀ ɴᴀɴᴄᴇɪ. Epée en pal.
De Saulcy, Ibid., pl. XV, fig. 8.
Deux exemplaires.   Bill.   A.B.

Second système. Flans épais

La monnaie, à flan épais, inaugurée en France l'an 1513, sous Louis XII, à l'exemple de l'Espagne et de l'Italie, a paru tout aussitôt en Lorraine, ainsi qu'on le verra par le n° 1418, tandis que Charles-Quint ne l'introduisit dans les Pays-Bas que quelques années plus tard, en 1520. Il est à remarquer toutefois que les monnaies d'ancien type et rappelant par leur exécution le faire du moyen âge, ont continué à être fabriquées dans les ateliers ducaux, concurremment avec les nouvelles espèces.

1417. *Grand écu.* ✛ ᴀɴᴛʜᴏɴɪᴠꜱ ✗ ᴅ ✗ ɢ ✗ ʟᴏᴛʜᴏ ✗ ʙᴀʀɪ ✗ ᴅᴠx. Buste du duc à gauche, couronné et cuirassé; il tient son épée haute.
℞. Sans légende. Au centre, l'écu de Lorraine couronné, inscrit dans un grènetis intérieur ; entre les deux grènetis, les écus couronnés de Hongrie, de Naples, de Jérusalem, d'Aragon, d'Anjou et de Bar, et les écus non couronnés de Vaudémont et de Blamont.

De Saulcy, Ibid., pl. XVI, fig. 2. *Très rare.*
Petit trou au-dessus de la tête.   Ar.   T.B.

1418. *Teston.* ✛ ANTHON : D : G ⸱ LOTHO ⸱ ET : BA DVX. Buste du duc à gauche, cheveux longs, couronne à cinq trèfles.
℞. MONETA ⸱ NANCEII ⸱ CVSA. Ecu plein de Lorraine, timbré d'une couronne à cinq trèfles. A l'exergue, 1513.
Date inédite. ⸱ Ar. T.B.

1419. Autre avec 1516. Cité par de Saulcy, p. 119. Ar. F.D.C.

1420. Autre avec 1517. Saulcy, pl. XV, fig. 16. Ar. T.B.

1421. Autre avec 1523. Cité par de Saulcy, p. 119. Ar. T.B.

1422. Autre avec 1525. Cité par de Saulcy, p. 119. Ar. T.B.

1423. Autre avec 1527. Cité par de Saulcy, p. 119. Ar. T.B.

1424. Autre avec 1536. Cité par de Saulcy, p. 119. Ar. B.

1425. Autre avec 1538. Cité par de Saulcy, p. 119. Ar. A.B.

1426. Autre avec 1544. Cité par de Saulcy, p. 119. Ar. B.

1427. *Demi-teston.* ✛ ANTHON : D ⸱ G ⸱ LOTHO : ET ⸱ BA : DVX. Buste du duc à gauche, cheveux longs, couronne à cinq trèfles.
℞. MONETA ⸱ NANCEI ⸱ CVSA ⸱ 1513 ⚔. Ecu plein de Lorraine, timbré d'une couronne à cinq trèfles
Variété de date de Saulcy, Ibid., pl. XV, fig. 15.
Rare. Ar. B.

1428. Autre avec la date 1516. Exemplaire doré et troué.
Inédit. Ar.

1429. *Quart de teston.* ✛ ANTHON ⚔ LOTHO ⚔ ET ⚔ BA ⚔ DVX ⚔ Buste du duc à gauche, cheveux longs, couronne à cinq trèfles.
℞. Sans légende. Ecu plein de Lorraine, surmonté d'une couronne à cinq fleurons. De chaque côté, une croix de Lorraine. A l'exergue, la date 1513.
De Saulcy, Ibid., pl. 15, fig. 13.
Deux exemplaires. Ar. B.

1430. Autre avec 1522. Cité par de Saulcy, p. 119. Ar. B.

1431. Autre avec 1523. Cité par de Saulcy, p. 119. Ar. B.

1432. Autre avec 1524. Cité par de Saulcy, p. 119. Ar. B.

1433. Autre avec 1525. Cité par de Saulcy, p. 119. Ar. T.B.

1434. Autre avec 1538. Cité par de Saulcy, p. 119. Ar. B.

1435. Autre avec + ANTHON + D + G + CALAB + LOTHO + D et la date 1544, année de la mort du prince.
De Saulcy, Ibid., pl. XV, fig. 13. *Rare.* Ar.   B.

1436. *Jeton.* + ANTHON + DVC + Z + MARCHIS + DE + LORR. Ecu échancré de Lorraine entouré des six écus de Hongrie, Naples, Jérusalem, Aragon, Anjou et Bar.
℞. + GESTZ · DES · COMPTES · DE · LORRAINE. Epée en pal sur un champ semé d'alérions.
Catal. Monnier, n° 330.   Cuiv.   A.B.

1437. *Jeton.* + REDDERE + VNI + QVIQVE + QVOD ⁒ SVVM + EST. Croix de Jérusalem cantonnée de quatre croisettes.
℞. FECIT POTENTIAM IN BRACHIO SVO. Bras armé sortant d'une nue; au-dessous, une banderole portant la devise : I'ESPERE AVOIR.
Catal. Monnier, n° 328.   Cuiv.   F.

Renée de Bourbon, régente (1525)

1438. *Jeton.* + RENEE ○ DVCHESSE ○ DE ○ LO' ○ ET ○ DE ○ BAR. Ecu échancré de Lorraine entouré des six écus de Hongrie, Naples, Jérusalem, Aragon, Anjou et Bar.
℞. + GECTZ ⁎ DV ⁎ BVREAV ⁎ DE ⁎ LORRAINE ⁎. Epée en pal sur un champ semé d'alérions.
Très rare.   Ar.   F.D.C.

François I (1544-1545)

Les monnaies de François Ier, et de ses successeurs présentent : 1° des pièces sans effigie, qui se rattachent pour le type, la fabrication et l'épaisseur du flan, au premier groupe des monnaies d'Antoine ; 2° des pièces à effigie, d'une plus belle exécution et de flan plus épais, qui reproduisent le second groupe d'Antoine. Nous aurions pu, dans notre classement, mettre les pièces du premier groupe avant celles du second ; mais, comme elles se frappaient simultanément, nous avons préféré ranger les pièces de chaque duc à peu près par ordre décroissant de valeur, tout en séparant chaque type monétaire.

ATELIER DE NANCY

1439. *Teston.* + FRANCISCVS · D · G · LOTHO · B + Z + GLD : D. Buste couronné à gauche.
℞. MONETA NANCEII · CVSA. Ecu plein de Lorraine, timbré d'une couronne. A l'exergue 1545.
De Saulcy, Ibid., pl. XVII, fig. 8. *Rare.* Ar.   T.B.

1440. Autre, mêmes types et légendes; coin différent.
Rare.   Ar.   T.B.

1441. FRANCISCVS + D + G + LOTHO. Ecu parti de Lorraine et de Bar, tim-
   bré d'une couronne.
   ℞. + MONETA × FACTA × NANCE. Epée en pal.
   Variété inédite.   Ar.   A.B.

1442. Autre avec + MONETA * FACTA * NAN.
   Variété inédite.   Ar.   B.

1443. FRANCISCVS · D · G · LO. Epée en pal sur laquelle est posé un écu
   de Lorraine.
   ℞. MONETA + FACTA + NA. Croix de Lorraine évidée.
   De Saulcy, Ibid., pl. XVII, fig. 5.   Bill.   F.

Christine et Nicolas, régents (1540-1555)

ATELIER DE NANCY

1444. + NIC + VAV + ADM + LOT + B. Ecu parti de Lorraine et de Bar, sur-
   monté d'une couronne. Dans le champ, la date 1552.
   ℞. MONETA × FACTA + NAN. Epée en pal.
   De Saulcy, Ibid., pl. XVII, fig. 10.
   Deux exemplaires. *Rare*.   Bill.   A.B.

1445. *Jeton.* + CRIEN · D · DANEM + Z + NICOL + DE LOR + TVTEVR. Bustes
   affrontés de Christine de Danemark et de Nicolas de Vau-
   demont.
   ℞. + GECTZ · DES · COMPTES · D · LORRAINE · 1554. Ecu parti des
   armes des maisons de Lorraine et de Danemark, timbré
   d'une couronne.
   Catal. Monnier, n° 347.   Cuiv.   A.B.

1446. *Jeton.* ✸ CHRISTIANA A DANIA REGENS. Ecu parti et timbré d'une
   couronne, comme au revers du n° 1445.
   ℞. ✸ NEC · TVRBINE · MOTA · NEC · VNDIS · 1560. Rocher dans la
   mer, frappé par les vents.
   Très rare.   Ar.   F.D.C.

1447. *Jeton.* CHRISTIANA · D : G · REGINA · DANIÆ · D · L · B. Ecu parti,
   comme au revers du n° 1445, et timbré d'une couronne fermée ; dans le champ, de chaque côté de l'écu, le chiffre
   couronné de Christine.
   ℞. SEDET ÆTERNVM QVE MANEBIT. Armes de Danemark sur le
   devant d'un autel, contre lequel sont placées deux ancres ;
   au-dessus, une couronne fermée.
   Deux exemplaires.   Cuiv.   B.

Charles III (1545-1608)

Pièces d'or à effigie

1448. *Quadruple ducat.* CAROL · D · G · CAL · LOTH · BAR : GEL · DVX. Le duc en buste à droite, tête nue, cuirassé, les épaules couvertes d'un manteau.

℞. DA MIHI VIRTV CONTRA HOSTES TVOS · 1587. Ecu plein à huit quartiers; l'écu de Lorraine broche sur le tout. Au-dessus, une couronne. Dans le champ, deux croix de Lorraine couronnées.

De Saulcy, Ibid., pl. XXIII, fig. 1.
Très rare.   Or.   F.D.C.

1449. *Double ducat.* CAROL · D · G · CAL · LOTH · B · GEL · DVX. Buste à droite, comme au nº 1448.

℞. DA MIHI VIRTV · CONTRA HOST TVOS · 88. Ecu comme au nº 1448. Dans le champ, deux croix de Lorraine couronnées.

De Saulcy, Ibid., pl. XXIII, fig. 2.
Très rare.   Or.   F.D.C.

1450. *Ducat.* CAROLVS · DEI · GRATIA. Buste à droite, avec cuirasse et manteau, comme au nº 1448.

℞. Sans légende. Bande aux trois alérions de Lorraine entourée

de sept écussons couronnés. Entre les écussons, la date 1588
et cinq croix de Lorraine.

Ancienne coll. Monnier. Catal. n° 400. Revue belge de
num., 1854, pl. X, fig. 25. *Unique.* Or. F.D.C.

Le n° 1450, d'un art remarquable, est, suivant le *Catalogue Monnier*, un
essai de monnaie d'or. Il est bon de constater en effet que son poids est
identique à celui des ducats ou pistoles ; mais, comme on retrouve
son type sur un jeton de cuivre, on peut croire aussi que cette pièce en
est une rarissime épreuve.

Pièces d'or sans effigie

1451. *Double pistole.* CAROL · D · G · CAL · LOTH · BAR · GEL · DVX. Ecu
comme au n° 1448 ; de chaque côté, une croix de Lorraine.
Les chiffres de la date 1587 se lisent entre les fleurons de
la couronne.

℞. ✝ · DA · MIHI · VIRTV · CONTRA · HOSTES TVOS. Croix de Jérusalem cantonnée de quatre croisettes ; entourage de huit
arcs dont quatre des angles rentrants sont ornés de tréfeuilles.
Inédit. Très rare. Or. T.B.

1452. *Pistole.* CAROL · D : G · CAL · LOTH · B · GEL · DVX. Ecu comme au
n° 1448, surmonté d'une couronne entre les fleurons de
laquelle sont placés les chiffres de la date 1587 ; de chaque
côté, une croix de Lorraine.

℞. ✝ DA · MIHI · VIRTVTE · CONTRA · HOST · TVOS. Croix de Jérusalem, cantonnée de quatre croisettes ; encadrement de huit
arcs dont quatre des angles rentrants sont ornés de tréfeuilles.
De Saulcy, Ibid., pl. XXIII, fig. 5.
Très rare. Or. F.D.C.

1453. *Demi-pistole.* CAROL · D · G · CAL · LOTH · B · GEL · DVX · Ecu
comme au n° 1448, surmonté d'une couronne entre les fleurons de laquelle sont placés les chiffres de la date 1587 ;
de chaque côté, une croix de Lorraine.

℞. ✝ DA · MIHI · VIRTV · CONTRA · HOST · TVOS. Croix de Jérusalem cantonnée de quatre croisettes ; encadrement de
huit arcs, dont quatre des points de jonction sont ornés de
tréfeuilles.

De Saulcy, Ibid., pl. XXII, fig. 4.
Très rare. Or. F.D.C.

Pièces d'argent à effigie

1454. *Ecu ou tallard.* +CAROL : D : G : CALA : LOTHO : BAR GVEL : DVX. Buste
de Charles III enfant, à droite, tête nue, la poitrine couverte
d'une riche cuirasse.
℞. Sans légende. Ecu de Lorraine couronné, entouré des sept
écus formant les quartiers de l'écu ducal. Dans le bas, la
date 1557.
De Saulcy, Ibid., pl. XIX, fig. 10.   Ar.   F.D.C.

1455. *Ecu.* CARO + D + CAL + LOTHO + BAR + GEL + DVX. Buste richement armé
de Charles III, à droite ; le duc porte des moustaches et une
barbe naissante.
℞. Sans légende. Ecu de Lorraine couronné, entouré des sept
écus formant les quartiers de l'écu ducal. Dans le bas, la
date 1569.
De Saulcy, Ibid., pl. XX, fig. 2.   Ar.   F.D.C.

1456. *Teston.* CARO • D : G • CAL • LOTAR • B : GEL • DVX. Buste enfantin à
droite, la tête couronnée et la poitrine couverte d'une riche
armure.
℞. MONETA • NOVA • NANCEI • CVSA. Ecu aux huit quartiers, avec
un petit écu aux alérions brochant sur le tout. Sur l'écu,
une couronne fleuronnée.
De Saulcy, Ibid., pl. XIX, fig. 1.   Ar.   B.

1457. Autre. Signes séparatifs différents et, au revers, un petit B à
l'exergue.   Ar.   B.

1458. *Teston.* CARO • D : G • CAL • LOTA • B • GEL • DVX. Buste viril à
droite, moustaches et barbe naissante.
℞. MONETA • NOVA • NANCEI • CVSA. Ecu comme au n° 1448, sur-
monté d'une couronne ; dans le bas, entre les mots NOVA et
NANCEI, un très petit F.
De Saulcy, Ibid., pl. XXI, fig. 4.   Ar.   T.B.

1459. Autre semblable, mais signes séparatifs différents.
                                              Ar.   T.B.

1460. *Teston.* CAROLVS • D : G • CAL • LOTH • B • GEL • DVX. Buste à droite,
moustaches et barbe plus développée qu'au n° 1458 ; la
poitrine est couverte d'une riche armure et le cou entouré
d'une fraise. Beau style.
℞. MONETA • NOVA ' NANCEI • CVSA. Ecu couronné comme au
n° 1448 ; de chaque côté, une croix de Lorraine couronnée.
A l'exergue, 1581.   Ar.   F.

1461. Autre, avec la date 1584 et un petit G, entre NOVA et NANCEI, dans la légende du revers.   Ar.   F.D.C.

1462. Autre, avec la date 1585.
De Saulcy, Ibid., pl. XXII, fig. 2.   Ar.   B.

1463. *Teston.* ✛ CAROL · D · G · CAL · LOTH · B · GEL · DVX. Le duc en buste, à droite, plus âgé et la tête plus forte; un col rabattu a remplacé la fraise des numéros précédents.
℞. MONETA NOVA ᵍ NANCEII · CVSA. Ecu plein de Lorraine; couronne.
De Saulcy, Ibid., pl. XXIII, fig. 6.
Deux exemplaires.   Ar.   F.D.C.

1464. *Quart de teston.* CARO ⊙ D ⊙ G ⊙ CAL ⊙ LOTAR ⚬ GEL ⊙ DVX. Buste à droite enfantin et couronné, comme au n° 1456.
℞. MONETA · NOVA · NANCEI · CVSA. Ecu plein à huit quartiers avec un petit écu aux trois alérions brochant sur le tout; audessus, une couronne; de chaque côté, une croix de Lorraine.
De Saulcy, Ibid., pl. XIX, fig. 9.   Ar.   B.

1465. Autre, avec une ancre dans la légende du revers, au bas de l'écu. *Variété inédite.*   Ar.   B.

1466. *Quart de teston.* GARO · D : G · CAL · LOTAR · B · GEL · DVX. Buste du duc à droite, comme au n° 1458.
℞. MONETA · NOVAᴱ NANCEII · CVSA. Ecu comme au n° 1464; de chaque côté, une croix de Lorraine.
De Saulcy, Ibid., pl. XXI, fig. 5.   Ar.   B.

1467. *Quart de teston.* CAROLVS · D · G · CAL · LOTH · B · GEL · DVX. Buste du duc à droite, comme au n° 1460.
℞. ✛ MONETA · NOVAᵖ NANCEII · CVSA. Ecu comme au n° 1464; de chaque côté, une croix de Lorraine couronnée. A l'exergue, la date 1581.
De Saulcy, Ibid., pl. XXII, fig. 3. Deux exemplaires.
           Ar.   B.

1468. *Quart de teston.* CAROL · D : G : CAL · LOTH · B · GEL · DVX. Buste du duc à droite, la tête vieillie, comme au n° 1463.
℞. MONETA · NOVA NANCEII · CVSA. Ecu comme au n° 1464; de chaque côté, une croix de Lorraine couronnée.
Variété inédite.   Ar.   F.D.C.

1469. Autre; mêmes types, mais au revers, dans la légende, un petit G entre les mots NOVA et NANCEII.
De Saulcy, Ibid., pl. XXIII, fig. 9. Trois exemplaires.
           Ar.   F.D.C.

1470. *Quart de teston.* ╋ CAROL · D · G · CAL · LOTH · B · GEL · DVX. Buste du duc à droite, comme au nº 1463.
    ℞. MONETA · NOVAᴳ NANCEII · CVSA. Ecu comme au nº 1464; de chaque côté, une croix de Lorraine couronnée, à l'exergue la date · 1588 ·
    Inédit. Très rare.   Ar.   B.

Monnaies de billon sans effigie

1471. CAROL + D ⳾ G ⳾ CAL + LOTHOR + BAR + GEL + DVX. Ecu à huit quartiers avec un petit écu aux trois alérions brochant sur le tout; au-dessus, une couronne.
    ℞. + FECIT + POTENTIAM + IN + BRA CHIO + SVO. Bras armé sortant d'une nue.
    De Saulcy, Ibid., pl. XVII, fig. 11.
    Rare.   Ar. bas. T.B.

1472. Autre de coin différent. *Rare.*   Ar. bas. B.

1473. ╋ CARO · D · G · CALABR · LOTA. Ecu parti de Lorraine et de Bar surmonté d'une couronne.
    ℞. ╋ MONETA ✿ FACTA ✳ NAN. Epée en pal.
    Variété inédite. Très rare.   Ar. bas. B.

    Cette pièce appartient, par la forme des lettres, aux premières émissions du règne; les c sont encore fermés, les ᴇ et les ɴ ont la forme ronde.

1474. Mêmes types, mais, au droit, ╋ CARO ✳ D ✳ G ✳ CALABR ✳ LOT. De Saulcy, Ibid., pl. XVIII, fig. 1.
    Deux exemplaires.   Ar. bas. T.B.

    Ces pièces sont d'une fabrique plus récente que le nº 1473; si les ᴇ et les ɴ conservent la forme ancienne, le c est déjà ouvert et moderne.

1475. Autre avec CARO · D · G · LOTAR · B · DVX et MONETA · FACTA · NAN, lettres entièrement modernes.
    De Saulcy, Ibid., pl. XVIII, fig. 5.
    Deux exemplaires.   Ar. bas. F.D.C.

1476. Autre; mêmes types et légendes qu'au nº 1475, mais au revers est empreint un alérion en contremarque.
    De Saulcy, Ibid., pl. XVIII, fig. 6.   Ar. bas. A.B.

1477. Autre, avec ╋ CARO · D · G · CAL · LOTAR · B · DVX et ╋ MONETA · NOVA · FACTA · NAN · : lettres modernes et très petites.
    Variété inédite. Rare.   Ar. bas. T.B.

1478. ╋ CARO · D · G · CAL · LOTAR · B · DVX · . Cartouche ovale aux armes de Lorraine et de Bar, surmonté d'une couronne.

℞. MONETA · NOVA · FACTA · NAN. Epée en pal.
De Saulcy, Ibid., pl. XIX, fig. 2.   Ar. bas B.

1479. CAROLVS · D · G · LOTH · DVX. Ecu de Lorraine, posé sur une épée en pal.
℞. MONETA^ᵃ NANCEI · CV. Croix de Lorraine à branches évidées.
De Saulcy, Ibid., pl. XVIII, fig. 11, variété.
Deux exemplaires.   Ar. bas. B.

1480. CARO · D · G · LOTH · B · GEL · DV. Epée en pal sur laquelle est posée une bande aux trois alérions.
℞. MONETA · NOVA · NANCEI · C. Croix fleurdelisée dont le centre est évidé en losange.
De Saulcy, Ibid., pl. XVIII, fig. 8.   Bill.   F.D.C.

1481. CAROL · D · G · LOTH · B · DVX. Epée en pal avec bande aux trois alérions, comme au nᵒ précédent.
℞. MO · NOVAᶠ NANC CVSA. Croix fleurdelisée, dont le centre est évidé en losange. A l'exergue, la date · 1581 · .
De Saulcy, Ibid., pl. XXII, fig. 9.   Bill.   T.B.

1482. CAROL · D · G · LOTHO · DVX. Epée en pal avec bande aux trois alérions, comme au nᵒ 1480.
℞. MONETA · NANCEI · CV. Croix grêle à extrémités fleuronnées.
De Saulcy, Ibid., pl. XVIII, fig. 10.   Bill.   T.B.

1483. CAR · D · G · LOT · ET · B · DVX. Ecu de Lorraine surmonté d'une couronne.
℞. MONETA · NOVA · NANCEII. Deux c entrelacés, entre deux petites croix de Lorraine.
De Saulcy, Ibid., pl. XVIII, fig. 18.   Bill.   F.D.C.

1484. CARO · D · G · LOTHO · DVX. Epée en pal accostée de deux c.
℞. MONETA · NANCEI · CV. Croix de Jérusalem, cantonnée de quatre croisettes.
De Saulcy, Ibid., pl. XVIII, fig. 17.
Deux exemplaires.   Bill.   A.B.

1485. Mêmes légendes et types, mais au droit l'épée est accostée de deux croix de Lorraine couronnées.
De Saulcy, Ibid., pl. XVIII, fig. 16.   Bill.   B.

1486. CAROL · D · G · LOTH · B · DVX. Epée en pal, accostée de deux
croix de Lorraine couronnées, comme au numéro précédent.
℞. MO · NOVA^G NAN · CVSA. Croix de Jérusalem, cantonnée de
quatre croisettes. A l'exergue, la date · 1581 · .
De Saulcy, Ibid., pl. XXII, fig. 7. *Rare*. Bill.   F.D.C.

1487. CARO · D · G · LOTH · DVX. Alérion.
℞. MONETA NANCEI · C. Epée en pal.
De Saulcy, Ibid., pl. XVIII, fig. 13, variété.
             Bill.   F.D.C.

1488. Variété avec CARO · D · G · LO · DVX · et une petite ancre, dans
la légende du revers, entre les mots MONETA et NANCEI. Deux
exemplaires.   Bill.   F.D.C.

1489. Variété avec l'épée du revers accostée de deux croix de Lorraine. Légendes comme au n° 1487.
De Saulcy, Ibid., pl. XVIII, fig. 14, variété.·
             Bill.   A.B.

1490. CAROL · D · G · LOTH · B · DVX. Alérion couronné.
℞. MO · NOV · NANC · CV. Epée en pal accostée de deux croix de
Lorraine. A l'exergue, la date · 1581 · .
De Saulcy, Ibid., pl. XXII, fig. 10.   Bill.   F.

Médailles & Jetons

1491. *Médaille.* + CAROLVS · DEI · G · CAL · LOTH · B · GEL · DVX · 1580.
Buste du duc à droite, la poitrine couverte d'une cuirasse.
℞. COELITVS · ORTA · HOMINI · PAX · TVTIOR · INCVBAT · ARMIS.
Femme couronnée, couchée, appuyée du bras droit sur un
faisceau et tenant de la gauche l'écu aux trois alérions. Dans
le fond, des branches d'olivier ; dans le haut, une nue percée
par des rayons.
32 millim. *Très rare*.   Or.   B.

La collection Monnier ne possédait cette médaille qu'en argent doré.

1492. *Médaille.* CAROLVS · D · G · LOTORINGIE · DVX. Grand buste du duc à gauche; riche armure, fraise tuyautée. Dans le champ, les lettres ANTEO sous le mot DVX de la légende.

℞. MEDIO · TVTISSIMVS · IBO. Figure ailée volant entre le soleil et la mer.

44 millim. Petit trou au-dessus de la tête.

Inédite. Br. B.

Cette rare médaille ne se trouvait pas dans la collection Monnier. La conservation du droit est parfaite; mais le revers a reçu quelques égratignures.

1493. *Jeton.* NEVTRA · SEQVOR · MEDIVS · 1558. Ecu échancré à huit quartiers, avec un petit écu aux trois alérions brochant sur le tout; au-dessus, une couronne.

℞. FIRMA SOLO RADIX. Arbre résistant à la tempête.

Catal. Monnier, n° 445. Pièce trouée. Cuiv. A.B.

1494. *Jeton.* ✠ QVO FATA TRAHVNT · ANNO CHRI 1570. Figure allégorique sur le cheval Pégase.

℞. FIRMA SOLO RADIX. Arbre, comme au numéro précédent.

Catal. Monnier, n° 446. Cuiv. B.

1495. *Jeton.* ET + ADHVC + SPES + DVRAT + AVORVM · 1570. Ecu couronné de Lorraine plein, accosté à droite et à gauche, du chiffre couronné du duc Charles III. Dans le haut, un bras armé sortant d'une nue.

℞. SIC + VOLVERE + DII. Trois alérions percés par une flèche; de chaque côté, une croix de Lorraine et le chiffre couronné du duc Charles.

Catal. Monnier, n° 460. Cuiv. F.

1496. Mêmes types et légendes, mais avec les dates 1572 et (15)79.

Deux pièces. Cuiv. T.B.

1497. *Jeton.* CAROL · D · G · CAL · LOTH · B · GEL · DVX. Buste à droite, comme au n° 1448.

℞. + FECIT · POTENTIAM · IN BRACHIO · SVO +. Bras armé sortant d'une nue. Dans le champ, trois alérions, une croix de Lorraine couronnée et le chiffre.

Catal. Monnier, n° 464.

Deux exemplaires variés. Cuiv. B.

1498. *Jeton.* CAROLVS DEI GRATIA +. Buste à droite, comme au numéro précédent.

℞. LOTHAR · DVX · 88. Bras armé, etc., comme au numéro précédent.
Deux exemplaires dont un sans date. Cuiv.   A.B.

1499. *Jeton.* + IPSA SIBI PRETIVM VIRTVS+ en légende et ÆRAR · REST ·
à l'exergue. Une figure allégorique, tenant une palme et
une couronne, plane au-dessus d'une ville.
℞. Sans légende. Ecu de Lorraine heaumé, couronné et surmonté d'un alérion ; dans le champ, sept écus couronnés ;
dans le bas, la date 1587.
Catal. Monnier, n° 473. Deux exemplaires dont un sans date.
Cuiv.   A.B.

1500. *Jeton.* IPSA SIBI PRETIVM VIRTVS. Figure allégorique comme
au numéro précédent ; rien à l'exergue.
℞. Sans légende. Bande aux trois alérions entourée de sept écus
couronnés ; dans les intervalles, des croix de Lorraine.
Petit module. *Rare.*   Cuiv.   F.

1501. *Jeton.* ÆQVITAS SCVTVM INEXPVGNABILE et, à l'exergue, + 1598 +.
Pallas debout ; à ses pieds, un guerrier renversé sur un
faisceau d'armes.
℞. Sans légende. Ecu à la bande aux trois alérions surmontée
d'une couronne. Dans le champ, sept drapeaux armoriés et,
de chaque côté de la couronne, le chiffre ducal.
Catal. Monnier, n° 481.
Deux exemplaires.   Cuiv.   T.B.

––––––––––

Les cinq jetons suivants qui portent, outre l'écu de Lorraine, un petit écu
à trois chevrons, font allusion aux préliminaires de paix négociés, par
Claude-Antoine de Bassompierre, entre le duc Charles III et Henri IV.

1502. *Jeton.* + LVX FVGAT VT TENEB · SIC · ORDINE CVNCTA RESVRG. Soleil
dissipant les nuages et éclairant une corne d'abondance. Dans
le bas, un petit écu à trois chevrons, de Bassompierre, et la
date 1594.
℞. Sans légende. Ecu rond à la bande aux trois alérions,
surmonté d'une couronne. Dans le champ, les sept blasons,
dans des cercles séparés les uns des autres par des fleurons.
Catal. Monnier, n° 485.   Cuiv.   A.B.

1503. *Jeton.* + LVX FVGAT VT TENEB · SIC ORDINE CVNCTA RESVRGVNT.
Soleil, etc., comme au numéro précédent.
℞. GECT DES COMPTES DE LORRAINE ET DE BAR. Chiffre du duc
surmonté d'un écu couronné, chargé des trois alérions et en-
touré de sept cercles aux quartiers de la maison de Lorraine.
Cuiv.   B.

1504. *Jeton.* + LVX FVGAT VT TENEB · SIC ORDINE CVNCTA RESURGVNT.
Soleil, etc., comme au numéro précédent.
℞. CAROL · D : G : CAL · · LO · B · GEL · DVX en légende et à
l'exergue : GECT DV BVREAV. Ecu orné, aux huit quartiers,
avec un petit écu aux trois alérions brochant sur le tout ;
dans le haut, une couronne.   Cuiv.   B.

1505. *Jeton.* + LVX FVGAT VT TENEB · SIC ORDINE CVNCTA RESVRG. Soleil, etc., comme au numéro précédent.

℞. CAROLVS · D · G · CAL · LOTH · BAR · GEL · DVX. Ecu orné, aux huit quartiers, avec un petit écu aux trois alérions sur le tout; dans le haut, une couronne. Cuiv. B.

1506. *Jeton.* CAROL · D : G : CAL · LO · B · GEL · DVX en légende et : GECT · DV · BVREAV à l'exergue. Ecu orné, aux huit quartiers, avec un petit écu aux trois alérions sur le tout; dans le haut, une couronne.

℞. BENE FVNDATA EST SVPRA FIRM · PETRAM. Colonne surmontée de l'écu de Bassompierre et portant sur sa base la date 1594; dans le champ, un arbre, un crucifix et une balance. Catal. Monnier, n° 486. Cuiv. A.B.

1507. *Jeton.* CAROL · D : G : CAL · LO · B · GEL · DVX en légende et : GECT · DV BVREAV à l'exergue. Ecu orné et couronné comme au numéro précédent.

℞. × IMMOTA + RESISTIT ×. Rochers battus par la tempête. Cuiv. A.B.

1508. *Jeton.* GECT DV BVREAV · ⊛ 1597 ⊛, écrit à l'exergue, en deux lignes. Cartouche couronné aux armes pleines de Lorraine; à droite, une palme; à gauche, une épée entourée d'un rameau d'olivier.

℞. + IMMOTA × RESISTIT ×. Rochers, comme au revers du numéro précédent. Catal. Monnier, n° 506. Cuiv. A.B.

1509. *Jeton.* GECT · DV · BVREAV · ⊛ 1597 ⊛, écrit à l'exergue, en deux lignes. Cartouche couronné, comme au numéro précédent.

℞. SIC FERT SE EX ANGVLO AD OMNIA VIRTVS, en légende, et PROVIDENTIA, à l'exergue. Sur une colonne, un miroir réfléchissant les rayons du soleil. Catal. Monnier, n° 505. Cuiv. T.B.

1510. *Jeton.* GECTZ · DV · BVREAV · DE · LORR. Ecu comme aux numéros précédents, surmonté d'une couronne.

℞. FLAMMAM · COR · TERMINAT · ASTRIS. Cœur enflammé. Dans le haut, des étoiles. Catal. Monnier, n° 497.
Exemplaire troué. Cuiv. F.

1511. *Jeton.* ⊛ GECT ⊛ DV ⊛ BVREAV ⊛. Ecu comme aux numéros précédents, adossé au manteau ducal et surmonté d'un heaume couronné et cimé d'une aigle. Dans le champ, de chaque côté, le chiffre couronné du duc Charles III.

℞. + GENTIBVS · E · COELO · MISSA · COLVMNA · SVIS. Colonne tenue par deux mains, entre deux cornes d'abondance. Dans le bas, la date 1585. Catal. Monnier, n° 501. Trois exemplaires de coins variés. Cuiv. B.

Claude de France, femme de Charles III

1512. *Jelon.* HOMO · NON · SEPARET, à l'exergue, en deux lignes. Ecus accolés du duc Charles III et de Claude de France; au-dessus, une couronne.

℞. FIDEI VICTRICI, écrit sur un autel, au-dessus duquel, deux mains jointes. Dans le bas, la date 1563.
Catal. Monnier, n° 455.   Cuiv.   T.B.

1513. *Jelon.* ⁎ CLAVDIA ⊙ LOT ⊙ ET ⊙ BAR ⊙ DVCISSA. Ecu parti de Lorraine plein et de France; de chaque côté, le chiffre couronné du duc.

℞. ⁎ FLAMMAM : COR · TERMINAT · ASTRIS. Cœur enflammé et étoiles, comme au numéro 1510.
Catal. Monnier, n° 451.   Cuiv.   F.

1514. Autre, mèmes types; mais, au droit, + CLAVDIA ⊙ D ⊡ G ⊙ CAL ⊙ LOT ⊙ BAR ⊙ GELD ⊙ DVC.   Cuiv.   B.

Henri (1608-1624)

ATELIER DE NANCY

1515. *Florin d'or.* HENRI · D · G · DVX · LOTH · MARCH · D · G · B · G, entre deux grènetis. Dans le champ, les armes pleines de Lorraine.

℞. MONETA · AVREA · NANCEII · C. Saint Nicolas debout, crossé, mitré et bénissant; à ses pieds, la cuve avec les trois enfants ressuscités.
De Saulcy, Ibid., pl. XXIV, fig. 4. *Rare.* Or.   T.B.

1516. Autre, avec MONETA · AVREA · NANCEII · CV, au revers.
Rare.   Or.   T.B.

1517. Autre, types et légendes du n° 1515; coins variés.
Rare.   Or.   T.B.

1518. *Florin d'or.* HENRI · D : G · DVX LOTH · MARC · D : C · B · G. Buste du duc à droite.

℞. MONETA · AVREA · NANCEII · CV. Ecu plein de Lorraine, surmonté d'une couronne.

De Saulcy, Ibid., pl. XXV, fig. 1. *Rare.* Or.   T.B.

1519. *Teston.* HENRI · D : G · DVX · LOT · MARCH · D : C · B · G. Buste du duc à droite.

℞. MONETA · NOVA · NANCEII · CVSA. Ecu plein de Lorraine, surmonté d'une couronne qui coupe la légende.

Ar.   F.D.C.

1520. Autre. Coin varié.   Ar.   B.

1521. *Teston.* HENRI · D : G · DVX · LOTH · MARC · D : C · B · G. Buste du duc à droite.

℞. MONETA · NOVA · NANCEII · CVSA. Au centre, un écu plein de de Lorraine, surmonté d'une couronne qui ne coupe pas la légende.   Ar.   B.

1522. HENRI · DG DVX · LOTH · MARCH. Au centre, un alérion couronné.

℞. MONETA NANCEI CVS. Ecus de Lorraine et de Bar accolés et surmontés d'une couronne. Au-dessous, un G.

Inédit.   Ar.   B.

1523. HENRI · D · G · LOTHA DV. Ecus de Lorraine et de Bar accolés et surmontés d'une couronne. Au-dessous, un G.

℞. MONETA · NOVA · NANCEI · CV. Au centre, un alérion couronné. De Saulcy, Ibid., pl. XXV, fig. 9. Variété. Ar.   B.

1524. Autre, avec HENRI · D : G · DVX · LOTH · M.

Deux exemplaires variés.   Ar.   B.

1525. HENRI · D · G · LOTH · B · D. Cartouche parti de Lorraine et de Bar, surmonté d'une couronne.

℞. MONETA NOVA NANCEI CV. Alérion couronné. De Saulcy, Ibid., pl. XXV, fig. 11, variété.

Deux exemplaires.   Bill.   B.

1526. Autres, avec HENRI · D · G · DVX · LOTH ou HENRI · D · G · LOTH · DVX. Quatre exemplaires variés.   Bill.   B.

1527. HENRI · DG · DVX · LOTH · MA. Armes pleines de Lorraine.

℞. 1623. MONETA · NOVA · NANC. Croix de Lorraine évidée, surmontée d'une couronne et accostée de deux alérions couronnés.

De Saulcy, Ibid., pl. XXV, fig. 7.   Bill.   T.B.

1528. HENR · II · D · G · DVX · LOTH · MAR. Grand H couronnée.

℞. MONETA · NOVA · NANCEII C. Bande aux trois alérions. De Saulcy, Ibid., pl. XXV, fig. 6.   Bill.   F.D.C.

1529. HENRI LOTH DVX. Epée en pal, accostée de deux croix de Lorraine couronnées.

℞. ✚ MONETA · NOVA · NANC. Croix de Jérusalem cantonnée de quatre croisettes.

Inédit.   Bill.   A.B.

———————

1530. *Jeton.* HENRICVS · A · LOTH · MARCHIO · PONTIMVSSAN. Ecu plein de Lorraine, couronné et accosté de deux épées en pal supportant chacune la lettre H. Dans le haut, entre les fleurons de la couronne, le millésime 1582.

℞. ✚ CRESCENTI · CRESCVNT · CŒLESTIA · DONA. Personnage debout tenant une lance et un bouclier ; Mars et Pallas, sortant des nuages, lui posent une couronne sur la tête.

Catal. Monnier, n° 549. Deux exemplaires variés.

Cuiv.   A.B.

1531. *Jeton* 1612. HENR · D · G · DVX · LOTH · MARCH · D CA · B · G. Ecu plein de Lorraine, timbré d'une couronne.

℞. QVAESITA · ARTIBVS · VTRAQVE · NOSTRIS. Epée et sceptre en sautoir, surmontés de deux couronnes.

Catal. Monnier, n° 554.   Cuiv.   A.B.

1532. *Jeton.* IET · DE · LA · CHAMBRE · DES · AYDES. Ecu plein de Lorraine, timbré d'une couronne.

℞. OPS · SINGVLORVM · SALVS · OMNIVM. Vaisseau. A l'exergue, la date 1612.

Catal. Monnier, n° 557.   Cuiv.   T.B.

1533. *Jeton.* GECT · DE · LA · CHAMBRE · DES · AYDES · 1616. Ecu plein de Lorraine, timbré d'une couronne.

℞. PVBLICA COMMVNI EXALTANT OPE. Trois hommes supportant un faisceau formé d'un sceptre, d'une main de justice et d'une couronne.

Catal. Monnier, n° 558.   Cuiv.   F.

1534. *Jeton.* IET · DES · CHAMBR · DES · COMPT · DE · LORR · ET · BA · 1614 · Ecu plein de Lorraine, timbré d'une couronne.

℞. ✿ DIRIGIT ✿ ATQVE ✿ TVETVR ✿. Phare et vaisseau. Dans le bas, les armes de Charles-Emmanuel, comte de Tornielles, surintendant du duc.

Catal. Monnier, n° 563. *Très rare.*   Ar.   F.D.C.

1535. Autre. Mêmes légendes et types.   Cuiv.   A.B.

Marguerite de Gonzague, 2ᵉ femme de Henri

1536. *Jeton.* HENRIC · PRINC · A · LOTH · DVX · BARI. Ecus accolés de Henri, duc de Lorraine, et de Marguerite de Gonzague, placés sous une grande couronne. Dans le bas, la date 1606, année de leur mariage.

℞. VNIT · DVO · MARGARIS · VNA. Deux cœurs réunis par un cordon et surmontés d'une couronne.
Catal. Monnier, n° 552. Deux exempl. Cuiv.   A.B.

1537. Autre. Mêmes types et légendes, mais sans date au droit.
Catal. Monnier, n° 553. *Rare.*   Cuiv.   T.B.

Charles IV et Nicole (1624-1625)

ATELIER DE NANCY

1538. *Teston.* CAR · ET · NIC · D ⁚ G · DVC · LOTH · MARC · D ⁚ C · B · G.
Bustes de Charles IV et de Nicole.
℞. MONETA · NOVA · NANCEII · CVS · 1626. Ecu plein de Lorraine, sous une couronne.
De Saulcy, Ibid., pl. XXV, fig. 13, autre date.
Rare.   Ar.   A.B.

1539. CAR · ET NIC · D⁚G · DVC · LOTH · ET · BAR. Alérion couronné ; dans le champ, 1625.
℞. MONETA · NOVA · NANCEII · CV. Ecu parti de Lorraine et de Bar, surmonté d'une couronne et accosté de deux croix de Lorraine couronnées.
De Saulcy, Ibid., pl. XXV, fig. 15.
Deux exemplaires.   Ar.   B.

1540. Autre. Mêmes types, mais avec CAR · ET · NIC · D : G · DVC · LOTH · ET · B et MONETA · NOVA · NANCEII, et sans date.
Deux exemplaires variés.   Ar.   T.B.

1541. CAR · ET · NIC · D G DVC · LOTH · B. Alérion couronné.
℞. MONETA · NOVA · NANCEI. Cartouche à la bande de Lorraine, surmonté d'une couronne.
De Saulcy, Ibid., pl. XXV, fig. 17.   Bill.   T.B.

François II (1625-1632)

François II abdiqua, dès la première année de son règne, en faveur de son fils Charles IV, mais il conserva le titre de duc et le droit de frapper monnaie dans sa terre de Badonvillers.

ATELIER DE BADONVILLERS

1542. *Teston.* FRANC · D : G · DVX · LOTH · MARCH · D · C · B : G. Buste habillé à droite.
℞. MONETA · NOVA · BA · CVSA. Ecu plein de Lorraine, surmonté d'une couronne, entre les fleurons de laquelle se voient les chiffres de la date 1629.
De Saulcy, Ibid., pl. XXVI, fig. 3.
Rare.   Ar.   F.D.C.

1543. Autre. Mêmes types et légendes.
      Exemplaire troué.   Ar.   F.

Charles IV (1626-1634)

ATELIER DE NANCY

1544. *Teston*. CAROLVS • D : F • DVX • LOTH • MARCH • D : C • B : G. Buste du
      duc à droite; tête nue, cheveux longs.
      ℞. MONETA • NOVA • NANCEI • CVSA. Ecu plein de Lorraine, timbré
      d'une couronne, entre les fleurons de laquelle se voient les
      chiffres de la date 1629.
      De Saulcy, Ibid., pl. XXVI, fig. 6.   Ar.   T.B.

1545. Autre, avec la date 1630.   Ar.   T.B.

1546. Autre, avec la date 1632.
      Deux exemplaires.   Ar.   T.B.

1547. CAROL • D : G • LOT • B • DVX. Ecu parti de Lorraine et de Bar,
      timbré d'une couronne et accosté de deux croix de Lorraine
      couronné.
      ℞. MONETA • CVSA • NANCEII. Alérion couronné.
      De Saulcy, Ibid., pl. XXVI, fig. 7.
      Deux exemplaires.   Ar.   B.

1548. CAROL • D : G • LOT • B • DVX. Ecus accolés de Lorraine et de Bar,
      surmontés d'une couronne; au-dessous, un G.
      ℞. MONETA • NOV • NANCEI • CVSA. Alérion couronné.
      De Saulcy, Ibid., pl. XXVI, fig. 8.
      Trois exemplaires.   Ar.   F.D.C.

1549. *Moitié de la pièce précédente*. CAROL • D : G • LOT • B • DVX. Ecus
      accolés de Lorraine et de Bar, surmontés d'une couronne; au-
      dessous, un G.
      ℞. MONETA • NOV • NANCEI • CVSA. Alérion couronné.
      De Saulcy, Ibid., pl. XXVI, fig. 9.   Ar.   T.B.

Nicolas-François

MONNAIE FRAPPÉE A FLORENCE

1550. *Teston* N • FRANC • D • G DVX LOTH • MARC • D • C • B • G. Buste à
      droite; cheveux longs et bouclés.
      ℞. MONETA • NOVA • FLORENT • CVSA. Ecu plein de Lorraine sur-

monté d'une couronne sur les fleurons de laquelle la date
1635.

De Saulcy, Ibid., pl. XXVII, fig. 1.

Très rare. Exemplaire troué.   Ar.   F.

Occupation de la Lorraine par la France
(1634-1661)

ANONYMES DE L'ATELIER DE NANCY

1551. MONETA · NOVA · NANCEI. Ecus accolés de Lorraine et de Bar, placés sous une couronne ; dans le bas, un G.

℞. MONETA · NOVA · NANCE II · CVSA. Alérion couronné.

Ar. bas F.

___

1552. MONETA · NOVA · NANC. Cartouche ovale aux armes parties de Lorraine et de Bar, surmonté d'une couronne.

℞. MONETA · NOVA · NANCEI · CV. Alérion couronné.

Bill.   F.

ROYALES DE L'ATELIER DE STENAY

1553. *Double lorrain.* LOYS XIII · R · DE · FRAC · ET · NAVAR. Buste à droite ; la tête est laurée.

℞. + DOVBLE LORRAIN · 1635. Trois fleurs de lis.

De Saulcy, Ibid., pl. XXVII, fig. 2.   Br.   B.

___

1554. *Double lorrain.* LOYS · XIII · R · DE · FRAN · ET · NAVA. Buste à droite ; la tête est laurée ; le buste est large et couvert d'une collerette.

℞. + DOVBLE LORRAIN. Trois fleurs de lis.

Sept exemplaires variés, de 1636, 1637 et 1639.

Br.   B.

___

1555. *Jeton.* LVD · XIIII · D · G · FRANC · ET · NAV · REX. Buste du roi à gauche, la tête laurée.

℞. + IECT · DE · LA · CHAMBRE · DES · COMPTES · DE · BAR. Ecu de Bar surmonté d'une couronne; dans le champ, le millésime 1646.   Cuiv.   A.B.

1556. *Jeton.* LVD · XIIII · D · G · FR · ET · NAV · REX. Buste du roi à droite.

℞. IECT · DE · LA · CHAMBRE · DES · COMPTES · DE · BAR. Ecu de Bar surmonté d'une couronne; dans le champ, le millésime 1656.   Cuiv.   F.

1557. *Jeton.* LVD XIIII · D · G · FR · ET · NAV · REX. Buste habillé du roi à droite ; la tête est laurée.

℞. HAC · MERCEDE · PLACET en légende, et DE · LINT · D · LORR ·

BARR · ET · EVESCHEZ · 1661, à l'exergue. Femme assise offrant une couronne.

Catal. Monnier, n° 625.   Cuiv.   B.

Charles IV réintégré dans quelques villes de la Lorraine (1638-1639)

ATELIER DE REMIREMONT

1558. *Double pistole.* CAROLVS · D :G · DVX · LOTH · D:C · B : G. Ecu plein de Lorraine, surmonté d'une couronne, entre les fleurons de laquelle sont placés les chiffres de la date 1639.

℞. DA · MIHI · VIRTV · CONTRA · HOSTES · TVOS. Croix de Jérusalem cantonnée de quatre croisettes, dans un contour formé de huit arcs dont quatre des angles rentrants sont ornés de fleurons.

De Saulcy, Ibid., pl. XXVII, fig. 5.
Très rare.   Or.   F.D.C.

1559. *Teston.* CAROLVS · D · G · DVX · LOTH · MARCH · D · C · B · G. Buste à droite, armé et drapé.

℞. MONETA · NOVA · ROMAR^{TI} · CVSA. Ecu plein de Lorraine, timbré d'une couronne, entre les fleurons de laquelle sont placés les chiffres de la date 1638.

De Saulcy, Ibid., pl. XXVII, fig. 4.
Rare.   Ar.   B.

Charles IV (1661-1675)

1560. *Ecu d'or.* CAR · IIII · D · C · DVX LOTHA · ET · BAR. Tête laurée à droite; sous le cou, la date 1669.
℞. SIT NOM DOM BEN. Croix dont le centre est occupé par une croix de Lorraine et dont chaque branche est formée par le chiffre couronné du duc Charles.
De Saulcy, Ibid., pl. XXVII, fig. 4.
Rare.   Or.   F.D.C.

1561. *Ecu d'argent.* CAR · IIII · D · G · DVX · LOTHA · ET · BAR. Buste du duc à droite ; la tête est laurée.
Rare. ℞. + SIT · NOMEN · DOMINI · · · BENEDICTVM · 1663. Ecu aux trois alérions, surmonté d'une couronne.
De Saulcy, Ibid., pl. XXVII, fig. 10, variété.
Rare. Très beau style.   Ar.   F.D.C.

1562. *Teston.* CAROLVS · D · G · DVX · LOTH · MARCH · D · G · B · G. Buste du duc à droite.
℞. MONETA · NOVA · NANCEII · CVSA · 1663. Ecu plein de Lorraine, timbré d'une couronne.
De Saulcy, Ibid., pl. XXVIII, fig. 1. Variété.
                                                       Ar.   T.B.

1563. Autres, avec les dates 1665, 1666 et 1668.
Trois pièces.   Ar.   F.D.C.

1564. Autres avec, au droit, CAROLVS · IIII · D · G · · LOT · ET · B · DVX, et, au revers. les dates 1667 et 1669.
De Saulcy, Ibid., pl. XXVIII, fig. 2. Variétés.
Deux pièces.   Ar.   B.

1565. *Demi-teston.* CAROLVS · D · G · DVX · LOTH · MAR · D · C · B · G. Buste du duc à droite.
℞. MONETA · NOVA · NANCEII · CVSA · 1664. Ecu plein de Lorraine, timbré d'une couronne.
De Saulcy, Ibid., pl. XXVIII, fig. 3.   Ar.   B.

1566. Autres, avec les dates 1666 et 1668.
Deux pièces.   Ar.   B.

1567. Autre ; mêmes types, mais, au droit, · CAR · IIII · D · G · DVX · LOT · MAR · D · C · B · G · , et au revers, la date 1665.
De Saulcy, Ibid., pl. XXVIII, fig. 4.   Ar.   B.

1568. *Quart de teston.* CAR · D · G · DVX · LOTH · ET · B · D · . Buste du
duc à droite.

℞. MONETA · NOVA · NANCEII · CVSA · 1666. Ecu plein de Lorraine,
timbré d'une couronne.

De Saulcy, Ibid., pl. XXVIII, fig. 5. Varié.

                                             Ar.   A.B.

1569. Autre avec la date 1668.   Ar.   B.

1570. *Médaille.* CAROLVS · IIII · D · G · DVX · LOTH · BAR · MARC ✪ D ✪ C ✪.
Le duc à droite, en buste, tête nue, cheveux longs, portant
une cuirasse et une écharpe.

℞. FVGIANT QVI · ODERVNT · EVM · A · FACIE EIVS. Bras armé sortant d'un nuage. Dans le champ, trois alérions posés en
bande et le chiffre couronné du duc.

Catal. Monnier, n° 650.   Or.   F.D C.

Cette belle médaille ovale est formée de deux plaques frappées à part et
réunies dans un cadre avec belière.

1571. *Médaille.* CAROL D G DVX LOTH MARCH · D · G · B · G · Le duc en
buste, à droite, comme au numéro précédent.

℞. FVGIANT QVI · ODERVNT · EVM · A · FACIE · EIVS. Bras armé sortant d'un nuage ; dans le champ, trois alérions, posés en
bande, et le chiffre couronné du duc.

Médaille ovale, coulée.   Bill.   F.

1572. *Médaille.* CAROL IIII · D · G · DVX LOTH · BAR · C · DVX. Le duc en
buste à droite comme au numéro précédent.

℞. IESPERE AVOIR. Type du numéro précédent.

Médaille ovale à belière. Très petit module. Hauteur 13 mm.

                                       Ar.   F.

1573. *Jeton.* CAROL IIII · D · G · DVX · LOT · M · D · C. Buste drapé du
duc, tourné à droite.

℞. FAMA · SVA · CIRCVIT · ORBEM, en légende, et NANCY, à l'exergue.
La Renommée, embouchant une trompette aux trois alérions,
plane sur la ville de Nancy.

Catal. Monnier, n° 669.   Cuiv.   A.B.

1574. *Jeton.* IECT · DE · LA · CHAMBRE · DES · COMPTES · DE · LORRAINE. Ecu aux trois alérions, timbré d'une couronne et accosté de deux croix de Lorraine.

℞. CVSTODIVNT · NON · CARPVNT. Dans le champ, un jardin avec balustres et cariatides; à l'exergue, la date ⁕ 1662 ⁕.
Catal. Monnier, n° 676.   Cuiv.   B.

1575. *Jeton.* CAROLVS · D · G · DVX · LOTH · MARCH · D · C · B · G. Le duc à cheval, à gauche.

℞. IECT ⁕ DE ⁕ LA ⁕ CHAMBRE ⁕ DES ⁕ COMPTES ⁕ DE ⁕ LORRAINE. Ecu aux trois alérions, timbré d'une couronne et accosté de deux croix de Lorraine.
Catal. Monnier, n° 677.   Cuiv.   B.

Deuxième occupation française (1670-1697)

1576. *Médaille.* LVDOVICVS XIIII · REX CHRISTIANISSIMVS ⋆. Tête du roi à droite.

℞. CAROLO LOTH · DVCE NOVAS RES MOLIENTE, en légende, et LOTHA-RINGIA CAPTA · M · DC · LXX · , à l'exergue. La France debout, tenant une épée haute et appuyant la main gauche sur l'écu de France; à ses pieds, les écus de Lorraine et de Bar renversés.
Catal. Monnier, n° 678, variété.
Frappe moderne.   Br.   F.D.C.

Charles V, prétendant (1675-1690)

Charles V n'a jamais joui de ses Etats et n'a pu frapper monnaie; il était au service de l'empereur. Les pièces suivantes sont frappées en Allemagne.

1577. *Médaille. Défaite des Turcs.* CAROL V LOTHARING · ET BARR. DVX. Buste du duc à droite; devant lui, un casque et un bâton de commandement.

℞. QVOMODO CÆCIDISTI DE CÆLO. Le généralissime debout, armé de toutes pièces, la poitrine couverte d'une cuirasse aux armes de Lorraine, oppose à la Turquie, symbolisée par une hydre, un bouclier sur lequel la Vierge est figurée. Dans le haut, entouré de rayons, le saint Ciboire. De la Vierge et de l'hostie partent des foudres qui frappent l'hydre. Sous les pieds des combattants, les initiales EI.
Catal. Monnier, n° 705. Diam. 53 mill. Ar.   T.B.

1578. *Médaille. Mort de Charles V.* CAR · V · D · G · LOTH · & · BARR · DVX · S · C · M · GENERALISS. Buste cuirassé, à droite; grande perruque, jabot de dentelles, collier de la Toison d'or. Sous l'épaule, CH., initiales du graveur *Cheron.*

℞. SVRGET NOSTRIS EX OSSIBVS VLTOR, en légende, et OBIIT WELSI 1ᵃ/ˢ APR · A · 1690 · Æ · 47, à l'exergue. Le phœnix sortant d'un bûcher où sont jetées des armes turques et françaises.
Catal. Monnier, n° 713, variété.   Br.   F.D.C.

1579. *Jeton.* C · V · D · G · L · B · D · REX · I · VICTOR ⁕ BARBA · NA. Buste drapé à droite; la tête est laurée. Sous l'épaule, les initiales du célèbre graveur s • v (Saint-Urbain).

℞. ET • VALIDE • ET • SVBITO • en légende et PANN • VINDICATA, à l'exergue. Aigle lançant ses foudres sur des monuments d'où tombent les croissants qui les surmontaient.

Catal. Monnier, nº 709.   Cuiv.   T.B.

Léopold I, prétendant (1690-1697)
duc (1697-1729)

ATELIER DE NANCY

1580. *Double Léopold*. LEOPOLDVS • I • D • G • D • LOT • BAR • REX • IE • . Tête laurée du duc, à droite; sous le buste, le millésime 1720.

℞. TV • DOMINE SPES • MEA. Ecu simple de Lorraine, surmonté d'une couronne fermée.

Très rare.   Or.   F.D.C.

1581. *Double Léopold*. LEOPOL • I • D • G • D • LOT • BAR • REX • IER. Tête laurée du duc, à droite; sous le buste, le millésime 1726.

℞. TV • DOMINE SPES • MEA. Ecu parti de Lorraine et de Bar, timbré d'une couronne fermée.

De Saulcy, Ibid., pl. XXXII, fig. 7.
Très rare.   Or.   T.B.

1582. *Léopold*. LEOP • I • D • G • D • LOT • DA • REX • IE • 1702. Tête laurée du duc, à droite. Sous le cou, le millésime 1702.

℞. TV • DOMINE • SPES • MEA. Croix formée, comme sur les louis d'or de Louis XIV, de huit L couronnées, et coupant la légende. Dans chaque canton et au centre, une petite croix de Lorraine.

De Saulcy, Ibid., pl. XXIX, fig. 4. *Rare*. Or.   F.D.C.

1583. *Demi-Léopold*. LEOP • I • D • G • D • LOT • BAR • REX • IE. Tête laurée du duc, à droite. Sous le cou, le millésime 1718.

℞. TV · DOMINE SPES · MEA. Ecu simple de Lorraine, surmonté d'une couronne fermée, comme au n° 1580.

De Saulcy, Ibid., pl. XXXI, fig. 8, variété.

Or.   A.B.

1584. *Ecu.* LEOPOLDVS · I · D · G · D · LOT · BAR · REX · IER. Buste drapé du duc tourné à droite. Devant le cou, en très petites lettres, les initiales du graveur Saint-Urbain.

℞. IN ✿ TE ✿ DOMINE SPERAVI ✿ 1710. Ecu rond aux trois alérions, couronné et supporté par des palmes.

De Saulcy, lbid., pl. XXX, fig. 5. *Rare.* Ar.   T.B.

1585. *Demi-écu.* LEOPOLDVS · I · D · G · D · LOT · BA · REX · IE. Tête du duc à droite.

℞. IN · TE · DOMINE SPERAVI · 1719. Ecu aux trois alérions, timbré d'une couronne fermée.

De Saulcy, Ibid., pl. XXXI, fig. 9.   Ar.   T.B.

1586. Autres avec les dates de 1720 et 1723.

Deux pièces.   Ar.   A.B.

1587. *Teston.* LEOP · I · D · G · D · LOT · BA · REX · IE. Petit buste drapé, tourné à droite.

℞. IN TE · DOMINE · SPERAVI · 1702. Ecu rond aux armes pleines de Lorraine, posé sur un cartouche et timbré d'une couronne fermée.

De Saulcy, Ibid., pl. XXIX, fig. 6 ; var. de date.

Rare.   Ar.   A.B.

1588. *Teston.* LEOP · I · D · G · D ✿ LOT · BA · REX · IER. Buste cuirassé et drapé, tourné à droite.

℞. IN · TE · DOMINE · SPERAVI · 1704. Ecu parti de Lorraine et de Bar, surmonté d'une couronne fermée.

De Saulcy, lbid., pl. XXIX, fig. 9.

Très rare.   Ar.   T.B.

1589. *Teston.* LEOP · I · D · G · D ✿ LOT · BA · REX · IER. Buste drapé à droite.

℞. IN · TE · DOMINE · SPERAVI · 1704. Ecu carré aux trois alérions, surmonté d'une couronne fermée et accosté de deux petites croix de Jérusalem.

De Saulcy, lbid., pl. XXX, fig. 1, var. de date.

Exemplaire surfrappé.   Ar.

1590. *Teston.* LEOP · I · D · G · D · LOT · BA · REX · IER. Buste drapé, tourné à droite.

℞. IN • TE • DOMINE + SPERAVI · 1706. Ecu rond de Lorraine simple, surmonté d'une couronne fermée.
De Saulcy, Ibid., pl. XXVIII, fig. 7.   Ar.   F.

1591. *Teston.* LEOP • I • D • G • D LOT • BA • REX • IER. Buste drapé du duc, à droite.
℞. IN • TE • DOMINE • SPERAVI. Croix de Jérusalem surmontée d'une couronne fermée; au-dessous, dans la légende, un petit alérion.
Deux pièces, l'une de 1711, l'autre de 1713.
                         Ar.   A.B.

1592. *Teston.* LÉOP • I • D • G • D • LOT • BA • REX • IE. Tête du duc à droite.
℞. IN • TE • DOMINE • SPERAVI · 1717. Ecu à la croix de Jérusalem cantonnée de quatre croisettes; l'écu est timbré d'une couronne fermée.
De Saulcy, Ibid., pl. XXXI, fig. 1. Var. de date.
Exemplaire surfrappé.   Ar.

1593. *Teston.* LEOP • I • D • G • D • LOT • BA • REX • IE ☙. Tête du duc à droite.
℞. IN • TE • DOMINE • SPERAVI · 1718. Ecu aux trois alérions, timbré d'une couronne fermée.
De Saulcy, Ibid., pl. XXXI, fig. 5. Var. Ar.   F.D.C.

1594. *Teston.* LEOP • I • D • G · D • LOT • BAR • REX • IER. Buste drapé du duc, à droite.
℞. IN • TE • DOMINE • SPERAVI · 1723. Ecu parti de Lorraine et de Bar, timbré d'une couronne fermée.
De Saulcy, Ibid., pl. XXXI, fig. 11. Var. de date.
                         Ar.   T.B.

1595. *Demi-teston.* LEOP · I • D • G • D • LOT • BA • REX • IER. Buste du duc, drapé et tourné à droite.
℞. IN • TE • DOMINE • SPERAVI. Croix de Jérusalem, timbré d'une couronne fermée.
De Saulcy, Ibid., pl. XXX, fig. 8.
Exemplaire surfrappé. *Rare.*   Ar.

1596. *Demi-teston.* LEOP · I • D • G • D • LOT • BA • REX • IE. Tête du duc à droite.
℞. IN • TE • DOMINE • SPERAVI · 1716. Ecu à la croix de Jérusalem cantonnée de quatre croisettes; au-dessus, une couronne fermée.
De Saulcy, Ibid., pl. XXXI, fig. 2.   Ar.   B.

1597. *Demi-teston.* LEOP · I · D · G · D · LOT · BA · REX · IE. Tête du duc
à droite.

℞. IN · TE · DOMINE · SPERAVI. Ecu simple de Lorraine, surmonté
d'une couronne fermée.

Trois pièces aux millésimes 1719, 1720 et 1721.

Ar. T.B.

Une compagnie financière ayant obtenu, en 1724, l'exploitation de l'atelier monétaire, frappa de belles espèces auxquelles demeura, dans le public, le nom du directeur de la Société, d'Aubonne. Cette entreprise fut remplacée en 1728 par un administrateur du nom de Masson.

1598. *Ecu ou Aubonne.* LEOP · I · D · G · D · LOT · BAR · REX · IER. Tête
du duc à droite.

℞. IN · TE · DOMINE · SPERAVI · 1724. Ecu plein de Lorraine, surmonté d'une couronne fermée.

De Saulcy, Ibid., pl. XXXII, fig. 5. Var. de date.

Ar. B.

1599. Autre. Mêmes types et légendes, mais avec la date 1725.

De Saulcy, Ibid., pl. XXXII, fig. 5.

Deux exemplaires. Ar. B.

1600. *Demi-Aubonne.* LEOP · I · D · G · D · LOT · BAR · REX · IER. Tête du
duc à droite.

℞. IN · TE · DOMINE · SPERAVI · 1724. Ecu plein de Lorraine, surmonté d'une couronne fermée.

De Saulcy, Ibid., pl. XXXII, fig. 2. Ar. T.B.

1601. Autres, avec les millésimes 1724 et 1725.

Deux pièces. Ar. T.B.

1602. *Quart d'Aubonne.* LEOP · I · D · G · D · LOT · BAR · REX · IER. Tête
du duc à droite.

℞. IN · TE · DOMINE · SPERAVI · 1725. Ecu plein de Lorraine, surmonté d'une couronne fermée.

De Saulcy, Ibid., pl. XXXII, fig. 6. Ar. B.

1603. *Pièce dite Masson.* LEOP · I · D · G · D · LOT · BAR · REX · IER. Tête
du duc à droite.

℞. MON · NANC · CVSA · 1728. Quatre alérions couronnés, placés
autour d'une croix de Jérusalem.

De Saulcy, Ibid., pl. XXXIII, fig. 1. Ar. B.

1604. *Pièce de soixante deniers.* LEOP · I · D · G · LOT · BAR · REX · IER.
Croix de Lorraine, surmontée d'une couronne et placée dans
un champ semé d'alérions.

℞. PIECE · DE · LX · DENIERS · 1726. Triangle formé de six L

adossées ; au sommet de chaque angle, un alérion ; au centre
une croix de Jérusalem.
De Saulcy, Ibid., pl. XXXII, fig. 9.　　Bill.　　B.

1605. *Pièce de trente deniers.* LEOP • I • D • G • D • LOT • BAR • REX • IER.
Au centre, une croix de Lorraine couronnée ; le champ est
semé d'alérions.
℞. PIECE • DE • XXX • DENIERS • 1726. Triangle formé de six L, etc.
comme au n° 1604.
De Saulcy, Ibid., pl. XXXII, fig. 10. Quatre exemplaires,
dont un avec le millésime 1729.　　Bill.　　A.B.

1606. *Pièce de quinze deniers.* LEOP • I • D • G • D • LOT • BA • REX • IER.
Chiffre du duc formé de deux L entrelacées, surmontées d'une
couronne et accostées de trois alérions.
℞. ✿ PIECE • DE • XV • DENIERS. Croix de Jérusalem cantonnée de
quatre alérions.
De Saulcy, Ibid., pl. XXXIII, fig. 6.　　Bill.　　B.

1607. *Pièce de douze deniers.* LEOP • I • D • G • D • LOT • BAR • REX • IER.
Croix de Lorraine couronnée ; le champ est semé d'alé-
rions.
℞. PIECE • DE • XII • DENIERS • 1727. Triangle formé de six L,
etc., comme au n° 1604.
De Saulcy, Ibid., pl. XXXII, fig. 11.　　Bill.　　A.B.

1608. LEOP • I • D • G • D • LOT • BA • REX • IER. Cartouche chargé des
deux écus ovales de Lorraine et de Bar, et surmonté d'une
couronne ouverte.
℞. MONETA • CVSA • NANCEII. Alérion couronné.
De Saulcy, Ibid., pl. XXVII, fig. 10. Variété.
Quatre exemplaires.　　Bill.　　A.B.

1609. Autres, avec MONETA • CVSA • NANCEI au revers.
Six exemplaires.　　Bill.　　B.

1610. Autres, avec LEOP • I • D • G • D • LOT • BA • REX • IE au droit.
Cinq exemplaires.　　Bill.　　B.

1611. LEO • I • D • LOT • ET • BA • RE • IE. Cartouche chargé d'un écu
ovale parti de Lorraine et de Bar, timbré d'une couronne
fermée.

℞. MONETA · CVSA · NANCII. Alérion couronné.
De Saulcy, Ibid., pl. XXVIII, fig. 12. *Rare.*

Bill.   A.B.

1612. *Liard.* LEOP · I · D · G · D · LOT · BA · REX · IE. Tête du duc à droite.
℞. LIARD DE LORRAINE, écrit, au milieu du champ, en trois lignes; dans le bas, le millésime et un petit alérion.
De Saulcy, Ibid., pl. XXXIII, fig. 3.
    Variétés appartenant aux années 1707, 1708, 1714, 1715, 1726, 1727, 1728.   Cuiv.   B.

1613. MONETA · CVSA · NANCII. Alérion couronné.
℞. Au milieu du champ, le chiffre 1, surmonté d'un petit alérion.
De Saulcy, Ibid., pl. XXIX, fig. 2.   Cuiv.   A.B.

1614. *Méreau des mines.* TRAVAUX DES MINES, écrit en trois lignes dans le champ; de chaque côté de la deuxième ligne, une croix de Lorraine.
℞. EAV DE · VIE MESVRE · DE 2 · ONCES, écrit en quatre lignes dans le champ.
Inédit.   Cuiv.   F.D.C.

1615. *Autre.* Même type au droit.
℞. NOMBRE, écrit en une ligne, au milieu du champ.
De Saulcy, Ibid., pl. XXXIII, fig. 11. Cuiv.   T.B.

1616. *Médaille. Hommage lige à Louis XIV pour le duché de Bar.*
LVDOVICVS MAGNVS REX CHRISTIANISSIMVS. Tête du roi à droite; sous le cou : J · MAVGER · F.
℞. HOMAGIVM LIGIVM LEOP · LOTH · D · OB · DVCAT · BARENSEM. Le duc à genoux, les mains dans les mains du roi. A l'exergue, le millésime : M · DC · XCIX.
Catal. Monnier, n° 781.   Br.   F.D.C.

1617. *Médaille. Naissance du prince Louis, à Lunéville.* LEOP · I · D · G · D · LOTH · BA · REX · IE + E · D · AURELIANENSIS. Têtes accolées, à droite, du duc et de sa femme, Elisabeth-Charlotte d'Orléans.
℞. HOC ORIENTE CUNCTA REVIVISCUNT en légende, et L · P · LOTH · NAT · XXVIII · IANV · M · DCCIIII à l'exergue. Dans le champ, le soleil se levant à l'horizon.
Catal. Monnier, n° 782.   Br.   F.D.C.

1618. *Médaille. Même événement.* Droit comme au n° 1617.

℞. TE CRESCENTE SURGAM en légende, et L • P • LOTH • NAT • XXVIII
IANU • M • DCCIIII à l'exergue. Dans le champ, un arbre sur
lequel s'enroule une vigne.
Catal. Monnier, n° 784.   Br.   F.D.C.

1619. *Médaille. Même évènement.* Droit comme au n° 1617.
℞. VIX NATVS JAM CORDA RAPIT en légende, et L • P • LOTH • NAT •
XXVIII IANU • M • D • CCIIII à l'exergue. Dans le champ, l'Amour
debout, son arc à la main.
Catal. Monnier. n° 786.   Br.   F.

Elisabeth-Charlotte d'Orléans, femme de Léopold I

1620. *Médaille.* ❀ ELIS • CAR • AVRELIAN • LEOP • I • CONIVX • FIDELISSIMA
AVGG • OP͏ᵀ • MATER. Tête de la duchesse à droite; sous le cou,
les initiales du graveur Saint-Urbain.
℞. ET • ADHVC • NOS • PROLE • BEABIT • AN • REGNI • 17, en légende,
et NANC • VRB • OBT • 1714, à l'exergue. La duchesse debout,
entourée de ses cinq enfants.
Catal. Monnier, n° 798. Diam. 35 mill. Cuiv.   F.D.C.

1621. *Jeton.* ELIS • CAR • AVREL • LEOP • I • LOT • BAR • D • AVGᴬ • SVPR •
PRINC • COMMARC. Tête de la duchesse à droite; le cou est orné
d'un collier de perles. Dans le bas, s • VRB., nom du graveur
Saint-Urbain.
℞. • GLORIA COMMARCII en légende, et ACCEPTO • A • PRINCIPATV •
COMMARC • FIDEL SACR • 1737. Dans le champ, un cartouche
couronné chargé de deux écus accolés, l'un aux armes
pleines de Lorraine, l'autre aux armes d'Orléans.
Catal. Monnier, n° 808. Diam. 29 mill. Ar.   F.D.C.

François III (1726-1737)

1622. *François d'or.* FRANC • III • D • G • DVX • LOT • BAR • REX • IER •
Buste du duc à droite; la tête est laurée.
℞. TV • DOMINE • SPES • MEA. Ecu ovale et simple de Lorraine,
sur un cartouche supporté par deux aigles. Sceptre, main
de justice et couronne fermée.

De Saulcy, Ibid., pl. XXXIV, fig. 5.
Rare.   Or.   F.D.C.

1623. *Teston.* FRANC • III • D • G • DVX • LOT • BAR • REX • IER. Buste
du duc à droite.

℞. IN • TE • DOMINE • SPERAVI • 1736. Ecu légèrement échancré,
parti de Lorraine et de Bar, timbré d'une couronne fermée
et accosté de deux croix de Lorraine.
De Saulcy, Ibid., pl. XXXIV, fig. 9.
Rare. Ar. F.D.C.

1624. *Pièce de trente deniers.* FRANCISCVS • III • D • G • LOT • B • REX •
IER • 1729. Alérion couronné.

℞. ✠ PIECE • DE • XXX • DENIERS. Croix de Jérusalem,, cantonnée
de quatre croisettes.
De Saulcy, Ibid., pl. XXXIV, fig. 4. Bill. F.

1625. *Jeton. Entrée de François à Nancy.* ✠ FRANC • STEPH • PR • A •
LOT • LEOP • I • ET • ELIS • C • AVREL • FIL. Buste enfantin à
gauche; dans le bas, les initiales du graveur Saint-Urbain.
℞. SPES • ALTERA • GENTIS • , en légende, et NANC • PRIM • INGR •
VRB • OBT • 1714. Deux jeunes arbres enlaçant leurs rameaux.
Catal. Monnier, n° 797.
Deux exemplaires. Cuiv. A.B.

1626. *Médaille. Hommage lige à Louis XV pour le duché de Bar.*
LUDOVICUS XV • REX CHRISTIANISSIMUS. Buste drapé du roi à droite;
la tête laurée; sous la tranche du cou, la signature du gra-
veur : J. DU VIVIER F.
℞. HOMAG • LIGIUM FRANC • STEPHANI LOTHARING • DUCIS OB DUCAT •
BARRENSEM, en légende, et I • FEBRUARII M • DCC • XXX • , à
l'exergue. Dans le champ, le duc agenouillé devant le roi.
Catal. Monnier, n° 818.

François III, aprés l'abandon de la Lorraine, grand-duc de Toscane (1737-1745) empereur (1745-1765)

1627. *Petit écu.* FRANC • D • G • LOTH • BAR • ET • M • ETR • D • REX • HIER.
Buste drapé à droite, la tête laurée.
℞. IN • TE • DOMINE • SPERAVI, en légende, et PISIS • 1739, dans
le bas. Ecu plein de Lorraine en forme de cartouche; un
petit écu parti des trois alérions et des besants de Toscane
broche sur le tout. Le cartouche est supporté par deux
palmes et timbré d'une couronne fermée.
Catal. Monnier, n° 827. Beau style. Ar. T.B.

1628. *Grand écu.* FRANCISCVS • D • G • R • I • S • A • G • HIER • REX • LOTH
• BAR • M • D • ÈTR. Buste de l'empereur à droite, revêtu
d'une riche armure et couvert d'un manteau d'hermines; la
tête est laurée.

℞. IN • TE • DOMINE • SPERAVI, en légende, et PISIS • 1747, dans le bas. Double aigle d'Empire, timbrée de la couronne, tenant dans ses serres une épée et un sceptre, et chargée en cœur d'un écu semblable à celui du n° 1627.

Ar.　F.D.C.

1629. *Demi-écu.* FRANCISCVS • D • G • R • I • S • A • G • HIER • REX • LOTH • BAR • M • D • ETR. Buste à droite, comme sur le n° 1628.
℞. IN • TE • DOMINE • SPERAVI, en légende, et PISIS 1746, dans le bas. Double aigle d'Empire couronnée, tenant l'épée et le sceptre, et chargée en cœur d'un écu échancré, parti aux trois alérions de Lorraine et aux besants de Toscane.

Ar.　T.B.

1630. *Huitième d'écu.* FRANC • D • G • R • I • S • A • GE • IER • R • LO • B • M • H • D • Buste à droite, comme sur le n° 1627.
℞. IN TE DOMINE SPERAVI 1747. Double aigle, écu, etc., légèrement différents de ceux du n° 1629.

Ar.　F.D.C.

1631. *Grand écu.* FRANC • D • G • R • I • S • A • GE • IER • R • LO • B • M • H • D • L'empereur à droite en buste, lauré, cuirassé, drapé et portant la Toison d'or sur la poitrine.
℞. IO EINE FEINE MARCK • 1763, en légende et LEGE VINDICE • S • S • (N) I • M • F • ; à l'exergue. Double aigle d'Empire, comme au numéro précédent.

1632. *Jeton. Couronnement de l'empereur.* FRANCISCUS HIER • REX • LOTH • BAR • ET • M • H ETR • DVX • ELECTUS IN • REGEM • ROMAN • CORONATUS • FRANC • 4 • OCT • 1745 • , en huit lignes horizontales, sous une couronne.
℞. DEO ET IMPERIO. Insignes de l'Empire sur un autel; dans le haut, le nom. de Jéhovah entouré de rayons.

Ar.　F.D.C.

1633. *Médaille. Mort de l'empereur.* FRANCISCVS • D • G • ROM • IMP • S • A • GERM • HIER • REX • LOTH • BAR • ET • M • HET • DVX. L'empereur en buste, à droite, lauré, cuirassé et drapé.
℞. AETERNITATI • AVG • PRINCIPIS • OPTIMI • PATRIS • PAT • , en légende, et NAT • VIII • DEC • MDCCVIII • OBIIT • OENIPONTI • XVIII AVG • MDCCLXV, en trois lignes, à l'exergue. Pyramide surmontée du buste de l'empereur; au pied du monument, la Justice et la Religion, dans l'attitude de la douleur; sur le socle les lettres A.W., initiales du graveur Werner.
Catal. Monnier, n° 897.

Ar.　T.B.

LA LORRAINE ET LE BARROIS
Annexés à la France (1737)

—

1634. *Médaille.* LUD · XV · REX CHRISTIANISS. Le roi en buste, à droite, portant le cordon du Saint-Esprit. Dans le bas, le nom du graveur : DU VIVIER F.

℞. MINERVA PACIFERA, en légende, et LOTHARING · ET BAR · REGNO ADD · MDCCXXX VII · , en trois lignes, à l'exergue. Le roi assis sur son trône, recevant d'une femme, personnifiant la Lorraine et le Barrois, un écu aux armes des deux duchés ; au second plan, Minerve tenant un caducée.

Catal. Monnier, n° 904.　　　　Br.　　F.D.C.

Stanislas (1738-1766)

1635. *Médaille. Serment de fidélité des Lorrains.* STANISLAVS I · REX POL · MAG · D · LITH. Le roi de Pologne, en buste, à droite. Dans le bas, le nom du graveur : DUVIVIER.

℞. ACCEPTO A LOTHARINGIS ET BARIENSIBUS FIDELITATIS SACRAMENTO MDCCXXXVII · , inscription en six lignes, dans le champ.

Catal. Monnier, n° 900.　　　　Ar.　　B.

1636. *Jeton. Société des Sciences de Nancy.* STAN · ROY D · POL · GR · D · D · LITH · D · DE LORR · ET DE BAR. Buste à droite, la tête est laurée. Dans le bas, les initiales du graveur : J.C.R.

℞. SOC · ROYAL · DES SCI · ET BEL · LET · DE NANCI · 1753 · Ecu échancré sur un cartouche.

FAMILLE DUCALE DE LORRAINE

—

Anne de Lorraine, fille d'Antoine

1637. *Jeton.* ANNE DE LORRAINE D DARSCHOT P DORENGES. Ecu en losange parti au premier de Croï et de Renty et au second de Lorraine plein ; une couronne timbre l'écu. Au commencement de la légende, une petite main ouverte, différent de l'atelier monétaire d'Anvers.

℞. ✿ DA * PACE * DNE * IN * DIEB * NRIS. Croix de Jérusalem, cantonnée de quatre croisettes.

Rare.　　　　　　　Cuiv.　　A.B.

Renée, fille de François I

1638. *Médaille.* BENE FAC DOMINE BONIS ET RECTIS CORDE : PSALM : CXXIV, en légende, et COR VNVM ET ANIMA VNA 1585, à l'exergue. Bustes affrontés de Renée de Lorraine et de son mari Guillaume V, duc de Bavière, comte palatin du Rhin; dans le haut, le monogramme du Christ et les clous de la Passion. A l'exergue, coupant l'inscription, un écu échancré, parti, au premier, de Palatinat et de Bavière, et, au deuxième, de Lorraine. Grènetis extérieur.

℞. IHS GVILHELMVS V : D : G : COM : PALAT RHE : VTRIVSQ : BAVA DVX : ET RENATA LOTAR EIVS : CONIVNX : HOC SOCIETATIS IESV TEMPL : ATQ : COL : PRO SVA IN CATHOL : RELIG : ET ORDI ILLVM PIE : A FVNDA : EXTRVX : AC DOTAR : AN : SAHVM : M : D : LXXXV] MONACHII, inscription en treize lignes occupant tout le champ. Grènetis extérieur.

Petit trou dans le haut de la pièce. Epreuve originale de toute beauté. Diam. 75 millim.   Br.   Gravée.

(Voir plus loin, pl. XIV.)

Charles de Lorraine, abbé de Gorze
fils naturel de Charles III

1639. *Jeton.* CAROLVS • A LOTH • ABBAS • GORZIENZIS. Ecu plein de Lorraine, brisé de la barre de bâtardise. L'écu est placé sur une crosse en pal.

℞. HOC • ME • SIBI • TEMPERAT • ASTRVM • Tournesol frappé par les rayons du nom de Jéhovah. A l'exergue, le millésime 1612.

Rare.   Ar.   T.B.

Charles-Joseph de Lorraine, évêque d'Olmutz,
fils de Charles V

1640. *Thaler.* D • G • CAROLVS : • • • EPVS : OLOMVCEN. Buste de l'évêque, tête nue à droite.

℞. DVX • LOTHAR & BAR • S • R • I • PCP • S • R • C • B • COM. Ecu ovale, posé sur une croix de Malte, et surmonté d'une couronne. Sous la couronne, le millésime 1701.

                              Ar.   F.D.C.

1641. *Thaler.* DEI GRATIA CAROLUS EPISCOPUS OLOMUCENSIS. Buste de l'évêque, tête nue, à droite.

℞. DUX LOTHAR · ET BAR · S : R : I : PS · RE · CA · BO · CO : 1706. Ecu
ovale, posé sur une croix de Malte, soutenu par deux aigles
et surmonté d'une couronne.

Ar.　　F.D.C.

1642. *Pièce de XV gros.* D : G : CAROLVS EPVS OLOMVCENSIS. Buste de
l'évêque, à droite, tête nue. Dans le bas, l'indication de valeur : (xv).

℞. DVX LOTHAR · ET · BAR · S · R · I · PS · R · C · B · COM · 1711.
Ecu rond posé sur une croix de Malte, et timbré d'une
couronne.

Ar.　　T.B.

Léopold, fils de Léopold I

1643. *Jeton.* LEOP · P · R · LEOP · I · ET · ELIS · CAR · AVREL · F · . Buste
enfantin à droite; au-dessous, les initiales du graveur Saint-
Urbain.

℞. SI · FORTE · ASSEQVAR, en légende, et NANC · PRIM · INGR · VRB ·
OBT · 1714, à l'exergue. Aigles et aiglon s'élevant vers le
soleil.

Deux exemplaires.　　Br.　　F.D.C.

Charles, fils de Léopold I

1644. *Sixième de thaler.* D G · CAROL · ALE · DVX LOTH · ET BAR. Buste du
prince à droite, portant la croix de l'ordre Teutonique.

℞. SUP : ADM : BOR : ET ORD TEUT : MAGN : MAG · 1776, en légende
extérieure, et LX · EINE F : MARCK, en légende intérieure. Ecu
à huit quartiers sur lequel broche la croix de l'ordre Teutonique, chargée d'un petit écu aux trois alérions ; l'écu est
couronné et supporté par deux palmes. Dans le bas,
W.20.E.(W).

Catal. Monnier, nº 1459.　　Ar.　　F.D.C.

1645. *Médaille.* CAR · HENR · DVX · LOTHAR · S · R · MAI · II · & · B · DVX
BELL. Buste du duc à droite. Sous le buste, la signature du
graveur : VESTNER.

℞. AVVS AB AETHERE CERNIT SE FACTIS CREVISSE TVIS. Lion debout, couronné, tenant deux palmes et un bâton de commandement. A droite, un palmier chargé de l'écu de Lorraine aux trois alérions; dans le haut, le Lion, signe du zodiaque, entre deux nuages. A l'exergue, le millésime MDCCXLIII.
Diam. 45 mill. Ar. F.D.C.

1646. *Médaille.* CAR · HERR · DVX LOTH · S · R · MAI · H · ET · B · DVX BELL. Buste de Charles, à droite. Dans le bas, la signature M · HOLTZHEY · FEC.
℞. INVIA VIRTVTI NVLLA EST VIA, en légende, et TRAIICIT IRATO SPVMANTEM VORTICE RHENVM. MDCCXLIIII IVLII II, en quatre lignes, à l'exergue. Minerve foudroyant le Rhin; dans le fond, une armée en marche.
Diam. 49 mill. Ar. F.D.C.

1647. *Médaille. Prise de Prague.* CAR : LOR · PR · PERFIDORVM VINDEX. Le prince à cheval, à droite; il est couvert de son armure et tient l'épée nue. A l'exergue, le millésime MDCCXLIV.
℞. SVBSIDIO BRITANNIÆ, en légende, et PRAGA RECAPTA. NO · 26 · MDCCXLIV, en deux lignes, à l'exergue. Vue de la ville de Prague; au premier plan, des cavaliers galopant vers la droite.
Cuiv. F.D.C.

1648. *Jeton.* CAR · ALEX · LOTH · ET BAR · DUX · GUB · BELG. Buste de Charles-Alexandre, à droite. Dans le bas, l'initiale du graveur Roettiers.
℞. PRAGA · LIBERATA · XXI : IVN : BORVSSI · CÆSI · XXII · NOV : , en légende, et WRATISLAVIA CAPTA · XXV · N : 1757, en trois lignes, à l'exergue. Dans le champ, trois couronnes de laurier.
Diam. 33 mill. Cuiv. B.

1649. *Jeton.* CAR · ALEX · LOTH · DVX BELG · PRÆF : Buste à gauche, dans le bas, l'initiale du graveur Roettiers, marquée en creux.
℞. QVOD BELGII PRÆFECTVR · XXV ANNIS FORTITER, HVMANÉ, PRVD · GESSIT ODÆI BRVXEL · CAROLINI SODALES PRINCIPI CARISS · 1769 · , inscription en neuf lignes, dans le champ.
Diam. 33 mill. Ar. F.D.C.

1650. *Jeton.* CAR · ALEX · LOTH · DVX BELG · FRÆF : Buste à gauche, comme au numéro précédent.
℞. BELGICÆ FELICITATIS SECVLVM NOVVM, en légende, et BRVXELL · D · XXVI MAR · M · DCC · LXIX, à l'exergue. Dans le champ, un obélisque supportant un cartouche sur lequel un Génie écrit les mots IMP · AN · XXV. Aux pieds du Génie, le lion belgique couché.
Diam. 33 mill. Ar. T.B.

Anne-Caroline, fille de Léopold I

1651. *Jelon.* CAROL · PR · LOTHAR · & · NATA 17 · MAII 1714. Buste de la princesse avec écharpe d'hermine à droite.

℞. PATRIÆ VTRIQVE SVVM, en légende, et DECESSIT 7 · NOV · 1773 · MONTIB · HANON, en deux lignes, à l'exergue. Tombeau sur lequel s'appuie, dans l'attitude de la douleur, une femme coiffée d'une couronne murale. Au second plan, un Génie ailé ou un ange. Dans le bas, les initiales du graveur W. Harrewyn.

Or.   F.D.C.

Pierre-Léopold, fils de François III

1652. *Monnaie.* P · LEOP · D · G · P · R · H · ET · B · A · A · M · D · · Buste à droite.

℞. DIRIGE DOMINE, etc. 1789. Ecu ovale, tiercé de Lorraine, d'Autriche et de Toscane. L'écu est surmonté d'une couronne et placé sur une croix de Malte.

Diam. 22 mill.   · Ar.   F.

Maximilien de Lorraine, fils de François III

1653. *Médaille.* MAXIM · A · A · ELECT · IN COADI · ADMIN · M · MAG · BOR · GERM · ET · ITAL, en légende, et ACCLAMANT · OMN · VOT · III OCT · MDCCLXIX INSIGN · IX · IVLI · MDCCLXX, à l'exergue. Buste armé et drapé du jeune prince à droite.

℞. CAROL · D · LOTHARINGIÆ MAGNVS ORDINIS TEVTONICI MAGISTER. Buste drapé, à droite, du grand maître de l'ordre, Charles-Alexandre de Lorraine, oncle du nouveau coadjuteur. Dans le bas, la signature du graveur A. WIDEMAN.

Diam. 46 mill.   Ar.   F.D.C.

BRANCHE DE GUISE

ISSUE DE RENÉ II

—

Charles, cardinal

1654. *Jeton.* + CAROLVS : CARDI : DE : LOTH : ARCH : DVX : RHEM. Ecu plein de Lorraine, brisé d'un lambel à trois pendants. L'écu est placé sur une croix longue et surmonté du chapeau de cardinal.

℟. : CRESCAM : ET : TE : STANTE : VIREBO. Vigne s'élevant à l'aide de trois supports en pyramide.

Deux exemplaires.   Cuiv.   F.

Charles

1655. *Jeton.* ⚙ CHARLES · D · LOR · DVC · D · GVISE · PAIR · D · FRAN. Ecu plein de Lorraine, timbré d'une couronne et entouré du collier de l'Ordre de Saint-Michel.

℟. VERITAS · VISV · ET · MORA · . Colonne lumineuse portant, sur son chapiteau, un livre ouvert. A l'exergue, le millésime 1600.

            Ar.   T.B.

BRANCHE DE GUISE-AUMALE

—

Claude de Lorraine

1656. *Jeton.* ✠ · C · D · LORRAINE · D · DAVMALLE · P · D · FRANCE. Ecu écartelé aux armes de Claude de Lorraine et de sa femme, Antoinette de Bourbon ; l'écu est surmonté d'une couronne.

℟. ✠ FACTIS · NOMEN ✠ · La Renommée debout. A l'exergue, le millésime 1576.

            Cuiv.   F.

BRANCHE DE GUISE-MAYENNE

—

Catherine

1657. *Jeton.* CATH · DE · LORRAIN^E DVCH · DE NIVERNOIS. Ecu aux nombreux quartiers de la duchesse, timbré d'une couronne et entouré d'un cordon. Au-dessus de la couronne, le mot FI DE.

℞. DATAM SERVAT. Mains jointes et palmes; dans le haut, le nom rayonnant de Jéhovah. A l'exergue, le millésime 1613.

Cuiv. A.B.

BRANCHE DE GUISE-ARMAGNAC

—

Henri, comte d'Harcourt

1658. *Jeton.* H • DE LORRAINE • C • DE HARCOVRT • P • ET • GR. Buste cuirassé et habillé à droite, de très beau style.

℞. ESCVYER • DE • FRAN • ET • VICE ROY DE CATAL. en légende, et FIDELIS • ET • AVDAX • , à l'exergue. Au centre, un lévrier attaché à un arbre; dans le champ, le millésime 1645.

Manquait à la coll. Monnier. Cuiv. B.

BRANCHE DE MERCŒUR

ISSUE D'ANTOINE

—

Nicolas de Lorraine

1659. *Jeton.* Les trois femmes de Nicolas de Lorraine, Marguerite d'Egmond, Jeanne de Savoie et Catherine de Lorraine debout, entre des pilastres supportant une voûte ornée; au-dessus d'elles, une lampe suspendue à la voûte; à l'exergue, les trois écus d'Egmond, de Savoie et de Lorraine.

℞. ✠ LVCERNA PEDIBVS MEIS VERBV TVVM. Lampe posée sur un livre.

Cuiv. F.

Louise de Lorraine, reine de France

1660. *Jeton.* LOISE • P • L • G • D • D • R • DE • FRAN • ET • DE • POLOG • Ecu parti de France et de Lorraine plein; l'écu de la reine, femme de Henri III, est timbré de la couronne royale.

℞. ✠ TANTVS • MIHI • FVLGOR • AB • VNO • 1575. Soleil éclairant la campagne.

Cuiv. B.

Erric de Lorraine, évêque de Verdun

1661. *Jeton.* ERRICVS A LOTHAR • • EPISC • ET COM • VIRD. Ecu plein de Lorraine brisé d'un lambel à trois pendants. L'écu est sur-

6*

monté d'une mitre et de la volute d'une crosse; dans le champ, le millésime 1596.

℞. + LVCERNA PEDIBVS MEIS VERBV⁻ TVVM. Lampe allumée posée sur un livre.

Catal. Monnier, nº 1268.

Deux exemplaires. Cuiv. B.

BRANCHE DE MERCŒUR-CHALIGNY

Henri de Lorraine, marquis de Mouy

1662. *Jeton.* + HENRICVS · LOTHARINGIVS · MARCHIO MOY. Ecu plein de Lorraine, surmonté d'une couronne.

℞. ✲ FLVCTVO NEC MERGOR ✲ · Arion porté par un dauphin. A l'exergue, le millésime 1627.

Deux exemplaires. Cuiv. B.

SEIGNEURIES ET VILLES

DE LA LORRAINE ET DU BARROIS

—

SAINT-DIÉ

—

Seigneur inconnu

Les rares pièces de Saint-Dié, qui se rapprochent par la forme et les dimensions du flan, par le type et le style, des grands deniers de Gérard d'Alsace, sont difficiles à attribuer. M. Laurent les croyait de Zwentibold, roi de Lorraine. Il est impossible de les faire remonter aussi loin. M. Maxe Werly (Remiremont et Saint-Dié, p. 64) proposait dubitativement d'y reconnaître des monnaies du comte de Toul, Scindebardus, qui vivait peu d'années avant Gérard. Le nom inscrit autour de la tête peut, en effet, en présence des variantes du temps, équivaloir à Scindebardus ; mais ce personnage avait-il le titre de duc? On peut croire que ces pièces ont été frappées par quelqu'un des ducs dont l'autorité s'est exercée sur l'église de Saint-Dié, avant la création du duché héréditaire de Lorraine en faveur de Gérard d'Alsace.

1663. *Denier.* ꝺvꝛoꝺvɩꝺq(ꝺ)vx entre deux grènetis ; au centre, un petit temple tristyle surmonté d'une croisette.

℞. ꝺᴇoꝺᴀᴛv ꝏ vsvs, entre deux grènetis ; au centre, une petite tête à long cou, de profil à gauche.

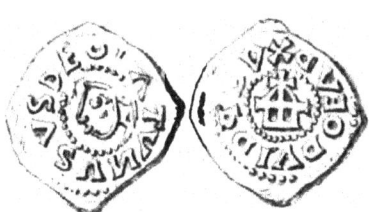

Flan quadrangulaire. Maxe Werly, Remiremont et Saint-Dié, n° 3. *Variété unique.* Ar. fin. F.D.C.

1664. *Denier.* .... ꝺᴛsvꝛ .... entre deux grènetis ; au centre, un petit temple tristyle surmonté d'une croisette.

℞. (ꝺᴇoꝺ)ᴀᴛvs vs(vs) entre deux grènetis ; au centre, une petite tête à long cou, de profil à gauche.

Variété inédite, très rare. Ar. fin. A.B.

1665. *Denier.* ....o... ᴀᴛvs entre deux grènetis ; au centre, un petit temple tristyle, plus élancé que celui des pièces précédentes.

℞. + s.......vs entre deux grènetis ; au centre, une petite tête à long cou, de profil à gauche.

Maxe Werly, Ibid., n° 9. *Très rare.* Ar. fin. F.

1666. *Obole.* ꝺvsꝺp...ꝺvx, entre deux grènetis ; au centre, un petit temple tristyle.

℞. s ꝺᴇoꝺᴀᴛ.., entre deux grènetis ; au centre, une croix cantonnée de quatre globules.

Maxe Werly, Ibid., n° 16. *Uuique.* Ar. fin. B.

Collégiale

1667. *Denier.* (s)an(ct)v(s), entre deux grènetis; au centre, une croix
à branches ancrées réunies par un point.

℞. deodatvs écrit autour d'un buste de face tenant une crosse
et un livre; grènetis extérieur.

Maxe Werly, Ibid., n° 29. *Très rare.*   Ar. fin. A.B.

REMIREMONT
—

Abbaye

Les monnaies suivantes, dont plusieurs sont encore inédites, ne sont
malheureusement pas toutes en bon état et les lettres en sont souvent
mal sorties du coin. Elles portent toujours l'image de saint Pierre, à
genoux, à mi-corps ou en buste, avec diverses combinaisons des noms
du prince des apôtres et de ceux du fondateur de l'abbaye, saint Romaric,
et de son compagnon, saint Amé.

TYPE DE SAINT PIERRE A GENOUX

1° AVEC LE NOM DE SAINT PIERRE ET DE SAINT ROMARIC

1668. *Denier.* ...., légende non sortie du coin, entre deux grènetis;
au centre, saint Pierre agenouillé à droite, tenant deux clefs.

℞. (roma)ric(vs), entre deux grènetis; au centre, une croix dont
les bras se prolongent jusqu'au grènetis intérieur.

Exemplaire écorné. *Inédit, très rare.*   Ar. fin.

1669. *Denier.* + pet(rvs), entre deux grènetis; au centre, saint Pierre
à genoux, la tête nimbée et tenant deux clefs; gravure très
fine.

℞. + romaricvs, entre deux grènetis; au centre, une croix
pattée, cantonnée de quatre globules.

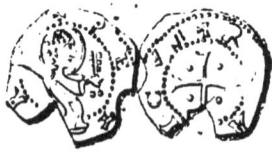

Maxe Werly, Remiremont et Saint-Dié, n° 8.
Exemplaire écorné. *Très rare.*   Ar. fin.

1670. Autre; même type; la croix du revers est plus longue.

Ar. fin. A.B.

1671. Autre: même type, gravure moins belle.

Maxe Werly, Ibid., n° 9. Exempl. troué. Ar. fin. F.

1672. *Denier.* + ᴘᴇᴛʀᴠs, entre deux grènetis; au centre, saint Pierre à genoux, ayant le capuce et tenant deux clèfs.

℞. • ʀᴏᴍᴀʀɪᴄᴠs entre deux grènetis; au centre, une croix pattée dont chaque branche est ornée de trois perles à ses extrémités.

Maxe Werly, Ibid., n° 11. *Très rare.* Ar. fin. T.B.

1673. Autre, même type; la croix du revers apparaissant en creux, au droit, dénature l'image de saint Pierre. Ar. fin.

1674. *Denier.* • ᴘᴇᴛʀᴠs, entre deux grènetis; au centre, saint Pierre à genoux, tenant deux clefs.

℞. + ʀᴏᴍ(ᴀ)ʀ(ɪ)ᴄ(ᴠ)s, entre deux grènetis; au centre, une croix pattée cantonnée au premier et au quatrième d'un globule, au deuxième d'un croissant et au troisième d'une étoile.

Maxe Werly, Ibid., n° 13. Ar. fin. A.B.

1675. *Denier.* • (ᴘᴇᴛʀ)ᴠs, entre deux grènetis; au centre, saint Pierre à genoux, tenant deux clefs.

℞. ʀᴏᴍᴀ(ʀɪᴄ)ᴠs, entre deux grènetis; au commencement de la légende, un globule entouré de points; au centre, une croix pattée, cantonnée, au deuxieme, d'une étoile et, au troisième, d'un croissant.

Maxe Werly. Ibid., n° 14.

Deux exemplaires. Ar. nn. F.

1676. *Obole.* ᴘ(ᴇᴛ)ʀ(ᴠ)s, entre deux grènetis; au centre, saint Pierre, à genoux, tenant deux clefs.

℞. ɪᴅɴɪ.....ɪ, entre deux grènetis; au commencement de la légende, un globule entouré de points; au centre, une croix cantonnée d'une étoile et de deux globules.

Maxe Werly, Ibid., n° 15.

Deux exemplaires écornés. Ar. fin.

1677. *Obole.* Sans légende, saint Pierre, à genoux, tenant deux clefs; grènetis circulaire.

℞. .... Croix pattée, cantonnée de deux croissants et d'une étoile.

Inédite. Ar. F.

2° AVEC LES NOMS DE SAINT PIERRE, DE SAINT ROMARIC ET DE SAINT AMÉ

1678. *Denier.* +s(p)e(t)rvs, entre deux grènetis ; au centre, saint Pierre
à genoux, la tête nimbée et tenant deux clefs.
℞. s(cs) a(m)a(t)vs, en légende extérieure, et ro ma ri cvs, entre
les bras d'une croix pattée.

Maxe Werly, Remiremont et Saint-Dié, n° 7.
Unique.   Ar. fin. A.B.

. TYPE DE SAINT PIERRE, A MI-CORPS

1679. *Denier.* pe(trvs). Dans le champ, saint Pierre à mi-corps, à
droite, tenant deux clefs ; grènetis extérieur.
℞. (rom)ari(cvs), entre deux grènetis ; au centre, une croix cantonnée d'une étoile, de deux globules et d'un croissant.
Légère surfrappe.
Inédit, unique.   Ar. fin. A.B.

TYPE DE SAINT PIERRE EN BUSTE

1680. *Denier.* Sans légende. Saint Pierre, en buste, à droite ; il tient
une clef ; les cheveux et la barbe sont formés de globules ;
grènetis extérieur.
℞. (r)oma(r)ic, entre deux grènetis ; au centre, une croix pattée,
cantonnée, au premier et au quatrième, d'une fleur de lis,
au deuxième et troisième, d'un globule.
Variété inédite. Deux exemplaires.   Ar.   A.B.

1681. Autre. Même type ; coins légèrement variés.
Trois exemplaires.   Ar. ·   A.B.

1682. *Denier.* Sans légende. Saint Pierre en buste, à gauche, comme
au n° 1680, mais la tête est entourée d'un nimbe.
℞. (ro)maric, entre deux grènetis ; au centre, une croix pattée,
cantonnée de deux fleurs de lis et de deux globules, comme
au n° 1680.
Variété inédite.   Ar. fin. B.

ÉPINAL

—

Monastère de Saint-Geuric

L'atelier d'Epinal a fonctionné d'une façon régulière sous plusieurs évêques de Metz (voir 2ᵉ fascicule, *passim*). Il a été exploité exceptionnellement par le duc de Lorraine, Simon I (voir nᵒˢ 1182 et 1183), au temps d'Heriman, lorsque l'expulsion de ce prélat permit aux seigneurs voisins de s'emparer de ses domaines.

Les monnaies suivantes portent le nom de la ville, au droit et au revers. Nous avons déjà signalé le même fait dans l'atelier épiscopal de Metz et dans l'atelier ducal de Nancy. Reste à savoir sous quel pouvoir une fabrication analogue a eu lieu à Epinal. Si ces monnaies n'avaient été frappées que pendant peu de temps, on aurait pu les attribuer au duc Simon, comme les pièces qui portent son nom ; mais il existe, dans ce groupe, des petits deniers d'une époque bien postérieure. Suivant M. Laurent, ces monnaies seraient communales. Peut-être faut-il y voir simplement des pièces émises par le monastère de Saint-Geuric, qui, au commencement du xiiiᵉ siècle, aurait affirmé son droit monétaire par la fabrication de deniers au nom de son patron.

TYPE DE LA MAIN TENANT UNE FLEUR DE LIS

1683. *Denier*. (+ SPINAL), légende mal venue ; au centre, dans un grènetis, une main droite tenant une fleur de lis.
℞. (+) SPIN(AL), légende mal venue ; au centre, dans un grènetis, une croix pattée, cantonnée d'un globule au premier et au quatrième.
Laurent, Ateliers des Vosges, pl. III, fig. 20.
Ar. fin. F.

1684. Autres, même type ; légendes mal venues.
Deux exemplaires. Ar. fin. F.

Ces grands deniers sont fort anciens. Il est à remarquer que, dans les sceaux et les monnaies, la fleur, en général, caractérise les femmes.

TYPE DE L'ÉGLISE TRISTYLE (GRAND MODULE)

1685. *Denier*. (SPINAL)? entre deux grènetis ; au centre, une église tristyle à arcades, écrasée sous un fronton.
℞. + (SPI)NAL? entre deux grènetis ; au centre, une croix pattée, cantonnée de deux étoiles et de globules.
Laurent, Ibid., pl. II, fig. 10. Ar. fin. F.

TYPE DE L'ÉGLISE TRISTYLE (PETIT MODULE)

1686. *Denier*. + SPINAL, entre deux grènetis ; au centre, une église tristyle à arcades, surmontée d'un toit aigu.

℟. · SPINAL, entre deux grènetis ; au centre, une croix pattée, cantonnée de deux globules et de deux globules entourés de points.

Laurent, Ibid., pl. III, fig. 19.   Ar. fin. A.B.

1687. Autre, mêmes types, coins variés.
Deux exemplaires.   Ar. fin. A.B.

1688. Autre, varié ; la croix du revers est cantonnée de deux globules.
Laurent, Ibid., pl. III, fig. 18.   Ar. fin. F.

1689. *Obole.* + SPINAL, entre deux grènetis ; au centre, une église tristyle à arcades, écrasée sous un toit aigu.
℟. SPINAL, entre deux grènetis ; au centre, une croix pattée, cantonnée de deux globules et de deux globules entourés de points.
Inédite.   Ar. fin. A.B.

PIÈCES AU NOM DE SAINT GEURIC

1690. *Denier.* ✸ S GEVRIS, entre deux grènetis ; au centre, une croix cantonnée de deux globules et de deux croissants.
℟. ESPINAL, écrit autour d'un donjon carré surmonté de quatre créneaux.

Laurent, Ibid.   Ar. fin. T.B.

1691. Autre, mêmes types ; quatre exemplaires. Ar. fin. B.

1692. Autre, mêmes types ; quatre exemplaires. Ar. fin. B.

1693. *Denier.* + S GEVRIS, entre deux grènetis ; au centre, une croix cantonnée de deux globules et de deux croissants.
℟. IANIP · SE, écrit à rebours pour ESPINAL, autour d'un donjon carré surmonté de quatre créneaux.
Inédit.   Ar. fin. A.B.

NEUFCHATEAU

Neufchâteau appartenait au duc de Lorraine. Les pièces suivantes, qui sont anonymes, auraient donc pu être classées à la suite de la série ducale ou être rangées problématiquement à différents ducs ; mais M. de Saulcy ne les avait pas admises dans son livre et M. Laurent les considérait comme

ayant un caractère municipal ; M. Ch. Robert les avait, de son côté, données
à Pierre de Brixey, évêque de Toul, dont on connaît des monnaies où il ne
prend pas son titre d'*episcopus*. En résumé, l'attribution de ces pièces
est fort douteuse ; nous avons préféré ne pas nous prononcer et les décrire
à part.

1694. *Obole.* • NOVVM • C...., entre deux grènetis ; au centre, une croix
  pattée.
  ℞. + ...VC, entre deux grènetis ; le type du centre de la pièce
  est mal venu dans la frappe, et, par suite, très incertain.
      Très rare.   Ar. fin.

Cette monnaie, sans doute unique, a été attribué à Neufchâteau par
M. Monnier, qui y lisait NOVVM CASTRVM et SCS SPETRVS.

1695. *Obole.* (S PE)T(RVS). Au centre, saint Pierre agenouillé à droite, la
  tête nimbée et tenant deux clefs.
  ℞. ....CAITR..? entre deux grènetis ; au centre, une croix pattée.
                                              Ar. fin. F.

1696. *Denier.* PETRVS, écrit autour de l'image de saint Pierre représenté à mi-corps, à droite, et tenant les clefs ; gros grènetis extérieur.
  ℞. NOVI CASTRI, entre deux grènetis ; au centre, une croix pattée,
  cantonnée de deux étoiles et de deux globules.
      Ch. Robert, Monn. de Toul, pl. IV, fig. 5. Ar. fin. T.B.

1697. *Denier.* PETR ·:· écrit autour de l'image de saint Pierre représenté à mi-corps, à droite, et tenant les clefs ; grènetis extérieur.
  ℞. NOVI CASTRI, entre deux grènetis ; au centre, une croix pattée,
  cantonnée de deux croissants et de deux globules.
                                              Ar. fin. A.B.

1698. *Denier.* P(ETRV)S, écrit autour de l'image de saint Pierre représenté à mi-corps, à droite et tenant les clefs.
  ℞. NVI C....., entre deux grènetis ; au centre, une croix cantonnée de quatre croissants.   Ar. fin. A.B.

1699. Autre. Variété avec la croix du revers cantonnée de deux croissants et de deux étoiles.
      Exemplaire légèrement écorné.   Ar. fin. F.

1700. *Denier.* PETR · , écrit autour de l'image de saint Pierre, représenté à mi-corps, à droite, et tenant les clefs.
  ℞. NOVI CAST, écrit autour d'un édifice à deux étages crénelés.
                                              Ar. fin. T.B.

1701. Autre, mêmes types ; frappe défectueuse.
      Deux exemplaires.   Ar. fin.

1702. Autre, mêmes types ; frappe défectueuse.
Trois exemplaires.   Ar. fin.

1703. *Denier.* novo castro, écrit autour d'un édifice à deux étages cré-
nelés.
℞. Sans légende. Dans le champ, une aigle éployée.
Ch. Robert, évêques de Toul, pl. IV, fig. 7.
Très rare.   Ar. fin. B.

1704. *Denier.* Sans légende. Dans le champ, un édifice crénelé surmonté de trois tours également crénelées ; de chaque côté,
une étoile.
℞. Sans légende. Dans le champ, une aigle éployée.

Cf. Robert, Evêques de Toul, pl. IV, fig. 6.
Très rare.   Ar. fin. T.B.

Gaucher de Châtillon

Gaucher de Châtillon, comte de Porcien, monnaya d'abord comme seigneur de Florennes, dans le pays de Namur. Nous avons décrit sous le
nº 243 un *esterlin* qu'il frappa à Yves, localité dépendant de Florennes.
Lorsqu'en 1314 Gaucher eut épousé la veuve de Thibaut II, duc de Lorraine,
Isabelle de Rumigny, il battit les pièces suivantes à Neufchâteau, ville du
douaire de cette princesse.

1705. *Gros au cavalier.* gavccri' : c : porciesisi. Cavalier armé, à
gauche ; il est couvert de son écu de famille, et tient une
lance avec banderole.
℞. + conestabilis : francie, en légende extérieure, et + m :
nvcastelli en légende intérieure. Au centre, une croix pattée.
Poey d'Avant, Monn. féod., t. III, pl. CXLI, fig. 14.
Très rare.   Ar.   F.

1706. *Double denier au cavalier.* + g · come porcier. Cavalier à gauche,
armé, couvert de son écu et tenant une lance avec banderole.
℞. moneta novi castri. Epée en pal, placée entre deux alérions qui
imitent ceux de Thibaut II et de Ferri IV, ducs de Lorraine.
Poey d'Avant, Ibid., t. III, pl. CXLI, fig. 15.
Très rare.   Ar.   B.

1707. *Esterlin.* + galcs comes porci. Tête de face, couronnée, imitée
de celle des pièces d'Edouard III, roi d'Angleterre.

℞. MON ETA NOV ICA. Croix pattée, coupant la légende et cantonnée de douze globules.
Poey d'Avant, Ibid., t. III, pl. CXLI, fig. 17.
Rare. Ar. A.B.

VAUDÉMONT

—

Henri

1708. *Denier*. HENRIC : COM : V, écrit autour d'une croix pattée. Grènetis extérieur.
℞. Cavalier à droite, couvert de son armure et tenant son épée levée. Ar. fin. A.B.

1709. Autre, mêmes types, mais une partie de la légende n'est pas sortie du coin. Ar. fin. A.B.

1710. *Obole*. H · C V. Guerrier debout, recouvert d'un écu et tenant l'épée levée.
℞. MON CAI. Epée en pal, coupant la légende.
Rare. Ar. fin. B.

Un denier, aux mêmes types que la pièce précédente, a été publié par M. Laurent, qui en interprète les légendes par *Henricus comes Vadani Montis* et par *Moneta Castri*, indication d'un atelier qui aurait été établi à Châtel-sur-Moselle.

François de Lorraine

1711. *Jeton*. FRANC · A · LO+ +COM · VADEM. Ecu arrondi et orné, écartelé de Lorraine et de France ; au-dessus, une couronne à cinq fleurons.
℞. + VNITA TRIVMPHANT +. Arc et carquois avec trois couronnes enlacées ; au-dessous, la date 1596.
Cuiv. F.D.C.

1712. *Jeton*. FRANC · A · LOT · COM · VADEMONT · ETC. Ecu écartelé de Lorraine et de France ; au-dessus, une couronne à cinq fleurons.
℞. VNITA TRIVMPHANT. Arcs, carquois et couronnes, comme au numéro précédent ; au-dessous, la date 1597.
Cuiv. T.B.

1713. *Jeton*. FRANC · A · LOT · COM · VADEMONT · ET · C. Ecu écartelé et couronné, comme au numéro précédent.
℞. IMMOTA RESISTIT. Rochers s'élevant dans une mer agitée et résistant à la violence des vents.
Ar. B.

1714. Autre, mêmes types.   Cuiv.   F.

1715. *Jeton.* Ecu à neuf quartiers, de Lorraine, couronné et supporté
par deux branches de laurier.

℞. × IMMOTA × RESISTIT ×. Rochers dans la mer comme au n° 1713.
Cuiv.   A.B.

1716. *Jeton.* Dans un encadrement de feuillages, un écu couronné.

℞. ✿ · REFVGIVM · MEVM · ES · TV · Aigle nimbée tenant une
ancre dans les serres.

Cuiv.   B.

LIGNY

—

Jean de Luxembourg

1717. *Demi-cromsteert.* + IOH'ES · DE · LVSENBORG · COM · LINEI. Lion
debout portant sur le flanc un écu au lion de Luxembourg
brisé d'un lambel.

℞. MONETA : NOVA : ELINCOVRT. Croix pattée coupant la légende et
cantonnée de L V C B.

Poey d'Avant, pl. CLXI, fig. 18.   Bill.   A﹖B.

VAUVILLERS

—

Nicolas II (1525-1562)

1718. *Liard.* + NICAVS · DE · CHASTILET. Porte de ville.

℞. SIT · LAVS · DEO · ET · G · 1553 · L. Croix feuillue.
Poey d'Avant, pl. CXXVII, fig. 5, variété.
Exemplaire surfrappé.   Bill.

1719. *Double.* + NIC ⊙ DV ⊙ CHAS ⊙ SVP ⊙ VVSIS. Ecu à la bande chargée de
trois fleurs de lis ; au-dessus, le millésime 1555.

℞. SIT LAV DEO ET · G. Croix pattée coupant la légende ; au
centre, un petit écu chargé d'une croix cléchée.

Poey d'Avant, pl. CXXVII, fig. 16.   Bill. · B.

1720. Autre, mêmes types et légendes, mais avec la date 1556.
Bill.   F.

1721. *Liard*. + NIC · DV · CHAS · SVP · VVSIS. Monogramme formé des
lettres N.D.CHA ; dans le champ, une étoile.
℞. + SIT · LAVS · DEO · ET · GLORIA. Au centre, une croix brève
à branches évidées.
Poey d'Avant, pl. CXXVII, fig. 6, variété.
Deux exemplaires.   Bill.   F.

1722. *Imitation du carolus de Besançon*. + MONETA · DNI · DE · VAWILI.
Buste casqué à gauche.
℞. C SIT LAVS ☐ DEO ☐ ET ☐ GLORIA. Ecu chargé d'une porte de ville ;
au-dessus, le millésime 1554.

Poey d'Avant, pl. CXXVII, fig. 15.   Bill.   A.B.

SEIGNEURIE DE CHATEAU-RENAUD

François de Bourbon et Louise-Marguerite de Lorraine (1605-1614)

1723. *Florin*. FR · BOVRB · LVD · MARGARETA · LOT, légende commençant
en haut. Buste de François de Bourbon à droite.
℞. IN · OMN · TER · SONVS · EORVM. Ecu parti de Bourbon et de
Lorraine, surmonté d'une couronne.
Inédit.   Or.   B.

1724. *Florin*. FR · BOVRB · LVD · MARGARETA · LOT, légende commençant
en bas. Buste de François, comme au numéro précédent.
℞. IN OMNM TER SONVS EOR. Ecu couronné, comme au numéro
précédent.
Inédit. Pièce soudée.   Or.

1725. *Quart d'écu*. F BOVRB · LVD · MARCAR · LOTH. Ecu parti de Bourbon
et de Lorraine ; l'écu est surmonté d'une couronne et accosté
de deux L couronnées.
℞. ⊕ IN · OMNEM · TERRAM · SONVS · EORVM. Croix fleurdelisée.
Poey d'Avant, pl. CXLIV, fig. 23.
Pièce cisaillée.   Ar.   F.

Louise-Marguerite de Lorraine (1614-1631)

1726. *Imitation de l'escalin au lion des Pays-Bas.* LVD · MARGA · A · LOTH · D · G · P · SVP · C · RE. Ecu à plusieurs quartiers, brochant sur une croix de Saint-André et surmonté d'une couronne; dans le champ, le millésime 1626.

℞. MONETA · ARGENTEA · CASTRO · REGINALDI · CVS. Lion debout, tenant la patte gauche appuyée sur un écusson ovale et ayant dans la droite une épée.
Inédit.   Bill.   F.

1727. *Gros.* LVD · MARGARET · LOT. Deux écus accolés de Lorraine et de Bar sous une couronne; dans le bas, un G.

℞. IN · OMNEM · TERR · SONVS · EOR. Alérion couronné.
Poey d'Avant, pl. CXLV, fig. 12.   Bill.   F.D.C.

PHALSBOURG & LIXHEIM
—

Henriette de Lorraine (1630-1635)

1728. *Imitation du gros lorrain.* HENR · A · LOTH · PRIN · PHAL · ET · .LIX. Alérion couronné.

℞. MONETA · NOVA · LIXHE · CVSA. Ecu parti de Lorraine et de Bar, surmonté d'une couronne; dans le champ, deux croix de Lorraine couronnées.
Poey d'Avant, pl. CXLVI, fig. 4.   Bill.   B.

1729. *Double tournois.* HENR · D · LOR · PRIN · PHAL · ET · LIX. Buste d'Henriette à droite.

℞. DOVBLE · TOVRNOIS. Champ semé de lis.
Trois exemplaires, dont un de 1633 et deux de 1634.
                                                          Cuiv.

ABBAYE DE GORZE
—

Charles de Lorraine (1608-1648)

1730. *Teston.* CAR · A · LOTH · D · ET · S · S · A · G · SVP · DNS · GO · A. Buste de l'abbé de Gorze, à droite.

℞. ✿ MONETA · NOVA · GORZIENSIS · CVSSA. Ecu plein de Lorraine, brisé de la barre de bâtardise; l'écu est surmonté d'une couronne entre les fleurons de laquelle les chiffres 10, indication de l'année 1610.

Robert, Monnaies de Gorze, fig. 8, pl. II.
Très rare.   Ar.   B.

1731. *Jeton.* CAROLVS · A · LOTH · ABBAS · GORZIENSIS. Ecu aux neuf quartiers comme au n° précédent; l'écu est surmonté de la volute d'une crosse.

℞. HOC · ME · SIBI · TEMPERAT · ASTRVM. Tournesol sur sa tige éclairé par les rayons que projette le nom de Jéhovah. A l'exergue, le millésime 1612.

Robert, Ibid., pl. II, fig. 11.   Cuiv.   B.

VILLE DE NANCY
—

Jetons

1732. ✠ NVL ✠ NE ✠ SY ✠ FROTE ✠. Ecu de Nancy au chardon, avec chef cousu aux armes pleines de Lorraine.

℞. Sans légende. Le Jugement de Pâris.

Rare.   Cuiv.   A.B.

1733. IECT · DE · LA · VILLE · DE · NANCI. Ecu ovale orné, aux armes pleines de Lorraine.

℞. DA · PACEM · DNE · IN · DIEBVS · NRIS. Vue de la ville avec ses remparts et ses clochers.

Deux exemplaires.   Cuiv.   B. et A.B.

1734. IECT · DE · LA · CHAMBRE · DE · VILLE · DE · NANCY. Vue de Nancy,
comme au revers de la pièce précédente.
℞. NON · INVLTVS · PREMOR · 1617. Ecu ovale et orné, aux armes
de Nancy, timbré d'une couronne.
Catal. Monnier, n° 1347. Deux exempl. Cuiv.   B.

1735. GECT · DE · LA · CHAMB · DE · VILLE · DE · NANCY. Vue de Nancy avec
ses remparts et ses clochers, placée au milieu du champ et
coupant la légende. A l'exergue, les initiales I · R · F.
℞. NON INVLTVS PREMOR 1634. Ecu comme au n° précédent.
Cuiv.   T.B.

1736. Autres, mêmes types et légendes, mais avec les millésimes
1635 et 1643. Trois pièces.   Cuiv.   A.B. et B.

1737. GECT · DE · LA · CHAMB^E · DE · VILLE · DE · NANCY. Ecu ovale et
orné, aux armes de Nancy. Dans le haut, la date 1663.
℞. CAROLVS · D · G · DVX · LOTH · MARCH · D · C · B · G. Le duc
Charles IV à cheval, à gauche.   Cuiv.   B.

1738. GECT · DE · LA · CHAMBRE · DE · VILLE · DE · NANCY. Ecu ovale et
orné, aux armes de Nancy. Dans le bas, la date 1669.
℞. CAROLVS · IIII · D · G · DVX · LOTH · MAR · C · B   G. Buste du duc
à droite.
Deux exemplaires.   Cuiv.   A.B.

1739. IETTON · DE · LA · CHAMBRE · DE · VILLE · DE · NANCY. Dans un grè-
netis, vue de Nancy avec son enceinte et ses clochers.
℞. NON · INVLTVS · PREMOR. Ecu ovale aux armes de Nancy, sup-
porté par des palmes.
Cinq variétés de 1674, 1708, 1723 et 1729.
Cuiv.   B.

1740. Autres; mêmes légendes, autres coins.
Trois pièces, dont deux de 1733 et une sans date.
Cuiv.   A.B.

1741. GECT · DE · LA · CHAMB · DE · VILLE · DE · NANCY. Ecu ovale et orné,
aux armes de Nancy. Dans le haut, le millésime 1655.
℞. DE LINTEND^CE · DE · M^R · LE · IAY · M^E · DES · REQ^S. Ecu de
famille, surmonté d'une couronne.
Catal. Monnier, n° 1359. Deux exemplaires.
Cuiv.   A.B.

1742. IETTON · DE · LA · CHAMBRE · DE · VILLE · DE · NANCY. Vue de Nancy.
℞. Grand cartouche aux armes des familles de Saulnier et de
Thibaut, sous un casque orné de ses lambrequins.
Cuiv.   F.

1743. IETTON · DE · LA · CHAMBRE · DE · VILLE · DE · NANCY · 1729. Vue de
Nancy.
℞. Cartouche aux armes des familles de Maimbourg et de
Lefebvre. Le cartouche est timbré d'une couronne de comte.
Cuiv.   T.B.

1744. NON INVLTVS PREMOR. Ecu ovale et orné aux armes de Nancy.
℞. Ecu ovale aux armes de Fleury ; timbré d'une couronne et placé sur un manteau. Cuiv. T.B.

1745. IETTON · DE · LA · CHAMBRE · DE · VILLE · DE · NANCY. Vue de Nancy.
℞. Cartouche orné aux armes de Hanus et de Fourdin de Pombillot ; le cartouche est timbré d'une couronne de comte. Cuiv. T.B.

1746. IETTON · DE · LA · CHAMBRE · DE · VILLE · DE · NANCY. Vue de Nancy.
℞. Cartouche ovale aux armes de Lefebvre, supporté par des palmes et timbré d'une couronne de comte.
Catal. Monnier, n° 1365. Cuiv. T.B.

1747. NON INVLTVS PREMOR. Ecu ovale et orné aux armes de Nancy.
℞. Cartouche aux armes de Chaumont et de Bergeret, supporté par deux branches de chêne et surmonté d'une couronne.
Catal. Monnier, n° 1369. Cuiv. F.

VILLE DE BAR

—

Jetons

1748. ✿ IECT · DE · LA · CHAMBRE · DE · VILLE · DE · BAR. Ecu aux bars timbré d'une couronne.
℞. PLVS ✿ PENSER ✿ QVE ✿ DIRE. Trois pensées sur leurs tiges.
Deux pièces avec les millésimes 1644 et 1650. Cuiv. A.B.

1749. + IECT · DE · LA · CHAMBRE · DE · VILLE · DE · BAR. Ecu aux bars timbré d'une couronne. Dans le champ, le millésime 1659.
℞. CAROLVS · IIII · D · G · DVX · LOTH · MARC · B · G. Buste du duc à droite. Cuiv. F.

1750. + IECT · DE · LA · CHAMBRE · DE · VILLE · DE · BAR. Ecu parti aux deux bars et aux trois pensées, surmonté d'une couronne. A l'exergue, le millésime 1680.
℞. FECIT · VICTORIA · NODVM. Trophée. A l'exergue, le millésime 1680.
Deux exemplaires. Cuiv. A.B.

FAMILLE LORRAINE

—

Le maréchal de Bassompierre

Le maréchal de Bassompierre, né à Haroué en 1579 et mort en 1646, au service de la France, était fils de Claude Antoine, dont les armoiries figurent sur les jetons décrits sous les n⁰ˢ 1502 à 1506.

1751. *Médaille.* FR : A • BASSOMPIERRE • FRANC : POLEM : GLIS • HELV • PRÆP. Buste de Bassompierre, en haut relief, à droite; la poitrine est couverte d'une riche cuirasse et le cou entouré d'une collerette de dentelles.

℞. QVOD NEQVEVNT TOT SIDERA PRESTAT. Phare allumé, au milieu d'une mer agitée que sillonnent de nombreux navires; dans le ciel, des étoiles. A l'exergue, le millésime 1635, omis dans la reproduction ci-dessous.

Epreuve originale; patine jaune.   Br.   T.B.

12159 — IMPRIMERIE A. LAHURE

Rue de Fleurus, 9, à Paris.

COLLECTION CH. ROBERT

———

QUATRIÈME FASCICULE

———

ALSACE

LUXEMBOURG, TRÊVES, BORDS DU RHIN, ETC.

BOURGOGNE, PROVENCE

ALSACE

—

STRASBOURG

—

ÉPISCOPALES

Nous commençons les épiscopales de Strasbourg par des monnaies à noms royaux, que leur style et leurs légendes font considérer comme frappées par les évêques de la fin du x° siècle et du commencement du xi°.

Avec le nom de **Louis**

1752. *Denier*. + HLVDOVVICVS PIVS. Croix.
℟. ARGENTI NA CVNAS, en deux lignes horizontales.
Deux exemplaires.   Ar.   B.

Avec le nom de **Charles**

1753. *Denier*. + KAROLVS PIVS REX. Croix.
℟. ARGENTI NA CIVITS en deux lignes.
Variété de Berstett, n° 125.
Deux exemplaires.   Ar.   B.

Odbert (906-913)

1754. *Denier*. + HIVDOVVICVS PIVS. Croix.
℟. En plein champ : ARGENTI NA CIVITS, en deux lignes, Au-dessus un o, au-dessous un D, initiales d'*Odbertus*.

Inédit, mêmes types que les précédentes. Ar.   T.B.

Udo IV (950-965)

1755. *Denier.* (OTTO RE)X PACFIC. Grand buste de profil à gauche.
℞. ARGENTNA VO(TO). Edifice avec fenêtres cintrées, et lis au dessus du toit.

Dannenberg, 929. *Très rare.* Ar. fin. A.B.

Archambaud (960-990)

756. *Denier.* (+ OT)TO IMPE (AVG). Tête de profil à droite.
℞. (ER)CHANBA(L DEP). Temple.

Dann., n° 932. *Rare.* Ar. fin. A.B.

Henri III (1239)

1757. *Denier.* L'évêque à mi-corps, crossé et mitré, à droite.
℞. + HE(IN)RICVS. Eglise à trois tours.
Variété de Berstett, n° 147. Ar. fin. B.

Jean de Manderscheidt (1569-1592)

1758. *Double kreutzer de* 1590. IOHA • D : G • EPS • ARGEN • AL • LAN. Ecu échancré, dans le champ la date : 9 - 0.
℞. RVDOL • IMP •)AVG • P • F • DEC. Aigle biceps couronnée.
Bill. A.B.

Charles de Lorraine (1593-1607)

1759. *Quart de thaler.* CAROL • D • G • CARD • LOTH • EP ARGENT ET MET. Buste à gauche, sous lequel : 1604.

℞. ALSAS • LANGRA. Ecu écartelé, surmonté du chapeau de cardinal. Deux exemplaires.   Ar.   A.B.

1760. *Trois kreutzer.* CAROL • CARD • LOTH • EP • ARG • AL • L • S. Ecu surmonté de la date : 1601.
℞. RVDOL • II • RO • IMP • AVG • P • F • DEC. Aigle biceps couronnée.
Bill.   F.

Louis Constantin de Rohan

1761. *Constantine d'or de* 1759. LUD • CONST • D • G • EPUS • ET • PPS • ARGENT • LAN • AL. Buste à droite ; au-dessous un lévrier et la signature J. G.
℞. GENERE SEDE VIRTUTE CORUSCUS ⊛ 1759. Ecu ovale couronné, avec manteau surmonté du chapeau.
Berstett, n° 174. *Rare.*   Or.   F.D.C.

1762. *Thaler de* 1760. LUD • CONST • D • G • EPUS • ET • PPS • ARGENTI • LAN • AL. Buste à droite ; au-dessous un lévrier et la signature : J. G.
℞. SIT • NOMEN • DOMINI • BENEDICTUM • 1760. Ecu ovale couronné, avec manteau surmonté du chapeau.
Berstett, fig. 175, pièce frappée à Oberkirsch.
Rare.   Ar.   T.B.

1763. *Sixième de thaler.* LUD • CONST • D • G • EPUS • ET • PPS • ARGENT • LAN • AL. Buste à droite ; dans le champ VI TH ; sous le buste, un levrier et la signature J. G.
℞. SIT NOMEN DOMINI BENEDICTUM ⊛ 1759. Ecu ovale couronné, avec manteau surmonté du chapeau.
Berstett, fig. 177. Exempl. troué.   Ar.   B.

1764. *Douzième de thaler.* LUD • CONST • D • G • EPUS • ET • PPS • ARG • Buste à droite ; dans le champ : XII TH ; sous le buste, un levrier.
℞. SIT NOMEN DOMINI BENEDICTUM ⊛ 1759. Ecu ovale couronné, avec manteau et chapeau.   Ar.   A.B.

INCERTAINS

—

1765. *Petits deniers* muets. Quatre pièces aux types du buste mitré, du cavalier, de l'agnus Dei.   Ar.   B.

1766. *Autres*, aux types de la crosse et de l'édifice. Trois pièces.
Ar.   B.

VILLE DE STRASBOURG

—

1767. *Florin d'or.* VRBEM•CHRISTE TVAM⚙SERVA ⁚ La Vierge assise, les mains étendues et tenant le Christ enfant sur les genoux; à ses pieds, l'écu de Strasbourg.
    ℞. AVREVS • VRBIS • ARGENTINAE • NVMMVS. Dans sept arcs fleurdelisés et ornés, le globe crucifère.
    Berstett, fig. 237.   Or.   B.

1768. *Ducat.* ⚙ GLORIA IN EXCELSIS DEO ⚙ Ecu rond heaumé, lambre-quiné et cimé de deux vols.
    ℞. Dans une couronne formée d'une palme et d'une branche de laurier : DVCATVS REIPVB • ARGENTI NENSIS.
    Berstett, fig. 239.   Or.   B.

1769. *Thaler.* NVMMVS ⚙ REIP ⚙ ARGENTORATENSIS ⁚. Deux lions tenant l'écu échancré de Strasbourg, au dessus duquel un lis.
    ℞. + SOLIVS ⚙ VIRTVTIS ⚙ FLOS ⚙ PERPETVVS. Grand lis à étamines.
    Berstett, fig. 219.   Ar.   B.

1770. *Dreibätzner.* ASSIS • REIP • ARGENT • DVPLEX. Fleur de lis.
    ℞. ❀ GLORIA ❀ IN ❀ EXCELSIS ❀ DEO : Croix à bandes triples et à extrémités feuillues.
    Berstett, fig. 212. Var. sans chiffres XII.
    Exemplaire troué.   Ar.

1771. *Dreibätzner.* MON : NOV • REIP ⁚ ARGENTINEN : Ecu échancré sur-monté du chiffre : ⚙ XII ⚙.
    ℞. GLORIA IN EXCELSIS DEO. Fleur de lis.
    Berstett, fig. 213. Deux exemplaires, dont un troué.
                      Ar.   B.

1772. *Schilling.* + GROSSVS ARGENTINENSIS. Fleur de lis dans une épi-cycloïde.
    ℞. — GLORIA ⚙ IN ⚙ EXCELS'⚙ DO'⚙ ET ⚙ IN, en légende exté-rieure, et TRA oo PAX oo HOI = BVS, en légende intérieure. Au centre, une croix pattée coupant la légende intérieure.
    Berstett, n° 210. Exemplaire martelé. Ar.

1773. *Schilling.* ASSIS • REIP • ARGENTORA • TENSIS. Fleur de lis, dans un entourage fleuronné.
    ℞. ⚙ GLORIA ⚙ IN ⚙ EXCELSIS ⚙ DEO (lég. ext.), ET IN TER RA PAX (lég. int.). Croix pattée coupant la légende intérieure.
    Berstett, fig. 211.   Ar. bas. B.

1774. *Plappert.* + GLORIA ○ IN ○ EXCELSIS ○ DEO. Fleur de lis dans un entourage de quatre courbes fleurdelisées.

℞. ✛ MONETA · ARGENTINENSIS. Croix à triple bandes et fleurdelisée, dans un quadrilobe.
> Berstett, fig. 208. Trois exemplaires de coins varié.
>> Ar.   B.

1775. *Vierer.* ✛ GLORIA IN EXCELSIS DEO. Fleur de lis, dans un entourage quadrilobé.
℞. ✿ AR GEN TOKA TVM. Croix pattée coupant la légende.
> Berstett, fig. 204.   Ar. bas. F.

1776. *Trois kreutzers.* ✛ SEMISSIS✿ARGENTINENSIS. Fleur de lis dans un entourage fleuronné.
℞. ✛ GLORIA✿IN✿EXCELSIS✿DEO. Croix fleurdelisée, dans un entourage fleuronné.
> Berstett, fig. 209. Deux exemplaires. Ar. bas. B.

1777. *Deux kreutzers.* ✿ GLORIA IN EXCELSIS DEO. Grande fleur de lis.
℞. ✿ MONETA · ARGENTOR. Dans le champ : ✿ II ✿ KREVTZ ER.
> Berstett, n° 205. Trois exemplaires variés de coin.
>> Ar. bas. B.

1778. *Deux kreutzers.* ✿ MON · NOV · ARGENTINENSIS. Ecu échancré de Strasbourg surmonté de : 2 K.
℞. GLORIA IN EXCELSIS DEO. Fleur de lis.
> Berstett, n° 206. Deux exempl. variés .Ar. bas. A.B.

1779. *Kreutzer.* ✛ GLA IN EXCEL DO. Fleur de lis.
℞. ✛ MONETA ARGENT. Fleur de lis.
> Berstett, n° 199.   Bill.   A.B.

1780. Autre avec ✛ GLA IN EXCELS DO (*sic*).   Bill.   B.

1781. *Kreutzer.* ✿ MON : NOV : ARGENTINENSIS. Ecu échancré de Strasbourg surmonté de : · I · K ·
℞. GLORIA IN EXCELSIS DEO. Fleur de lis.
> Manque dans Berstett.   Bill.   F.D.C.

1782. *Pfenning.* Bractéate. Ange tenant deux croix. Type très barbare.
> Berstett, fig. 180. Deux variétés.   Ar.   B.

1783. *Pfenning.* Bractéate au type de la fleur de lis.
> Berstett, fig. 196.   Ar. bas. F.

1784. *Pièce de XXX sols de* 1685. MONETA · NOVA · ARGENTINENSIS. Grande fleur de lis.
℞. ✿ GLORIA · IN · EXCELSIS · DEO. Dans le milieu du champ : · XXX · SOLS · 1685.
> Berstett, fig. 228.   Ar.   B.

1785. *Pièce de 4 sols.* MON · NOVA · ARGENTINENSIS. Grande fleur de lis.
℞. ✿ GLORIA · IN · EXCESIS · DEO. Dans le milieu du champ : · IIII · SOLS · · 1682.
> Berstett, n° 225.   Ar.   T.B.

1786. *Pièce d'un sol.* MON · NOV · ARGENTINENSIS. Fleur de lis.
R̰. ⊛ GLORIA · IN · EXCELSIS · DEO. Dans le milieu du champ :
· I · · SOL · 1684.
Berstett, n° 223.   Bill.   F.

1787. *Pièce de 30 sols de* 1705. MONETA ✛ NOVA · ARGENTINENSIS. Sceptre
et épée en sautoir, cantonnés d'une couronne et de trois lis.
R̰. SIT · NOMEN DOMINI-BENEDICTVM 1705. Ecu rond de France cou-
ronné et accosté d'une palme et d'une branche de laurier.
Au dessous : HB, en monogramme.
Berstett, fig. 233.   Ar.   A.B.

1788. Autre de 1706.   Ar.   A.B.

1789. *Médaille.* RIGOREM CLEMENTIA TEMPERET. Vue de Strasbourg; au-
dessus un ange tenant une épée et un rameau d'olivier; à
l'exergue un cartouche avec : S · P · Q · ARGENTORATE · D ·
D · D · C · MATER · A° M D C X V. en trois lignes.
R̰. Cartouche avec écu ovale de Strasbourg : S · C Æ : MA : CVM
PRIVI; tout autour douze cartouches avec écus ovales.
Berstett, fig. 256.   Ar.   B.

1790. *Médaille.* VRBEM CHRISTE TVAM SERVA, à l'exergue, en deux lignes,
Vue de Strasbourg, dans les nuages, un ange tenant une
palme et le chrisme.
R̰. ARGENTINA TRIBVS QVARVM · HIC · INSIGNIA · CERNIS · HOC · FVN-
DATORI · DEDICAT ÆRE DEO. Ecu de Strasbourg soutenu par des
lions, heaumé et cimé d'un double vol. Tout autour vingt et
un écus ovales dans des cartouches.
Berstett, p. 82. Variété de légende : *dedicat ære* au lieu de
dedicatur.   Ar.   F.D.C.

VILLE DE WISSEMBOURG

—

1791. *Denier.* Buste à droite crossé et bénissant.
R̰. WICDENFIRE. Edifice à trois tours.
Rare.   Ar.   B.

MOLSHEIM

—

1792. *Denier*. Buste épiscopal à gauche.
℞. Eglise dans le portail de laquelle une rouc.
    Trois exemplaires.   Ar.   B.

VILLE DE THANN

—

1793. *Gros*. + MONETA ✿ NOVA ✿ TANNENSIS ✿. Ecu parti dans un
    trilobe.
℞. ✿ S' ✿ THEOBA LDUS ✿ EPS. Le saint assis.
    Berstett, fig. 265.   Ar.   A.B.

1794. *Gros de* 1624. S · THEOBA LDVS · 1624. Le saint assis.
℞. + MONETA · NOV A · TANENSIS. Dans un entourage de six
    lobes, un écu parti ; au dessous le chiffre : (2).
    Berstett, fig. 268.   Ar.   A.B.

VILLE D'HAGUENAU

—

1795. *Deux kreutzer*. ✿ MONETA HAGENOIENSIS. Ecu à la rose d'Haguenau.
℞. ✿ FERD · II · ROM · IMP · SEM · AAG. Dans le champ : ✿ II ✿
    KREVTZER.
    Berstett, fig. 42.   Ar. bas. B.

VILLE DE COLMAR

—

1796. + MONETA · NOV · COLMAR. Aigle éployée.
℞. S'+ MA RTIN +PAT RON. Croix coupant la légende.
    Berstett, fig. 19.   Ar.   B.

1797. ✿ MON : NO : CIVITATIS · IMP : COLMAR. Ecu surmonté de 1669.
℞. DOMINECO · NSERVA · NOS · IN · PACE. Aigle biceps couronnée.
Berstett, fig. 18. Deux exemplaires.   Ar.   F.

ABBAYE DE MURBACH & LURE

—

1798. S ✶ LEOD EGARIVS. Saint Ludger assis.
℞. ✿ MONETA · NOVA · MVR · ET · LVDR. Deux écus accolés; au-
dessus 1624; au-dessous le chiffre : (2).
Berstett, fig. 105.   Ar.   F.

LANDGRAVIAT

—

Léopold

1799. *Thaler de 1624.* + LEOPOLDVS · D · G · ARCHIDVX · AVS · DVX · BVR
· ET · SAC · CAES : M : ET. Buste à droite; au dessous, la date.
℞. RELIQAR : CHIDGV : BERNAT : PLEN : ET · COM : TIR · LAN · ALS. Ecu
couronné.   Ar.   T.B.

1800. *Thaler de 1620.* + LEOPOL : D : G : ET · AR · CHIDVCES · AVS : DVC : BVR.
Buste à droite, accosté du millésime.
℞. STIRIÆ · CARINT ET · CARN : LAND : ALS. Ecu couronné, accosté
de deux écus ovales mitrés et crossés; dessous deux écus
mitrés et crosses.   Ar.   T.B.

Ferdinand

1801. *Quart de thaler.* FERDI N : D : G : ARG : AVSTRIÆ : Le prince couronné et tenant le sceptre, à mi-corps à droite.
℞. DVX BVR · LA ALS : CO · FER. Ecu couronné entouré du collier
de la Toison d'or et accosté ¦de deux petits écussons.
Ar.

Maximilien

1802. *Double thaler de 1617.* + MAXIMILIANVS · D · G · ARCH : AVST :
DVX · BVR : STIR : CARIN. Buste à droite; dessous, la date.
℞. ET : CARN : MAG : PRVSS : ADMI : LAND : ALS : COM : FER. Grand écu
couronné accosté de deux petits écus ovales.
Ar.   F.D.C.

HANAU-LICHTENBERG

—

COMTES

—

Jean Reinhart I (1599-1625)

1803. *Teston.* ⚜ IOAN · REINH · COM · IN · HANAW · ET · ZW · Buste à droite.

℞. ⚜ DNS · I · LIECHTE · ET · OCH · MAR · ET · AD · A. Ecu écartelé. Berstett, n° 74, variété sans date. Ar. A.B.

1804. *Jeton.* ⚜ BRAUCH · MICH · RECHT · OHN · ALLEN · LIST en lég. extérieure et ✶ DV · WEIST · DAS · GOTT · DER · RECHER · IST en lég. intérieure. Ecu écartelé.

℞. ✶ DER ✶ VERLOREN SCHVLD · RECHNEN ⚜ THUT · DER · HAT · SELTEN · GVTEN ⚜ MUTH ⚜ 1801, en huit lignes. Cuiv. B.

Frédéric Casimir (1631-1685)

1805. *Demi-florin.* FRID : CAS : COM : HAN : RH : BIP : DN : MVNTZENB. Buste à droite.

℞. LICH : OCHS : MAR ET · ADV : ARGEN. Grand écu couronné à sept quartiers; dessous le chiffre (20). Ar. B.

1806. Autre avec le millésime 1668 et la signature s-m. Ar. B.

LUXEMBOURG

—

COMTES ET DUCS

—

M. N. van Werveke a récemment donné, dans les publications de la Section historique de l'Institut royal grand-ducal, un catalogue, sans planches, des monnaies du comté de Luxembourg. C'est aux numéros de ce catalogue que nous renverrons, ainsi qu'aux numéros des figures des planches que M. de La Fontaine avait fait graver, mais dont il n'existe que des épreuves.

Henri I l'Aveugle (1136-1196)

1807. *Denier.* H(AN)RI. Cavalier armé de toutes pièces galopant à gauche.
℞. L(VC)ENBO. Château avec donjon crénelé.
Werveke, n° 1, et La Fontaine, fig. 1.   Ar. fin. A.B.

> La pièce précédente, au type du cavalier, peut bien ne pas remonter à Henri 1 et appartenir à Henri II.

Walram et Ermesinde (1196-1246)

1808. *Denier.* Lion rampant couronné.
℞. LVCENBOR. Porte sur une base, surmontée de trois créneaux.
Werveke, n° 3 et de La Fontaine, fig. 3. Ar. fin. B.

1809. *Autre.* Légende disposée d'une manière différente.
Ar. fin. A.B.

Henri II le Blondel (1246-1281)

1810. *Denier.* HA N RI. Dans le champ, un écu chargé d'un lion couronné et coupant la légende en trois.
℞. LVSEN BOR. Le comte debout, à gauche, couronné et tenant dans la main un sceptre fleurdelisé.
Werveke, n° 8 et La Fontaine, fig. 7.   Ar. fin. T.B.

1811. *Denier.* Même pièce.   Ar. fin. A.B.

———

1812. ✠ HENRICVS ⦂ COMES. Dans le champ, une croix pattée.

ꝶ. LVCE NBVRG ENSIS. Ecu burelé chargé d'un lion et coupant la légende en trois.

Werveke, n° 15, et La Fontaine fig. 11.　Ar. fin. T.B.

1813. Autre, semblable.　　　　　　　　　Ar. fin. T.B.

1814. *Denier*. x HEINRIC : COM :. Dans le champ, une croix pattée ; grènetis extérieur.
　　ꝶ. Cavalier armé de toutes pièces galopant à droite ; grènetis extérieur.
　　Inconnu à Werveke et à La Fontaine.　Ar. fin. T.B.

1815. Autre, coin différent.　　　　　　Ar. fin. B.

1816. *Denier*. ⚜ HENRICVS : CO, entre deux grènetis. Dans le champ, une croix pattée.
　　ꝶ. Cavalier armé de toutes pièces galopant à droite ; grènetis extérieur.
　　Inconnu à Werveke et à La Fontaine.　Ar. fin. T.B.

ATELIER DE THIONVILLE

1817. *Denier*. ✠ TIONVILLE, entre deux grènetis. Dans le champ, une croix pattée.
　　ꝶ. Cavalier armé de toutes pièces galopant à droite.
　　Werveke, n° 12, et La Fontaine, fig. 10. Ar. fin. T.B.

1818. *Denier*. ✠ · TI · ON · VILLE, entre deux grènetis. Au centre, une croix pattée.
　　ꝶ. Comme au numéro précédent.
　　Inconnu à Werveke et à La Fontaine.　Ar. fin. F.

Henri III (1281-1288)

1819. *Denier*. •✠• · H · CO MES. Ecu burelé chargé d'un lion et coupant la légende.
　　ꝶ. DE LVCEB. Château avec donjon crénelé, surmonté d'un pavillon.
　　Werveke, n° 23, et La Fontaine, fig. 16. Ar. fin. A.B.

1820. Autre, semblable. Deux exemplaires.　　Ar. fin. T.B.

Henri IV (1288-1309)

1821. *Tiers de gros.* ✝ HENRICVS COMES. Ecu burelé au lion.
℞. LVC EBV RGE SIS. Croix évidée, coupant la légende et cantonnée de quatre quintefeuilles.
Werveke, n° 36 et La Fontaine, fig. 21. Ar. B.

1822. *Denier.* H · C OM ES. Ecu burelé au lion, coupant la légende.
℞. DE LV CE BR. Croix évidée et coupant la légende.
Werveke, n° 37, et La Fontaine, fig. 22. Ar. fin. T.B.

Jean l'Aveugle (1309-1346)

1823. *Florin d'or.* ✝IOHES · R' BOEH. Une petite couronne commence la légende. Dans le champ une grande fleur de lis.
℞. · S · IOHANNES · B · l'our signe monétaire, un casque. Dans le champ, saint Jean-Baptiste debout.
Werveke, n° 40, et La Fontaine, fig. 27. Or. T.B.

ATELIER DE POILVACHE

1824. *Esterling.* ✝ EIWANES DNS Z REX B. Tête de face couronnée.
℞. LVC ENB GEN SIS. Croix pattée cantonnée de douze globules et coupant la légende.
Werveke, n° 56, et La Fontaine, fig. 55.
Deux exemplaires. Ar. fin. B.

1825. *Denier.* IO HA NN ES. Croix pattée coupant la légende et cantonnée des lettres R E X B.
℞. LV CEBV RSIS. Ecu burelé au lion.

Revue belge de numismatique, t. V, n° 49.
Rare. Ar. fin. T.B.

1826. *Esterling.* REX BOEM ORVM. Ecu écartelé aux quatre lions.
℞. ✝ MONETA ⁰ MERAVDES. Croix fleurdelisée.
Werveke, n° 53, et La Fontaine, fig. 48.
Deux exemplaires. Ar. fin. A.B.

1827. Autre avec ✝ MONETA MERAVDI.
Revue belge de numism., t. V, n° 42. Ar. fin. B.

1828. *Esterling.* ✝ IOHANS · DEI · GRA · REX · B. Tête de face couronnée.

℞. MON ETA MER AVD. Croix coupant la légende et cantonnée de douze globules.
La Fontaine, fig. 44. Ar. fin. F.

Wenceslas I (1352-1383)

1829. *Florin d'or.* s · IOHA NNES · B. Saint Jean-Baptiste, debout; à côté de la tête, une aigle comme signe monétaire.
℞. WENCESL · DVX · Grande fleur de lis dans le champ.
Werveke, n° 88, et de La Fontaine, fig. 104.
Or. F.D.C.

1830. *Gros aux deux écus.* + WENCEL × DEI × GRA × LVC × BRAB × DVX ·
Croix étoilée.
℞. + MONETA × NOVA × LVCEBVRGENS. Dans le champ, les écus de Brabant et de Luxembourg, sous une couronne.
Werveke, n° 100, et de La Fontaine, ûg. 118.
Ar. F.D.C.

1831. Autre, semblable. Ar. F.D.C.

1832. *Quart de gros.* + BOEM · W · DEI · GRA · LV · DVX. Ecus de Brabant et de Luxembourg; au-dessus et au-dessous, une étoile.
℞. + LOTHR · BRAB · ET · LIMB. Croix pattée, cantonnée de quatre étoiles.
Werveke, n° 104, et de La Fontaine, fig. 312
Deux exemplaires écornés. Ar.

1833. *Esterling.* DVX BRAB ANTIE. Ecu écartelé aux quatre lions, coupant la légende.
℞. + MONETA ɔ LOCEBGES. Croix feuillue.
Werveke, n° 106, et de La Fontaine, fig. 122.
Ar. B.

1834. Autres, semblables. Deux exemplaires. Ar. B.

1835. *Tournois.* + WICELARDVS · DVX. Croix pattée.

℞. TVRONVS LVCEB. Châtel tournois surmonté d'un lion.
Werveke, n° 93, et de La Fontaine, fig. 110.
Rare. Bill. T.B.

1836. Autre avec LVCEBG.
Werveke, n° 92, et de La Fontaine, fig. 109.
Bill. B.

Wenceslas II (1383-1388)

1837. *Gros.* + wɛɴcel' · ʀᴏᴍᴀɴᴏʀ · z · ʙᴏᴇᴍ · ʀᴇx. Aigle éployée.
℞. ᴍᴏɴᴇᴛᴀ · ɴᴏᴠᴀ ʟᴠcᴇɴʙᴠʀɢᴇ. Grande couronne ouverte sur-
montant un petit écu de Luxembourg qui coupe la légende.
Werveke, n° 125, et de La Fontaine, fig. 138.
Ar.   F.D.C.

1838. *Huitième de gros.* + wᴇɴcel' · ʀᴏᴍᴀ' · ʀᴇx. Aigle éployée.
℞. + ᴍᴏɴᴇᴛᴀ · ʟᴠcᴇᴍʙᴠʀ. Ecus de Brabant et Luxembourg accolés; au-dessus et au-dessous, une molette.

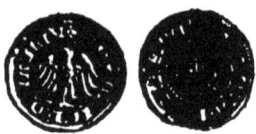

Werveke, n° 123, et de La Fontaine, fig. 138.
Rare.   Ar.   F.D.C.

Josse de Moravie (1388-1409)

1839. *Gros à l'écu.* + ɪᴏᴅᴏc' ᴍᴀʀcʜ' ° z ⸰ ᴅɴs' ° ᴍᴏʀᴀᴠɪᴇ. Ecu écartelé de
deux lions et de deux aigles, et placé dans un contour formé
de trois courbes et de trois angles.
℞. ʙɴᴅɪcᴛ' ° sɪᴛ : ɴᴏᴍ ᴇɴ : ᴅɴɪ' ⸰ ɪʜᴠ' ° xᴘɪ' ° en légende extérieure
et ᴍᴏɴ ᴇᴛᴀ : ʟᴠc ᴇɴʙ' ° en lég. intérieure. Croix longue, pattée, coupant les légendes.
Werveke, n° 129, et de La Fontaine, fig. 143.
Ar.   T.B.

1840. *Demi-gros à l'écu.* + ɪᴏᴅ · ᴍᴀʀcʜ' z ᴅɴs · ᴍᴏʀᴀᴠɪ' · Type de la
pièce précédente.
℞. Comme à la pièce précédente.
Werveke, n° 131, et de La Fontaine, fig. 143.
Ar.   F.

1841. *Gros au lion.* + ɪᴏᴅᴏc'. ᴍᴀʀcʜ'. z : ᴅɴs'. ᴍᴏʀᴀᴠ' · Armes burelées
au lion occupant le champ de la pièce; le lion est chargé
en cœur d'un écu de Moravie.
℞. + ᴍᴏɴᴇᴛᴀ ɴᴏᴠᴀ ᴘᴀ' · ʟᴠcᴇɴʙ' · Croix pattée cantonnée. de quatre étoiles.
Werveke, n° 136, et de La Fontaine, fig. 148.
Ar.   F.D.C.

1842. Autre où le nombre des burelles du champ est plus grand.
Ar.   F.D.C.

1843. *Huitième de gros.* + IODOC · MAR'. Z : MOR'. Deux écus accostés ;
au-dessus et au-dessous, une. étoile.
℞. MO NE TA LV. Croix coupant la légende.
Werveke, n° 135, et de La Fontaine, n° 14.

Ar. A.B.

Antoine de Bourgogne (1409-1415)

1844. *Gros au lion.* + ANTHO' · DI' · GRA' · BRAB' · Z · LIMB' · DVX. Champ
burelé, chargé d'un lion qui porte en cœur un écu écar-
telé de Bourgogne et de Brabant.
℞. + MONETA DVC' · BRAB. FCA. LVCEMB. Croix pattée, cantonnée de
deux lis et de deux lions.
Werveke, n° 140, et de La Fontaine, fig. 150.

Ar. T.B.

1845. *Huitième de gros.* + ANTHO · BRAB · DVX. Ecu écartelé de Bourgogne et de Brabant.
℞. MON ETA LVC EMB. Dans le champ, lion burelé brochant sur
une croix pattée qui coupe la légende.
Werveke, n° 141, et de La Fontaine, fig. 152.

Bill.

Elisabeth de Gorlitz (1415-1418)

1846. *Gros au lion.* + ELIZABET ⚬ DEI ⚬ GRA' ⚬ LVCEB' ⚬ DVCISSA ⚬. Champ
burelé chargé au lion.
℞. + MONETA · NOVA · FCA' · LVCEMBVRGENS' · Croix pattée, cantonnée de deux lions et de deux étoiles.
Werveke, n° 142, et La Fontaine, n° 153.

Ar. B.

1847. *Huitième de gros.* + ELIZAB · LVCB' · DVCISA. Lion sur champ
burelé.
℞. + MONETA · FCA · LVCEB. Croix pattée, accostée de deux étoiles.
Werveke, n° 144, et La Fontaine, fig. 154.

Bill. A.B.

Jean de Bavière (1418-1424)

1848. *Gros au griffon.* + IOH' ⚙ DVX ⚙ BAVAR' ⚙ Z · FILIVS HOL' · Ani-
mal ailé tenant devant lui un écu écartelé de Bavière et
de Palatinat.
℞. MONETA NOVA FCA' LVCENB' . Grande croix pattée, coupant
la légende et chargée d'un écu burelé au lion.
Werveke, n° 146, et de La Fontaine, fig. 155.

Ar. A.B.

1849. Autre. Mêmes types. Ar. A.B.

1850. *Demi-gros.* + IOH' ⚬ DVX ⚬ BAVAR' ⚬ Z ⚬ FILI ⚬ HO'. Ecu écartelé de Bavière et du Palatinat.

2**

℟. мoɴᴇ′ ɴᴏᴠᴀ ʟᴠᴄᴇ′ ʙᴠʀꜱ. Grande croix pattée, coupant la
légende et chargé d'un écu de Luxembourg.
Werveke, n° 158, et La Fontaine, fig. 161.

Ar.   F.

1851. *Gros à l'écu.* ɪᴏʜᴇꜱ ᴅᴠx ʙᴀᴠᴀʀ ᴇᴛ ꜰɪʟɪᴠꜱ ʜᴏʟ. Ecu incliné
écartelé de Bavière et de Palatinat; comme timbre, un heaume
couronné, orné de lambrequins et cimé de plumes de paon.
℟. ᴍᴏɴᴇᴛᴀ ɴᴏᴠᴀ ʟᴠ ᴄᴇɴʙᴠʀ ɢᴇɴꜱɪꜱ. Grande croix pattée, coupant
la légende et chargée d'un écu de Luxembourg; entourage de
huit arcs de cercle.
Werveke, n° 154, et La Fontaine, fig. 158.

Ar.   F.

1852. *Huitième de gros.* + ɪᴏ′ · ᴅᴠx · ʙᴀᴠᴀʀ · ʜᴏ′ · Ecu de Bavière.
℟. + ᴍᴏɴ′ · ɴᴏᴠ′ · ʟᴠᴄ′ ʙᴠʀ′. Ecu de Luxembourg.
Werveke, n° 164, et La Fontaine, fig. 158.

Bill.   F.

1853. *Huitième de gros.* ɪᴏʜ′ · ᴅᴠx · ʙᴀᴠᴀʀɪᴇ. Heaume, couronné et
cimé.
℟. ᴍᴏɴ ᴇᴛᴀ ʟᴠᴄ′ ʙᴠʀ′. Croix pattée coupant la légende et chargée
d'un écu de Luxembourg.
Werveke, n° 157.   Bill.

Elisabeth, veuve de Jean de Bavière
(1424-1444)

1854. *Gros à l'écu.* ᴇʟɪꜱᴀʙ′ ᴅ′ ɢ′ ᴅᴠᴄɪꜱ ʙᴀᴠᴀʀ′ ᴢ ʟᴠᴄᴇ′. Ecu incliné,
écartelé de Bavière et de Palatinat, timbré d'un heaume
couronné et lambrequiné.
℟. ᴍᴏɴᴇᴛᴀ ɴᴏᴠᴀ · ʟᴠ ᴄᴇɴʙᴠʀ ɢᴇɴꜱɪꜱ. Croix pattée, coupant la légende
et chargée d'un écu de Luxembourg; entourage de huit arcs
de cercle.
Werveke, n° 165, et La Fontaine, fig. 166.

Ar.   F.

1855. *Gros à l'écu.* Variété de coin; l'écu du revers est beaucoup plus
grand que sur la pièce précédente.   Ar.

1856. *Demi-gros.* ᴇʟɪᴢᴀʙ′ · ᴅᴠᴄɪꜱ · ʙᴀᴠᴀʀ′ · ʟᴠᴄᴇ. Ecu incliné, écartelé de
Bavière et de Palatinat, timbré d'un heaume couronné et
lambrequiné.
℟. ᴍᴏɴᴇ′ ɴᴏᴠᴀ · ʟᴠᴄᴇɴ ʙᴠʀɢ′. Grande croix coupant la légende
et chargée d'un écu de Luxembourg. Entourage de huit arcs
de cercle.
Werveke, n° 172.   Ar.   F.

1857. *Quart de gros.* ᴇʟɪᴢᴀʙ′ · ᴅᴠᴄɪ′ · ʙᴀᴠᴀʀ′ · ʟᴠᴄ′. Type de la pièce
précédente.
℟. ᴍᴏɴᴇ′ ɴᴏᴠᴀ ʟᴠᴄᴇ ʙᴠʀɢ′. Grande croix coupant la légende, chargée d'un écu de Luxembourg.
Werveke, n° 177.   Ar.

1858. *Gros.* ELIZAB' D' G' DV' BAVA' Z L'. Aigle aux ailes éployées, tenant dans ses serres les deux écus de Bavière-Palatinat et de Luxembourg.

℞. MONE NOVA LVCE BVRG. Croix à triple bande, fleuronnée, coupant la légende et entourée d'un quadrilobe.

Werveke, n° 181. Ar.

1859. *Demi-gros.* ELISAB' DVC BAV' LVC' . Type de la pièce précédente.

℞. MON' NOV' LVC' BVR. Type de la pièce précédente.

Werveke, n° 183. Ar.

Philippe le Beau (1495-1506)

1860. *Huitième de patard.* PHS DVX LVXEMBVRGIS. Ecu écartelé couronné.

℞. MONETA NOVA A'KO 1502. Croix sur laquelle l'écu de Luxembourg.

Werveke, n° 192. Bill.

Indéterminée

1861. *Gros* de Cologne contremarqué d'un écu burelé au lion.

Ar. F.

Siège de 1795

1862. *Ecu obsidional.* AD USUM LUXEMBURGI C̄CVALLATI. 1795. Disposé en cinq lignes.

℞. LXXII · ASSES, disposé en deux lignes; au-dessous, le nombre 13, entre deux branches de chêne.

Werveke, n° 262. Ar.

TRÈVES

—

ROIS

—

Denier au nom de Charles

Cette monnaie et même la suivante doivent être postérieures aux princes dont elles portent le nom. Leur type ne saurait appartenir au temps du dernier des rois, du nom de Charles, ayant possédé Trèves. Le nom s'était perpétué en même temps que le type s'altérait.

1865. + CARLVS REX, entre deux grènetis ; au centre, une croix pattée, cantonnée de quatre petits globes.

    ã. TR E ER IS, écrit autour d'un temple.

        Ne se trouve pas dans Bohl. Cf. Robert, *Rer. num.*, 1866, pl. VII, fig. 5. *Rare.*   Ar.   T.B.

Denier au nom de Louis

1864. + HLVDOVVICVS REX entre deux grènetis ; au centre, une croix cantonnée de quatre petits globes.

    ã. TR EV ER IS écrit autour d'un temple.

        Ne se trouve pas dans Bohl. Cf. Robert, *Rer. num.*, 1866, pl. VII, fig. 2. *Rare.*   Ar.   T.B.

Otton II (983-1002)

1865. *Denier.* + ᴏᴛᴛᴏ ʀᴇx. Croix cantonnée de quatre petits globes.
℞. ᴛʀᴇᴠᴇ.... écrit horizontalement, en trois lignes dans le champ;
dans le haut, un ʙ barré.
Dannenberg, fig. 461.   Ar.

ARCHEVÊQUES

—

Poppon d'Autriche (1016-1047)

1866. *Grand denier.* Légende détruite par un martelage postérieur;
dans le champ, un buste à gauche devant lequel une croisette surmontée d'une crosse.
℞. Légende à peu près effacée par un martelage; au centre, un
grand édifice formé d'un soubassement sur lequel s'élève
une façade à pignon flanquée de deux tours; dans le champ,
des annelets.   Ar. fin. A.B.

1867. *Grand denier.* ʜᴇɪɴʀɪᴄᴠs ʀᴇx. Croix cantonnée de quatre ᴠ.
℞. ᴘᴏᴘᴘᴏ ᴛʀᴇᴠɪ entre deux grènetis; dans le champ, un grand ᴀ.
Dannenberg, fig. 466.   Ar. fin. A.B.

1868. Autre. L'ᴀ est beaucoup plus grand et un globe se voit sous sa
traverse.   Ar. fin. A.B.

1869. Autres variés. Deux exemplaires.   Ar. fin. A.B.

1870. *Grand denier.* + ᴘᴏᴘᴘᴏ ᴀʀᴄʜɪ. Croix pattée, cantonnée de quatre
globules.
℞. Édifice formé d'une partie centrale ouverte en arcade et de
deux tourelles; sous l'arcade, une tête de face.
Dannenberg, fig. 468. Deux exempl.   Ar. fin. B.

1871. *Grand denier.* + ... ᴘᴏᴘᴘ. Croix pattée, cantonnée de quatre
globules.

℟. Même type qu'au revers de la pièce précédente. La tête porte une longue barbe et on voit l'amorce du buste.
Variété de Dannenberg, fig. 468.
Deux exemplaires.   Ar. fin. T.B.

Eberhard (1047-1066)

1872. *Grand denier.* ✛ EBERHARDVS ARCHIEPS entre un grènetis et un contour formé de deux filets et d'un grènetis; dans le champ, un buste à tête nue tournée à droite; devant le visage, une crosse.
℟. ✛ S · PETRVS BELG · CIV. Au centre, une main tenant deux tiges qui aboutissent au T et à l'R du nom du patron. Dans le bas, un arc fleurdelisé accosté de deux annelets.
Dannenberg, fig. 475.   Ar. fin. T.B.

1873. *Denier.* EBERHART · ARCHIEPS TREV. Buste à tête nue à droite, devant lui une crosse.
℟. ✛ PETRVS. Le reste comme au numéro précédent.
Flan plus étroit et un simple grènetis au droit.
Dannenberg, fig. 473.   Ar. fin. B.

1874. Autre. Deux exemplaires.   Ar. fin. B.

Egilbert (1079-1101)

1875. *Denier.* ✛ E........ ARCIEP entre deux grènetis. Buste tête nue, à gauche; dans le champ, une crosse.
℟. CIVITA TREV..... Deux mains tenant des clefs sur les pannetons desquelles reposent les lettres PE.
Inédit, variété de Dannenberg, fig. 481 et 482.
Rare.   Ar. fin. B.

Brunon de Lauffen (1101-1124)

1876. *Denier.* BRVNO ARCHIEPS. Buste à gauche, tête nue, une crosse devant.

℞. TREVERIS. Mains tenant deux clefs.
Bohl, p. 20, n° 1. *Rare.* Ar. fin. B.

Albéron de Montreuil (1131-1152)

1877. *Denier.* ADEL X O...... Buste crossé de profil à gauche.
℞. .... TRVS. Dans le champ, saint Pierre, de face, tenant les clefs.
Dannenberg, n° 490. Ar. fin. A.B.

Incertaine de la fin du XIIᵉ siècle

La pièce suivante a été classée par Bohl à Ludolphe (934-1008), mais elle est beaucoup moins ancienne. Elle paraît appartenir à la fin de la période où les évêques étaient représentés tête nue.

1878. *Denier.* RVDOLFVS. Buste à gauche, devant lui une crosse.
℞. PORTA ALPA. Porte surmontée d'un pignon et flanquée de deux tours.
Var. de Bohl, p. 11, n° 1. Ar. fin. B.

Jean I (1189-1212)

Les monnaies, au type du lion (nᵒˢ 1879 à 1881), ont été rencontrées avec des monnaies messines de la fin du XIIᵉ siècle ; nous les attribuons dubitativement à Trèves.

1879. IO HNES. Buste mitré avec crosse et livre, à gauche.
℞. Légende indéchiffrée. Lion passant à droite.
Ar. fin. F.

1880. Autre avec IIAO. Le revers est légèrement surfrappé.
Deux exemplaires. Ar. fin.

1881. *Denier.* Variété des pièces précédentes. Au revers, le lion est tourné à gauche. Ar. A.B.

Le petit denier suivant, trouvé avec des monnaies lorraines du commencement du XIIIᵉ siècle, avait été attribué à Jean de Sierck, évêque de Toul, par M. de Saulcy, en raison de l'image de saint Pierre qui se rencontre si fréquemment dans les ateliers lorrains. Mais le type du droit ne convient pas à l'évêché de Toul ; en outre, l'épiscopat de Jean de Sierck est trop récent. Nous classons cette monnaie, faute de mieux, à Jean, archevêque de Trèves.

1882. IO HANNES. Buste de face, chargé d'une mitre, tenant une crosse de la main droite, et un livre, de la gauche.
℞. PETRVS. Saint Pierre à gauche, tenant une clef.

Robert, Evêques de Toul, pl. VII, fig. 3.
Deux exemplaires. Ar. fin. A.B.

Anonymes du commencement du XIIIᵉ siècle

Ces pièces ont été classées à Toul par M. Laurent, qui y voyait une va-
cance de siège, vers le temps de Mathieu de Bitche. Leur faire paraît les
rapporter à Trèves.

1883. *Denier*. Buste mitré avec crosse, tourné à gauche ; derrière la
tête, un annelet avec point central.
℞. Edifice formé de deux colonnes reliées par un mur treillissé.
Deux exemplaires.   Ar. fin. A.B.

1884. *Obole*. Buste mitré avec crosse, tourné à droite.
℞. Edifice comme au numéro précédent.
Rare.   Ar. fin. B.

Thierry II de Wied (1212-1242)

1885. *Denier*. TEODERICVS. Buste crossé et mitré à droite.
℞. TREVERIS. Edifice flanqué de deux tours ; au-dessous, un
croissant.
Bohl, pl. I, nº 1.   Ar. fin. A.B.

1886. Autre avec une étoile sous l'édifice.
Deux exemplaires.   Ar. fin. A.B.

1887. Autre ; même type. Deux exemplaires.   Ar. fin. A.B.

1888. *Obole*. TEODERICVS. Buste mitré à droite.
℞. TREV ERIS. Edifice flanqué de deux tours.
Bohl, pl. l, nº 4.   Ar. fin. B.

Arnould II (1242-1260)

1889. *Denier*. ARNOLD. Buste mitré tourné à gauche.
℞. + TREVERIS. Dans le champ, une voûte sous laquelle est in-
scrite en haut accosté de deux points, cinq tourelles.
Bohl, p. 25, nº 1. Deux exemplaires. Ar. fin. A.B.

1890. *Denier*. ARNOLD. Personnage à mi-corps, mitré et tenant une
crosse et un livre.
℞. TREV + ERIS. Edifice à deux étages.
Bohl, p. 25, nº 5.   Ar. fin. A.B.

1891. Autres semblables. Deux exemplaires.   Ar. fin. A.B.

Anonymes du XIIIᵉ siècle

1892. *Denier*. TREVE.... Personnage à mi-corps, crossé et mitré.
℞... VERIT. Edifice en forme de dôme, surmonté d'une croix.
Variété inédite.   Ar. fin. A.B.

1893. Autres, mêmes types, légendes légèrement variées.
Deux exemplaires. • Ar. fin. A.B.

1894. Autres, mêmes types, légendes légèrement variées.
Trois exemplaires. Ar. fin. A.B.

1895. *Denier.* Personnage à mi-corps, de face, crossé et mitré.
℞. TRE.... Saint Pierre, à mi-corps, à droite, tenant deux clefs.
Ar. fin. A.B.

Henri de Fenestrange (1260-1286)

1896. *Denier.* HENRI. Personnage mitré et crossé, à mi-corps, de face.
℞. VREV + ERIT. Edifice surmonté d'un pignon et flanqué de
deux tours. A l'exergue, croisette.
Deux exemplaires de coins variés. Ar. fin.

1897. Trois exemplaires variés de la même pièce. Ar. fin.

1898. *Denier.* HENRICVS. Personnage mitré, à mi-corps, à droite, tenant
la crosse et le livre.
℞. TREVE RENSIS. Clef en pal, accostée des lettres P-S.
Bohl, p. 29, n° 1. Très bel exemplaire et trois autres de
coins variés. Ar. fin.

1899. Autre, même type. Quatre exemplaires. Ar. fin. B.

1900. *Obole.* HENRICVS. Personnage crossé et mitré, à mi-corps, à droite.
℞. TREVE RENSIS. Clef en pal à gauche, cantonnée des lettres s · P.
Bohl, p. 30, n° 2. Ar. fin. T.B.

1901. *Denier.* HER.... EPC. Personnage crossé et mitré à mi-corps, de
face.
℞. VRE VERIT. Edifice en forme de dôme, surmonté d'une croix ;
une croix à l'exergue.
Inédit. Ar. fin. A.B.

Boémond de Warnesberg (1286-1299)

1902. *Denier.* BOM DVS. Personnage crossé et mitré, vu à mi-corps,
de face.
℞. + TR EVE RIS. Ecu chargé d'une croix.
Inédit. Ar. fin. A.B.

1903. *Denier.* La même pièce avec une molette dans le premier canton
de la croix du revers.
Bohl, pl. II, 4. Ar. fin. F.D.C.

1904. *Denier.* BOIE VIVD VS +. Ecu chargé d'une croix.

℞. TRE VER. Buste archiépiscopal de face.
Cf. Bohl, pl. II, n° 7. Ar. fin. T.B.

Baudouin de Luxembourg (1307-1354)

1905. *Denier.* Légende mal venue ; au centre, un écu à l'aigle.
℞. TRE VE... Ecu de Trèves chargé d'une croix.
Inédit. Ar. fin. F.

1906. *Denier.* BALD VIN'. L'archevêque à mi-corps, mitré, tenant une
crosse et un livre.
℞. TREVER'. Aigle et clef.
Cf. Bohl, pl. II, n° 14.
Trois exemplaires. Ar. fin. T.B.

1907. *Denier.* BAL DVIN'. L'archevêque mitré, vu à mi-corps, tenant une
crosse et un livre.
℞. TRE VER'. Deux clefs.
Bohl, p. 38, n° 11.
Deux exemplaires de coins variés. Ar. fin. T.B.

1908. *Denier......* LVSEN. Archevêque mitré, vu à mi-corps, à gauche.
℞... TRE.... Ecu de Luxembourg burelé et chargé d'un lion.
Inédit. Ar. fin.

1909. *Denier.* + BALD' AR'EP'S · TREVIR'. Buste de l'archevêque, mitré
et vu de face.
℞. MON ETA T REVIR. Ecu de Luxembourg burelé et chargé d'un
lion.
Bohl, p. 38, n° 10. Ar. fin. F.D.C.

1910. *Esterlin.* + BALDEVVINVS. Buste de l'archevêque, mitré, de face.
℞. + ARCHIEPS TREVEN. Deux clefs posées en sautoir.
Bohl, p. 35, n° 1. Ar. fin. B.

1911. *Esterlin.* .·. BALD' ARCHIEPS .·. Même type.
℞. MONETA TREVER'. Même type.
Bohl, p. 36, n° 4. Ar. fin. A.B.

Boémond de Sarbrück (1354-1362)

1912. *Gros.* BOEMVDVS ⵊ AR×× EPVS ⵊ TREVEN. L'archevêque mitré est assis
sur un siège orné de têtes d'animaux. Il tient une croix et un
livre, porte sur sa poitrine l'écu à la croix, et a à ses pieds
un écu chargé d'un sautoir, sur lequel broche un lambel.
℞. XPC ⵊ VINCIT ⵊ XPC ⵊ REGNAT ⵊ XPC ⵊ IMPERAT en lég. ext. et
+ MONETA ⵊ CONFLVENS en lég. int. Au centre, une croix pattée.
Var. de Bohl, p. 44, n° 2. *Rare.* Ar. T.B.

1913. *Esterlin.* + BOEMVNDVS + Tête mitrée de face.

℞. + ARCHIEPS' TREVEN. Deux clefs formant sautoir.
Trois exemplaires. Bohl, pl. II, fig. 3. Ar.   B.

Conon de Falkenstein (1362-1388)

1914. *Florin d'or au saint Jean et au lis.* CONO AREPVS. Grande fleur
de lis.
℞. S · IOHA NNES B. Saint Jean-Baptiste. A gauche de la tête, une
double aigle chargée d'un écusson.
Bohl, p. 48, n° 1.   Or.   F.D.C.

1915. *Florin d'or au saint Jean.* CONO ⁝ ARCHIEPS ⁝ TREVEREN. Dans un
trilobe, écu parti de Trèves et de Falkenstein.
℞. S · IOHA NNES · B. Saint Jean debout. A gauche de la tête,
deux clefs.
Bohl, p. 48, n° 2.   Or.   F.D.C.

1916. *Florin d'or au saint Pierre assis.* MONETA TREVEN. Saint Pierre
assis sur un siège gothique, tenant la clef et la croix.
℞. CONO ARCHIEPS TREVEN. Dans une épicycloïde, un écu écartelé
de Trèves et de Falkenstein.
Bohl, p. 49, n° 4. *Rare.*   Or.   F.D.C.

1917. *Florin d'or au saint Pierre debout.* CVNO AREPS TREVEN. Sous une
arcade crénelée, saint Pierre debout, tenant la clef et la croix.
℞. SACRI IMPERI · MONETA VS (frappé à Oberwesel). Trilobe dans
lequel un écu parti de Trèves et de Falkenstein.
Bohl, p. 50, n° 7.   Or.   F.D.C.

1918. *Florin d'or au saint Pierre assis.* CVNO AREPS TRE'. Saint Pierre
assis sur un siège gothique, tenant la clef et la croix.
℞. SACRI IMPERI PER GALIA. Dans une épicycloïde, les deux petits
écus de Trèves et de Falkenstein accostés.
Bohl, p. 51, n° 12.   Or.   F.D.C.

1919. *Florin d'or au saint Pierre debout.* Variété de la pièce précédente, avec CVNO · ARE-PS TREVN et SACRI IMPERII PE GALLAI.
Variété de Bohl, p. 51, n° 1.   Or.   F.D.C.

1920. *Gros.* CONO ⁝ ARCHIEPS ⁝ TREVER. L'archevêque, assis sur un siège
orné de têtes d'animaux et tenant une croix longue; à ses
pieds, un écu.
℞. + XPC ⁚ VINCIT, etc. (lég. ext.) + MONETA ⁝ CONFLVEN (lég. int.).
Croix pattée.
Bohl, p. 55, n° 26. *Rare.*   Ar.   T.B.

1921. *Gros.* CONO · AREP-S · TREVEREN. L'archevêque debout, crossé,
mitré et tenant un livre.
℞. + MONETA ⊕ IN ⊕ CONFLVENCIA. Au centre, une aigle portant
un petit écu en cœur.
Bohl, p. 55, n° 27. *Très rare,* mais troué.
           Ar.   B.

1922. *Gros.* cvno · archieps · trevien. Saint Pierre à mi-corps, sous une arcade gothique.

℞. + per gal · arcan · moneta · con. Au centre, un écu parti aux deux croix, dans un contour formé alternativement d'arcs et d'angles.

Bohl, p. 57, n° 34.   Ar.   T.B.

1923. Autre au même type, avec + per gal arcan moneta cvn.

Bohl, p. 66, n° 75.   Ar.   T.B.

1924. Autre au même type, frappé à Deutz : + amist ecce col · moneta tuyc.

Bohl, p. 65, n° 67. Deux exemplaires. Ar.   B.

1925. Autre au même type, frappé à Wesel : + admist · ecce col moneta wesal.

Rare. Inconnu à Bohl.   Ar.   B.

1926. *Gros.* cono ⫶ arch ⫶ eps ⫶ trevens. Saint Pierre tenant la croix et la clef sous une arcade gothique.

℞. per ⫶ gal ⫶ arcan ⫶ moneta ⫶ trevere. Au centre, un écu à la croix chargé d'un petit écu de Falkenstein, contour épi-cycloïdal.

Bohl, p. 58, n° 39.   Ar.   T.B.

1927. Autre. Même type au droit.

℞. ✪ monet ✪ ✪ a · cove ✪ ✪ lnles ✪. Au centre, un grand écu parti entouré de trois écus plus petits; contour épicy-cloïdal.

Bohl, p. 59, n° 41.   Ar.   T.B.

1928. *Gros.* cvno arepvs treveren. Type de la pièce précédente.

℞. + bndictv ⫶ sit ⫶ nome ⫶ dni ⫶ nri ⫶ ihv ⫶ xpi en légende exté-rieure et moneta treve en légende intérieure. Au centre, un écu écartelé, sous lequel deux clefs en sautoir.

Bohl, p. 57, n° 53.   Ar.   A.B.

1929. *Tiers de gros.* cvno areps treveren. Saint Pierre à mi-corps, tenant la clef et la croix ; au-dessous de lui, un écu.

℞. mon eta c onfl ven. Croix pattée coupant la légende, et canton-née de douze globules.

Bohl, p. 60, n° 44. Trois exempl. variés. Ar.   B.

1930. Autre aux mêmes types avec cvno ⫶ areps · treverens et mon eta c onfl venc'.

Bohl, p. 59, n° 43.   Ar.   B.

1931. *Fraction du gros.* cvno ⫶ areps ⫶ trevere'. Même type.

℞. mon' eta · c' onfl venc'. Croix pattée, coupant la légende ; dans le second et le quatrième canton, trois globules.

Inédit. Comp. l'*esterlin*, Bohl, p. 60, n° 44.

Ar.   B.

1932. *Gros à l'écu.* CONO · ARCHIEPISCOPVS · TREVÉN. Ecu écartelé, contour épicycloïdal.

℞. + SACRI ⫶ IMPERII ⫶ PER ⫶ GALL ⫶ ARCANC ⫶ en lég. extér. et MONETA CONFLV. Croix pattée.

Bohl, p. 56, n° 29.   Ar.   B.

1933. *Gros à l'écu.* CONO ⫶ ARCHIEPISCOPVS ⫶ TREVEN. Dans une épicycloïdc à six lobes, un écu écartelé.

℞. + ADMINISTRATOR ⫶ ECCE ⫶ COLONIE en lég. ext. et MONETA ⫶ TREVER en lég. int. Au centre, une croix pattée.

Bohl, p. 64, n° 63.   Ar.   B.

1934. *Esterlin.* + CONO DEI GRA + Tête de l'archevêque, mitrée et vue de face.

℞. + ARCHIEPS TREVEN. Deux clefs en sautoir.

Bohl, p. 61, n° 54.

Deux exemplaires.   Ar.   T.B.

1935. *Fractions du gros.* + CONO AREP VS TREVER'. Tête de saint Pierre nimbée.

℞. VICARII ECCE COLON'. Ecu parti de deux croix.

Bohl, p. 67, n° 77.   Ar.   F.

Werner de Falkenstein (1388-1418)

1936. *Florin d'or au saint Jean.* WERNHER · AREPVS ⚬ TRE. Saint Jean debout et nimbé, tenant la croix et bénissant.

℞. MONETA ⚡ NOVA ⚡ COVELENSIS. Cinq écus dans un entourage formé de deux courbes et de deux angles.

Var. de lég. du n° 3 de Bohl, p. 711. Or.   T.B.

1937. *Florin d'or au saint Jean.* WERNER VS AREPS. Saint Jean debout.

℞. + MONETA · NOVA · COVELENSIS. Cinq écus dans un contour formé de deux courbes et de deux angles.

Variété de lég. du n° 3 de Bohl, p. 71. Or.   F.D.C.

1938. *Florin d'or au saint Jean.* WERNER'AREP · TRE. Saint Jean debout.

℞. MONETA · NOVA · WESAL'. Grand écu parti, accosté des deux petits écus de Cologne et de Mayence; dans le bas, deux dauphins. Contour formé de trois ogives et de trois angles.

Bohl, p. 73, n° 9. Variété.   Or.   F.D.C.

1939. *Florin d'or au saint Jean.* + WERNER' AREP' TRE'. Saint Jean debout.

℞. •MONET••A · NOVA••OVENB' + (Öbenbach). Au centre, un grand écu parti accosté de deux petits écussons de Falskenstein et de Mayence. Contour et dauphins comme au numéro précédent.

Bohl, p. 73, n° 11. Variété.   Or.   F.D.C.

1940. *Florin d'or au saint Pierre à mi-corps.* WERNHER AREP'•TR'. Saint
Pierre à mi-corps, sous une arcade à tourelles crénelées;
dans le bas, l'écu de Falkenstein.
℞. MONETA • NOVA • COVELENS. Au centre, l'écu parti de Trèves et
de Falkenstein, dans un contour formé de six arcs.
Bohl, p. 76, n° 24. Variété.   Or.   T.B.

1941. *Florin d'or au saint Pierre à mi-corps.* WERNER AREP' TR'. Type
du droit du numéro précédent.
℞. -+ MONETA • NOVA • COVELEINSIS. Au centre, l'écu parti de
Trèves et de Falkenstein, dans un contour formé de trois
arcs et de trois angles.
Bohl, p. 75, n° 17. Variété.   .   Or.   T.B.

1942. *Florin d'or au saint Pierre debout.* WERNER' AREP' TR'. Saint
Pierre debout sous une arcade à tourelles crénelées.
℞. MONETA • NOVA • COVELEINS. Type du revers du numéro précé-
dent.
Bohl, p. 75, n° 7. Variété.   Or.   T.B.

1943. *Pfenning* au type de l'écu parti, avec COVELS.
Variété de Bohl, p. 87 et 68.   Ar.   B.   .

1944. Autre, même type, Bohl, p. 87, n° 67.   Ar.   B.

1945. *Schilling.* WERNHE ⚬ AREPS ⚬ TREVE. Ecu écartelé dans une épicy-
cloïde.
℞. SOLID' NO VOS • TRE. Saint Pierre à mi-corps; devant lui, deux
clefs en sautoir.
Bohl, p. 86, n° 65; variété.
Deux exemplaires.   Bill.   F.

1946. *Pfenning.* Type au saint Jean, avec MONETA • COVELEN. Autre avec
MONETA COVELE'. Deux pièces, variétés de Bohl, p. 87, n° 69.
                                           Ar.   F.D.C.

1947. *Gros* dit *weissgroschen.* -+ WERNHE + DEI + GRA + AREPS ⁑ TREV'. Au
centre, l'écu écartelé.
℞. MONETA ⁑ N OVA ⁑ TREV'•. Saint Pierre debout, portant la triple
couronne et tenant d'une main la croix, de l'autre la clef.
Bohl, p. 73, n° 32. *Rare.*   Ar.   B.

1948. *Gros au saint Pierre.* WERNER ARCEP'•TR'. Saint Pierre à mi-
corps, sous une arcade gothique.
℞. MONETA ⁑ NOVA ⁑ TREVERENSIS. Ecu parti, dans un contour
formé de trois arcs et de trois angles.
Bohl, p. 80, n° 37.   Ar.   B.

1949. Autres, mêmes types, Bohl, p. 81, n° 41, et p. 82, n° 47.
Deux pièces.   Ar.   A.B.

1950. *Gros.* Même droit qu'à la pièce précédente.

℞. MONETA ⁚ NOVA ⁚ TREVERENS. Au centre, l'écu à la croix, dans un entourage formé de huit arcs de cercle.
Bohl, p. 79, n° 33.　　　　　　　　　　　　Ar.　　A.B.

1951. *Demi-gros.* ✚ WERNER' · ARCP' · TREVER. Saint Pierre à mi-corps tenant la croix et la clef.
℞. MONET A NOVA WESA'. Grand écu parti, accosté de trois petits écus qui coupent la légende

Manque dans Bohl. *Rare.*　　　　　　　Ar.　　B.

Otton de Ziegenhain (1418-1430)

1952. *Florin d'or au type de saint Pierre.* ❀ OTTO ⁚ EL ECTVS TR. Saint Pierre à mi-corps sous une arcade à tourelles crénelées; dans le bas, l'écu de Ziegenhain.
℞. ✚ MONETA' ⁚ NOVA ⁚ WESALIEN' ❀. Au centre, un écu parti de Trèves et de Ziegenhain.
Bohl, p. 91, n° 3.　　　　　　　　　　　Or.　　B.

1953. *Florin d'or au type de l'archevêque debout.* OTTONIS ✶ AREPI' ✶ TR'. Dans le champ, l'archevêque debout, mitré, crossé et bénissant.
℞. ✚ MONETA ✶ NOVA ✶ AVREA ✶ COV'. Ecu parti de Trèves et de Ziegenhain dans un contour formé de trois arcs et de trois angles.
Bohl, p. 91, n° 3.　　　　　　　　　　　Or.　　T.B.

1954. Autre avec COVE'; comp. Bohl, p. 91, n° 3. Or.　　B.

1955. *Dreiling.* OTTONIS ARCP · T' · Saint Pierre à mi-corps tenant devant lui l'écu épiscopal. Dans la légende, deux clefs en sautoir.
℞. MONETA ⁚ NOVA ⁚ TREVER'. Ecu écartelé de Trèves et de Ziegenhain.
Bohl, p. 95, n° 20.　　　　　　　　　　Bill.

Ulrich de Manderscheid (1430-1435)

1956. *Heller.* Bractée portant l'écu parti de Trèves et de Manderscheid, surmonté d'un w, initiale de *Wesalia.*
Bohl, p. 99, n° 5.　　　　　　　　　　Bill.　　B.

Raban de Helmstadt (1430-1439)

1957. *Florin d'or.* RABA ARCP I' * TRE VERE'. Ecu écartelé de Trèves
et de Helmstadt, brochant sur une croix pattée qui coupe la
légende.
℞. + MONETA * NOVA * AVREA * COV'. Trois écus disposés triangulairement; au centre, une étoile.
Bohl, p. 101, n° 1.   Or.   B.

1958. *Gros de* 1438 dit *Weisspfenning.* RABA' ARCP' TREVE. Ecu écartelé
de Trèves et de Helmstadt, entouré de trois petits écus;
contour ogival.
℞. A' · DN' · M · CC CC · XXXVIIII. Saint Pierre à mi-corps sous une
arcade gothique; devant lui, l'écu de Helmstadt.
Bohl, p. 102, n° 6. Rare daté.   Ar.   B.

1959. *Heller.* Ecu parti de Trèves et de Helmstadt. Bractéate.
Bohl, p. 103, n° 9.   Bill.   B.

Jacques de Sierck (1439-1451)

1960. *Raderalbus* de 1444. A' ⊛ DN' ⊛ M ⊛ C · CCC ⊛ XLIIII. Saint Pierre
à mi-corps, sous une arcade gothique; dans le bas, un petit
écu aux coquilles de Sierck.
℞. ⊛ MONE' ⊛ NOVA ⊛ ⊛ COVE'. Dans le champ, écu écartelé de
Trèves et de Sierck, et entouré de trois écus plus petits.
Bohl, p. 106, n° 5, mais autre date.   Ar.   B.

1961. *Raderalbus.* * IACOB' * A REPI' * T' *. Saint Pierre à mi-corps sous
une arcade gothique; dans le bas, l'écu de Sierck.
℞. MONE' NOVA * * COVE'. Dans un trilobe, coupant la légende,
grand écu écartelé, accompagné de deux petits écus et d'une
rose.
Bohl, p. 107, n° 9.   Ar.   A.B.

1962. *Heller.* Bractéate à l'écu de Trèves chargé en cœur de celui de
Sierck.
Bohl, p. 108, n° 15.   Bill.   B.

Jean de Bade (1456-1503)

1963. *Florin d'or.* IOHIS ⊚ AR ⊚ ⊚ CHIEPI' ⊚ TR. Le Christ nimbé bénissant
et tenant le livre, est assis sur un siège gothique. ·
℞. + MONE' NOVA * AVREA * COVELE *. Dans le champ, une croix
feuillue cantonnée de quatre petits écus.
Variété de Bohl, p. 109, n° 3.   Or.   A.B.

1964. *Gros.* * IOHANNES · ARCHIEPS · TREVERS'. Saint Pierre à mi-corps; à
droite et à gauche, dans le champ, les écus de Trèves et de
Bade.

℞. AVXILIVM•MEVM•A DOMINO, en lég. ext., et GRO SVS CON FLS, en lég. int. Au centre, une croix pattée coupant la légende intérieure.
Bohl, p. 111, n° 9.   Ar.   A.B.

1965. *Raderalbus.* IOH' ⊛ ELEC-ET CONF' T'. Saint Pierre, vu à mi-corps, sous une arcade gothique ; dans le bas, l'écu de Bade.
℞. ⊛ MONE' ⊛ NOVA ⊛ ⊛ COVE' ⊛. Au centre, un écu écartelé, entouré de trois écus plus petits.
Bohl, p. 111, n° 10.   Ar.   F.

1966. *Raderschilinng.* IOH' ARP' TREVER. Saint Pierre à mi-corps ; dans le bas, l'écu parti de Trèves et de Bade.
℞. MONE' NOVA CONF'. Type légèrement varié de la pièce précédente.
Bohl, p. 111, n° 11.   Ar.   A B.

1967. *Heller.* Bractéate à l'écu parti de Trèves et de Bade ; au-dessus de l'écu un : I.
Bohl, p. 114, n° 25. *Rare.*   Bill.   T.B.

1968. Autre avec un E, entre deux étoiles, au-dessus de l'écu.
Var. de Bohl, p. 114, n° 25.   Bill.   T.B.

Jacques de Bade (1503-1511)

1969. *Schüsselheller.* Bractéate à l'écu écartelé de Trèves, Mayence, Bavière et Cologne ; dans le haut, la lettre I.
Bohl, p. 118, n° 7.   Bill.   B.

Richard de Vollrathe (1511-1531)

1970. *Raderalbus.* •RICHARDVS•ARCHIEPI•TREVE. Ecu écartelé, surmonté de la date 1516.
℞. ⚭MONETA•NOVA•BERNCASTELE. Dans le champ, trois écus appointés en triangle.
Bohl, p. 122, n° 8. *Rare.*   Ar.   B.

1971. *Raderschilling.* MO'RICHA · AREPI · TR. Ecu écartelé, accompagné de trois petits écus qui coupent la légende.
℞. S'PET AP · 1516. Saint Pierre, à mi-corps ; dans le bas, un écu écartelé.
Bohl, p. 122, n° 9. Variété.   Ar.   B.

Lothaire de Metternich (1599-1623)

1972. *Florin d'or.* LOTHARIVS D · G · A · TR · PR · EL. Saint Pierre, à mi-corps, ayant devant lui l'écu de Metternich.
℞. MO · NO · A · C ON · 1619. Dans un trilobe, écu accompagné de trois autres, plus petits.
Bohl, p. 144, n° 5. Variété.   Or.   T.B.

1973. *Klippethaler*. Epreuve sur flanc carré du double thaler. LOTHA · DG · ARCII · TRE · PRI · ELEC · ADMI · PRM. Ecu heaumé et lambrequiné de Trèves et de Metternich. Le cimier est accosté du millésime 1611.
℞. MONETA · NOVA · ARGEN · TREV. Sainte Hélène debout.
Bohl, p. 145, n° 10. *Rare.*   Ar.   T.B.

1974. *Albus* dit *Petermännchen*. LOTARIVS DGR · AR   T · P · E. Saint Pierre debout.
℞. MONETA · NOVA · AR · CON. Ecu écartelé.
Autres sans date et de 1621 et 1623.
Bohl, p. 152 et n° 38 et 39 ; p. 153, n° 44 ; p. 154, n° 55, et p. 155, n° 57. Trois pièces.   Ar. bas. B.

1975. *Heller*. Bractéate aux armes épiscopales surmontées de la lettre L.
Bohl, p. 157, n° 68.   Ar.   B.

1976. *Médaille*. Ecu écartelé de Trèves et de Metternich, posé sur un cartouche. Dans le bas, la date 1602. Le tout dans une couronne de chêne.
℞. DEO · VIRTVIE · ET · LABORE · Inscription en deux lignes au-dessus d'un écu dans une couronne, et d'un sénestrochère tenant une épée.
Bohl, p. 158, n° 69.   Cuiv.   T.B.

1977. *Médaille*. Ecu ovale dans un cartouche, écartelé de Trèves-Metternich ; autour du champ, une couronne de laurier.
℞. DEO SOLI GLORIA · VNITA DVRAND LAVS, inscription en plusieurs lignes. Foi tenant un faisceau.
Bohl, p. 158, n° 70.   Cuiv.   T.B.

Philippe Christophe de Soteren (1623-1652)

1978. *Thaler de* 1623. PHILIPP · CHRIST · D · G · ARCHI · TREVIR · PRINC · ELECT. Ecu de l'électeur, timbré de trois heaumes cimés et lambrequinés.
℞. ⊕ EPIS · SPIRENSIS · AD · PRUM · PRAEP · WEISSENB. Saint Philippe debout.
Arg., Bohl, p. 161, n° 3.   Ar.   B.

1979. *Albus* dit *Petermännchen*. Variétés de 1625, 1628, 1649, 1650, et 1651. Bill. bl., Rohl, p. 166, n° 25 ; p. 167, n° 27, 30 et p. 168, n°ˢ 36, 40 et 42. Cinq pièces.   Ar. bas B.

Charles Gaspard de Leye (1652-1676)

1980. *Ducat*. CAROL · CASPAR D · G · ARCIEP · TREVIR S · R · I · PER GAL · ET REG. Buste de face.
℞. ARCI · ARCHICANCEL · P · E · ADM · PRVM · PERPET · 1654. Ecu écartelé et couronné.
Bohl, p. 172, n° 1. *Rare.*   Or.   T.B.

1981. *Double tiers de thaler* ou *zweidrittelstück.* ⊕ CARL · GASP · D ·
G · ARCH · TREV · P · EL · ADM · PRV. Buste à droite.
℞. CHUR · TRIERISCHE · LANDT · MVNTZ · ANNO · 1675. Au centre, un
écu cordiforme posé sur un glaive et une crosse en sautoir,
et timbré d'une couronne fermée.
Bohl. p. 175, n° 12.   Ar.   F.D.C.

1982. *Groschen.* ⊕ : MONE : NO : ARGE : CONFLV : MDCLXIII. Saint Pierre de-
bout.
℞. CARL · GASPAR · D G · ARCH · TREVIR · PRIN EL . Dans le champ,
en cinq lignes, l'indication de la valeur : VIII · UOREIN REICHS
THALER · L · M.
Bohl, p. 175, n° 14. Variété.   Ar.   B.

1983. *Albus* dit *Petermänchen.* Variétés de 1652, 1653, 1654, 1656,
1657, 1658 et 1659. Bill. bl., Bohl, p. 176 et p. 177.
Sept pièces.   Ar. bas. B.

1984. *Albus* dit *Petermännchen.* Variété de 1660, 1661, 1662, 1663
et 1666. Bill. bl., Bohl, p. 177.
Cinq pièces.   Ar. bas. B.

1985. *Albus* dit *Petermännchen.* Variétés de 1667, 1668, 1669, 1670,
1671. Bill. bl., Bohl, p. 177 et 178.
Cinq pièces.   Ar. bas. B.

1986. *Albus* dit *Petermännchen.* Variétés de 1672, 1673, 1674, 1675,
1676. Bill. bl., Bohl, p. 178 et 179.
Cinq pièces.   Ar. bas. B.

1987. *Pièce de 4 pfenning* de 1670. Bill. bl., Bohl, p. 179, n° 63.
Ar. bas. B.

Jean Hugo d'Orsbeck (1676-1711)

1988. *Thaler.* IOAN · HVGO · D · G · ARCH · TREV · S · R · I · PER · GALL ·
ET · REG · ARELAT · ARCHIC. Buste du prélat à droite.
℞. ET PRINC · EL · EPIS · SPIR · ADMR · PRVM · PRAEF · WEISS · 1681.
Grand écu écartelé, timbré de cinq heaumes, surmontés
d'emblèmes religieux.
Bohl, p. 187, n° 14.   Ar.   F.D.C.

1989. *Thaler.* IOAN HVGO, etc. Son buste à droite.
℞. ⊕ ARCHIC · ET PRINC · EL · EPIS SPIR, etc. Trois écus ovales
disposés triangulairement et surmontés d'une couronne
fermée, d'une crosse et d'un glaive.
Bohl, p. 188, n° 17, mais sans date ni signature de graveur.
Ar.   F.D.C.

1990. *Zweidrittel* (2/3 de thaler). IOHN HVGO · D G · AR · TREV · S · R ·
I · P · E · E · S. Son buste à droite.

℞. MONE NOVA TREVIR-ENS · ANNI · 1190. Ecu ovale et timbré
d'une couronne fermée, pose sur une crosse et un glaive
en pal : des palmes pour supports.
Bohl, p. 190, n° 27.   Ar.   T.B.

1991. *Pièce de 3 albus.* Variétés de 1689, 1691, 1692 et 1693.
Bohl, p. 194 à 196. Quatre pièces.   Ar. bas. B.

1992. *Pièce de 3 albus.* Variétés de 1694, 1695, 1697 et 1708.
Bohl, p. 196 et 1697. Six pièces.   Ar. bas. B.

1993. *Albus* dit *Petermännchen.* Variétés de 1677, 1678 et 1679.
Bohl, p. 198 et 200. Huit pièces.   Ar. bas. B.

1994. *Albus* dit *Petermännchen.* Variétés de 1680, 1681 et 1682.
Bohl, p. 200 et 201. Huit pièces.   Ar. bas. B.

1995. *Demi-batzen* ou *albus* de Spire. Trois écus sous une mitre.
℞. I · ALBUS · 1678, dans une couronne.
Bohl, p. 198, n° 80.   Ar. bas. B.

1996. *Médaille.* IOAN · HVGO · D · G · ARCHITREV · PR · EL · EP · SPI ·
Buste du prélat à gauche, cheveux longs, collerette et habit
brodés.
℞. IN · MANIBVS · TVIS SORTES · MEAE · PS · 30. Sénestrochère tenant suspendus sous une couronne trois écus ovales, brochant sur des cartouches et entourés de palmes.

Inconnu à Bohl, diam. 32 mill. *Rare.* Or.   F.D.C.

1997. *Médaille.* IOAN · HVGO · D · G · ARCHI · TRE · PR · EL · EP · SP ·
Buste du prélat, les cheveux longs et bouclés; manteau
d'hermine.
℞. HIS · ARMIS. Sous une couronne trois écus ovales brochant
sur des cartouches; dans le bas, deux palmes.
La médaille est enchâssée dans une large bordure.
Bohl, p. 207, n° 14. *Rare.*   Ar.   B.

1998. *Jeton.* IOAL HVGO, etc. Trois écus ovales surmontés d'une couronne fermée.
℞. Légende en huit lignes: NATVS · 13 · IAN · 1634, etc.; dans le
bas, deux palmes.
Bohl, p. 211, n° 157. *Variété.*   Ar.   B.

Charles de Lorraine (1711-1715)

1999. *Pièce de 3 albus.* 1711. PETERMENGER. Saint Pierre dans les nuages ; au-dessous G III G.

℞. CHVR · TR · LANDMVNZ. Ecu couronné avec les armes de Lorraine en cœur.					Bill.

Bohl, p. 213, n° 2.

2000. *Pièce de 3 albus.* Variété de 1712 et 1713 avec écu rond au revers. Bohl, p. 213, n°ˢ 4 et 5.					Bill.

Siège vacant (1715-1716)

2001. *Médaille.* CAPITVLVM METROPOLITANVM TREVIRENSE. Saint Pierre issant des nuages, tenant les clefs et le livre.

℞. SANCTA HELENA FVNDATRIX ECCLESIÆ. Sainte Hélène debout, tenant devant elle la robe de Jésus-Christ. A l'exergue : SEDE VACANTE ANNO 1715.

Bohl, p. 217, n° 1.					Ar. doré F.D.C.

François Louis de Neubourg (1716-1729)

2002. *Ducat.* D · G · FRAN · LUD · -ARCH · TREV · PR · EL. Buste à droite.

℞. DEO DUCE. Lion tenu en laisse par une main divine. A l'exergue : 1721.

Bohl, p. 219, n° 2. *Rare.*					Or.		F.D.C.

2003. *Ducat.* D · G · FRAN · LUD ARCHI · TREV · PR · IL. Buste à droite.

℞. Ecu rond timbré de la couronne fermée des Electeurs ; dans le haut, 1722.

Variété de date de Bohl, p. 219, n° 1.

Rare.					Or.		F.D.C.

François Georges de Schoenborn (1729-1756)

2004. *Demi-kopfstüch* de 1734. Bill. bl., Bohl, p. 229, n° 8.					Ar.		B.

2005. *Pièce de 2 pfenning.* Variété de 1747. Arg., Bohl, p. 233, n° 36.					Ar.		B.

2006. *Sterbdenkmünze.* FRANC GEORG, etc. Ecu couronné et soutenu par des lions.

℞. Légende en dix lignes.

Arg., Bohl, p. 236, n° 50.					Ar.		F.D.C.

Jean Philippe de Walderdorf (1756-1768)

2007. *Thaler.* IOAN · PHIL · D · G · AR · EP · TREVIR · S · R · I · PRIN · EL
· ADMI · PRUM · P · P. Buste à droite, sous lequel : F · LON.
℞. EINE MARCK FEIN SILBER 1761 N · M. Ecu soutenu par des
lions.
Variété de Bohl, p. 239, n° 3.   ,Ar.   F.D.C.

2008. *Pièce de 24 kreutzer* de 1760. Type de la pièce précédente.
Bohl, p. 243, n° 21.   Ar.   B.

2009. *Pièce de 3 batzen* de 1760. Bohl, p. 247, n° 41. — *Pièce de
6 kreutzer* de 1763, Bohl, p. 252, n° 68. — *Albus* de 1759,
Bohl, p. 254, n° 79; deux exemplaires.
Ensemble quatre pièces.   Ar.   B.

2010. *Jeton* obituaire. Bohl, p. 262, n° 120.   Ar.   F.D.C.

Clément Wenceslas (1768-1794, 1803-1812)

2011. *Grand thaler.* D · G · CLEM · WENC · A · EP · TREV · S · R · I · P ·
GAL et R · AREL · A · CANC et P · EL · EP · AUG · ADM · PRUM ·
P · P. Buste à gauche.
℞. REG · PR · POL · ET-LITH · SAXON · DUX. Ecu échancré brochant
sur les insignes du prélat. A l'exergue EINE MARK FEIN de 1769.
Bohl, p. 267, n° 3. *Rare.*   Ar.   F.D.C.

2012. *Thaler.* CLEM · WENC · D · G · A · EP · TREV · S · R · I · A · C &
EL. Buste à droite.
℞. EPISC · AVD · A · P · P · COAD · ELV · 1771. Ecu rond posé sur
les insignes du prélat. A l'exergue : 10 EIN · MASC · F · G · M.
Bohl, p. 268, n° 7.   Ar.   B.

2013. *Thaler.* CLEM · WENC · D · G · A · EP & EL · TREV · EP · AVG · P ·
PR · ELV · ADM · PRVM · P · P · R · POL · D · SAX. Buste à droite.
℞. Légende chronogrammatique : EX VASIS ARGENTEIS IN VSVM
PATRIÆ SINE CENSIBVS DATIS A CLERO ET PRIVATIS. Ecu de
l'évêque. A l'exergue : EIN MARK · FEIN · G · M.
Bohl, p. 270, n° 13.   Ar.   B.

2014. *Pièce de 3 batzen* de 1775. Bill. bl., Bohl, p. 272, n° 22. —
1/24 de thaler de 1773. Bill. bl., Bohl, p. 272, n° 23. —
Kreuzer de 1773, cuivre, Bohl, p. 275, n° 35.
Trois pièces.   B.

COLOGNE

—

EMPEREURS ET ARCHEVÊQUES

—

Louis le Débonnaire

2015. *Denier* avec COLO · NIA en deux lignes.
Exemplaire brisé et recollé.　　　Ar.

Louis l'Enfant ?

2016. *Denier.* S COLONI A, en trois lignes.
℞. Légende embrouillée. Au centre, une croix pattée.
Cappe, n° 22. Variété.　　　Ar.

Otton le Grand ?

2017. *Denier.* + ODDO LIVIDIII. Croix cantonnée de quatre petits globes.
℞. S COLONII A, en deux lignes.
Cappe, n° 67. Variété.　　　Ar.　　B.

Henri II

2018. *Denier.* + HINRICVS.... Croix cantonnée de quatre globules.
℞. + SCA COLO NIA, en trois lignes.
Cappe, n° 139.　　　Ar.　　F.

2019. *Denier.* + HE INRIH...... Croix cantonnée de quatre globules.
℞. S COLONII A, en trois lignes.
Cappe, n° 134. Variété.　　　Ar.　　B.

Conrad et Piligrin (1022-1035)

2020. *Denier.* + CHVONRADVS IMP en légende, et PI LI GR IM dans les cantons d'une croix pattée.
℞. + SANCTA COLONIA. Temple tétrastyle à fronton.
Dannenberg, n° 381. *Rare.*　　　Ar.　　T.P.

Hermann II (1036-1056)

2021. *Denier.* + CRISTIANA ✷ RELIGIO, en légende, et HE RM AN VS, dans les cantons d'une croix pattée.
    ℞. + SCA COLONIA. Temple tétrastyle à fronton.
        Dannenberg, n° 387.   ·   Ar.   B.

Frédéric I de Frioul (1099-1131)

2022. *Denier.* + FRED.... L'archevêque à mi-corps tenant crosse et livre ; à l'exergue : PIVS.
    ℞. + ...COLON... Edifice à trois tours.
        Dannenberg, n° 420. Mal sorti du coin. Ar.

Brunon II (1131-1137)

ATELIER DE COBLENCE

2023. *Denier.* + B. VN.....S. L'archevêque à mi-corps de face.
    ℞. CONFLVENTES. Bâtiment à trois tours.
        Cappe, p. 87, n° 383, et Dannenberg, n° 457.
        Deux exemplaires.   Ar.   A.B.

Philippe de Heinsberg (1167-1191)

2024. *Denier.* HITAPC..... L'archevêque assis, tenant la crosse et le drapeau.
    ℞.... AT COLONIA. Edifice surmonté de trois tours.
        Attribué à tort à Hildebold (1076-76) par Cappe, n° 287.
                                    Ar.   A.B.

2025. *Denier....* IEP. L'archevêque assis, tenant une crosse et un livre.
    ℞.... IAPAC .... Edifice à trois tours.
        Cf. Cappe, pl. VII, n° 113.   Ar.   F.

Henri I (1225-1238)

2026. *Denier....* RIC ARCHEPC. L'archevêque assis tenant la crosse et le livre.
    ℞.... NCTA COL. Edifice devant lequel un saint nimbé, à mi-corps, tient deux drapeaux.
        Cappe, p. 132, n° 581.   Ar.   A.B.

Conrad (1238-1261)

2027. *Denier.* + ... ONRA ... CH... L'archevêque assis, tenant la crosse et le livre.

℞. + MONE' · NOVA · AVREA · RILEN'. Croix de Saint-André fleuronnée et cantonnée de quatre écus.
Cappe, p. 242, n° 1127. Or. B.

2057. *Gros.* ROBERT · EL - C' CONF' COL'. Saint Pierre à mi-corps ; devant
lui, un écu parti.
℞. MONE' · NOVA · RILE. Dans un entourage de trois ogives
alternées d'angles, un écu écartelé accosté de trois écus plus
petits.
Cappe. Variété de p. 241, n° 1125. Ar. F.

Herman IV de Hesse (1480-1508)

ATELIER DE RENEN

2058. *Florin d'or.* H'MAI'ARC HIEPI' COL'. Le Christ assis sur un siège
gothique ; à ses pieds, l'écu de l'archevêque.
℞. ✇ MO' AV' RENE 1491. Dans un entourage de trois ogives alternées d'angles, un écu écartelé accosté de trois petits écus.
Cappe, n° 1131. Or. B.

ATELIER DE BONN

2059. *Florin d'or.* ✱ H' MAI' ELCTI' ECCLE' COLON'. Saint Pierre, à mi-corps ;
devant lui, un écu.
℞. MONE - NOVA - AVRE' - BONNE'. Croix pattée, coupant la légende
et chargée d'un grand écu écartelé.
Cappe, p. 252, n° 1171. Or. B.

ATELIER DE DEUTZ

2060. *Gros tournois* de 1482. ✱ HERMANNI · ARCHI · EPI · COLONIEN (lég.
ext.) + TVRON' · - TVICN (lég. int.). Châtel tournois sous lequel
un écu penché coupant la légende intérieure.
℞. SIT NOMEN DOMINI BENEDICTVM (lég. ext.) + AN' ✱ M ✱ CCCC ✱ LXXXII
(lég. int.). Croix pattée.
Ce gros est la seule imitation du type tournois faite par
un archevêque de Cologne.
Cappe, p. 253, n° 1175. Ar. T.B.

SANS NOM D'ATELIER

2061. *Demi-gros.* S' PETR - VS ⚹ 1503. Saint Pierre, à mi-corps, ayant
devant lui un écu écartelé.
℞. ✱ MO' H'M - AN AR' ✱ EPI' · CO. Ecu écartelé surmonté d'une
étoile et entouré de trois petits écus.
Cappe. Variété de pl. XV, fig. 250. Ar. T.B.

Philippe II de Daun (1508-1515)

ATELIER DE RENEN

2062. *Florin d'or.* PHS · ARCH IEPS · COLO'. Le Christ assis sur un siège
gothique; à ses pieds, un écu.
℞. MO' · AN' · - RENE - S' · 1510. Dans un entourage de trois ogives
alternées d'angles, un grand écu, accosté de trois écus
plus petits.
`·` Variété de Cappe, p. 261, n° 1216.   Or.   B.

Frédéric IV (1562-1567)

ATELIER DE RENEN

2063. *Florin d'or.* FRIDE · ELE · - ECCL · COL. Le Christ assis sur un
siège gothique; à ses pieds, un écu.
℞. · : MON · AV : RENE · 1 · 5 · 6 · 5. Dans un entourage formé
de trois ogives alternées d'angles, un écu accosté de quatre
écus plus petits.
Inédit.   Or.   T.B.

Maximilien Henri de Bavière (1650-1688)

2064. *Pièce de* 2 *albus* de 1679 aux armes de Bavière et *pièce de*
2 *mariengroschen* de 1656, au chiffre de l'archevêque.
Deux pièces.   Bill.   A.B.

Joseph Clément de Bavière (1688-1723)

2065. *Jeton.* VENI · DATOR · MUNERUM. Les insignes de l'archevêque-
électeur, sur lesquels descend le Saint Esprit.
℞. Dans une couronne, la légende chronogrammatique disposée
en quatre lignes : CONSECRATIO CLEMENTIS ARCHIEPISCOPI COLO-
NIENSIS.   Cuiv.   A.B.

Maximilien Frédéric

2066. *Thaler de* 1777. MAXIMILIAN · FRID · D · G · ARCH : EP · ET : ELECT :
COL 1777. Buste de l'archevêque à droite.
℞. IUSTICIA ET MANSUETUDINE. Ecu rond avec couronne et supports,
à l'exergue : EINE FEINE MARCK.   Ar.   T.B.

VILLE DE COLOGNE

2067. *Florin d'or.* MO' · CIVIT - AT'⁎ COLON'. Le Christ assis sur un trône gothique; à ses pieds, l'écu de Cologne.
℞. IASPAR · MELCHIOR · BALTHAS. Globe crucigère, dans un entourage de trois arcs alternés d'angles.
Cappe, p. 270, n° 1241.   Or.   B.

2068. *Gros.* + IASPAR · MELCHIOR · BALTHAS. Ecu de Cologne, dans un entourage formé de trois accolades.
℞. GROS SVS · CIV ITATS · COLONI (lég. ext.) OLI - DCE – AGP' - PIA (lég. int.). Croix ornée et feuillue, coupant les légendes.
Cappe, p. 271, n° 247.   Ar.   T.B.

    Il est à remarquer que cette pièce et la suivante donnent à Cologne son nom antique de colonie romaine : *olim dictæ Agrippina.*

2069. *Gros.* Variété. Les hermines de l'écu de Cologne sont remplacées par un pointillé.   Ar.   B.

2070. *Weisspfenning.* IASP' · MEL-CH' · BALTH'. Le Christ à mi-corps sous une arcade gothique ; devant lui l'écu de Cologne.
℞. MONE - CIVIT - COLON. Dans un entourage formé de trois ogives alternées d'angles, l'écu de Cologne accosté de trois écus plus petits.
Cappe, p. 273, n° 1257.   Ar.   F.

2071. *Florin d'or* de 1588. RVDOLP · II ⸰ ROM · IMP · SEM · AVG. Aigle impériale.
℞. MON · - - AVR · - - REN · 1588. Dans un entourage formé de quatre ogives alternées d'angles, un écu échancré de Cologne, entouré de quatre petits écus.
Variété de date de Koehler, n° 2799.   Or.   T.B.

2072. *Florin d'or* de 1570. MAXI · II · ROM · IMP · SEM · AVG. Aigle impériale.
℞. ᴄMOᴄNᴄ ᴄAVRᴄ ᴄRENᴄ ᴄ1570. Dans un entourage de quatre ogives alternées d'angles, l'écu de Cologne, entouré de quatre écus plus petits.
Voyez Köhler, Ducaten Cabinet, p. 904, n° 2798.
                         Or.   T.B.

2073. *Florin d'or* de 1662. LEOPOLDVS · D · G · ROM · IM · SE · AVG. L'empereur à mi-corps à droite, couronné et tenant le sceptre crucigère.
℞. GASPAR MELCH BALTHA. Ecu de Cologne, accosté de trois petits écussons qui coupent la légende. Au-dessus de l'écu : 1662.
Variété de Köhler, n° 2806.   Or.   F.D.C.

2074. *2/3 de thaler.* LEOPOLDVS J · D · G · ROM · IMP · SEMP · AVGVSTVS. Aigle impériale.

℞. INVITA TRAHOR DVM CVRO MEDERI. Ecu de Cologne surmonté de : 1695 ; dessous : ⅜ LEIPZ FVES.   Ar.   T.B.

2075. *Pièce de 8·albus* de 1733 au nom de l'empereur Charles VI et aux armes de Cologne.   Ar.   A.B.

AIX-LA-CHAPELLE
—

Frédéric Barberousse (1152-1190)

2076. *Denier.* FREDERICVS IMPR. L'empereur assis.
℞. ROMA CAPVT MVNDI. Bâtiment.   Ar.   A.B.

Adolphe de Nassau (1292-1298)

2077. *Denier.* + ADOLFVS ROM. REX. L'empereur assis.
℞. VRBS AQVENSIS VINCES. Vue de la cathédrale d'Aix-la-Chapelle.
                       Ar.   T.B.

Albert de Habsbourg (1298-1308)

2078. *Denier.* ALBERT ROM. REX. L'empereur couronné assis.
℞. + VRBS. AQVENSIS VINCES. La cathédrale.
                     Ar.   T.B.

Henri VII (1308-1312)

2079. *Esterling.* + HENRICVS · DEI GRA. Tête couronnée de face.
℞. ROM ANO RVM REX. Croix cantonnée de douze globules.
                     Ar.   A.B.

Louis IV (1313-1347)

2080. *Esterling.* LVDOVICVS. ROM. REX. Tête couronnée de face.
℞. MON ETA AQE NSIS. Croix cantonnée de neuf globules et d'une aigle.   Ar.   B.

Ville d'Aix-la-Chapelle

2081. *Gros.* SCS. KAROL · MA G : IPERATO. Buste de Charlemagne, couronné, nimbé, tenant le globe crucigère et une église. Devant lui, un écu à l'aigle.
℞. + ANNO · DOMINI MILLESIMO CCCC : XII. (lég. ext.) + MONETA : VRB'AQVS. (lég. int). Croix pattée.   Ar.   F.

MAYENCE

—

EMPEREURS ET ROIS

—

Charlemagne

2082. *Denier.* + CARLVS REX FR. Monogramme carolingien par K.
℞. + MOGONTIA. Croix haussée sur trois degrés.

Cappe, pl. I, n° 6. *Rare.*   Ar.   B.

Louis le Débonnaire

2083. *Denier.* + HLVDOVVICVS IMP. Croix cantonnée de trois globules.
℞. MO GON TIA CVS, en quatre lignes.
Rare.   Ar.   B.

Arnoul (887-899)

2084. *Denier.* ....OLDVS RE. Croix pattée cantonnée de quatre globules.
℞. MOGONCIA CVI. Temple tétrastyle.
Cappe, pl. I, n° 8. Deux exemplaires.   Ar.   A.B.

Conrad I (911-918)

2085. *Denier.* KVONRAT · VS REX. Croix cantonnée de quatre globules.
℞. MOGONCIA CIVI. Temple tétrastyle carolingien.
Variété de Cappe, p. 10, n° 33.   Ar.   B.

Henri l'Oiseleur (919-936)

2086. *Denier.* ... ICVS... Croix pattée, cantonnée de quatre globules.
℞. ...OGONCIA... Temple tétrastyle.
Dannenberg, n° 774°; mal sorti du coin. Ar.

4**

Henri III (1039-1056)

2087. *Denier*. . .AIN... Au centre, une tête couronnée et barbue.
℞. + VRB MOGONCIA. Temple avec chrisme.
Variété de Dannenberg, n° 793.   Ar.   A.B.

ARCHEVÊQUES
—

Henri (1142-1153)

2088. *Bractéate* frappée à Erfurt. HEINRICH ERPESFORDI. Buste de face
de saint Martin, entre deux tourelles crénelées reposant sur
une voûte ; sous la voûte, le buste de l'archevêque mitré
élevant les deux mains.
Schlumberger, Les bractéates d'Allemagne, pl. II, n° 25.
Ar.   B.

2089. ERPESFORDI. Buste de face de saint Martin, entre deux tourelles
crénelées, reposant sur une voûte sculptée. Sous la voûte
le nom : HENRI et le buste de l'archevêque mitré élevant les
deux mains.
Schlumberger, pl. II, n° 26.   Ar.   B.

Gerlach de Nassau (1354-1371)

2090. *Florin d'or* (roue). S · IOHA - NNES · B. (aigle). Saint Jean-
Baptiste debout.
℞. + GERL' · · AR' · EPS'. La fleur de lis de Florence.
Cappe, p. 97, n° 445.   Or.   B.

2091. *Esterling*. GLA C ARC HIEPS. Ecu aux quatre lions.
℞. + MONETA:MOGONTINA. Croix feuillue.
Cappe, pl. VII, n° 111.   Ar.   B.

Adolphe de Nassau (1379-1390)

2092. *Florin d'or* frappé à Bingen. ADOLPVS ARPS MOG'. L'évêque
crossé et mitré assis sur un siège gothique ; à ses pieds,
l'écu de Nassau.
℞. + MONETA:OPIDI:PINGVENSIS. Dans un entourage de trois arcs
alternés d'angles, l'écu à la roue de Mayence.
Cappe, p. 107, n° 484.   Or.   T.B.

2093. *Weissgroschen.* ADOLF' · AR-CHIEPI' · MA'. Saint Pierre à mi corps
sous une arcade gothique; devant lui, l'écu de Nassau
ꝶ. MON'•NOVA•MAGVN. Dans un entourage de trois ogives alternées d'angles, un grand écu accosté de trois autres plus
petits.
Cappe, p. 109, n° 498.   Ar.   A.B.

2094. Même pièce.   Ar.   A.B.

Jean II de Nassau (1397-1419)

2095. *Florin d'or* frappé à Höchst. IOHIS · AR-EP · MAGV. L'évêque
crossé et mitré sur un siège à clochetons; à ses pieds, l'écu
de Nassau.
ꝶ. ✛ MONETA I HOEST · SVP' MOGEN. Dans un entourage de trois
arcs alternés d'angles, un écu à la roue de Mayence.
Variété de Cappe, p. 121, n° 533.   Or.   T.B.

2096. *Florin d'or* frappé à Bingen. IOHIS AR · EPI MAGV, Type de la
pièce précédente, légèrement varié; la bille de chape de
l'archevêque est formée d'une roue de Mayence.
ꝶ. ✛ MONETA:OPIDI · PINGENSIS. Type de la pièce précédente.
Cappe, p. 121, n° 534.   Or.   T.B.

2097. *Florin d'or* frappé à Bingen. IOHIS AREPVS MAGVT. Saint Jean
debout.
ꝶ. ✛ MONETA OPIDI PINGENSIS. Dans un quadrilobe, écu de Nassau
entouré de quatre petits écus.
Cappe, p. 123, n° 551.   Or.   T.B.

2098. *Dickmünze.* IOHIS••AREP M. Buste mitré de face, devant lequel
l'écu de Nassau.
ꝶ. ✛ MONETA · PINGENSIS. Ecu à la roue de Mayence.
Cappe, p. 125, n° 561.   Ar.   F.

Conrad III (1419-1434)

2099. *Florin d'or* frappé à Bingen. CONRADI•A RCPI' · MAGV. Saint
Pierre à mi corps; devant lui, un écu écartelé à quatre lions.
ꝶ. •MON'•NOV'•PIN••GE'S'. Dans un entourage de quatre
ogives alternées d'angles, écu de Mayence entouré de quatre
écussons plus petits.
Cappe, p. 130, n° 582.   Or.   T.B.

2100. *Florin d'or* frappé à Höchst. CONRADI · A · •RCP'•MAGVN. Type
de la pièce précédente.
ꝶ. •MON'•NOV'•HOE•STS'. Type de la pièce précédente.
Cappe, p. 130, n° 578.   Or.   T.B.

2101. *Florin d'or* frappé à Bingen. CONRADI ARCPI'. MA'. L'archevêque
à mi-corps; devant lui, l'écu écartelé; à droite, dans le
champ, une étoile.

℞. + MONETA · NOVA · AVREA · BIN'. Dans un entourage de trois
arcs alternés d'angle, l'écu de Mayence.
Cappe, p. 131, n° 587. Or. T.B.

Thiéri d'Erbach (1434-1459)

2102. *Florin d'or* frappé à Bingen. THEODIC AREPI' MA. L'archevêque
à mi-corps ; devant lui, un écu coupé à trois étoiles.
℞. + MONETA · NOV · AVREA · BI'. Dans un entourage de trois
arcs alternés d'angles, l'écu de Mayence.

Inédit. Or. B.

2103. *Florin d'or.* THEOD' - AREP - MAGV MO' NO. Sur une croix pattée
coupant la légende, écu écartelé.
℞. + A' NO · DNI' M' CCCCXXXVIII. Trois écus aboutés en feuille
de trèfle.
Cappe, p. 134, n° 606. Or. B.

2104. *Grand gros.* + SANCT · MARTINVS · PATRONV'. Saint Martin, nimbé,
chevauchant à gauche.
℞. T · DI · GRACIA · AREPI · MAGVT. Dans un entourage formé de
trois arcs alternés d'angles, l'écu d'Erbach.
Cappe, p. 137, n° 629. Ar. A.B.

2105. *Gros de 1437.* ANN · M · CCCC · XXXVII. Saint Pierre à mi corps
sous une arcade gothique ; devant lui, l'écu d'Erbach.
℞. MON' NOVA BING'. Dans un entourage de trois ogives et de
trois angles, grand écu écartelé, accosté de trois écus.
Cappe, p. 138, n° 634. Ar. A.B.

2106. *Gros.* THEODI' ARCPI' MA'. Saint Pierre sous une arcade gothique,
devant lui l'écu d'Erbach.
℞. MONE' NOVA BING'. Type de la pièce précédente.
Variété de légende de Cappe, p. 135, n° 608.
Ar. B.

Adolphe II de Nassau (1461-1475)

2107. *Florin d'or.* ADOLF · ARC HIEP' MA'. Le Christ assis sur un siège
gothique ; à ses pieds, l'écu parti de Mayence-Nassau.
℞. + MONE' NOVA · AVREA · MAGVN. Croix de Saint-André fleuronnée, cantonnée de quatre écus.
Cappe, p. 142, n° 652. Or. T.B.

Thiéri II d'Isembourg (1459-1461 et 1475-1482)

2108. *Florin d'or.* DIETHERI ELECII · MA. Le Christ assis sur un siège
gothique ; à ses pieds, l'écu d'Isembourg.
℞. + MONE' · NOVA · AVREA · MAGVN. Croix de Saint-André fleuronnée, cantonnée de quatre écus.
Cappe, p. 140, n° 647.   Or.   T.B.

Albert de Brandebourg (1514-1545)

2109. *Florin d'or.* AL · A · EP;M E · MEY · ET · D. Le Christ assis sur
un siège gothique ; à ses pieds, l'écu de Mayence.
℞. MONE AVRE RENI. Dans un entourage formé de trois ogives
alternées d'angles, un grand écu écartelé, accosté de trois
autres plus petits.
Cappe, p. 157, n° 749.   Or.   B.

2110. *Florin d'or de* 1538. AL' · ARP' · MOG 1538. Le Christ assis sur
un siège gothique et ayant à ses pieds l'écu de Mayence.
℞. MONE' AVR' RENI'. Dans un entourage de trois ogives alternées d'angles, un grand écu écartelé, accosté de trois
autres plus petits.
Variété de Cappe, p. 157, n° 749.   Or.   B.
Toutes les pièces données par Cappe sont de 1515.

2111. *Gros.* + ALBERT · A · EP · MO · ET · ME · ETC. Ecu écartelé.
℞. + MONET · NOVA · RENENSIS · 1515. Trois écus disposés en
trèfle et cantonnés de trois rosaces.
Ar.   A.B.

Jean Philippe (1647-1673)

2112. + IO;PH;D;G;S;S;M;A;E;S;R;I;AC;P;E;E;H;F;O;DVX. Buste de
de trois quarts, devant lequel un écu.
℞. Dans une couronne, la légende ORE ET CORDE S · P · Q · W ·
SVBM : OFFERT, disposée en quatre lignes ; au-dessus, le nom
de Jéhovah ; au-dessous, cartouche ovale.
Or.   F.D.C.

2113. IO ANN · PHILIP;D;G;ARCHIEP;MOG;1 · 6 · 7 · 1. Buste de profil à
droite.
℞. S;R;I;ARC;P;E;EPIS;HERB;WOR;FR;O;D; Grand écu couronné
entre deux palmes ; dessous : (60) ; dans le haut, la signature M. F.   Ar.   T.B.

Lothaire Frédéric (1673-1675)

2114. ⊛ LOTHAR;FRID;D;G;AR;EP;MOG;S;R;I;A;C;P;E. Buste de profil à
droite.

℞. ⸫ EP: WOR: ET: SPRI: PP · WEIS · ET · OD · 1675 (signature M.F.).
Grand écu couronné entre deux palmes; dessous : (60).
Ar.   T.B.

Anselme François (1679-1695)

2115. ANSELM' · FRANC · D · G · AREP · MOG: PR · EL. Son buste de profil
à droite; sur l'épaule l'indication de la valeur : xv.
℞. 1690. DEXTERA DOMINI EXALTAVIT ME. I.C.S. Ecu ovale couronné
et accosté de palmes.
29 millim. Ar.   A.B.

Jean Frédéric (1743-1763)

2116. *Subdivision du sterbethaler.* IO · FRID · CAR · D · G · S SED · MOG
· AREP · S · R · I · P · GER · AR · CANC · PR · EL · EP · VORM. Ecu
ovale, couronné et mantelé.
℞. Légende en plein champ : NATUS 6 · IULY 1689 EL · ARCHIEP ·
ET ELECT · 22 APRIL - 1743, etc., etc.
29 millim. Ar.   T.B.

2117. *Subdivision du sterbethaler.* Pièce du même type que la précédente. 23 millim. Ar.   F.D.C.

Siège vacant (1763)

2118. *Médaille* · CAPITUL · METROPOLIT · MOGUNTIN · - SEDE VACANTE. Ecu
ovale sur une cartouche accosté de la date 1763.
℞. Saint Martin donnant son manteau à un pauvre.
25 millim. Ar.   F.D.C.

Médailles

2119. *Médaille.* FILIVS ACCRESSENS JOSEPH FILIVS ACCRESSENS · GEN ·
XLIX · V · 22. Arbre chargé de fruits, devant lequel deux villes
assises tenant leur écusson et une corne d'abondance. Sur
l'arbre, buste couronné.
℞. Bustes accolés, entourés de sept médaillons à portraits.
48 millim. Ar.   A.B.

2120. *Médaille.* Buste de l'empereur Ferdinand II, entouré de six
médaillons à portraits de profil.
℞. Six médaillons aux armes de l'Empire et de Mayence,
Trèves, Cologne, Saxe, etc.
40 millim. Ar.   A.B.

PAYS DIVERS D'OUTRE-RHIN

—

Pièces aux noms d'Otton III et d'Adélaïde

2121. *Denier.* + ᴀʜᴛᴀʟʜᴇᴛ. Temple.
℞. ʀᴇx · ᴅɪ ɢʀᴀ. Croix cantonnée des lettres ᴏ ᴅ ᴅ ᴏ.
Dannenberg, n° 1167.
Six exemplaires variés.　　　　　　　Ar.　　B.

BAMBERG

2122. *Lothaire François* 1698. s͂ ʜᴇɪɴʀɪᴄᴠs · ɪᴍᴘᴇʀᴀᴛᴏʀ. Buste nimbé.
℞. 16-98. ʟᴏᴛʜᴀʀ · ꜰʀᴀɴᴄ · ᴅ · ɢ · ᴀ · & · ᴇ · ᴍ · ᴇ · ʙᴀᴍʙ. Ecu
ovale couronné, avec palmes pour supports.
　　　　　　　　　　　　　　　　　　Ar. bas. B.

BAVIÈRE

2123. *Weissgroschen* au type de saint Pierre frappés à Bacherach,
sous Louis et Frédéric.
Trois pièces.　　　　　　　　　　　Ar.　　B.

2124. *Guillaume et Louis.* 1525. ᴡɪʟʜ · ᴇᴛ · ʟᴠᴅ · ᴅᴠᴄ · ʙᴀᴠᴀʀɪᴇ. Ecu de
Bavière.
℞. + ꜱɪ ᴅᴇᴠꜱ · ɴᴏʙɪꜱᴄ · ǫꜱ · ᴄᴏɴ · ɴᴏꜱ. Lion.
Deux pièces dont une de 1506 au nom d'Albert.
　　　　　　　　　　　　　　　　　　Bill.　B.

BOHÊME

2125. *Wratislas I.* Denier au type de saint Wenceslas.
Deux pièces variées.　　　　　　　Ar.　　B.

2126. *Wenceslas II.* Gros au lion.
Trois exemplaires variés.　　　　　Ar.　　B.

2127. *Ferdinand* archiduc + ꜰᴇʀᴅɪɴᴀ · ᴅ · ɢ · ʀᴏ · ᴠɴɢ · ʙᴏ · ʀᴇx.
Buste couronné à droite.
℞. 1553 · ᴀʀᴄʜɪᴅ · ᴀᴠꜱᴛ. Aigle.　　　　　B.

BRÊME

2128. Bractéate au type de la tête mitrée. xvɪᵉ siècle.
　　　　　　　　　　　　　　　　　　Bill.　B.

BRANDEBOURG

2129. Petits deniers d'Otton; huit pièces variées. Ar.   B.

BRUNSWICK

2130. *Marien-groschen* et *demi-Marien-groschen*. 1541.
Deux pièces.   Ar. bas. A.B.

COSVELT

2131. *Pièce de VIII pfennig*, aux armes de la ville 1703.
Cuivre. A.B.

DUISBOURG

2132. Denier du xi⁰ siècle, imité des pièces de Duisbourg. Ornement
en forme de quadrilatère à côtés concaves; au centre, une
croix.
ꝶ. Grande croix à double bandes cantonnée des lettres B-A-R-D.
Dannenberg, n° 1293.   Ar.   A.B.

GOSLAR

33. *Henri III* (1039-1056). Denier .....NRICVS.... Tête impériale avec
sceptre fleurdelisé.
ꝶ. + ss SIMO.... Bustes accolés des saints Simon et Jude.
Dannenberg, n° 666. Deux exempl.   Ar.   B.

134. *Gros.* MONETA · GOSLAR. Ecu penché sous un heaume.
ꝶ. SANCTVS SIMO ET IVDA. Les deux saints debout.
Exemplaire troué.   Ar.

HALBERSTADT

2135. Bractéate d'Ulrich (1149-1160) au type de l'évêque de face.
Voyez Schlumberger, p. 196.   Ar.   B.

HAMBOURG

2136. *Wittenpfennig.* MONETA HAMBVRGENS. Trois tourelles reliées par
un mur crénelé.
ꝶ. BENEDICTVS · DEVS. Croix pattée avec cantonnements.
Ar.   B.

HILDESHEIM

2137. *Gros.* MARIA ○ MATER ○ DOMINI. La Vierge et l'enfant Jésus.
℞. MONETA ○ NOVA ○ HILDESHEM 1538. Écu écartelé.
   26 mm.   Ar.   A.B.

LUBECK

2138. *Gros.* + MONETA · NOVA · LVBICENSIS. Double aigle.
℞. + CRVX PVGAT · OMNE · MALVM. Croix évidée en quadrilobe.
                                      Ar.   B.

MAGDEBOURG

2139. *Bractéate.* + SCS · MAVRICIVS. Saint Maurice à mi-corps entre
   deux tourelles.
   Voyez Schlumberger, p. 207.
   Exemplaire écornée.   Ar.

MERSBOURG

2140. *Denier.* Edifice à trois tours.
℞. Grande croix cantonnée de quatre étoiles.
   Dannenberg, n° 611.   Ar.   A.B.

MISNIE

2141. *Gros au lion* des margraves Balthasar, Guillaume et Frédéric.
   Trois pièces.   Bill.   F.D.C.

MOLHUYSEN

2142. *Douzième de thaler* de 1703, autre de 1707.
   Deux pièces.   Bill.   B.

MUNSTER

2143. *Denier.* + O.... GARD EP.. RD. Bâtiment à trois tours.
℞. + ODDO + · VING. Croix cantonnée de quatre globules.
   Dannenberg, n° 767. Deux exempl.   Ar.   B.

2144. *Thaler.* FERDINAND · ELECT · COL · EPS · MONAST · BAVA · DVX. Ecu
   écartelé ovale.
℞. S · PAVLVS · APOST · PATRON · MONASTERI. Saint Paul debout tenant
   l'épée, accosté de la date 1636.
                                      Ar.   B.

OLMUTZ

2145. FRAN · D · G · CARD · A · DIETR. Buste de trois quarts à droite; sous le buste : (3).
ꝶ. PRINC · EPISCOPVS · OLMVCEN. Trois écus aboutés.
Bill.　A.B.

ORDRE TEUTONIQUE

2146. Schillings de différents grands maîtres depuis Wunric de Kniprode jusqu'à Michel de Sternberg.
Onze pièces.　　　　　Ar. bas. A.B.

OSNABRUCK

2147. Denier du XIIᵉ siècle. + ... EPIS. L'évêque à mi-corps, crossé et mitré de face.
ꝶ. + MONETA..... Edifice voûté avec tourelle sous lequel une roue.
Ar.　A.B.

2148. *Conrad (1267-1295).* Weisspfennig au type de saint Pierre sous une arcade gothique.　　　Ar.　A.B.

PALATINAT

2149. *Philippe.* Weisspfennig au type de saint Pierre. 1496.
Ar.　A.B.

2150. *Frédéric.* Thaler FRIDE · D · G · CO · PA · RHE · S · R · I · PRIN · EL · BA · DVX. Le comte palatin à mi-corps, armé et tenant l'épée.
ꝶ. MONETA · NO · RHEN · ELECT · et · PRINC · CONSOCI. Ecu échancré accosté du millésime 1572.　　Ar. doré T.B.

2151. Pièce de 2 kreutzer de 1724 et 1740.　Bill.　B.

PASSAU

2152. *Ernest de Bavière,* administrateur. + ERNEST · ADMI · E · PA · DVX · BAVAR. Ecu écartelé surmonté de la date : 1518.
ꝶ. SVB · TVO · PRESIDIO. Saint à mi-corps; devant lui, un écu.
Ar. bas. B.

POMÉRANIE

2153. Demi-gros, denier et oboles au type du griffon, etc.
Cinq pièces.　　　Ar.　A.B.

RATISBONNE

2154. *Denier.* HE IN RIC - REX. Buste couronné à gauche.
℞. RADAS PONA CI. Temple tétrastyle.
Var. de Dannenberg, nᵘ 1088.   Ar.   A.B.

ROSTOCK

2155. *Wittenpfennig,* MONETA ROTOCES'. Griffon.
℞. CIVITATIS MAGNOPOL. Croix.
Trois variétés.   Bill.   A.B.

SAALFELD

2156. Bractéate. + SALVELD. Armes de la ville.   Ar.   F.

SAXE

2157. *Frédéric III* (1486-1525). FRI · IO · GE · D · G · DVCES · SAXO. Ecu heaumé et lambrequiné.
℞. GROSSVS · NOVVS · DVCVM · SAXON. Ecu de Saxe heaumé et lambrequiné.   Ar.   B.

2158. *Jean Frédéric* (1532-1554). Gros. FRIDERICVS · GEORGIVS · IOHANN. Ange tenant un écu.
℞. GROSSVS · NOVVS · DVCVM · SAXONI. Ecu écartelé.
Ar.   · B.

SCHONECK

Nous plaçons ici, faute de mieux, la seigneurie de Schöneck, située sur la rive gauche du Rhin.

2159. *Hartard* (1316-1350). Esterling. + HART DE DNI OSHON. Tête couronnée de face.
℞. NOT ALI SEN NEC. Croix pattée coupant la légende et cantonnée de douze globules.

Inédit, rare.   Ar.   B.   Gr.

2160. La même pièce.   Ar.   A.B.

SOEST

2161. *Pièce de III pfennig* de 1736 aux armes de la ville.
Cuivre F.

TYROL

2162. *Sigismond* + comes tirol. Aigle couronné.
℞. + si gis mvn dvs. Croix coupant la légende et chargée d'une seconde croix placée en sautoir.
Ar.   A.B.

WENDES

(pièces attribuées aux)

2163. *Denier* au type du temple carolingien.
Dannenberg, n° 1330.   Ar.   B.

2164. Croix cantonnée de quatre annelets.
℞. Croix très pattée.
Dannenberg, variété du n° 1348.   Ar.   B.

WISMAR

2165. civitas · magnop. Tête de face cornue et couronnée.
℞. moneta wysmar. Croix.
Deux variétés.   Ar.   B.

WORMS

2166. *Denier.* Au type du temple, dans la croix du revers une crosse.
Dannenberg, n° 844.   Ar.   A.B.

SUISSE

—

BERNE

2167. *Teston.* + moneta · no · bernensis. Ours surmonté d'une aigle.
℞. + sanctvs vincencivs. Buste à droite.   Ar.   B.

2168. *Bractéate* au type de l'ours passant, surmonté d'une aigle.
Bill.

FRIBOURG

2169. Type de la forteresse. Ar.

GENÈVE

2170. *Denier.* ✠ s. petrvs. Tête informe.
℞. ✠ genevas. Croix.
Sept pièces. Bill. B.

2171. *Sol.* geneva civitas. Ecu surmonté d'une aigle.
℞. : ✳ : post · tenebras · lvx. Croix. Bill. B.

LAUSANNE

2172. *Deniers.* beata virgo. Tête de la Vierge.
℞. sedes lavsanne. Temple.
Dix pièces. Bill. B.

SAINT-GALL

2173. *Teston.* ✠ moneta · novo · sancti · galli. Ours debout à gauche.
℞. ✠ sanctv · othmarvs · 1511. Aigle. Ar. B.

URI

2174. *Pistole.* s · martin · patron no: Saint Martin à cheval donnant à
un pauvre moitié de son manteau.
℞. mo:n:av:reipvplicae · vranie. Croix fleurdelisée.
Or.

ZOFINGEN

2175. *Bractéates* au type du buste. Quatre pièces. Ar. B.

INDÉTERMINÉES

2176. *Bractéates* diverses, types de la croix, du T, du buste, de l'écu.
Six pièces. Bill. B.

SAVOIE

—

Louis

2177. *Denier.* ✠ DE SABAVDIA. Temple.
℞. ✠ LVDOVICVS: Croix.   Ar. A.B.

Emmanuel Philibert

2178. *Gros.* EM · FILIB · D · G · DVX · SABAVD. Ecu couronné.
℞. ✠ IN · TE · DOMINE · CONFIDO · 1564. Croix tréflée dans un quadrilobe.   Ar. B.

———

VAUD

Louis II (1302-1350)

2179. *Double parisis.* LVDOVICVS:DE SA. Dans le champ, séparées par deux lis superposés, les quatre lettres BAVD qui terminent la légende.
℞. ✠ MON PET CASTRI. Croix fleuronnée dont le pied coupe la légende en deux.

Cf. Robert. *Rev. num.* 1869, pl. XI, fig. 10.
      Bill. F.

———

COMTÉ DE BOURGOGNE

—

Philippe le Beau (1493-1506)

2180. *Gros.* PHS · ARCHI · AVST · DVX · ET · CO · BVRGV. Ecu couronné entre deux briquets.

℞. + MONETA IN COMITATV · BVRGVNDIE. Croix cantonnée d'un lis et d'un lion.
  Poey, pl. CXIX, n° 19.   Ar. A.B.

Philippe II (1556-1598)

2181. *Double gros.* PHS · REX · CATHOL · HISPAN. Ecu couronné.
  ℞. + COMES · BURGVNDIE · DOLA · 1589. Croix à double bande cantonnée de quatre couronnes.
  Poey d'Avant, pl. CXX, n° 11. Bill. A.B.

2182. *Carolus* de Philippe.
  Trois pièces.   Bill. A.B.

2183. *Double denier* de 1589.
  Poey d'Avant, pl. CXX, n° 15. Cuiv. A.B.

2184. *Jeton.* + PHS · DG · R · HISP · COMES · BVRGVNDIE. Buste à gauche.
  ℞. + GET · DE · LA · CHAMBRE · DES · COMPTES · A DOLE. Ecu couronné : 1579.   Cuiv. A.B.

2185. Autre de 1589.   Cuiv. A.B.

BESANÇON

2186. *Denier.* PTHOMARTIR. Main qui bénit.
  ℞. + VESONTIVM. Croix.
  Poey d'Avant, pl. CXXII, n° 7.
  Trois exemplaires.   Bill. A.B.

2187. *Carolus.* CAROLVS V · IMPERATOR. Buste à gauche.
  ℞. MONETA · CIVI · BISVNTINE. Ecu.
  Variétés contemporaines de Charles-Quint, 1538, 1540 et 1552. Trois pièces. *Rares.* Ar. A.B.

2188. *Carolus.* Mêmes légendes et types, mais dates postérieures au règne de Charles-Quint. Sept pièces. Ar. A.B.

2189. *Carolus* avec la tête à droite. Deux exempl. Ar. A.B.

2190. *Demi-carolus.* + CAROLVS · V · IMPERATOR. Buste à gauche.
  ℞. MONE CIVII BIVI 1578. Croix coupant la légende, chargée de l'écu de Besançon.
  Poey d'Avant, pl. CXXII, n° 20, variété. Ar. bas. A.B.

2191. *Demi-niquet.* CAROLVS V · IMPERATOR.. Buste à gauche.
  ℞. + PLEVT · A · DIEV · 1580. Grand B entre deux colonnes.
  Poey d'Avant, pl. CXXII, n° 162. *Rare.* Bill. B.

2192. *Quart de Teston.* ✠ CAROLVS · V · IMPERATOR. Buste lauré à gauche, accosté de 1624.
℞. ✠ MONETA · CIV · IMP · BISONT. Aigle et deux colonnes.
Temps de Ferdinand II. Poey d'Avant, pl. CXXIII, n° 17.
Ar.   B.

2193. *Jeton.* L'empereur à mi-corps; à l'exergue : CAROLVS · IMPERATOR.
℞. ✠ GECT · POUR · LA · CITE DE · BESANÇON. Ecu accosté de 1581.
Cuiv.   A.B.

2194. *Jeton.* CAROLO · IMPERATORI · PIO · FŒLICI · AVG. Buste à gauche.
℞. POTESTAS · EIVS · A · MARI · VSQ · AD · M. Deux colonnes couronnées et devise : PLVS OVLTRE.   Cuiv.   A.B.

2195. *Jeton.* SEMPER · IDEM. Ecu à la bande accompagnée de deux besants.
℞. SVIS · TVTA COLVMNIS · 1667. Aigle tenant deux colonnes dans ses serres.   Cuiv.   B.

MONTBÉLIARD

2196. *Six kreutzer.* FRIDE · D · G · COM · WVRT. Ecu orné.
℞. MO · FACTA · MONT · 1586. Ecu à deux poissons.
Poey d'Avant, pl. CXXIV, n° 13.   Ar.

DUCHÉ DE BOURGOGNE

—

Robert II (1272-1305)

2197. *Denier.* ✠ R · DVX BVRG:DIE. Deux crosses adossées, au-dessous deux barres.
℞. ✠ DIVIONENSIS. Croix pattée, cantonnée d'une étoile et d'un annelet.
Poey d'Avant, pl. CXXXI, fig. 4; variété. Bill.   A.B.

2198. *Denier.* ✠ R · DVX · BVRGVNDIE. Ecu de Bourgogne.
℞. ✠ DIVIONENSIS. Croix pattée.
Poey d'Avant, pl. CXXI, fig. 9.   Bill.   B.

Hugues V (1305-1315)

2199. *Denier.* ✠ VGO DVX BVRG:DIE. Dans le champ DVX sur une fasce traversant une anille.

℞. + DIVIONENSIS. Croix cantonnée de deux trèfles.
> Poey d'Avant, pl. CXXXI, n° 13.
> Trois exemplaires.   Bill.   A.B.

2200. *Denier.* + VGO DVX BVRG:DIE. Double crosse; dessous, deux billettes.
℞. + DIVIONENSIS. Croix.
> Poey d'Avant, pl. CXXXI, fig. 11; variété.
>   Bill.   T.B.

Eudes IV (1315-1350)

2201. *Denier.* + BVRGONDIE. Châtel tournois; au-dessous : B.G.
℞. + EVDES DVX. Croix.
> Poey d'Avant, n° 5689.   Bill.   A.B.

2202. *Tiers de gros.* BVRGVD MONETA. Châtel couronné.
℞. EVD DEI GRA DVX (lég. int.) BNDICTV, etc. (lég. ext.). Croix coupant la légende extérieure.
> Poey d'Avant, pl. CXXXII, fig. 2.   Ar. bas. A.B.

Jean sans Peur (1404-1419)

2203. *Blanc.* + IOHANES DVX BVRGVNDIE. Ecu écartelé.
℞. + SIT • NOMEN, etc. Croix cantonnée de deux lions et de deux lis.
> Poey d'Avant, pl. CXXXIII, fig. 5.
> Deux exemplaires.   Ar. bas. B.

Philippe le Bon (1419-1467)

2204. *Blanc.* + PHS:DVX:ET:COMES:BVRGONDIF. Armes écartelées dans un trilobe.
℞. + SIT:NOME (etc.). Croix fleuronnée.
> Poey d'Avant, pl. CXXXIII, fig. 3.   Bill.   F.

2205. *Blanc.* + PHS:DVX:COMES:BVRGOD. Ecusson à sept quartiers.
℞. SIT:NOME: etc. Croix fleuronnée,
> Poey d'Avant, pl. CXXXIII, fig. 9.   Bill.   F.

2206. *Blanc.* + DVX:ET:COMES:BVRGVNDIE. Dans le champ, deux écus; au-dessus : PHILIPVS.
℞. + SIT NOMEN, etc. Au-dessus du nom : PHILIPVS, une croix longue entre un lion et un lis; type anglo-francais.
> Poey d'Avant, pl. CXXXIII, fig. 11.
> Deux exemplaires.   Ar.   B.

2207. *Blanc.* + PHILIP':DVX:BVRGVNDI. Ecu écartelé.
℞. SIT:NOME: etc. Croix cantonnée de deux ècus et de deux lis.
> Poey d'Avant, pl. CXXXIII, fig. 12.   Ar.   B.

5**

Charles le Téméraire (1467-1471)

2208. *Blanc.* ╋ KAROLVS ⊗ DVX ⊗ ET ⊗ COMES ⊗ BVR. Ecu à sept quartiers;
au-dessus, un briquet; de chaque côté, un sautoir.
℞. ╋ SIT ⊗ NOMEN ⊗, etc. Sautoir cantonné de deux briquets et
de deux lis.
Poey d'Avant, pl. CXXXIII, fig. 18.   Ar. bas. F.

─────────

2209. Monnaies diverses de Philippe le Bon, Charles le Téméraire, etc.
Quinze pièces.   Bill.

Jetons

2210. ╋ CE ⊗ SONT ⊗ LES ⊗ GETOVERS ⊗ DE LA. Armes en plein champ.
℞. ╋ CHAMBRE ⊗ DES ⊗ CONPTES A ⊗ DIIO. Briquet et étincelles.
                                            Cuiv.   B.

2211. ╋ GETES : CEVREMENT : GETES. Briquet, bûche enflammée.
℞. Dans un quadrilobe, croix fleuronnée.
                                            Cuiv.   B.

2212. Jeton des COMITIA BVRGVNDIÆ. Revers variés des années 1642,
1643, 1651, 1657, 1662, 1663, 1677, 1687, 1688, 1692,
1694, 1698. Treize pièces.   Cuiv.   B.

2213. Jeton des COMITIA BVRGVNDIÆ. Revers variés des années 1701,
1704, 1707, 1710, 1713, 1719, 1725, 1731, 1735, 1740,
1749. Quatorze pièces.   Cuiv.   B.

2214. *Dijon.* PRO • CAMERA • COMPOTR • VILLE. Ecu de Bourgogne.
℞. SOLI • DEO • GLORIA 1551. F couronnée sur champ fleurdelisé.   Cuiv.   B.

2215. Jetons des vicomtes mayeurs suivants : Perrot (1606), G. Mo-
reau (1636), Millotet (1654), Guillaume (1663), B. Boulier
(1666), J. Joly (1667 et 1669), J. de Frasans (s.d.).
Huit pièces.   Cuiv.   B.

2216. Jetons des vicomtes mayeurs suivants : P. Monin (1678), J. Joly
(1681), de Badier (1686), J. Joly (1689), Fr. Baudot (1691),
Ph. Jannon (1693), N. Labotte (1713), E. Baudinet (1719 et
1727). Dix pièces.   Cuiv.   B.

2217. Jetons des vicomtes mayeurs suivants : J. P. Burteur (1736 et
1748), Cl. Marlot (1751), Guill. Raviot (1778 et 1781).
Cinq pièces.   Cuiv.   B.

2218. *Salins.* ✠ GECTZ:POVR:LA SAVLNERIE:DE:SALINS: Double aigle.

℞. ✠ CAROLVS • V • IMP • RO • SEMPER AVGVSTVS. Buste couronné à gauche; dessous, 1540.

Rare. Cuiv. A.B.

CHALON-SUR-SAONE

—

Hugues IV (1218-1278)

2219. *Denier.* ✠ MONETA HVGONIS. Croix cantonnée de deux trèfles et de deux annelets.

℞. ✠ CABVLO CIVITAS. Grand B et croisette.

Poey d'Avant, n° 5753. Ar. A.B.

LONS-LE-SAULNIER

2220. *Denier.* BLEDONIS. Temple de ce style.

℞. ✠ CARLVS REX. Croix cantonnée de quatre globules.

Ar. B.

Attribution incertaine proposée par M. Morel Fatio.

CLUNY

2221. *Denier.* ✠ CLVNIACO CENOBIO. Croix.

℞. PETRVS ET PAVLVS. Dans le champ, une clef.

Poey d'Avant, pl. CXXIX, fig. 1.

Deux exemplaires. Ar. F.

MACON

—

Philippe I (1060-1108)

2222. *Denier.* + PIIIPVS REX. Grand O carré accosté de quatre points.
℞. + MATISCON. Grand S.
     Poey d'Avant, pl. CXXVIII, fig. 16.
     Deux exemplaires.   Ar. bas. A.B.

2223. *Obole.* FILIPVS RX. Grand O carré.
℞. + MATISCON. Croix cantonnée de quatre globules.
     Poey d'Avant, pl. CXXVIII, fig. 18.
     Rare.   Ar.   F.

DOMBES

—

Jean II (1459-1488)

2224. *Blanc.* + IOHIS:DVX:BORBONII:TREVORCII:DNS. Ecusson de Bourbon, dans un trilobe orné de flammes.
℞. + DISPERSIT · DEDIT · PAVPERIBVS · A. Croix cantonnée de deux flammes et de deux lis, dans un quadrilobe.
     Poey d'Avant, pl. CXIV, fig. 17. Exemplaire troué.
                                Ar.

2225. *Denier.* + IHES:DVX:BORBONII:T:D: Armes de Bourbon dans un trilobe.
℞. + DATE:ET:DABITVR:VOBIS. Croix dans un cercle à quatre cintres.
     Poey d'Avant, pl. CXIV, fig. 15.
     Trois exemplaires.   Ar. bas. F.

Pierre II (1482-1503)

2226. *Blanc.* + PETRVS:COMES:CLARIMONTIS:T:D: Ecu aux armes de Bourbon dans un trilobe orné de flammes.
℞. + DISPERSIT:DEDIT:PAVPERIBVS. Dans un quadrilobe, croix cantonnée de deux flammes et de deux lis.
     Poey d'Avant, pl. CXV, fig. 2. Variété.
     Deux exemplaires.   Ar.   B.

2227. *Denier.* + PETRVS · DVX · BORBO · T · D. Quatre lis séparés par une bande.
℞. + SIT · NOME · DNI · BENEDI. Croix cantonnée de quatre trèfles.
Poey d'Avant, pl. CXIV, n° 21.
Deux exemplaires. Bill. F.

Louis II (1560-1582)

2228. *Teston.* + LVD · P · DOMBARVM · D · MONTISP. Buste fraisé et barbu à gauche.
℞. + DNS · ADIVTOR · ET · REDEM · MEVS · 1576. Ecu couronné accosté de deux lambdas couronnés.
Poey d'Avant, pl. CXV; date différente. Ar. B.

2229. Autre de 1577. Ar. B.

2230. *Liard.* + L · P · DOMBAR · D · MOTISP. Dans le champ L couronné.
℞. + DNS · ADIVTOR · MEVS · 1576. Croix fleuronnée.
Poey d'Avant, n° 5128; trois exempl. Bill. A.B.

2231. *Double tournois.* + L · D · BOVRB · P · D · DOMBES. Buste à gauche.
℞. + DOVBLE TOVRNOIS 1582. Trois lis avec brisure.
Poey d'Avant, pl. CXV, fig. 12; autre date.
Cuiv. B.

2232. *Essai du denier tournois.* + LVD · P · DOM · BAR · D · MONTI. Buste fraisé à gauche.

℞. + DENIER · TOVRNOIS · 1576. Deux lis avec barre.
Ar. T.B.

François II (1582-1592)

2233. *Douzain.* + FRANCIS · P · DOMBAR · D · MONTIS · M. Ecu couronné, accosté de deux F couronnées.
℞. + DNS · ADIVT · ET · REDEM · MEVS 1587. Croix cantonnée de quatre couronnes.
Poey d'Avant, pl. CXV, fig. 21.
Exemplaire contremarqué d'un lis. Ar. bas. A.B.

Henri (1592-1608)

2234. *Teston.* + HENRIC • P • DOMBAR • D • MONTISP • R. Buste à gauche.
℞. DNS • ADIVTOR • ET • REDEM • MEVS • 1604. Ecusson couronné
et accosté de deux н couronnés.
Poey d'Avant, pl. CXVI, fig. 6; date différente.
                                                    Ar.   B.

2235. Autre buste à gauche avec les dates de 1606 et de 1607.
                                                    Ar.   B.

2236. *Douzain.* + HENRIC • P • DOMBAR • D • MONTISP • M. Ecu couronné
accosté de deux н.
℞. + DNS ADIVT ET REDEM MEVS 1591. Croix cantonnée de quatre
couronnes.
Poey d'Avant, pl. CXVI, fig. 12. Cinq exemplaires; dates
variées.   Ar.   F.

2237. *Liard.* + H • P • DOMBAR • D • MONTISP • M. Dans le champ un м
couronné entre trois lis.
℞. + DNS • ADIVTOR • MEVS • 1596. Croix pattée, évidée et anglée
de feuilles.
Poey d'Avant, pl. CXVI, fig. 3.
Quatre exemplaires.   Bill.   A.B.

Marie (1608-1626)

2238. *Liard.* M • P • DOMBAR • D • MONTISP (cœur). Grand M couronné
entre trois lis.
℞. + DNS • ADIVTOR • MEVS 1625. Croix pattée, évidée et anglée
de feuilles.
Poey d'Avant, pl. CXVII, fig. 2.
Trois exemplaires variés.   Bill.   A.B.

2239. *Double tournois.* Variété avec dates : 1621, 1623 et 1628, date
postérieure à la mort de Marie.
Cf. Poey d'Avant, pl. CXVI, fig. 20.
Quatre exemplaires.   Cuiv.   A.B.

Gaston et Marie (1626-1627)

2240. *Liard.* + GAST • ET • M • SOVV • DE DOMBES. Monogramme couronné entre trois lis.
℞. + DNS • ADIVTOR • NOSTER. Croix pattée évidée et anglée de
feuilles.
Poey d'Avant, pl. CXVII, fig. 7. Variété. Bill.   B.

2241. *Liard.* + GAST • ET • M   SOVV • D • DOMBAR (petit cœur). Type de
la pièce précédente.

℞. ✠ DNS · ADIVTOR · NOSTER 1629. Type de la pièce précédente. Variété frappée après la mort de Marie.

Poey d'Avant, n° 5180, d'après l'exemplaire de la collection Robert. Bill. A.B.

Gaston (1627-1650)

2242. *Douzain.* GAST · PATR · I · VSVFR · PR · DOMB. Ecu couronné accosté de deux G.

✠ DNS · ADJVT · ET · REDEM · MEVS · 1644. Croix cantonnée de quatre lis, un cinquième lis en cœur.

Poey d'Avant, pl. CXVII, fig. 15. Variété. Bill. T.B.

2243. *Double tournois.* ✠ GASTON · VSVF · DE LA SOV · DOM. Buste à droite.

℞. ✠ DOVBLE TOVRNOIS 1642. Dans le champ, trois lis sous un lambel.

Poey d'Avant, pl. CXVII, fig. 7. Deux exemplaires dont un de 1635. Cuiv. A.B.

2244. *Denier tournois.* Variétés de 1649, 1650, 1651 et 1652. Quatre pièces. Cuiv. A.B.

2245. *Jeton.* GASTON · F · VNI · D · ROY · VSV · DE · L · SOV · D · DOM. Ecu couronné de Bourbon; double collier.

℞. PRINCIPI · MIN' · LICET · QVOD · OIA. Personnages debout tenant l'épée et la balance; devant lui, une foule agenouillée; à l'exergue : 1636. Cuiv. A.B.

2246. *Jeton.* GASTON · DE · FRANCE · FRÈRE · VNICQVE · DV · ROI. Ecu de Bourbon couronné.

℞. PAS · SOLVERE · NVLLI. Au centre, entrelas; à l'exergue : 1638. Ar. T.B.

2247. *Jeton.* GASTON · FILS · DE · FRANCE · ONCLE · DV · ROY. Ecu de Bourbon couronné.

℞. NOSTRIS · PARTA · TRIVMPHIS. Trophée; à l'exergue : 1647. Ar. T.B.

2248. Imitations italiennes des liards de Dombes. Trois pièces. Bill. B.

———

LYON
—
Conrad

2249. *Denier.* ✠ CONRADVS. Croix pattée.

℞. ✠ LVGDVNVS. Croix haussée sur un calvaire.

Deux exemplaires. Ar. T.B.

Anonymes des Archevêques

2250. *Denier.* + PRIMA SEDES. Grand L barré.
℞. + GALLIARV. Croix pattée.
Poey d'Avant, pl. CXIII, fig. 12.
Deux exemplaires. Ar. B.

2251. *Obole.* + PRIMA SEDES. Grand L barré.
℞. + GALLIARV. Croix.
Poey d'Avant, pl. CXIII, fig. 14. Ar. T.B.

2252. *Denier.* + PRIMA SEDES. Grand L barré.
℞. + GALLIARVM. Croix cantonnée d'une étoile et d'un croissant.
Poey d'Avant, pl. CXIII, fig. 19. Bill. F.

Charles d'Alençon (1365-1385)

2253. *Blanc.* PRIMA · SEDES. Grand R surmonté d'une mitre. Bordure
fleurdelisée.
℞. + ARCHIEPISCOPVS ET COMES LVGDVNENSIS (lég. ext.) + GALLIARVM.
(lég. int.). Croix.
Poey d'Avant, pl. CXIV, fig. 12. Ar. F.

Jetons de la Ville

2254. Jetons de 1725 et 1737. Première et quatrième prévôtés de
M. Perrichon. Deux pièces. Cuiv. B.

DAUPHINÉ
—

ARCHEVÊQUES DE VIENNE
—

2255. *Denier.* + VRBS VIENNA. Croix.
℞. + CAPVT GALLIE. Dans le champ, les lettres S.M. surmontées
d'un trait d'abréviation.
Poey d'Avant, pl. CVI, fig. 13. Ar. B.

2256. *Denier.* + S · MAVRICIVS. Croix.
℞. + VRBS VIENNA. Monogramme.
Poey d'Avant, pl. CVI, fig. 9. Ar. T.B.

2257. *Obole.* + NOBILIS. Tête à gauche.
℞. + VIENNA. Croix cantonnée de quatre besants.
Poey d'Avant, pl. CVI, fig. 8. Ar. B.

2258. *Denier.* + s · m · VIENNA. Tête de profil à gauche.
℞. + MAXIMA GALL. Croix cantonnée de quatre besants.
Poey d'Avant, pl. CVI, fig. 15.
Trois exemplaires. Ar. B.

ÉVÊQUES DE VALENCE

2259. *Denier.* + VRBS VALENTIAI. Aigle, les ailes déployées.
℞. + s APOLLINARS. Croix à extrémités globuleuses.
Poey d'Avant, pl. CII, n° 16.
Deux exemplaires. Ar. B.

DAUPHINS
—

Charles V (1349-1364)

2260. *Florin d'or.* + KAROL DPH's V. Grand lis.
℞. + s · IOHANNES · B. Le saint debout ; une tour pour signe
monétaire.
Poey d'Avant, pl. CVIII, fig. 18. Or. F.B.

Jean II (1307-1519)

2261. *Denier.* + ˣıˣ DALPHI VIEN. Dauphin dans un trilobe.
℞. + ˣ COMES ˣ ALBONIS. Croix.
Poey d'Avant, pl. CVII, fig. 10. Bill. A.B.

2262. Divers au type du dauphin. Trois pièces. Bill. A.B.

AUVERGNE

—

CLERMONT-FERRAND

—

Charles le Simple

2263. *Denier.* + CLAROMINT. Monogramme carré.
℞. + CARLVS REX. Au centre une croix.　Ar.　　A.B.

2264. *Obole.* Type de la pièce précédente, légère cassure au bord.
　　　　　　　　　　　　　　　　　Ar.　　A.B.

—

Evêques anonymes

2265. *Denier.* SCA · MARIA. Tête couverte d'un bandeau avec des fleurs
　　de lis.
　　℞. + VRB · ARVERNA. Croix cantonnée.
　　　　Poey d'Avant, n° 2252. Trois exempl.　Ar. bas. B.

2266. *Obole* ou mêmes types.
　　　　Poey d'Avant, n° 2256.　　　　　Ar. bas. B.

—

LE PUY

2267. *Denier.* + PODIENSIS. Rosace à six feuilles.
　　℞. + BEATE MARIE. Au centre une croix.
　　　　Poey d'Avant, pl. XLIX, fig. 3.　　Ar.　　B.

—

RIOM

2268. *Denier.* RIOMNENSIS. Châtel.
　　℞. + ALFVNSVS COMES. Croix cantonnée d'une molette et d'un
　　annelet.
　　　　Poey d'Avant, pl. L, fig. 2.　　Ar.　　A.B.

PRINCIPAUTÉ D'ORANGE

—

Anonymes

2269. *Denier.* + ᴀᴠʀᴀꜱɪᴄᴇ. Au centre, un cornet.
℞. + ᴘʀɪɴᴄᴇᴘꜱ. Croix pattée.
Poey d'Avant, pl. XCVI, fig. 18.   Ar.   A.B.

Raimond III ou IV (1335-1353)

2270. *Florin d'or.* ꜱ · ɪᴏʜᴀ ɴɴᴇꜱ · ʙ. Saint Jean-Baptiste debout; à
côté de la tête, un casque.
℞. ʀ · ᴅɪ · ᴄ · ᴘ · ᴀᴠʀᴀ. Fleur de lis.
Poey d'Avant, pl. XCVIII, fig. 5.   Or.   B.

2271. *Blanc.* ᴅᴇɪ꞉ɢʀᴀᴄɪᴀ. Dans le champ, R couronné et accosté de
deux lis; bordure de trèfles.
℞. + ʙɴᴅɪᴄᴛᴠᴍ ꜱɪᴛ, etc., en légende extérieure, et + ᴘʀɪɴᴄᴇᴘꜱ
ᴀᴠʀ ᴀɪᴄᴇ en légende intérieure. Au centre, une croix.
Poey d'Avant, pl. CXVIII, fig. 2.   Bill.   F.

2272. *Carlin.* ʀ · ᴘʀɪɴᴄᴇ - ᴘꜱ · ᴀᴠʀᴀ. Le prince assis entre deux chiens.
℞. ᴍᴏɴᴇᴛ ᴄɪ ᴠɪᴛꜱ ᴀᴠʀᴀ. Croix à double bande cantonnée de quatre
cornets.
Poey d'Avant, n° 4514. Deux exempl. Ar.   B.

2273. Autre avec ᴀᴠʀ, au lieu de *aura*.   Ar.   A.B.

2274. *Denier.* + ʀ · ᴘʀɪɴᴄᴇᴘꜱ · ᴀᴠʀ. Grand huchet dans le champ.
℞. + ꜱɪɢ ɴᴠᴍ ᴄʀᴠ ᴄɪꜱ. Croix coupant la légende.
Poey d'Avant, pl. XCVII, fig. 5.   Bill.   F.

Philippe de Hochberg (1478)

2275. *Denier.* + ᴘʜꜱ꞉ᴅᴇ꞉ʜᴏᴄʙᴇʀɢ. Ecu penché surmonté d'un heaume
lambrequiné.
℞. ᴅᴇɪ ɢʀᴀ ᴘʀꜱ ᴀᴠʀ. Au centre, une croix cantonnée de quatre
huchets.
Poey d'Avant, pl. XCIX, fig. 5.   Bill.   A.B.

2276. *Denier.* + ᴘʜꜱ꞉ᴅᴇ꞉ʜᴏᴄᴅᴇʀɢ. Dans le champ : ᴘ.ʀ.ᴄ.ꜱ.
℞. ᴅᴇɪ ɢʀᴀ ᴘʀꜱ ᴀᴠʀ. Au centre, une croix cantonnée de quatre
huchets.
Poey d'Avant, pl. XCIX, fig. 6.   Bill.   F.

Maurice (1618-1625)

2277. *Teston.* MAVRITIVS · I · D · G · PRIN · AVR · CO · NA. Buste à droite.
℞. SOLI DEO HONOR ET GLORIA 1621. Croix fleuronnée.
Poey d'Avant, n° 4590.   Ar.   B.

Philippe Guillaume (1584-1618)

2278. *Liard* au type du G couronné entouré de trois lis. Trois exemplaires.   Bill.   A.B.

Frédéric Henri (1625-1647)

2279. *Double tournois.* FRED · HENR · D · C · PRI AV. Buste à droite.
℞. DOVBLE TOVRNOIS 1640. Au centre, trois lis.
Poey d'Avant, n° 4610.
Deux exemplaires variés.   Cuiv.   A.B.

AVIGNON

—

Anonymes

2280. *Florin d'or.* SANTI' PETRII', deux clefs en sautoir à la fin de la
légende ; au centre, le lis de Florence.
℞. S · IOHANNES · B. Saint Jean-Baptiste debout ; une tiare pour
signe monétaire.
Poey d'Avant, pl. XCIII, fig. 21.   Or.   T.B.

Urbain V (1362-1370)

2281. VRBANVS · QVINTVS. Dans le champ, les lettres VPP surmontées
d'une tiare.
℞. SANCTVS PETRVS. Croix cantonnée alternativement de tiares
et de clefs en sautoir.
Poey d'Avant, n° 4173. Deux exempl. Ar.   A.B.

Martin V (1417-1431)

2282. MARTINVS PP · QVINTVS. Le pape assis sur deux lions.
℞. + SANCTVS PETRVS ET PAVLVS. Deux clefs en sautoir et
liées ; au-dessous, une colonne antique.
Poey d'Avant, pl. XCIV, fig. 21.
Deux exemplaires variés.   Ar.   A.B.

Clément VIII (1046-1073)

2283. CLEMENS VIII PONT MAX. Ecu aux deux clefs, surmonté d'une tiare.
℞. + OCT · CAR · D'AQVAVIVA · LEG · AVI 1595. Croix cantonnée de
deux lions et de deux croix potencées.
Poey d'Avant, n° 1340. Deux exempl.   Ar.   A.B.

Urbain VIII (1623-1644)

2284. *Jules.* VRBANVS · VIII PO · M · 1637. Ecu surmonté d'une tiare.
℞. S · PETRVS · AVENIO. Saint Pierre à mi-corps; dans le bas, l'écu
du légat.
Poey d'Avant, n° 4428.   Ar.   A.B.

PROVENCE
—

Alfonse d'Aragon (1196-1209)

2285. *Denier.* + REX · ARAGONE. Tête couronnée à gauche.
℞. PO VI NC IA. Croix coupant la légende.
Poey d'Avent, pl. LXXXVII, fig. 20.   Ar.   B.

Charles I d'Anjou (1246-1285)

2286. *Denier marseillais.* + COMES : PVINCIE. Tête nue à gauche.
℞. + CIVITAS · MASSIL. Porte de la ville.
Poey d'Avant, pl. LXXXVIII, fig. 16.   Ar.   F.D.C.

2287. *Denier.* + K · DI · GRA · REX · CICLE (la lettre L est barrée). Buste
couronné à gauche.
℞. + COMES · PROVINCIE. Croix.
Poey d'Avant, pl. LXXXVIII, fig. 8.
Deux exemplaires.   · Ar.   A.B.

2288. *Gros tournois.* COMES · PVINCIE. Type tournois fleurdelisé; entourage de douze lis.
℞. + BNDICTV SIT, etc. (lég. ext.) + KAROLVS · SCL · REX (lég.
int.). Au centre, une croix pattée.
Poey d'Avant, pl. LXXXVIII.   Ar.   T.B.

2289. *Salut.* + AVE · GRA · PLENA · DNS · TECVM. L'ange et la Vierge.
℞. + KAROL · IERL' · ET · SICIL' · REX. Ecu parti de Jérusalem et
de Provence.
Poey d'Avant, n° 3936.   Ar.   T.B.

2290. *Denier tournois.* ✠ PVIENIALIS. Châtel fleurdelisé.
℞. ✠ K • CO • P • FI • RE • F. Croix pattée.
Poey d'Avant, pl. LXXXVIII, fig. 12. Ar. F.

Charles II d'Anjou (1285-1309)

2291. *Salut d'or.* ✠ AVE GRACIA • PLENA • DOMINVS • TECVM. Au centre,
l'ange et la Vierge, un lis sur sa tige.
℞. ✠ KAROL • DEI • GRA • IERLM • SICILIE • REX. Ecu parti de Jéru-
salem et de Provence.
Poey d'Avant, pl. LXXXIX, fig. 6. Variété.
Or. T.B.

2292. *Double denier.* ✠ K ៖ S ៖ IHR ៖ CICIL ៖ REX. Buste couronné à gauche.
℞. ✠ COMES PROVINCIE. Croix feuillue.
Poey d'Avant, pl. LXXXIX, fig. 8. Ar. A.B.

Robert (1309-1343)

2293. *Carlin.* ✠ ROBERTVS • DEI • GRA • IERL • ET • SICIL • REX. Le prince
assis entre deux lions.
℞. ✠ HONOR • REGIS • INDICIV • DILIGIT. Croix feuillue et cantonnée
de quatre lis.
Poey d'Avant, pl. LXXXIX, fig. 11. Ar. T.B.

2294. Autre avec ✠ ROBERT' • DEI • GRA • IHL • ET • SICIL • REX.
Ar. B.

2295. *Sol couronnat.* ✠ R ៖ IHR ៖ ET ៖ SICIL ៖ REX. Grande couronne dans
le champ.
℞. ✠ COMES ៖ PVINCIE. Croix fleurdelisée coupant la légende et
cantonnée de quatre lis.
Poey d'Avant, pl. LXXXIX, fig. 18. Ar. A.B.

2296. *Grand denier.* ✠ • RO • IHR • SICIL' • REX. Buste couronné à
gauche.
℞. ✠ COMES PROVINCIE. Croix fleurdelisée.
Poey d'Avant, pl. XC, fig. 1. Ar. B.

2297. *Double denier.* ✠ RO • IHR • SICIL • REX. Buste couronné à gauche.
℞. ✠ : COMES : PROVINCIE. Croix pattée; un R dans le premier
centre.
Poey d'Avant, pl. LXXXIX, fig. 21. Ar. A.B.

Jeanne de Naples (1343-1352)

2298. *Florin d'or.* ✠ IOHANA : DEI : GR : IHR • SICIL • REG. En plein champ,
les armes de Jérusalem et d'Anjou.
℞. S • IOH • A NNES • B. Saint Jean debout.
Poey d'Avant, pl. XC. fig. 14. Or. T.B.

2299. *Sol couronnat.* ✠ IOH'AN ⸱ IHR ⸱ ET ⸱ SICL ⸱ REG. Grande couronne et, au-dessous, deux lis avec lambel.
℞. ✠ ☓ COMITSA ☓ PVICE ☓ E ☓ FORCAL. Armes de Jérusalem et d'Anjou, en plein champ.
    Poey d'Avant, pl. XC, fig. 17.   Ar.   B.

2300. *Sol couronnat.* ✠ I ⸱ IHR ⸱ ET ⸱ SICIL ⸱ REG. Couronne dans le champ.
℞. COI TIS SA ⸱ P VIC. Croix fleurdelisée, cantonnée de quatre lis et coupant la légende.
    Poey d'Avant, pl. XC, fig. 19.   Ar.   B.

2301. *Double.* I ⸱ IHR ⸱ ET ⸱ SIG ⸱ REG. Croix fleurdelisée coupant la légende.
℞. DEN ⸱ DVPLEX. Dans le champ, PVIE, sous une couronne.
    Poey d'Avant, pl. XC, fig. 21.   Ar.   A.B.

Louis et Jeanne (1347-1382)

2302. *Sol couronnat.* ✠ L ⸱ ET I ⸱ IHR ⸱ ET ⸱ SICL' ⸱ REX. Grande couronne.
℞. COM'-E ⸱ COM-TS P-VICE. Croix fleurdelisée coupant la légende et cantonné de quatre lis.
    Poey d'Avant, pl. XCI, fig. 3.
    Deux exemplaires.   Ar.   B.

2303. Autre avec le mot REX sous la couronne et la croix courte et pattée au revers.
    Poey d'Avant, pl. XCI, fig. 4.   Ar.   A.B.

Louis (1382-1384)

2304. *Sol couronnat.* ✠ LVDOV ⸱ IHR ⸱ ET ⸱ SICIL ⸱ REX. Grande couronne, ayant au-dessous un lambel à deux lis.
℞. ✠ ⸱ COMES ⸱ PVICE ⸱ ET ⸱ FORCAL. Dans le champ, armes parties de Jérusalem et d'Anjou.
    Poey d'Avant, pl. XCI, fig. 15.
    Deux exemplaires.   Ar.   T.B.

ARLES

—

Carloman

2305. ✠ ARILA CIVIS. Monogramme carolingien par c₁

℞. ✠ CARLEMANVS RE. Croix pattée. Ar. B.

Charles le Gros

2306. *Denier.* ✠ ARELA CIVIS. Monogramme carolingien par c.
  ⁖. ✠ KARLVS IMPERAT. Croix pattée. Ar. B.

2307. Autre avec ✠ ARELA CIVIS ✠ et ✠ CARLS SNIEART.
  Ar. B.

MARSEILLE

—

Louis le Débonnaire

2308. *Denier.* ✠ HLVDOVVICVSIIMP. Croix pattée.
  ⁖. MASS ILIA en deux lignes. Ar. B.

12159. — Paris, Imprimerie A. Lahure, 9, rue de Fleurus.

ERRATA

Le nº 1050 est attribué à tort à Dieulouart. Il est à rapprocher des pièces que M. Dannenberg (*Die Deutschen Münzen der sächsischen und fränkischen Kaiserzeit*) a représentées sous les fig. 603 à 605 de la pl. XXVI, et appartient à Mersebourg. La légende du revers, généralement très mal venue et qui, sur l'exemplaire de la collection de M. P. Ch. Robert, ne laisse voir que.... o..wart...s, doit être complétée par *Bruno eps Martis* (*burgensis*), le W étant un M retourné.

Parmi les monnaies de Lorraine et des Trois Évêchés, il s'en trouve que, dans l'empressement apporté à la rédaction du catalogue, nous avons qualifiées *d'inédites*, malgré leur publication soit dans la *Revue numismatique*, soit dans l'ouvrage précité de M. Dannenberg ; leur absence dans les monographies que nous devons à de Saulcy prouve, dans tous les cas, combien elles sont rares.

Quelques fautes typographiques, le plus souvent faciles à corriger à la lecture, se sont glissées dans le catalogue. Nous nous bornerons à signaler les suivantes :

1ᵉʳ Fascicule, p. 10. Sous la rubrique *Juliers et Berg*, le premier titre *Guillaume VII*, est à supprimer et à remplacer par le second : *Guillaume VII* (1356-1361), *Juliers*).

2ᵉ Fascicule, p. 98. Les dates qui suivent le nom de Pierre de la Barrière doivent être rétablies de la manière suivante : (1361-1363).

4ᵉ Fascicule, p. 14. Le titre : *Atelier de Poilvache* doit être placé au-dessus du nº 1826.

ADALBÉRON I et OTTON I

407   410

THIÉRI I et OTTON I

411

ADALBÉRON II

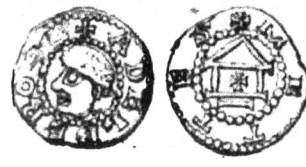

419   420

THIÉRI II

422

424   428   429

433   434   435

437   439   441

ADALBÉRON III

443   445   447

HÉRIMAN

451

452

456

457

458

459

461

462

463

POPPON

464

465

468

ADALBÉRON IV

70

471

472

75

179

480

ADALBÉRON IV (suite)

482   484   485

ÉTIENNE et HENRI V

486   491   492

ÉTIENNE DE BAR

493   495   505

506   510   512

517   519   520

THIÉRI III

   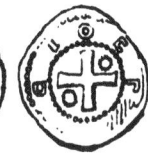

526   527

THIÉRI III (*suite*)

529

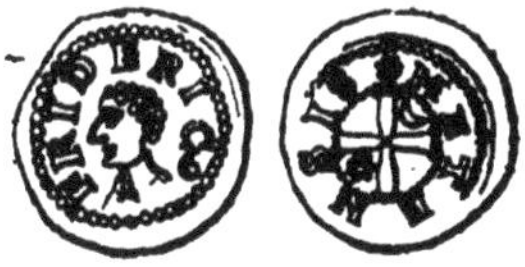

FRÉDÉRIC

534

THIÉ

539

BERTRAM

545

541

547

CONRAD

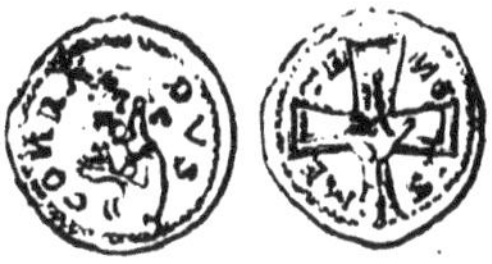

558

560

JEAN

561

JACQUES

565

577

578

582

583

885

BOUCHARD

612

GÉRARD

613

615

GÉRARD (suite)

RENAUD DE BAR

616

617

619

ADÉMAR DE MONTHIL

690

623 bis

624

628

635

6301

629

633

632

627

JEAN DE VIENNE

THIÉRI DE BOPPART

637

639

THIÉRI DE BOPPART (suite)

641

646

642

647

644

RAOUL DE COUCY

652

650

649

CONRAD BAYER

659

657

663

655

661

HENRI DE LORRAINE

JEAN DE LORRAINE

664 — Cuiv.

665

CHARLES I DE LORRAINE

671

667 — Or

679

ROBERT DE LENONCOURT

670

689

683

680 — Or

699 — Cuiv.

681

691

697

LOUIS DE LORRAINE

701

CHARLES II DE LORRAINE

707

CHARLES II DE LORRAINE (suite

702

709

710 — Cuiv.

708 — Cuiv. doré.

711 — Cuiv.

HENRI DE VERNEUIL

713

714

716 — Cuiv.

ATELIER DE SARREBOURG

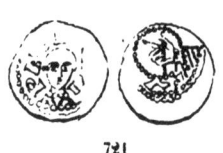

717

721

ATELIER DE SAVERNE ?

723

VADANCES DU SIÈGE ÉPISCOPAL

726 — Cuiv.

727 — Cuiv.

MONNAIES MESSINES INCERTAINES

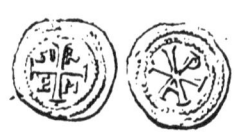

732

733

735

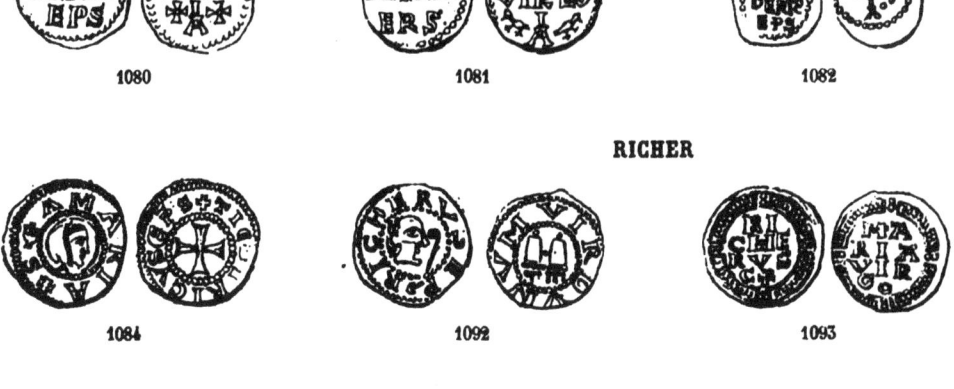

ÉVÊQUES DE VERDUN Pl. X.

HEYMON **RAIMBERT** **RICHARD**

1066

1068

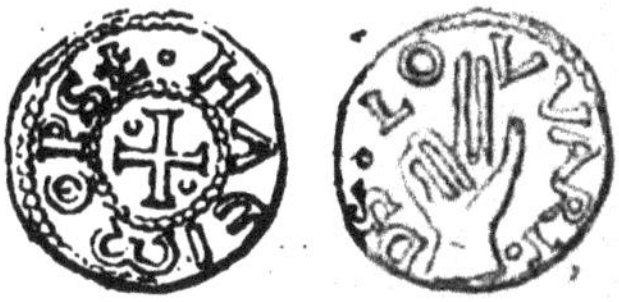

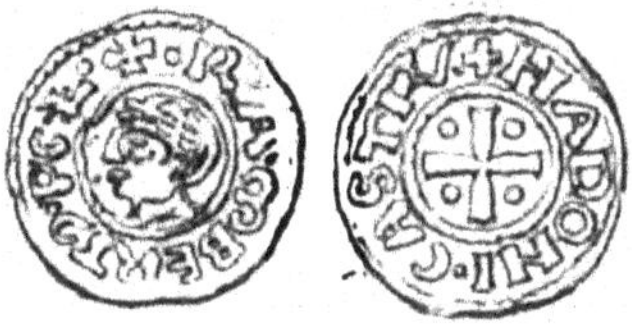

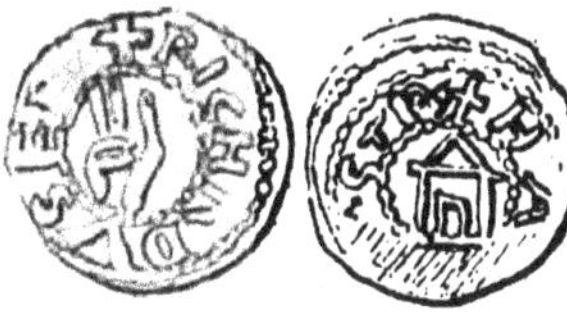

1069

THIÉRI

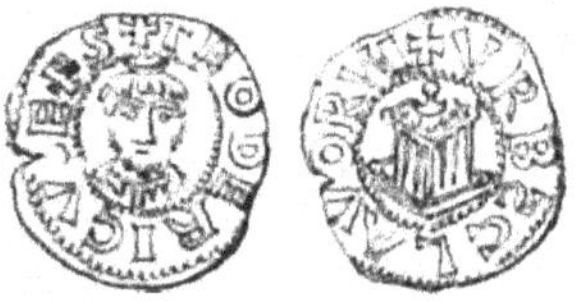

1070

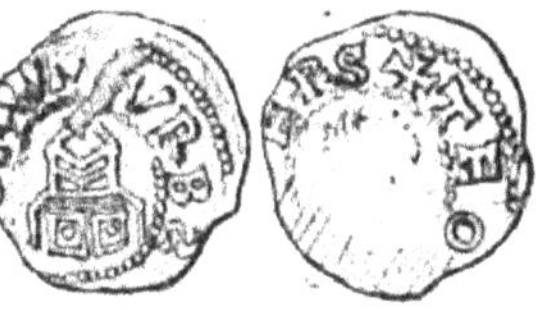

1071

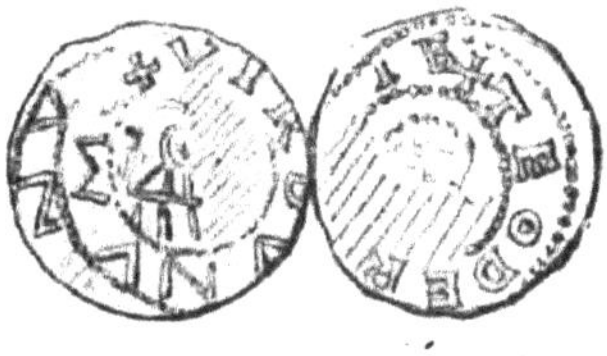

1072

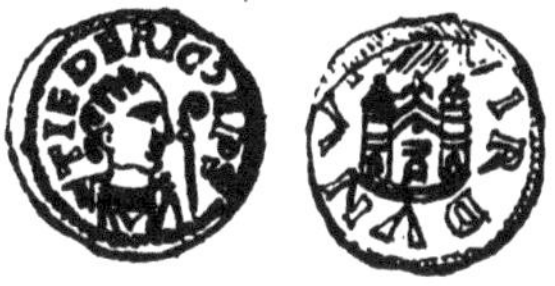

1073

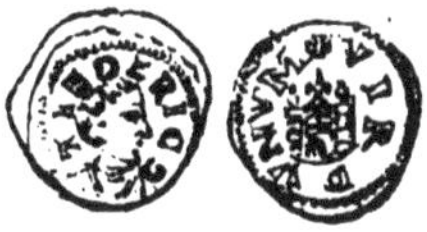

1074

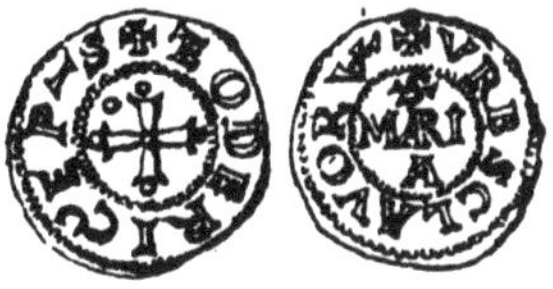

1075

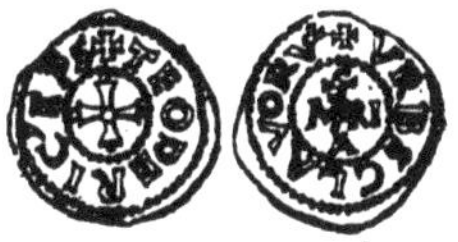

1076

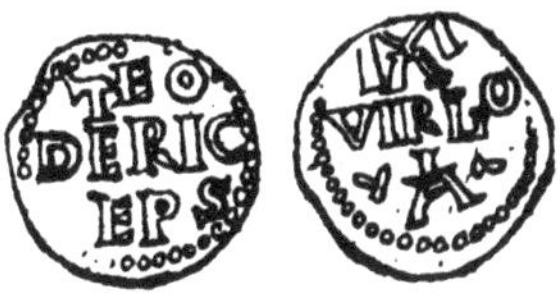

1077

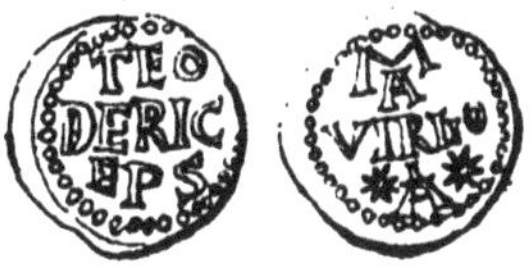

1079

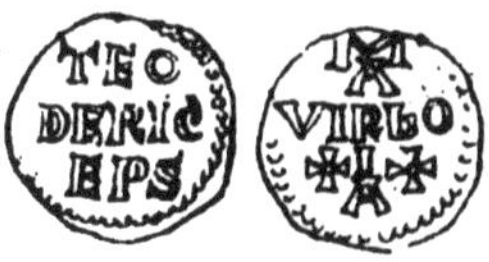

1080

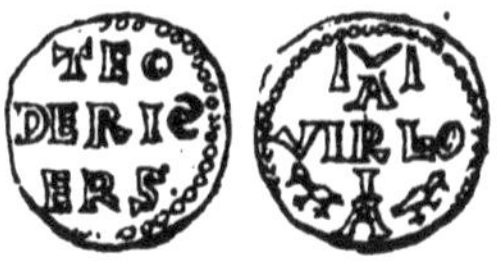

1081

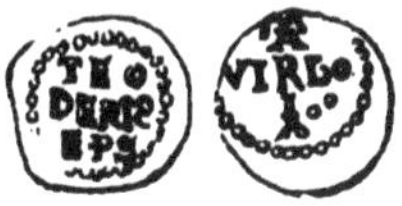

1082

RICHER

1084

1092

1093

ÉVÊQUES DE VERDUN

Pl. XI.

RICHER (suite)

1095

1097

1099

1100

1101

1102

RICHER ou RICHARD II

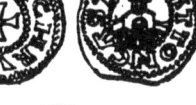

1104

1105

1107

HENRI

1108

1111

1112

ALBÉRON

1113

1114

1115

HENRI D'APREMONT

1116

1117

HUGUES DE BAR

 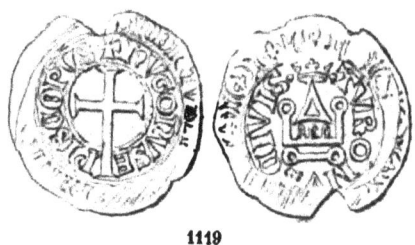

1118   1119

LOUIS DE BAR

1120   1121

1122   1123   1124

LOUIS DE HARAUCOURT

1125   1126

1127   1128   1129

NICOLAS PSAULME   NICOLAS BOUSMARD

1130 — Cuiv.   1131 — Cuiv.

ERRIC DE LORRAINE

1132 — Or

1135

1136

1137

1141

1142 — Cuiv.

1144

CHARLES DE LORRAINE

1146 — Or

1149

1150

1151

1155

1638 — Bronze

PRIX DE VENTE

DE LA

COLLECTION NUMISMATIQUE

DE

M. CHARLES ROBERT

(Du 29 mars au 3 avril 1886).

~~~~~~~~~~

3 Francs

~~~~~~~~~~

PARIS

CHEZ C. ROLLIN ET FEUARDENT

4, PLACÉ LOUVOIS

PRIX DE VENTE

DE LA

COLLECTION NUMISMATIQUE

DE

M. CHARLES ROBERT,

Pierre *, 1812 – 1887.*

(Du 29 mars au 3 avril 1886).

~~~~~~~~~~~~

3 Francs

~~~~~~~~~~~~

PARIS

CHEZ C. ROLLIN ET FEUARDENT

4, PLACÉ LOUVOIS

PRIX DE VENTE DE LA COLLECTION NUMISMATIQUE

DE M. CHARLES ROBERT

DU 29 MARS AU 3 AVRIL 1886 [1]

Nos	Fr.	Nos	Fr.	Nos	Fr.
1..........	7 »	73..........	2 »	132 et 133...	32 »
2..........	8 »	74 et 75.....	4 »	134..........	5 »
3 à 8	13 »	76..........	3 »	135 et 136...	3 »
9 à 12......	13 »	77..........	5 »	137 et 138...	3 »
13 à 17.....	14 »	78	2 »	139..........	5 »
18 à 22....	15 »	79....	17 »	140 et 141...	4 »
23 à 27.....	12 »	80..........	8 »	142 à 145...	9 50
28 à 35.....	30 »	81 à 83.....	8·50	146 à 148...	5 »
36 à 39.....	14 »	84 et 85.....	3 »	149..........	25 »
40..........	6 50	86 à 88.....	4 50	150..........	4 »
41..........	13 »	89..........	50 »	151 et 152...	25 »
42 et 43.....	10 »	90..........	21 »	153 à 155 ..	7 »
44 et 45...	3 »	91 à 95.....	8 »	156 et 157...	7 »
46 et 47.....	3 »	96 à 100...	6 »	158..........	15 »
48 et 49.....	3 »	101..........	3 50	159 et 160...	3 »
50..........	3 »	102..........	3 »	161..........	4 »
51 à 53...	3 »	103..........	150 »	162 à 164...	4 »
54..........	9 »	104 et 10 ...	20 »	165 à 168..	6 »
55 et 56.....	7 »	106.......	8 50	169 et 170...	10 »
57..........	5 »	107..........	6 50	171 à 173..	15 »
58 à 60...	4 50	108 à 111...	7 »	174 à 176...	9 »
61..........	2 »	112 à 115...	6 50	177..........	5 50
62 à 64.....	10 »	116 à 119...	9 »	178 à 180...	11 »
65 et 66 ...	3 »	120..........	45 »	181 et 182...	48 »
67..........	16 »	121..........	4 »	183 et 184...	13 »
68..........	3 »	122 à 125...	4 »	185 et 186...	12 »
69 et 70..	4 »	126 à 129...	3 50	187 et 189...	13 »
71 et 72.....	5 »	130 à 131...	8 50	190..........	18 »

[1] Les numéros d'ordre sont ceux du catalogue de vente (experts : Rollin et Feuardent).

Nᵒˢ	Fr.	Nᵒˢ	Fr.	Nᵒˢ	Fr.
491..........	5 »	279.........	7 »	341 à 345...	45 »
192 à 195...	8 50	280.........	19 »	346 et 347...	5 50
196 à 198...	23 »	281.........	26 »	348 et 349...	44 »
199 à 201...	16 »	282.........	23 »	350.........	42 »
202.........	42 »	283.........	24 »	351 et 352...	40 »
203.........	4 »	284.........	23 »	353 et 354...	5 50
204.........	2 »	285.........	30 »	355 à 360...	3 50
205.........	3 »	286.........	24 »	361.........	43 »
206.........	3 »	287 à 289...	44 »	362.........	8 »
207.........	41 »	290 à 292...	7 50	363.........	3 50
208.........	22 »	293.........	8 »	364 et 365...	4 »
209 et 210...	44 »	294.........	3 »	366 à 368 ..	3 »
211.........	2 »	295 et 296...	42 »	369.........	4 50
212.........	7 »	297.........	45 »	370 à 375...	24 »
213 et 214...	2 »	298.........	49 »	376.........	3 »
215.........	45 »	299.........	46 »	377 à 379 ..	4 50
216.........	8 »	300.........	44 »	380.........	2 »
217 à 219...	6 50	301.........	23 »	381 à 383...	6 »
220.........	9 »	302.........	3 »	384	5 »
221.........	6 »	303.........	44 50	385 et 386...	3 »
222 et 223...	5 »	304.........	5 »	387.........	4 »
224.........	40 »	305.........	9 50	388 à 393...	30 »
225.........	44 »	306.........	9 »	394.........	250 »
226 à 228...	40 »	307.........	3 »	395.........	355 »
229.........	13 »	308.........	3 »	396.........	490 »
230 et 231...	13 »	309.........	2 »	397	35 »
232 à 234...	44 »	310.........	8 »	398	43 »
235 et 236...	7 50	314.........	40 »	399.........	34 »
237 et 238...	3 »	312.........	42 »	400.........	6 »
239 à 241...	3 »	313.........	42 »	401.........	320 »
242.........	3 »	314.........	44 »	402 et 403...	28 »
243 à 245...	40 »	315 et 316...	42 »	404 et 405...	44 »
246 à 248...	7 »	317.........	43 »	406.........	40 »
249 à 251...	5 »	318.........	44 »	407.........	55 »
252 et 253...	4 »	319.........	87 »	408.........	20 »
254.........	2 50	320.........	34 »	409.........	27 »
235 à 257...	43 »	321.........	32 »	410.........	20 »
258.........	4 50	322.........	4 »	411.........	26 »
259.........	44 »	323.........	32 »	412.........	24 »
260 à 262...	5 »	324.........	24 »	413.........	40 »
263.........	24 »	325.........	49 »	414.........	8 »
264 et 265 ..	8 »	326.........	45 »	415.........	30 »
266.........	8 50	327.........	40 »	416.........	44 »
267.........	3 50	328.........	26 »	417.........	40 »
268 et 269...	4 50	329.........	4 »	418.........	3 »
270 et 271...	2 »	330.........	2 »	419.........	62 »
272.........	2 »	331.........	5 »	420.........	460 »
273 et 274...	4 50	332.........	3 »	421.........	400 »
275 et 276...	4 »	333 à 335...	2 50	422.........	425 »
277.........	8 »	336.........	8 »	423.........	20 »
278.........	44 »	337 à 340 ..	3 »	424.........	42 »

N	Fr.	Nos	Fr.	N	Fr.
425	15 »	476	18 »	530	6 »
426	16 »	477	13 »	531	3 50
427	12 »	478	6 »	532	9 »
428	10 »	479	28 »	533	3 »
429	70 »	480	7 »	534	7 »
430	27 »	481	5 »	535 à 537	22 »
431	11 »	482	50 »	538	5 50
432	10 »	483	6 »	539	7 »
433	40 »	484	24 »	540 à 542	9 »
434	15 »	485	27 »	543	5 »
435	80 »	486	55 »	544 et 545	4 50
436	20 »	487	37 »	546	3 50
437	20 »	488	13 »	547	7 »
438	10 »	489	13 »	548 et 549	4 »
439	25 »	490	17 »	550 à 552	6 50
440	10 »	491	49 »	553 à 557	12 »
441	10 »	492	58 »	558	6 »
442	23 »	493	12 »	559	5 »
443	25 »	494	10 »	560	36 »
444	7 50	495	24 »	561 à 564	7 »
445	10 »	496 et 497	13 »	565	5 »
446	5 »	498	14 »	566 à 569	9 50
447	16 »	499 et 500	5 »	570 à 573	8 »
448	8 »	501	5 »	574 à 576	7 »
449	7 »	502	11 »	577 et 578	7 »
450	14 »	503	7 »	580	2 »
451	27 »	504	5 »	581	5 50
452	38 »	505	26 »	582 à 585	6 50
453	15 »	506	6 »	586	5 »
454	11 »	507	9 »	587	8 »
455	10 »	508	8 »	588	5 »
456	21 »	509	45 »	589	5 »
457	36 »	510	5 »	590	20 »
458	40 »	511	4 »	591	43 »
459	37 »	512	5 »	592	5 »
460	60 »	513	4 50	593	8 »
461	40 »	514	6 50	594	5 »
462	52 »	515	8 »	595	42 »
463	35 »	516	2 »	596	4 50
464	42 »	517	6 »	597	6 »
465	125 »	518	9 »	598	7 50
466	37 »	519	14 »	599	5 »
467	36 »	520	5 »	600	5 50
468	155 »	521	4 »	601	5 »
469	8 »	522	4 »	602	5 50
470	17 »	523	10 »	603	5 50
471	25 »	524 et 525	14 »	604	3 »
472	23 »	526	7 »	605	20 »
473	15 »	527	25 »	606	14 »
474	4 50	528	6 »	607	7 50
475	12 »	529	6 »	608	7 50

Nos	Fr.	Nos	Fr.	Nos	Fr.
609...	5 »	664...	47 »	728...	33 »
610...	10 »	665...	120 »	729...	4 50
611...	5 »	666...	78 »	730...	20 »
612...	53 »	667...	130 »	731...	30 »
613...	10 »	668...	145 »	732...	13 »
614...	3 »	669...	75 »	733...	30 »
615...	30 »	670...	195 »	734...	31 »
616...	19 »	671...	3 »	735...	7 »
617...	30 »	672...	4 »	736...	30 »
618...	26 »	673 à 675...	4 50	737...	12 »
619...	56 »	676 à 678...	4 »	738...	20 »
620...	5 »	679...	5 »	739...	20 »
621 à 623...	9 »	680...	71 »	740...	23 »
623 bis...	115 »	681...	290 »	741...	19 »
624...	5 »	682...	215 »	742...	17 »
625...	6 »	683 et 684...	5 50	743...	13 »
626...	5 50	685 et 686...	5 50	744...	17 »
627...	7 »	687...	5 »	745...	14 »
628...	5 »	688 à 690...	6 »	746...	15 »
629...	140 »	691...	3 »	747...	14 »
630...	10 »	692 à 694...	6 50	748...	14 »
631...	16 »	695 et 696...	3 »	749...	75 »
632...	105 »	697...	7 50	750...	40 »
633...	37 »	698...	4 50	751...	50 »
634...	26 »	699...	34 »	752...	42 »
635...	21 »	700...	5 50	753...	64 »
636...	10 »	701...	90 »	754...	82 »
637...	145 »	702...	480 »	755 et 756...	11 »
638...	6 »	703...	6 50	757 et 758...	8 »
639 et 640...	9 50	704 à 706...	16 »	759...	9 »
641...	6 »	707...	3 50	760 et 761...	8 »
642...	6 50	708...	46 »	762 à 764...	4 »
643...	130 »	709...	59 »	765 à 767...	4 »
644...	31 »	710...	22 »	768 et 769...	2 »
645...	80 »	711...	21 »	770 à 775...	15 »
646...	41 »	712...	82 »	776...	23 »
647...	23 »	713...	47 »	777 à 781...	12 »
648...	15 »	714...	9 »	782 à 785...	7 »
649...	145 »	715...	3 »	786 et 787...	14 »
650...	4 50	716...	31 »	788...	12 »
651 et 652...	11 »	717...	27 »	789 et 790...	2 50
653 et 654...	4 »	718...	40 »	791...	22 »
655...	27 »	719...	24 »	792 et 793...	3 »
656...	38 »	720...	36 »	794...	4 »
657...	43 »	721...	18 »	795 et 796...	26 »
658...	3 »	722...	13 »	797...	3 »
659...	17 »	723...	5 50	798 à 803...	14 »
660...	10 »	724...	8 50	804...	20 »
661...	9 »	725...	7 50	805...	14 »
662...	5 50	726...	20 »	806...	23 »
663...	14 »	727...	15 »	807...	20 »

Nos	Fr.	Nos	Fr.	Nos	Fr.
808 et 809...	20 »	877........	32 »	941........	9 »
810........	14 »	878........	32 »	942........	3 50
811 et 812...	25 »	879........	85 »	943........	105 »
813........	50 »	880........	50 »	944........	42 »
814........	25 »	881........	40 »	945........	61 »
815........	17 »	882........	39 »	946........	2 50
816........	14 »	883........	26 »	947........	125 »
817 et 848...	21 »	884........	28 »	948........	10 »
819........	15 »	885........	18 »	949........	40 »
820........	8 »	886........	22 »	950........	5 »
821........	15 »	887........	24 »	951........	5 »
822........	13 »	888........	28 »	952........	10 »
823 et 824...	25 »	889........	32 »	953........	50 »
825........	38 »	890........	6 »	954........	47 »
826........	25 »	891........	5 »	955........	18 »
827........	7 »	892........	9 »	956........	13 »
828........	30 »	893........	30 »	957........	30 »
829........	60 »	894........	5 »	958........	6 50
830 et 831...	14 »	895........	15 »	959........	10 »
832 et 833...	11 »	896........	20 »	960........	22 »
834 et 835...	15 »	897........	4 50	961........	16 »
836........	12 »	898........	22 »	962 et 963...	6 »
837........	4 »	899........	21 »	964........	17 »
838 à 840..	11 »	900........	40 »	965........	13 »
841 et 842...	14 »	901........	4 »	966........	5 »
843 et 844...	8 »	902........	11 »	967........	9 »
845 et 846...	9 »	903........	5 50	968 et 969...	7 »
847 et 848...	5 »	904........	30 »	970........	20 »
849 à 851...	45 »	905........	16 »	971........	8 »
852........	3 »	906........	8 »	972........	6 50
853 à 856..	6 50	907........	11 »	973........	12 »
857........	18 »	908........	20 »	974........	12 »
858........	5 50	909........	21 »	975........	20 »
859........	3 »	910........	15 »	976........	17 »
860........	7 50	911 et 912...	3 50	977........	13 »
861........	4 50	913........	20 »	977 bis...	23 »
862........	10 »	914........	37 »	978........	13 »
863........	6 »	915 à 920...	16 »	979........	23 »
864........	5 50	921 et 922...	18 »	980........	14 »
865........	6 »	923........	47 »	981........	3 »
866........	6 »	924........	190 »	982........	8 »
867........	46 »	925........	19 »	983........	28 »
868........	76 »	926 à 929...	16 »	984 et 985..	15 »
869........	33 »	930 et 931...	10 »	986........	15 »
870........	29 »	932........	16 »	987........	5 »
871........	32 »	933........	27 »	988........	5 »
872........	37 »	934........	18 »	989........	9 »
873........	29 »	935 à 937...	10 »	990........	6 »
874........	44 »	938........	14 »	991 et 992...	3 »
875........	34 »	939........	13 »	993 à 995..	4 »
876........	80 »	940........	30 »	996 à 998...	6 50

Nos	Fr.	Nos	Fr.	Nos	Fr.
999	8 »	1063	6 »	1118	63 »
1000	8 »	1064 et 1065	24 »	1119	63 »
1001	67 »	1066	120 »	1120	32 »
1002 et 1003	5 50	1067	150 »	1121	65 »
1004	2 »	1068	75 »	1122	45 »
1005 à 1007	16 »	1069	53 »	1123	44 »
1008	175 »	1070	105 »	1124	43 »
1009	75 »	1071	25 »	1125	75 »
1010	70 »	1072	10 »	1126	43 »
1011	160 »	1073	12 »	1127	46 »
1012 à 1015	17 »	1074	18 »	1128	48 »
1016	118 »	1075	17 »	1129	20 »
1017	21 »	1076	12 »	1130	27 »
1018	13 »	1077	10 »	1131	46 »
1019	8 »	1078 et 1079	13 »	1132	92 »
1020	7 »	1080	8 50	1133	80 »
1021	10 »	1081	10 »	1134	74 »
1022	48 »	1082	9 »	1135	95 »
1023	44 »	1083	6 50	1136	34 »
1024	5 »	1084	6 »	1137	20 »
1025	12 »	1085	13 »	1138 et 1139	6 »
1026	8 »	1086	7 »	1140	4 »
1027	8 »	1087	11 »	1141	7 50
1028	3 »	1088 et 1089	9 50	1142	49 »
1029	88 »	1090 et 1091	4 50	1143	6 »
1030	44 »	1092	57 »	1144	34 »
1031	25 »	1093	30 »	1145	34 »
1032	31 »	1094	8 »	1146	115 »
1033	29 »	1095	33 »	1147	136 »
1034	6 »	1096	5 »	1148	205 »
1035 et 1036	14 »	1097	8 »	1149	75 »
1037	2 »	1098	9 »	1150	62 »
1038	31 »	1099	11 »	1151 à 1153	44 »
1039	16 »	1100	17 »	1154 à 1157	44 »
1040	26 »	1101	10 »	1158	76 »
1041	20 »	1102	22 »	1159	17 »
1042	75 »	1103	8 50	1160	9 50
1043	40 »	1104	52 »	1161	6 »
1044	110 »	1105	80 »	1162	8 50
1045	80 »	1106	30 »	1163	39 »
1046	25 »	1107	29 »	1164	55 »
1047	80 »	1108	45 »	1165	49 »
1048	10 »	1109	10 »	1166	43 »
1049	40 »	1110	4 »	1167	30 »
1050	6 »	1111	35 »	1168	11 »
1051	25 »	1112	15 »	1169 à 1171	21 »
1052	43 »	1113	19 »	1172	39 »
1053 à 1058	10 »	1114	30 »	1173	5 50
1059	19 »	1115	45 »	1174	6 »
1060 et 1061	23 »	1116	65 »	1175	400 »
1062	60 »	1117	44 »	1176	89 »

Nos	Fr.	Nos	Fr.	Nos	Fr.
1177.......	300 »	1255 et 1256	7 »	1326 à 1328.	28 »
1178........	119 »	1257 à 1260.	7 »	1329 à 1331.	14 »
1179 et 1180	100 »	1261 à 1266.	14 »	1332........	21 »
1181..	77 »	1267........	6 »	1333........	13 »
1182.	15 »	1268 à 1270.	10 »	1334........	4 »
1183........	12 »	1271........	40 »	1335........	9 »
1184........	80 »	1272........	40 »	1336........	3 »
1185........	50 »	1273.	13 »	1337........	16 »
1186.	52 »	1274 et 1275	10 »	1338........	2 50
1187........	11 »	1276	70 »	1339........	25 »
1188........	23 »	1277..	49 »	1340........	79 »
1189........	21 »	1278	6 50	1341........	25 »
1190.	3 »	1279 et 1280	8 50	1342........	3 50
1191.	54 »	1281........	10 »	1343........	110 »
1192........	31 »	1282........	7 »	1344 et 1345	13 50
1193........	16 »	1283 et 1284	4 50	1346........	39 »
1194........	10 »	1285........	37 »	1347........	91 »
1195........	21 »	1286........	33 »	1348........	8 »
1196..	23 »	1287........	29 »	1349 à 1351.	13 »
1197	12 »	1288........	9 »	1352 à 1354.	45 »
1198........	14 »	1289 et 1290	13 »	1355 et 1356	8 »
1199.	10 »	1291 à 1293.	9 »	1357 et 1358	10 »
1200.......	12 »	1294........	14 »	1359 à 1362.	9 »
1201.......	10 »	1295........	60 »	1363 et 1364	15 »
1202........	31 »	1296........	26 »	1365........	30 »
1203.......	20 »	1297........	31 »	1366........	3 50
1204.	25 »	1298........	86 »	1367........	24 »
1205... ...,	20 »	1299.	8 50	1368........	7 50
1206........	19 »	1300........	10 »	1369........	5 »
1207........	28 »	1301........	10 »	1370 à 1372.	19 »
1208........	80 »	1302........	7 50	1373 et 1374	10 »
1209........	12 »	1303...	7 50	1375 et 1376	13 »
1210........	9 »	1304 et 1305	16 »	1377 et 1378	11 »
1211 et 1212	8 »	1306 et 1307	12 »	1379........	7 »
1213 et 1214	7 »	1308 et 1309	6 50	1380........	28 »
1215........	3 »	1310........	28 »	1381........	26 »
1216........	9 »	1311........	10 »	1382........	28 »
1217 à 1219.	9 »	1312........	11 »	1383........	80 »
1220 et 1221	4 »	1313........	20 »	1384...	40 »
1222 à 1225.	11 »	1314........	15 »	1385........	126 »
1226........	5 »	1315........	21 »	1386 et 1387	9 »
1227........	7 »	1316........	15 »	1388 à 1390.	6 »
1228 à 1231.	11 »	1317........	13 »	1391 à 1394.	9 »
1232 et 1233	4 »	1318........	35 »	1395 à 1399.	6 »
1234........	70 »	1319........	17 »	1400 à 1404.	11 »
1235 et 1236	8 »	1320........	16 »	1405 et 1406	7 »
1237 à 1239.	11 »	1321........	30 »	1407 à 1409.	17 »
1240 à 1242.	7 »	1322........	55 »	1410 à 1414.	9 »
1243 à 1246.	18 »	1323........	60 »	1415 et 1416	3 »
1247 à 1249.	7 »	1324........	20 »	1417...... ..	113 »
1250 à 1254.	15 »	1325...	13 »	1418	11 »

Nos	Fr.	Nos	Fr.	Nos	Fr.
1419 à 1421.	22 »	1543.....	15 »	1638.......	215 »
1422 à 1424.	13 »	1544......	9 »	1639........	105 »
1425 et 1426	7 »	1545........	6 »	1640.......	7 »
1427 à 1429	10 »	1546.......	13 »	1641.......	6 »
1430 à 1435	12 »	1547 à 1549.	3 »	1642 et 1643	4 »
1436........	7 »	1550........	90 »	1644 à 1646.	27 »
1437........	4 »	1551 à 1554.	23 »	1647........	3 »
1438.......	99 »	1555 à 1557.	5 »	1648 à 1650.	13 »
1439.......	30 »	1558.......	169 »	1651........	66 »
1440.......	21 »	1559......	15 »	1652 et 1653	10 »
1441........	3 »	1560.......	115 »	1654 et 1655	25 »
1442.......	4 »	1561.......	59 »	1656 et 1657	8 »
1443........	3 »	1562.......	6 »	1658 et 1659	14 »
1444........	6 »	1563.......	13 »	1660........	7 »
1445......	12 »	1564........	5 »	1661 et 1662	20 ·
1446.......	105 »	1565 à 1569.	11 »	1663.......	120 »
1447........	13 »	1570.......	275 »	1664......	54 »
1448.......	530 »	1571 et 1572	6 »	1665.......	18 »
1449........	165 »	1573 à 1575.	6 »	1666.......	35 »
1450........	270 »	1576.......	1 »	1667.......	30 »
1451.......	160 »	1577........	33 »	1668........	10 »
1452........	85 »	1578.......	10 »	1669.......	21 »
1453........	105 »	1579........	3 »	1670........	10 »
1454........	110 »	1580.......	95 »	1671.......	10 »
1455........	105 »	1581......	300 »	1672.......	38 »
1456 à 1458.	10 »	1582.......	133 »	1673........	15 »
1459 à 1462.	14 »	1583........	29 »	1674........	8 »
1463......	»	1584........	58 »	1675......	8 »
1464 à 1470.	1 »	1585.......	10 »	1676.......	5 »
1471 à 1475.	»	1586........	11 »	1677.......	5 »
1476 à 1483.	»	1587 et 1588	19 »	1678........	32 »
1484 à 1439.	4 »	1589 et 1590	6 »	1679........	6 »
1490........	3 »	1591 à 1596.	25 »	1680........	6 »
1491........	290 »	1597........	4 »	1681........	6 »
1492........	30 »	1598......	15 »	1682........	4 »
1493 à 1511.	59 »	1599........	22 »	1683........	4 »
1512 à 1514.	10 »	1600 à 1603.	10 »	1684.......	7 »
1515........	24 »	1604 à 1612.	10 »	1685 et 1686	14 »
1516........	25 »	1613 à 1615.	20 »	1687 à 1689.	14 »
1517......	25 »	1616 à 1619.	7 »	1690........	13 »
1518......	115 »	1620 et 1621	15 »	1691 et 1692	14 »
1519.......	9 »	1622........	246 »	1693........	12 »
1520 et 1521	10 »	1623......	26 »	1694 à 1700.	31 »
1522 à 1529.	14 »	1624........	1 »	1701 à 1703.	8 »
1530.......	6 »	1625 et 1626	3 »	1704........	8 »
1531 à 1533.	6 »	1627........	4 »	1705......	40 »
1534........	35 »	1628........	10 »	1706.......	31 »
1535........	6 »	1629 à 1632.	12 »	1707........	14 »
1536 et 1537	7 »	1633........	7 »	1708........	18 »
1538........	68 »	1634........	2 »	1709.......	12 »
1539 à 1541.	3 »	1635 et 1636	10 »	1710........	31 »
1542.......	73 »	1637........	16 »	1711 et 1712	14 »

Nos	Fr.	Nos	Fr.	Nos	Fr.
1713... ...	55 »	1807 à 1812.	47 »	1896... ...	13 »
1714... ...	4 »	1813...	8 »	1897...	7 »
1715 et 1716	6 »	1814 à 1816	6 »	1898...	11 »
1717...	44 »	1817 et 1818	20 »	1899...	6 »
1718...	6 »	1819 et 1820	7 »	1900...	6 »
1719...	47 »	1821 et 1822	4 »	1901...	9 »
1720 et 1721	5 »	1823...	15 »	1902...	5 »
1722...	8 »	1824...	9 »	1903...	8 »
1723...	24 »	1825...	39 »	1904...	4 »
1724...	45 »	1826 à 1828.	42 »	1905...	3 »
1725...	9 »	1829...	24 »	1906...	9 »
1726...	47 »	1830 et 1831	43 »	1907 et 1908	4 »
1727 à 1729.	9 »	1832 à 1834.	4 »	1909...	8 »
1730... ...	438 »	1835...	32 »	1910 et 1911	5 »
1731...	46 »	1836...	8 »	1912...	9 »
1732...	9 »	1837...	3 »	1913... ...	4 »
1733 à 1747.	30 »	1838...	40 »	1914... ...	25 »
1748... ...	3 »	1839 à 1842.	44 »	1915 et 1916	30 »
1749...	2 »	1843 à 1845	40 »	1917...	45 »
1750...	2 »	1846 à 1850.	44 »	1918...	20 »
1751... .	64 »	1851 à 1853.	46 »	1919...	45 »
1752... ..	45 »	1854 à 1857.	6 »	1920 et 1921	7 »
1753... ...	42 »	1858 à 1861.	20 »	1922 à 1925.	40 »
1754...	210 »	1862...	40 »	1926 à 1935.	47 »
1755...	32 »	1863... ...	110 »	1936...	43 »
1756...	24 »	1864...	480 »	1937...	46 »
1757 et 1758	46 »	1865...	40 »	1938...	46 »
1759 et 1760	4 »	1866...	47 »	1939 et 1940	27 »
1761...	475 »	1867...	42 »	1941 et 1942	25 »
1762...	42 »	1868...	44 »	1943 à 1946.	7 50
1763 et 1764	8 »	1869. ...	43 »	1947 à 1950.	5 »
1765 et 1766	3 »	1870...	32 »	1951...	8 »
1767...	26 »	1871...	22 »	1952...	43 »
1768...	27 »	1872...	48 »	1953... ..	46 »
1769...	43 »	1873...	9 »	1954...	43 »
1770 à 1774.	44 »	1874... .	9 »	1955 et 1956	27 »
1775 à 1783.	40 »	1875... .	13 »	1957...	4 »
1784...	6 »	1876. ...	44 »	1958 à 1962.	42 »
1785...	8 »	1877	44 »	1963...	56 »
1786 et 1787	5 »	1878...	44 »	1964 à 1969.	9 »
1788...	3 »	1879 et 1880	8 »	1970 et 1971	27 »
1789 et 1790	33 »	1881 et 1882	42 »	1972...	57 »
1791...	45 »	1883 et 1884	6 50	1973...	205 »
1792...	6 »	1885...	9 »	1974 et 1975	3 »
1793 et 1794	6 »	1886...	8 »	1976 et 1977	25 »
1795 à 1798.	45 »	1887... ...	7 »	1978...	30 »
1799... ..	9 »	1888...	6 »	1979...	42 »
1800 et 1801	7 »	1889... ...	43 »	1980...	26 »
1802...	47 »	1890 ...	6 »	1981...	42 »
1803...	3 »	1891...	4 »	1982 à 1987.	44 »
1804... .	44 »	1892 et 1893	4 »	1988...	31 »
1805 et 1806	44 »	1894 et 1895	5 50	1989 ...	36 »

Nos	Fr.	Nos	Fr.	Nos	Fr.
1990 à 1992.	15 »	2085........	60 »	2210 à 2214.	35 »
1993 à 1995.	6 »	2086........	40 »	2215 à 2217.	45 »
1996........	245 »	2087........	3 50	2218........	7 »
1997........	64 »	2088 et 2089	8 »	2219........	7 »
1998........	5 »	2090 et 2091	50 »	2220........	45 »
1999 et 2000	3 »	2092 à 2094.	24 »	2221........	9 »
2001........	16 «	2095 et 2096	25 »	2222 et 2223	35 »
2002........	28 »	2097 et 2098	13 »	2224........	4 »
2003........	48 »	2099 et 2100	22 »	2225........	4 »
2004 à 2006.	4 »	2101........	44 »	2226........	4 »
2007........	6 50	2102........	33 »	2227........	2 »
2008........	5 »	2103........	46 »	2228........	6 »
2009 et 2010	3 »	2104 à 2106.	9 50	2229 à 2231.	3 50
2011........	8 »	2107........	40 »	2232........	34 »
2012 et 2013	12 »	2108........	34 »	2233........	3 »
2014........	4 »	2109........	45 »	2234 à 2237.	42 »
2015 et 2016	3 »	2110........	48 »	2238 à 2241.	3 »
2017 et 2018	4 »	2111........	2 50	2242 à 2245.	6 »
2019........	4 »	2112 à 2114.	23 »	2246........	48 »
2020........	7 »	2115 à 2118.	40 »	2247 et 2248	20 »
2021........	3 »	2119 et 2120	23 »	2249........	3 50
2022 et 2023	7 »	2121........	3 »	2250 à 2253.	3 »
2024 à 2028.	10 »	2122 à 2124.	6 »	2254........	2 »
2029........	2 »	2125 à 2127.	5 »	2255 à 2259.	7 »
2030 et 2031	12 »	2128 à 2131.	5 »	2260........	48 »
2032........	65 »	2132........	4 50	2261 et 2262	42 »
2033........	45 »	2133 à 2136.	4 »	2263 et 2264	7 »
2034........	11 »	2137 à 2143.	8 »	2265 à 2267.	44 »
2035 et 2036	25 »	2144........	8 »	2268 à 2270.	13 »
2037 à 2039.	35 »	2145 à 2148.	7 50	2271........	45 »
2040 à 2042.	3 »	2149........	2 »	2272 et 2273	3 »
2043 à 2045.	35 »	2150........	24 »	2274........	2 »
2046 à 2048.	30 »	2151 à 2158.	6 »	2275........	8 »
2049 à 2054.	15 »	2159........	35 »	2276........	3 »
2055 à 2057.	22 »	2160........	44 »	2277........	23 »
2058 à 2061.	25 »	2161 à 2166.	5 »	2278 et 2279	2 »
2062........	45 »	2167 et 2168	4 50	2280........	23 »
2063........	31 »	2169 à 2173.	9 »	2281........	8 »
2064 et 2065	3 »	2174........	94 »	2282........	9 »
2066........	40 »	2175 et 2176	4 50	2283........	3 »
2067........	12 »	2177 et 2178	6 »	2284........	3 »
2068........	4 »	2180........	4 »	2285 à 2287.	5 50
2069 à 2071.	13 »	2181........	6 »	2288 à 2290.	7 »
2072........	12 »	2182 à 2185.	5 »	2291........	34 »
2073........	21 »	2186 à 2191.	40 »	2292 à 2297.	42 »
2074 à 2076.	6 50	2192 à 2195.	40 »	2298........	20 »
2077 et 2078	13 »	2196........	4 »	2299 à 2304.	44 »
2079........	22 »	2197 à 2200.	4 50	2305........	42 »
2080 et 2081	4 50	2201........	4 »	2306........	8 »
2082........	36 »	2202........	3 »	2307........	9 »
2083........	27 »	2203 à 2207.	6 50	2308........	47 »
2084........	13 »	2208 et 2209	3 »		

COLLECTION

P.-CHARLES ROBERT

Collections de feu M. P.-Charles *ROBERT*

MEMBRE DE L'INSTITUT

MONNAIES FRANÇAISES

ET ÉTRANGÈRES

JETONS & MÉDAILLES

Vente aux enchères publiques, à l'Hôtel des Commissaires Priseurs, rue Drouot, n° 9, salle n° 7

LES LUNDI 23 & MARDI 24 AVRIL 1888 .

A UNE HEURE ET DEMIE

Mᵉ MAURICE DELESTRE | **M. RAYMOND SERRURE**
Commissaire Priseur | *Expert*
27, rue Drouot, 27 | 11, rue de Lille, 11

EXPOSITION

Chez l'Expert, le dimanche 22 avril, de 2 à 5 heures
A l'Hôtel Drouot, une demi-heure avant chaque vacation.

PARIS — 1888

CONDITIONS DE LA VENTE

————

La vente sera faite au comptant.

Les acquéreurs paieront CINQ POUR CENT en sus des enchères, applicables aux frais.

Les lots pourront être réunis ou divisés, au gré de l'expert.

M. Raymond Serrure se charge des commissions qu'on voudra bien lui confier.

MACON, IMPRIMERIE PROTAT FRERES

INTRODUCTION

Quelques jours avant le fatal évènement qui l'enleva aux sciences archéologiques et à l'affection de sa famille et de ses nombreux amis, M. P.-Ch. Robert me confiait, pour en faire la vente publique, toute la partie de son médaillier qui n'entrait pas dans le cadre de ses collections de monnaies gauloises, de médaillons contorniates et de médailles romaines.

Me conformant aux intentions du savant et vénéré numismatiste, j'ai l'avantage de soumettre le présent catalogue à MM. les Amateurs.

Les séries mises en vente se partagent en deux groupes : une série d'études comprenant les monnaies des peuples barbares, une suite de doubles de la collection de monnaies féodales et étrangères, vendue il y a deux ans par les soins de MM. Rollin et Feuardent.

Dans l'un des groupes comme dans l'autre, on trouvera des pièces remarquables ; nous citerons surtout les numéros suivants : numéros 2 à 5, monnaies d'or des rois burgondes ; — 10, Ervige, roi wisigoth ; — 14, sou d'or de Théodoric ; — 49 et 50, triens de Sigebert III ; — 55, beau triens de Dieuze ; — 68 et 69, triens d'Uzès et de Venasque ; — 114, denier de Carloman frappé à Autun ; — 151, denier de Philippe I pour Montreuil ; — 243 et 244, demi-gros d'Eudes IV de Bourgogne ; — 249, franc à pied d'or de Louis de Male, comte de Flandre ; — 301, gros tournois lorrain ; — 346 et 347, deniers de Saint-Dié ; — quelques deniers très rares d'évêques de Metz ; — 467, Albéron, évêque de Verdun ; — quelques jetons de première importance, notamment les numéros 501, 520, 522, 531, 534, 537, 555, etc.

R. S.

MONNAIES

DES PEUPLES BARBARES

(Vᵉ AU VIIIᵉ SIÈCLE)

VANDALES

1 *Sou d'or* copié d'une pièce de Valentinien III (525-55) fr. à Rome. **DN PIA VAIENTINIANVS PPAVC**. Buste à dr. ℞. **VICTORI AAVCCCⱫ**. Valentinien debout, posant le pied sur un serpent. *F. d. c.*

BURGONDES

2 **Gondebaud** (491-505). **DN ANASTASIVS PR AVG**. Buste armé de face. ℞. **VICTORIA AVGGG N**. Victoire à g. tenant une croix ; dans le champ, une étoile et les lettres **GVNDB** en monogramme. *Sou d'or. F. d. c.*

3 **DN ANASTASIVS PR AVG**. Buste à dr. ℞. **IVCTORIA AVCVTOVN CONOB**. Victoire à dr. ; dans le champ, les lettres **GVNDB** en monogramme. *Triens d'or. F. d. c.*

4 Même pièce avec **VICTORAV ACVTON**, etc. *F. d. c.*

5 Tête diadémée à dr. ℞. Au milieu du champ, le monogramme de Gondebaud ; dessous **LD** (Lugdunum). Petit module. *Br. T. b.*

6 **Sigismond** (516-523). DN ANASTASIVS PR AVG. Buste à dr. ℞. VICTORIA AVCVTOV... Victoire à dr.; dans le champ, les lettres SIGISMVNDVS en monogramme. *Triens d'or. T. b.*

WISIGOTHS

7 **Amalaric** (526-531). DN IVSTINVS PP AVC. Buste à dr. ℞. VICTORIA AVCCCA CONOB. Victoire à dr.; dans le champ, les lettres AMR en monogr. *Triens d'or. F. de c.*

8 Imitations wisigothes du triens de Justin et de Justinien. Buste très allongé avec croisette sur la poitrine. ℞. Victoire avec grande aile à dr. *Or. 2 pièces. T. B.*

9 Imitation wisigothe du triens impérial. Types analogues. Flan aplati. Emission peu antérieure à Léovigilde (573-586). *Or.*

10 **Ervige** (680-687). + I·D·NMIN·ERVIGIVS RX. Tête barbare de face. ℞. + EMERITA PIVS. Croix haussée sur trois degrés. Frappée à Merida. *Or. F. d. c.*

OSTROGOTHS

11 *Sou d'or* au nom d'Anastase Ier (489-519). DN ANAS-TASIVS PF AVG. Buste armé de face. ℞. VICTORIA AVCCCD COMOB. Victoire à g. tenant une croix; dans le champ, une étoile et le monogramme de ROMA. *F. d. c.*

12 *Triens d'or* au nom d'Anastase Ier. ℞. Victoire de face. 2 pièces.

13 *Triens d'or* au nom de Justin Ier (518-527). **DN IVSTI-NAS PF ΔVC**. Buste à dr. ℞. **VICTORIA AVCVSTO RVN** (Ravenne). Victoire de face. *T.B.*

14 **Théodoric l'Amale** (493-526). **DN ANASTASIVS PF AVG**. Buste armé de face. ℞. **VICTORIA AVCCC. COMOB**. Victoire à g. tenant une croix ; dans le champ, une étoile et le monogramme de **ROMA** ; à la suite de la légende, le monogr. de Théodoric. *Sou d'or. F. d. c.*

15 *Demi-silique* au nom de Justin Ier. ℞. Monogramme de Théodoric. *Arg. B.*

16 **Athalaric** (526-534). *Silique* au nom de Justin Ier. ℞. Monogramme d'Athalaric. *Arg. F. d. c.*

17 *Demi-silique* au nom de Justin Ier. ℞. **DN ATHALARICVS RIX** en quatre lignes. *Arg. T.B.*

18 Pièce de 10 nummi fr. à Rome. 2 exempl. — Nummus au monog. d'Athalaric. 3 var. Ensemble 5 p. *Br.*

19 **Matasunthe** (536-541). **DN IVSTINIANVS PP AV**. Buste à dr. ℞. Monogramme de Matasunthe. *Silique. Arg. B.*

20 **Baduela.** (541-552). Nummus au monogramme du roi. *Br.*

21 **Autonomes.** Rome. Pièces de 40 nummi ; nummus. — Ravenne. Pièce de 10 nummi. Ens. 6 piéces. *Br.*

LOMBARDS

22 *Sou d'or* de flan mince. Buste à dr. ℞. Victoire de face. Les légendes sont surfrappées.

23 *Triens d'or*. Mêmes types. Légendes barbares. 3 pièces variées. *F. d. c.*

24 **Epoque de Cunipert** (679-700). Légende simulée. Buste à dr. ℞. Victoire de face. Pièce de flan très mince avec grande marge circulaire. *Or. F. d. c.*

DUCS DE BÉNÉVENT

25 **Arigise** (758-587). **DNS VICTORIA**. Buste de face avec globe crucigère. ℞. **VITIRᐁ ᐁGVTV CONOB.** Croix byzantine ; dans le champ, l'initiale d'Arigise. *Triens d'or. F. d. c.*

26 Variété avec **VITIRᐁ PRINPI** (Victoria principis). *Triens d'or. F. d. c.*

27 **Grimoald III ou IV** (787-817). Mêmes types avec **GRIMVALD** et **GR** dans le champ du revers. *Triens d'or. F. d. c.*

28 **Sicard** (832-840). Mêmes types avec **SICARDV** et **SI** dans le champ du revers. *Triens d'or. F. d c.*

ANGLO-SAXONS

29 **PNOTNPPᐃ**. Buste à forte chevelure à dr. ℞. Légende simulée. Croix byzantine. *Triens d'or. T.B.*

30 Serpent. ℞. **TTII** autour d'un annelet, dans un carré pointillé. *Sceatta d'arg. F. d. c.*

31 **Vigmund , archevêque d'York** (831-854). + **VIGMVND AREP.** Dans le champ, une croisette. ℞. **COENRED.** Même type. *Styca de cuivre.*

32 **Burgred, roi de Mercie** (852-874). **BVRGRED REX ᙏ.** Buste à d. ℞. **MON-MEAVVLF-ETA** en trois lignes. *Denier. Arg. F. d. c.*

33 **Saint-Edmond**. + SCE EAINVMD RE. Grand **A** dans le champ. ℟. + ADRADVS VVOE. Croix. *Denier. Arg.* — Types analogues. *Obole. Arg.*

FRISONS

34 Légendes barbares. Buste à g. ℟. Croix byzantine. *Triens d'or.*

35 Légendes barbares. Buste à dr.; devant, un globe avec longue croix. ℟. Victoire de face. *Triens d'or.*

> L'attribution de ces pièces très barbares aux Frisons est basée sur leur provenance habituelle. Ces peuples continuèrent long-temps l'émission de la monnaie d'or; on leur doit presque toutes les copies des sous d'or de Louis le Débonnaire.

FRANCS

36 *Sou d'or* au nom d'Anastase Ier (489-519). DN ANAS-TASIVS PP AVG. Buste armé de face. ℟. VICTORIA AVCCCA CONOB. Victoire tenant une croix à g.; dans le champ, AL. *F. d. c.*

37-41 Imitations franques du *triens d'or* d'Anastase Ier au type de la Victoire de profil à dr. 11 pièces.

42 *Sou d'or* au nom de Justin Ier (518-527). DN IVSTINVS PP AVC. Buste armé de face. ℟. VICTORIA AVCCC IS CONOB. Victoire tenant une croix à g.; dans le champ, une étoile. *F. d. c.*

43 *Triens d'or* au nom de Justinien (527-565). DN IVSTI-NIANVS P. Buste à dr. ℟. MI VICTORIA AV CO2. Victoire de face. *F. d. c.*

44 Imitations franques du *triens d'or* de Justinien I. Trois
pièces.

45 Imitations franques du *triens d'or* impérial au type de la
Victoire à dr. ; dans le champ, un **A**. Trois pièces.

46 **DN IIVSTINIAV**. Buste à dr. ; dans le champ, un
monogramme composé des lettres **m G**. ℞. Victoire
de face. *Triens d'or*.

47-48 Imitations franques du *triens d'or* impérial au type
de la Victoire de face. Six pièces.

49 **Sigebert III d'Austrasie** (633-655). ..**GIBERTVS
R**. Buste du roi à dr. ; devant le visage, un annelet
et un globule. ℞. ...**ƧEGI**... Croix ancrée haussée sur
un globe ; dans le champ **M-A** et **V-II**. *Triens d'or
frappé à Marseille*.

50 **SIGIBERTVS**.. Buste du roi à dr. ; dans le champ,
des globules. ℞. **VICTVRIA ƧI**. Croix haussée sur un
globe ; dans le champ, **M-A** et **V-II**. *Triens d'or pâle
frappé à Marseille*.

51 **Arles. DIIINV CVNIIVII**. Buste à dr. ℞. **N VCTORIVA
VTORVNI CONOB**. Croix haussée sur un globe ; dans
le champ, **A-R** et **V-II**. *Triens d'or. T. B.*

52 **Autun**. **AVGVSTIDVNO**.... Buste à dr. ℞. **+ TEV
DVLFO M**. Croix chrismée accostée de **A-G**. *Triens
d'or*. Fruste à l'avers. F. d. c. au revers.

53 **Chalon**. **CAVIL[O]NO FIT**. Buste à dr. ℞. **+ BAVDO
[MERE ET MAG]NOALDO M**. Croix haussée accostée
de **C-A**. *Triens d'or*. Mal frappé.

54 **Chinon ?** Pentalpha avec points dans les angles.
℞. **+HOIⲰEIT M**. Grand globule dans un grènetis.
Saiga d'arg. F. d. c.

55 **Dieuze** (Lorraine). ΔOSO VICO I+PΛTO. Buste à dr. ℞. + BOCCINIIΔO ℠ONITA. Croix cantonnée de deux points et de A-<. *Triens d'or. F. d. c.*

56 + LOΓA....∿. Buste à dr. ; type dit du chaperon perlé (Touraine). ℞. + N.... Croix formée de cinq globules. *Saiga d'arg.*

57 **Marseille.** DN MΛVRICTU PP ΛV. Buste à .dr. VICTORIA AVTORVM CONOB. Croix haussée sur un globe, accostée de M-A ⁸ et de V-II. *Triens d'or. F. d. c.*

58 Grand M surmonté d'une croix. ℞. Croix cantonnée de lettres indistinctes. *Saiga d'arg.* 2 pièces. *F. d. c.*

59 **Maurienne.** + MAVRIENNA FIT. (Légèrement rogné.) Buste à dr. ℞. DROCTO[ALDVS]. Croix accostée de Ƨ-J. *Triens d'or. Inédit.*

60 **Le patrice Nemphidius.** Buste à dr. ; derrière, une croix. ℞. NEF entre deux croisettes. — Autre avec N et quatre croisettes. *Saigas d'arg.* 2 pièces. *F. d. c.*

61 Buste à dr. ℞. +N·E·DVS autour d'un point. — Autre avec la même lég. autour d'une croisette. *Saigas d'arg.* 2 pièces. *F. d. c.*

62 **Orléans.** AVRILIA.... Tête avec chevelure échelonnée à dr. ℞. + A/GIVLFVS. Croix ancrée. *Triens d'or.* Fruste.

63 **Paris.** Croix ancrée à double traverse. ℞. Oiseau à g. dans une couronne. *Saiga d'arg. Inédite. F. d. c.*

64 Croix ancrée accostée de O-A et de trois globules. ℞. Croix crossée cantonnée de quatre globules. *Saiga d'arg. F. d. c.*

65 **Strasbourg.** Légendes inintelligibles. Tête barbare. ℞. Figure barbare debout. *Triens d'or pâle.* 2 pièces.

66 **Tours.** + SCI MARTINI rétrograde. Tête à gauche.
℞. O⊣VⱵIV... Croix crossée cantonnée de quatre
globules. *Saiga d'arg. F. d. c.*

67 **Troyes ?** DN IVSTINVS PP AVC. Buste à dr.
℞. VICTORIA AV... Victoire à dr. ; dans le champ,
les lettres A-T (Augusta Trecorum, d'après Ch.
Lenormant). *Triens d'or.*

68 **Uzès.** DN ꟿAVIVⱵPPV. Buste à dr. ℞. VICΛORI
ΛVTOΛV CONO. Croix haussée sur un globe et
accostée des lettres V-C (Ucetia). *Triens d'or. F. d. c.*

69 **Venasque.** N IVSTINVꟅ ᒋRVΛ. Buste à dr. ℞. VIC-
TORIA ΛVCCCOMORV. Victoire à dr. ; dans le
le champ, les lettres VE (Vendasca). *Triens d'or.
Inédit. F. d. c.*

> Voyez, sur des pièces analogues, l'intéressant travail publié par
> M. A. de Barthélemy, *Monnaies mérovingiennes de Senez et de
> Venasque* dans la *Revue numism.* de 1885.

70 **Vienne.** Dans le champ, les lettres VI placées à rebours
sous un trait d'abréviation. ℞. Monogramme formé
des lettres SANV. *Saiga d'arg. T. B.*

71 **Indéterminées.** MONI+. Tête à dr. ; devant, une
fleur. ℞. + T O... Croix crossée cantonnée de quatre
globules. *Saiga d'arg. T. B.*

72 + ...LIVCTA. Tête à dr. ℞. + ...NITARO. Monogramme surmonté d'une croix. *Saiga d'arg.*

73 TΛVƎNVTⱲO. Tête à dr. ℞. XTⱯꟙΛⱲOIV. Croix
cantonnée de globules. *Triens faux du temps. Cuivre.*

74 Légende rognée. Buste à dr. ℞. + LAND...VSMO.
Croix chrismée accostée de Ω-Λ. *Triens d'or.* —
Deux triens, dont un de Marseille, faux du temps.
Cuiv. doré.

75-77 *Triens d'or* barbares, imités des types impériaux de la Victoire de face ou de profil à dr. Onze pièces.

---

78 ƆNI4STINIA.. Buste à dr. ℞. **VICTOR.. AV44S·I CONOB**. Croix byzantine ; dans le champ, un Ɵ. *Triens d'or* d'imitation orientale.

79 **IN T.. ΔΔGPI**. Buste armé de face. ℞. **VICTORIA AVCC BONOC**. Croix byzantine accostée de **I-O**. *Triens d'or*.

MONNAIES CAROLINGIENNES

---

80 **Charlemagne** (768-814). **CAROLVS** en deux lignes. ℞. **MEDOLVS** autour d'une rosace. *Denier fr. à Melle. Arg*. Troué.

81 Même type, mais au revers légende altérée. *Denier fr. à Melle. Arg*. 2 p. variées. *T. B.*

82 *Bourges*. ✠ **CARLVS REX FR**. Croix. ℞. ✠ **BITV-RICAS**. Monogramme. *Denier. Arg*.

83 *Melle*. Même type. ℞. ✠ **METVLLO**. Monogramme. *Denier. Arg. T. B.*

84 *Orléans*. ✠ **CARLVS REX FR**. Croix cantonnée de quatre globules. ℞. ✠ ·**AVRE·LI·ANIS**. Porte de ville. *Denier. Arg. B.*

85 *Pavie.* + **CARLVS REX FR**. Croix. ℞. + **PAPI·A**. Monogramme. *Denier. Arg. F. d. c.*

86 *Sens.* + **CARLVS REX FR**. Croix cantonnée de quatre globules. ℞. + **SENONES CIVITAS**. Temple tétrastyle. *Denier. Arg.* Troué.

87 *Toulouse.* +**CARLVƧ REX ⌐R**. Croix. ℞. + **TOLVSA**. Monogramme. *Denier. Arg. F. d. c.*

88 **Charlemagne et Grimoald, duc de Bénévent.** **DOMS CAR·RX·VIC**. Croix byzantine accostée de **G–R**. ℞. **GRIMVALD**. Buste de face. *Triens d'or.*

89 **Louis le Débonnaire** (814-840). + **HLVDOVVICVS IMP**. Croix. ℞. **METALLVM** en deux lignes. *Denier. Arg.* 2 pièces.

90-93 Même style. ℞. + **XPISTIANA RELIGIO**. Temple tétrastyle. *Denier. Arg.* Onze pièces. *F. d. c.*

94 Imitations wendes du denier au temple de Louis le Débonnaire. *Arg.* 2 pièces.

95 **Pépin I, roi d'Aquitaine** (814-838). + **PIPPIIVNVS REX**. Croix. ℞. **AQVITANIA** en deux lignes. *Obole. Arg. T.B.*

96 **Charles le Chauve** (840-877). + **GRATIA D-I REX**. Monogramme. ℞. + **ANDECAVIS CIVITAS**. Croix. *Denier fr. à Angers. Arg. B.*

97 *Bayeux.* Même type. ℞. + **HBAIOCAS CIVITAS**. Croix. *Denier. Arg. T. B.*

98 *Blois.* Même type. ℞. + **BLESIANIS CASTRO**. Croix. *Denier. Arg. B.*

99 *Chartres.* Même type. ℞. + **CARNOTIS CIVITAS**. Croix. *Denier. Arg.*

100 *Orléans.* Même type. ℞. + **AVRELIANIS CIVITAS**. Croix. *Denier. Arg.*

101 *Paris.* Même type. ℞. + **PARISII CIVITAS**. Croix. *Denier. Arg. F. d. c.*

102 *Saint-Denis.* Même type. ℞. + **SCI ΔIONYSII M**. Croix. *Denier. Arg. B.*

103 *Saosnes.* Même type. + **ⱵCVRTISASONIEN**. Croix. *Denier. Arg. F. d. c.* 2 exemplaires.

104 *Toulouse.* + **CARLVS REX FR**. Croix. ℞. + **TOLOSA CIVI**. Monogramme. *Denier. Arg. F. d. c.*

105 Mêmes types. Variété avec **CARLVS REX F**. Cinq exemplaires.

106 Mêmes types. Variété avec **CARLVS EX F**.

107 Mêmes types. Variété avec **CARLVS REX**.

108 + **CARLVS REX F**. Croix. ℞. + **TOLOSA CIVI**. Monogramme. *Obole. Arg. T.B.*

109 *Tours.* + **CRATIA D-I REX**. Monogramme. ℞. + **TVRONES CIVITAS**. Croix. *Denier. Arg. B.*

110 **Pépin II, roi d'Aquitaine** (839-865). + **PIPPINVS REX**. Croix. ℞. + **TOLOSA CIVI**. Monogramme de Pépin. *Denier fr. à Toulouse. Arg. F. d. c.*

111 Mêmes types. Variété avec + **PIPPINVS REX F**.

112 Mêmes types. Variété avec + **PIPPNVS REX**.

113 **Louis II ou III** (877-882). + **MISERICORDIA DI REX**. Monogramme de LVDOVICVS. ℞. + **TVRONES CIVITAS**. Croix. *Denier fr. à Tours. Arg. F. d. c.*

114 **Carloman** (879-884). + **KARL' GT D**. Dans le champ, **RX** en monogramme. ℞. + **MONT·S NAZ**. Croix. *Denier fr. à Saint-Nazaire d'Autun. Arg. F. d. c.*

115 **Charles le Gros** (884-887). + CARLVS IMP AVG. Croix. ℞. + BITVRICES CIVIT. Monogramme. *Denier fr. à Bourges. Arg.* 3 exemplaires.

116 **Eudes** (887-898). + GRATIA D-I REX. Dans le champ, + ODO. ℞. + ANDECAVIS CIVITAS. Croix. *Denier frappé à Angers. Arg. F. d. c.*

117 *Blois.* +MISERICORDIA DE-I. Monogramme d'ODO REX. ℞. +BLESIANIS CASTRO. Croix. *Denier. Arg. F. d. c.*

118 *Bourges.* + GRATIA DEI REX. Dans le champ, + OOR. ℞. + BITVRICES CIVITA. Croix. *Denier. Arg. B.*

119 *Limoges.* + LIMOVICAS CVS. Croix. *Denier. Arg. B.*

120 Même type. Module plus petit. *Denier. Arg. T.B.* 3 exemplaires.

121 *Orléans.* + CRATIA D-I. Monogramme d'ODO REX. ℞. + AVRELIANIS CIVITAS. Croix. *Denier. Arg. B.*

122 *Toulouse.* +ODDO REX FR⁻C. Croix. ℞. TOLOSA CIVI. Dans le champ, ODDO. *Denier. Arg. fourré.*

123 *Tours.* ∔ MISERICORDIA DEI. Monogramme de ODO RX. ℞. + HTVRONES CIVITAS. Croix. *Denier. Arg.*

124 **Charles le Simple** (898-929). +CARLVS REX F. Croix. ℞. METALO en deux lignes. *Denier fr. à Melle. Arg. F. d. c.*

125 *Melle.* Denier au monogramme avec + METXVLLO. *Arg.* 2 exempl.

126 Grand monogramme dans le champ. ℞. + METVLLO. Croix. *Obole. Arg. F. d. c.*

127 *Metz*. +GIRATIA D-IIIX. Monogramme. ℞. **METTIS CIVITAS**. Croix. *Denier. Arg.* 2 exempl.

128 Mêmes types, mais au revers, un globule dans le 1ᵉʳ canton de la croix. *Denier. Arg.*

129 *Quentovic*. + **CRATIA D-I REX**. Monogramme. ℞. + **QVVENTOVVIC**. Croix cantonnée de deux globules. *Denier. Arg.*

130 *Strasbourg*. + **KAROLVS PIVS REX**. Croix. ℞. **ARGENTI NACIVIT** en deux lignes. *Denier. Arg.*

131 *Troyes*. + **CRATIA D-I REX**. Monogramme. ℞. + **TRECAS CIVI**. Croix. *Denier. Arg.*

132 **Louis IV d'Outremer** (936-954). + **VLOOVICI RÉ**. Croix. ℞. + **ROQOM CIFIT**. Au centre, **LSI**. *Denier fr. à Rouen. Arg. F. d. c.*

133 **Lothaire** (954-986). + **LOTERIVS REX**. Croix. ℞. + **BITVRICES CIVIT**. Monogramme. *Denier fr. à Bourges. Arg.* Deux exemplaires.

134 Même type. ℞. **BITVRICES CIVITAS**. Temple tétrastyle. *Denier fr. à Bourges. Arg.* Trois exemplaires.

135 **Lothaire et Herbert de Vermandois ?** LOHE-RIV RX. Tête couronnée à g. ℞. Légende incertaine. Croix cantonnée de quatre globules. *Denier. Arg. Inédit.* Exemplaire ébréché.

PRINCES CAROLINGIENS ÉTRANGERS

136 **Lothaire I, empereur** (840-855). +HLOTHARIVS IMP. Croix. ℞. **MEDIOL'** en une ligne. *Denier fr. à Milan. Arg.*

137 *Pavie*. Même type avec **IMP AV**. ℞. **PAPIA** en une ligne. *Denier*. *Arg*. T.B.

138 *Verdun*. + **HLVTHARIVS IMP**. Croix. ℞. **VIRIDV-NVM CIVIS**. Temple tétrastyle. *Denier faux du temps*. *Cuivre*. Troué.

139 **Louis II d'Italie, empereur** (855-875). + **HLV-DOVVICVS IMP**. Croix. ℞. + **VENECIAS** en deux lignes. *Denier frappé à Venise. Arg.*

140 + **HLVDOVVICVS IMP**. Croix cantonnée de globules. ℞. **XPISTIANA RELIGIO**. Temple tétrastyle très allongé; dessous, un annelet. — Autre où le temple est accosté de deux globules. *Deniers. Arg.* Fabrique italienne, probablement milanaise. 2 pièces.

141 Immobilisation du denier au temple. La croix du revers est analogue à la croix dite de Jérusalem. *Deniers. Arg.* 4 pièces variées.

142 Immobilisation du denier au temple. Spécimens d'une très basse époque. Style des deniers de Lausanne du XIIᵉ siècle. *Deniers. Arg.* 2 pièces.

143 **Louis IV, l'Enfant** (899-912). Légende barbare. Croix. ℞. **III : CAIUI II : CIUII** en deux lignes. *Denier fr. à Strasbourg. Arg.*

PRINCES DES MAISONS DE SAXE & DE FRANCONIE

144 **Otton I** (936-973). + **OTTO REX**. Croix avec un globule dans le 1ᵉʳ canton. ℞. + **CRATIA D⁻IIIX**. Monogramme. *Denier fr. à Metz. Arg.*

145 Mêmes types. Coins variés. 2 exemplaires.

146 **Otton II** (983-1002). + OT[TO RÉ]X. Croix cantonnée de quatre globules. ℞. B (barré) TREVE...
en trois lignes. *Denier fr. à Trèves. Arg.*

147 **Otton III** et **Adélaïde** (983-995). + REX· + D·I
GR·A. Croix cantonnée de ODDO. ℞. ATEHLHT.
Petit temple. *Denier. Arg. T.B.*

148 **Henri II** (1002-1024). HENRICVS IM R PIVS.
Tête couronnée de face. ℞. ARGENTINA placé
en croix dans un édifice. *Denier fr. à Strasbourg.
Arg.*

149 **Conrad II** (1024-1039). Tête de face. ℞. Edifice.
Denier fr. à Strasbourg. Arg. Troué.

MONNAIES ROYALES
CAPÉTIENNES

150 **Hugues Capet** et **Hervé de Beauvais**, HVGO
REX HERVEVS. Croix cantonnée de deux globules.
℞. BELVACVS CIVITAS. Monogramme. *Denier.
Arg.* Trois exempl. Hoffmann, 9.

151 **Philippe I** (1060-1108) ✠ PHILIPVS RE. Edifice
℞. ✠ MOSTEROL. Croix cantonnée de deux croi-
settes et de deux croissants. *Denier fr. à Montreuil.
Arg.* H. 29.

152 **Louis VI** (1108-1137). Denier de *Château Landon* au type du pal accosté d'une crosse et d'une crossette. H. 14. — Denier de *Montreuil*. ✠ MONSTE DOLV. Clocher. H. 21.

153 *Orléans*. Denier au type du portail. H. 8. Deux variétés. — *Pontoise*. Denier au type de l'A et de l'ω suspendus à deux pals. H. 6. 3 pièces.

154 *Nevers*. Denier à la croisette et à la faucille. H. 22. Quinze exemplaires.

155 Même type. Obole. H. 23.

156 **Louis VII** (1137-1180). Denier de *Bourbon* au type nivernais de la croisette et de la faucille. H. 13.

157 *Etampes*. Denier au type de l'E couché entre une croisette et un annelet. H. 6. Deux exemplaires.

158 *Mantes*. Denier aux deux annelets et aux deux croisettes. H. 3.

159 **Philippe Auguste** (1180-1223). Denier parisis. H. 1. = **Louis VIII** (1223-26). Denier parisis. H. 1. Denier tournois. H. 3. = **Louis IX** (1226-70). Denier tournois. H. 13. Ens. 7 pièces.

160 **Philippe IV le Bel** (1285-1314). Gros tournois à l'O rond. H. 5. — Maille tierce à l'O rond. H. 7. — Royal parisis double. H. 21. — Maille bourgeoise. H. 30. Ensemble 5 pièces.

161 Denier parisis. H. 14. — Denier tournois. H. 16. — Obole tournois. H. 16. Ensemble 18 pièces.

162 **Philippe V** (1316-1322). Denier parisis. H. 4. = **Charles IV** (1322-28). Double parisis. Six exemplaires. Ensemble 7 pièces.

163. **Philippe VI** (1328-1350). Gros à la queue. H. 22. — Gros à la fleur de lis. H. 29. Dix-neuf exempl. variés, provenant d'une trouvaille faite en Bretagne.

164 Gros à la couronne. Châtel tournois sous une couronne. H. 25. Vingt-un exempl. variés, provenant d'une trouvaille faite à Montpellier.

165 Double parisis à la couronne. H. 56. — Double parisis au lis. H. 31. 18 exempl. (Trouv. de Bretagne). — Double tournois avec FRAN. H. 42. 134 exempl. dans lesquels de nomb. variétés. (Trouv. de Montpellier.)

166 **Jean le Bon** (1350-1364) *Florin d'or.* ✠ FRANTIA. Fleur de lis. ℞. Saint Jean debout. H 11.

167 Gros blanc aux fleurs de lis. ✠ FRANCORVM REX. Champ semé de lis. Bordure extérieure de lis. H. 46. *Très bel exempl.*

168 Gros blanc à la fleur de lis. Fleurs de lis florencée et couronnée. H. 31.

169 Gros blanc à la couronne. FRANCO-RV : REX, sous une couronne. Bordure extérieure de lis. H. 28. *Exempl. d'une beauté exceptionnelle.*

170 **Charles V** (1364-1380). Gros tournois. Châtel surmonté d'une couronne. H. 6. Trois exempl. *T. b.*

171 **Charles VI** (1380-1422). Gros. GROSVS : TVRONVS. Trois lis sous une couronne. Bordure de 12 lis. Deux exempl. *F. de c.*

172 **Henri V, roi d'Angleterre** (1416-1422). Double tournois. Léopard sous un lis. H. 11. 3 exempl. = **Henri VI** (1422-53). Petit parisis. H. 12.

173 **Louis XI** (1461-1453). Gros de roi. H. 12. Deux exempl. dont un fr. à Angers. — Hardi. H. 34.

174 **Charles VIII** (1483-1497). Douzain de Bretagne fr. à Rennes. H. 13. — Carolus fr. à Toulouse. H. 19. — Gros à la Vierge, de Pise. H. 48. Fruste. — Cavallo de Chieti. H. 77. — Cavallo de Sulmona. H. 68. = **Louis XII** (1467-1515). Douzain au porc-épic. H. 33. Faux du temps. — Bisonne de Milan. H. 94. Ensemble 4 p. *arg.* et 3 p. *cuiv.*

175 **François I** (1515-1547). Demi-teston. H. 62. Deux exempl. — Douzain à la croisette. H. 108. — Patard de Provence. H., 113. Ens. 4 pièces.

176 **Henri II** (1547-1559). Teston au moulin HENRI-CVS·II, etc. Buste lauré à dr. ℞. ✠ CHRS VIN-CIT, etc., 1554. Ecu de France. Frappé à Paris. H. 40. Bel exempl.

177 Teston au marteau. Buste barbu et cuirassé sans couronne. H. 32. — Demi-teston au même type. H. 37. Deux exempl. Ens. 3 pièces.

178 Teston au marteau fr. à Bordeaux, 1559. H. 53. — Demi-teston, tête couronnée. H. 34. — Douzain aux croissants. H. 74. Deux exempl. Ens. 4 pièces.

179 **Charles IX** (1560-1574). Douzain. H. 29. — Sol parisis. H. 43. — Liard au C. H. 55.

180 **Henri III** (1574-1589). Teston. Buste lauré avec fraise. H. 7. Deux exempl. frappés à Toulouse et à Nantes.

181 Demi-franc. Buste lauré avec col plat. H. 23. Frappé à Tours. — Quart de franc. H. 24. Frappé à Bordeaux.

182 **Charles X** (1589-1590). Quart d'écu de 1590. H. 6. = **Henri IV** (1589-1610). Huitième d'écu de 1602. H. 15.

183 **Louis XIII** (1610-1643). Quart d'écu de Navarre, 1627. H. 49. — Demi-franc H. 63 et 72. Trois pièces.

184 Louis d'argent de 15 sols. Coin de Varin. H. 89. — Louis de 5 sols. H. 90. — Doubles tournois et lorrains. H. 125, 121 et 134. 14 pièces. — Seiseno frappé à Barcelone. H. 150. = **Louis XIV** (1643-1715). Seizième de l'écu carambole fr. à Lille, 1686. H. 132. Ens. 3 p. *arg.* et 15 p. *cuiv.*

185 DENIER TOURNOIS. Trois fleurs de lis. ℞. ✠ POVR·EPOVSER. Croix fleurdelisée. *Arg.*

MONNAIES FÉODALES

186 **Comté de Dreux**. *Robert*. Denier parisis. Poey d'Avant, pl. 2, n° 25. — **Duché de Normandie**. *Richard* (943-996). Denier au type des deux frontons de temple. P. A. 6, 1, variété. 2 pièces.

187 **Duché de Bretagne**. *Alain IV* (1084-1112). ✠ ALANVS DVX. Rosace. ℞. ✠ REDONIS CIVI. Croix. Denier. P. A. 9, 14.

188 *Geoffroi, comte de Nantes*. Denier au type de la fleur. P. A. 9, 18. 2 exempl. — *Conan IV* (1158-69). Denier avec IVS dans le champ, frappé à Rennes.

189 *Anonymes*. Deniers à la croix ancrée, frappés à Nantes et à Rennes. P. A. 10, 2 et 5. 7 pièces.

190 *Jean I le Roux* (1237-86). Denier à l'écu de Dreux-Bretagne. P. A. 11, 2. — *Jean II* (1286-1305). Denier à l'écu. P. A. 11, 21, 4 pièces.

191 *Jean III* (1312-41). Denier à l'écu COMES·RICHE-MVD. P. A. 12, 11 et 12. Quinze pièces variées.

192 *Charles de Blois* (1341-64). Deniers de Nantes et de Rennes. P. A. 13, 1, 7 et 8. Onze pièces.

193 Denier parisis avec DVX entre deux mouchetures. P. A. 15, 15. Obole au même type. Vingt-quatre pièces.

194 Denier au châtel tournois. P. A. 13, 14. Blanc aux trois lis sous une couronne. P. A. 14, 4. Double parisis avec BRIT sous une couronne. P. A. 15, 6. Double parisis avec DVX entre six lis. P. A. 15, 4. Quatre pièces.

195 *Jean IV* (1345-99). Gros au lion de Quimperlé. P. A. 16, 13. Double parisis avec NANT et deux mouchetures. P. A. 17, 1. Autre avec BRIT et deux mouchetures. P. A. 18, 7. Vingt-deux pièces.

196 Grand blanc à l'écu penché sous un heaume. P. A. 20, 9. Blanc à l'écu aux trois mouchetures. P. A. 19, 12.

197 Demi-gros aux sept mouchetures. P. A. 20, 15. Trouvaille composée de 119 exemplaires dont un grand nombre variés.

198 *Jean V* (1399-1442). Blanc aux neuf mouchetures P. A. 21, 2. Autre aux quatre mouchetures dans une rosace. P. A. 21, 3. Double. P. A. 21, 1, Quatre pièces.

199 Blanc aux trois mouchetures sous une couronne. P. A. 21, 11. Double à l'hermine enchaînée. P. A. 21, 17.

200 *François I* (1442-1450). ✠ FRANCISCVS·DEI·GRA, etc. Le duc à cheval à dr. ℞. ✠ DEVS·IN·ADIVTO-RIVM, etc. Croix feuillue. Cavalier d'or. P. A., 23, 2.

201 Grand blanc à l'écu, frappé à Rennes. P. A., 23, 16. Blancs à la targe, frappés à Rennes. P. A., 23, 3. Quatre pièces.

202 *François II* (1458-1481). Double à l'hermine enchaî-née. P. A., 23, 14. Deux pièces.

203 *Anne* (1488-1499) ANNA.....DVCISSA. Ecu de Bre-tagne. ℞. SIT·NOMEN, etc. Croix feuillue avec R en cœur. Grand blanc frappé à Rennes. P. A., 25, 1.

204 **Penthièvre.** *Etienne I* (1093-1138). Denier à tête fr. Guingamp. P. A., 27, 9. Dix exemplaires.

205 **Comté d'Anjou.** *Foulques V* (1109-29). Denier au monogramme. P. A., n° 1502. — *Charles I* (1246-85). Denier au monogramme. P. A., 28, 14. Denier et obole à la clef entre deux lis. P. A., 29, 1 et 2, Treize pièces.

206 **Comté du Maine.** *Herbert I* (1015-36). Denier au monogramme. P. A., 17. Quatre variétés. — *Charles de Valois* (1290-1317). Denier à la couronne. P. A., 30, 17.

207 **Touraine et pays chartrain**. *Saint Martin*. denier au temple et au châtel tournois. P. A. 31, 5 et 15. — *Blois*. Deniers anonymes. P. A. 32, 13. — *Chartres*. Obole anonyme. P. A. 34, 7. — *Vendôme*. Deniers anonymes. P. A. 35, 20. — *Châteaudun*. Denier et obole anonymes. P. A. 37, 21. Douze pièces.

208 **Déols**. *Eudes l'Ancien* (1012-37). Deniers au monogramme, à l'étoile et aux lettres NI dans le champ. P. A. 40, 18, 19 et 21. — *Raoul IV et V*. Deniers au type de l'étoile. P. A. 41, 11. — *Guillaume I* (1203-23). Deniers à types analogues. P. A. 41, 16 et 19. Huit pièces.

209 **Issoudun**. Denier anonyme au type de l'E oncial. P. A. 42, 12. — **Gien**. *Geoffroi II* (1120-80). Deniers et oboles au monogramme. P. A. 42, 19 et 20. — **Sancerre**. *Etienne I* (1152-91). Deniers à la tête à dr. P. A. 43, 3. *Anonymes*. Deniers à la tête à gauche. P. A. 43, 9. Douze pièces.

210 **Vierzon**. Denier anonyme au type de la fleur. P. A. 44, 3. — **Saint Aignan**. Tête chinonaise. ℞. ✠ SANTI AINANIO. Croix cantonnée de quatre globules. Denier. P. A. 44, 14.

211 **Nevers**. Deniers à la faucille au nom de LODVICVS REX immobilisé. Quatorze pièces.

212 *Hervé de Donzy* (1119-1223). Deniers à la faucille. P. A. 46, 19 et 20. — *Gui de Forez* (1226-41). Denier au même type. P. A. 46, 1. — *Mahaut II* (1257-67). Denier. P. A. 47, 2. — *Robert de Dampierre* (1271-96). Deniers et oboles à l'écu au lion lambellé. P. A. 47, 9 et 10. Quatorze pièces.

213 **Souvigny**. Deniers anonymes au buste de saint Mayeul. P. A. 47, 22. Dix-sept pièces.

214 **Auvergne**. Denier au nom de Guillaume et au type du monogramme, frappé à Brioude. P. A. 48, 22. — Deniers anonymes de Notre-Dame du Puy. P. A. 49, 7. — Denier tournois d'Alphonse de France fr. à Riom. P. A. 50, 4. Neuf pièces.

215 **Limoges**. Deniers de l'abbaye de Saint-Martial au buste du saint de face. P. A. 50, 16. Quinze pièces.

216 Mêmes pièces, 8 exemplaires. — *Vicomtes anonymes*. Denier avec SM dans le champ. P. A. 50, 18. — *Jean III* (1328-29). Deniers aux armes écartelées. P. A. 51, 8. Douze pièces.

217 **Vicomté de Turenne**. *Raimond*. Deniers au type odonique dégénéré : deux O et deux croisettes. P. A. 52, 1. Cinq pièces.

218 **Poitou**. Immobilisation de pièces royales au type de Melle. Deniers et oboles. P. A. 53, 7 et 14. Six pièces.

219 *Richard Cœur de Lion*. Deniers et oboles avec PICTA-VIENSIS en trois lignes. P. A. 54, 16 et 17. — *Alphonse* (1241-71). Denier tournois. P. A. 55, 3. Dix-sept pièces.

220 **Angoulême et Périgord**. Deniers et oboles au nom de Louis et au type odonique. P. A. 57, 2, 5 et 14. Douze pièces.

221 **Duché d'Aquitaine**. *Sanche-Guillaume* (984). Denier au monogramme carolingien. P. A. 58, 16. — *Bernard Guillaume* (984-1010). Denier au type des quatre croisettes. P. A. 59, 1 et 2. Dix pièces.

222 *Eléonore*. Deniers aux deux croisettes avec alpha et oméga. P. A. 59, 11. — *Henri II d'Angleterre*. Denier avec AQVITANIE. P. A. 60, 1. — *Richard Cœur de Lion*. Deniers et oboles avec RICARDVS en deux lignes. P. A. 60, 8 et 9. Quinze pièces.

223 *Edouard I* (1272-1307). Deniers au léopard dans le champ. P. A. 60, 22 et 23. Trois pièces. — *Edouard III* (1317-55). Demi-gros au châtel tournois. P. A. 61, 16. Trois exemplaires.

224 ✠ ED.REX·ANGLIE et ✠ BNDICTV, etc. Croix. ℞. DVX·ACITANIE. Châtel sous lequel un léopard et bordure de tréfeuilles. Blanc. Cinq exemplaires. — Demi-gros au type du léopard sous une couronne. P. A. 62, 2.

225 *Edouard, Prince-Noir* (1355-75). Gros et esterlin au buste à dr. P. A. 65, 6 et 8. Hardis au buste de face. P. A. 65, 15. Deniers aux armes écartelées. P. A. 65, 14. Dix pièces.

226 **Béarn**. *Centulle III* (1012-58). Deniers et oboles avec PAX. P. A. 69, 8 et 10. — *Catherine* (1483-84). Blanc à l'écu de Béarn couronné. P. A. 70, 13. Autres à l'écu dans un quadrilobe. P. A. 70, 14. Huit pièces.

227 **Navarre**. *Charles le Mauvais* (1349-87). ✠ CAROLVS·REX. Croix. ℞. ✠ DE·NAVARRE. Châtel. Denier tournois. Deux variétés.

228 *Henri d'Albret* (1516-55). Douzain à l'écu parti de Navarre et Béarn. P. A. 73, 6. Liard à l'A couronné. P. A. 73, 7. — *Antoine de Bourbon et Jeanne d'Albret* (1555-62). Douzain à l'écu écartelé. P. A. 73, 13. Liard au monogramme AL couronné. P. A. 73, 15. Cinq pièces.

229 *Jeanne d'Albret* (1562-72). IOANNA·D·G., etc. Buste à dr. ℞. GRATIA·D·SVM, etc., 1569. Ecu écartelé et couronné. Teston. P. A. 74, 4.

230 *Henri II.* Franc de 1585. Var. de P. A. 75, 4. Teston de 1573. P. A. 75, 11.

231 Teston de 1575. Quarts d'écu de 1585. Var. de P. A. 75, 12 et 16. Douzain de 1590. P. A. 76, 2. Quatre pièces.

232 *Henri II et sa mère.* Teston de 1577 aux bustes affrontés. P. A. 74, 13.

233 **Perpignan**. Double sol de 1593 contre-marqué d'une tête de saint Jean. — **Comté de Toulouse**. *Bertrand* (1105-12). Denier avec SOV dans le champ. P. A. 80, 14. Denier à la croix longue accostée de deux annelets. P. A. 80, 15. Cinq pièces.

234 *Alfonse-Jourdain* (1112-48). Deniers avec A, crosse et croisette. P. A. 80, 17. — *Raimond VII* (1222-49). Deniers et oboles au même type. P. A. 81, 4 et 5. — *Alfonse de France* (1249-71). Deniers tournois. P. A. 81, 8 et 10. Treize pièces.

235 **Marquisat de Provence**. *Raimond VI* (1194-1222). Denier au type du croissant et de l'étoile. P. A. 81, 18. — *Raimond VII* (1222-49). Denier à la grande croix de Toulouse. P. A. 81, 17. — **Maguelonne**. Denier et obole au type des quatre annelets. P. A. 85, 17 et 20. Treize pièces.

236 **Anduse et Sauve**. *Bernard*. Deniers et obole au B entre quatre besants. P. A. 86, 3 et 5. — **Viviers**. Deniers à la tête mitrée. P. A. 86, 20. — **Rodez**. Denier de Hugues avec ✠ DVS dans le champ. P. A. 86, 12. Treize pièces.

237 **Albi**. *Raimond*. Grands deniers avec VICOL dans le champ. P. A. 87, 1. Autre au type de la crosse. P. A. 87, 4. — **Bonafos**. Deniers avec crosse, V et croisette. P. A. 87, 5. Sept pièces.

238 **Cahors**. Deniers et oboles à la crosse entre trois croisettes. P. A. 87, 10 et 11. Denier à la crosse entre deux croisettes et un A. P. A. 87, 15. Denier municipal avec TV et deux croisettes. P. A. 87, 17. Douze pièces.

239 **Comté de Provence**. *Alfonse d'Aragon* (1196-1209). Deniers. P. A. 87, 20. — *Charles I d'Anjou* (1246-85). Billon au lis pour la Sicile. — *Robert* (1309-43). Carlin. P. A. 89, 14. — *René* (1434-80). Demi-blanc. P. A. n° 4070. Cinq pièces.

240 **Comtat Venaissin**. Denier anonyme au type de la clef. P. A. 93, 16. — *Urbain V* (1362-70). Billon aux deux P sous une tiare. — *Clément VIII* (1592-1605). Blanc au nom du cardinal Aquaviva. Quatre pièces.

241 **Cadenet**. ✠ BERTRAND'. Croix pattée. ℞. ✠ COMES : EDNE. Etoile à huit rais. Obole. P. A. 101, 17.

242 **Dauphiné**. *Vienne*. Denier à la tête de saint Maurice. P. A. 106, 15. — *Valence*. Denier au type de l'aigle. P. A. 102, 19. — **Dombes**. *Pierre II* (1488-1503). Blanc à l'écu dans une rosace. P. A. 115, 2. — **Besançon**. *Hugues II* (1067-85). Denier. P. A. 121, 21. Deniers anonymes au type de la main. P. A., 122, 5. Six pièces.

243 **Bourgogne**. *Eudes IV* (1315-1350) ✠ EVDES DVX et ✠ BNEDICTV, etc. Croix pattée. ℞. BVRGON-DIE. Châtel tournois; dessous, BG; bordure de dix lis. Demi-gros. P. A. 131, 20.

244 EVD·DEI·GRA·DVX et ✠ BNDICTV, etc. Croix coupant la légende intérieure. ℞. BVRGVD·MONETA. Châtel tournois à la couronne. Demi-gros. P. A. 132, 2.

245 **Champagne**. *Auxerre*. Deniers anonymes. P. A. 136, 1 et 11. — *Sens*. Deniers anonymes. P. A. 173, 3. — *Meaux*. Etienne de la Chapelle (1161-71). Denier à la crosse entre deux lis. P. A. 139, 20. Cinq pièces.

246 Deniers de Thibaut II et d'Henri I, comtes de Champagne, frappés à Troyes. P. A. 138, 4 et 5. — **Vermandois**. *Eléonore* (1183-1214). Denier parisis. P. A. 156, 5. Huit pièces.

247 **Hainaut**. Mailles au monogramme hainuyer fr. à Valenciennes. — **Arras**. Mailles du monétaire Simon. — **Lille**. Mailles au type du triangle fleurdelisé. Neuf pièces.

248 **Flandre**. *Robert de Béthune* (1305-22). Esterlin à tête frappé à Alost.

249 *Louis de Male* (1346-84). LVDOVIC' : DEI·G·COM· Z·DNS·FLANDRIE· Le comte debout sous un dais; à l'exergue : FLANDRES. ℞. ✠ BENEDICTVS, etc. Croix feuillue, cantonnée de FLAD dans un quadrilobe. Franc à pied d'OR.

250 Demi-botdraeger. — *Philippe le Hardi* (1384-1404). Botdraeger et demi-botdraeger. — *Philippe le Bon*

(1419-67). Gros dit vierlander fr. à Valenciennes et à Bruges. — *Charles le Téméraire* (1467-77). Demi-vierlander. Six pièces.

251 **Artois**. *Philippe II*. PHS·D·G·HISP·Z·REX·COM· ART (rat), 86. Buste à dr. ℞. DOMINVS, etc. Ecu couronné. Demi-écu d'argent fr. à Arras. Var. de P. A. 158, 3.

252 **Brabant**. *Jean II* (1294-1312). Gros au châtel et gros à l'écu aux quatre lions fr. à Anvers, MONETA ANTVVP'. Deux pièces.

253 *Albert et Isabelle* (1598-1621). ALBERTVS·ET·ELISA-BET· D·G. Ecu couronné. ℞. (étoile). ARCHI-DVCES, etc., 1600. Croix de Bourgogne, couronne, etc. Double albertin d'OR fr. à Maestricht.

254 **Cambrai**. *Nicolas III de Fontaines* (1248-1272). ✠ NICHOLAVS EPISCHOPVS. Tête mitrée de face. ℞. AVE, etc. et CAMERACV. Croix évidée. Double esterlin. Var. de Robert, pl. IV, n° 4.

255 *Pierre d'André* (1349-68) ✠ PETRVS·EPISCOP. Croix fleuronnée à pied patté. ℞. ✠ CAMERAC. Mitre sous laquelle MON·ETA. Voyez catalogue Robert, n° 321, vignette.

256 *Maximilien de Berghes* (1556-1570). M·A·BERGIS, etc. Quatre écussons dans un trilobe. ℞. FERDINA-DVS·ROMA·IMP, etc. Aigle impériale. Robert, pl. XXIII, n° 1. Florin d'OR.

257 Thaler de 1570 (date très rare). Exemplaire portant en contre-marque un petit écu de Zélande.

258 **Florennes**. *Gaucher de Châtillon* (1312-22). Esterlin frappé à Yves (Namur). Deux pièces.

259 **Liège**. *Jean de Hornes* (1482-1505). Florin d'OR au saint Lambert debout.

260 Monnaies liégeoises diverses depuis Arnould de Hornes jusqu'à Jean-Théodore de Bavière. Cinq pièces arg. et huit p. cuiv.

261 *Gérard de Groesbeek* (1563-80). Thaler de 1567. Var. de Renesse, pl. XXXIII, n° 4.

262 *Siège vacant*. Ducat d'OR de 1763 au buste mitré de saint Lambert.

263 **Luxembourg**. *Henri II* (1246-81). Cavalier à dr. ℞. ✠ TIONVILLE. Croix. Denier. Deux variétés.

264 *Henri III* (1281-88). H· COMES. Ecu au lion. ℞. DE LVCEB. Château. Denier. Trois pièces.

265 *Henri IV* (1288-1309). Denier à l'écu au lion. 2 pièces. — *Jean l'Aveugle* (1309-1346.) Esterlin à tête. Deux variétés. — *Wenceslas I* (1352-83). Esterlin à l'écu écartelé.

266 *Wenceslas II* (1383-88). Gros et huitième de gros aux deux écus. Trois pièces.

267 *Josse de Moravie* (1388-1409). Gros et demi-gros à l'écu; huitième de gros; gros au lion, 2 variétés. Cinq pièces.

268 Monnaies luxembourgeoises diverses depuis Antoine de Bourgogne jusqu'à Philippe le Beau. Arg. et billon. Dix pièces.

269 Monnaies diverses des provinces belges (XIIIᵉ au XVIᵉ siècle). Flandre, Hainaut, Brabant, etc. Trente pièces. Arg.

270 **Alsace**. Quart de thaler de Charles de Lorraine, évêque de Strasbourg. Trois exempl. — Pfennigs strasbourgeois. — Teston de Jean Reinhart I, comte d'Hanau-Lichtenberg. Six pièces.

271 Ecu de Léopold d'Autriche, landgrave de Haute-Alsace. 1624.

272 **Orient latin**. Gros de Boémond VII, comte de Tripoli (1274-87), au type de l'étoile dans une épicycloïde.

273 *Achaie*. Deniers à tête et à l'édifice de Guillaume I de Villehardouin (1245-74). — Deniers tournois de Philippe de Tarente (1307-13). — *Duché d'Athènes*. Deniers tournois de Gui de la Roche (1224-64). — *Lépante*. Deniers tournois de Philippe de Tarente. — *Jérusalem*. Deniers d'Amaury II (1197-1205) au type du Saint Sépulcre. Dix pièces.

LORRAINE ET TROIS ÉVÊCHÉS

DUCHÉ DE BAR

274 **Henri III** (1296-1302). ✠ BARRI DVCIS. Deux bars adossés et étoile. ℞. HENRICVS COMES. Croix cantonnée de deux lis. Denier. Saulcy, pl. I, n° 4. Trois variétés.

275 **Robert** (1352-1412). ✠ ROBERTVS DVX. Fleur de lis. ℞. S. IOHANNES B. Saint Jean debout. Florin d'or. Saulcy, IV, 11.

276 ✠ ROBERTVS · DVX et ✠ BNDICTV, etc. Croix. ℞. TVRONVS CIVIS. Châtel tournois et bordure de lis. Gros tournois. Saulcy, V, 2.

DUCHÉ DE LORRAINE

277 **Mathieu I** (1139-1176). NANCEI. Temple à trois colonnes. ℞. NAN✠CEI. Croix cantonnée d'une étoile et d'un besant. Denier. Quatre pièces se complétant.

278 Même pièce. Neuf exemplaires.

279 Légendes frustes. Bannière posée en pal; dans le champ, une étoile. ℞. Croix. Denier. Deux pièces.

280 **Ferri III** (1251-1303). *Nancy*. FERL Cavalier à droite armé de toutes pièces. ℞. NANCEI. Épée en pal. Petit denier. Cinq exemplaires.

281 Même type. L'épée accostée de deux croisettes. Onze pièces.

282 Même type. L'épée accostée d'un lis et d'une croisette. Douze pièces.

283 Même type. L'épée accostée d'une étoile et d'un croissant. Dix-sept pièces.

284 FERI. Cavalier armé à dr. ℞. NANCEI. Bras tenant une épée en pal. Petit denier. Douze pièces.

285 Même type. Variétés de coin. Seize pièces.

286 Cavalier à dr.; champ vide ou dans lequel la légende est remplacée par un croissant, une étoile, un lis, etc. ℞. NANCEI. Épée en pal accostée d'emblèmes variés. Petit denier. Douze pièces variées.

287 FERI. Cavalier à droite. ℞. NANCEI. Ecu à la bande chargée de trois alérions. Petit denier. Onze pièces.

288 Mêmes types, mais sans légende à l'avers. Vingt-sept pièces, avec nombreuses variétés.

289 Mêmes types, mais avec un poisson sous le cheval. Deux pièces.

290 *Neufchâteau.* Cavalier à droite; dessous, une étoile. ℞. ✠ NOVO CATR. Croix pattée. Petit denier. Neuf pièces.

291 Variétés avec NOVO ✶ CATO, NOVO ✠ CATRI, NOV ✠ CATRO, etc. Quinze pièces.

292 Variétés avec NVEFCHATEL, NOVO CATRO, NOVI CASTRI, etc., Douze pièces,

293 Cavalier à droite; dessous, A. ℞. NVEFCHATEL ou NVEFCHAT. Épée en pal. Petit denier. Quatorze pièces.

294 Variétés avec NVEFCHAT ou NVEFCHA et les lettres AI ou IA sous le cheval. Vingt-trois pièces.

295 Variétés avec une fleur de lis sous le cheval. Cinq pièces.

296 Cavalier à droite ; sous le cheval, IA. ℞. NVEFCHA. Bras tenant une épée en pal accostée d'une étoile et d'un croissant. Petit denier. Cinq pièces.

297 Variété avec une fleur de lis sous le cheval. Quatre pièces.

298 *Mirecourt.* Cavalier à droite. ℞. MERICORT. Épée en pal. Petit denier. Cinq pièces.

299 Variétés avec MVRICORT. Huït pièces.

300 *Sierck.* Cavalier à droite. ℞. CIRKES. Croix pattée. Petit denier. Trois pièces.

Toutes les pièces qui précèdent, depuis le n° 280, proviennent de la trouvaille de Saint-Vith, dont M. Robert avait acquis un lot considérable.

301 **Thibaut II** (1303-1312). ✠ LVTOREGIE DVX et ✠ BNDICTV, etc. Croix pattée. ℞. TVRONVS DVCIS. Châtel tournois; bordure de douze lis. *Gros tournois.* Var. de Saulcy, pl. IV, n° 9.

302 ✠ T·DVX·LOTOREGIE. Cavalier à droite. ℞. MONETA DE NANCEI. Épée en pal entre deux alérions. *Double denier.* Saulcy, pl. III. n° 6. Deux pièces.

303 T. DVX. Guerrier debout. ℞. NANCEI. Épée en pal. *Denier.* Saulcy, pl. III, n° 17. Trois pièces.

304 **Ferri IV** (1313-1328). F·DVX·LOTOR. Le duc en pied; bande verticale aux trois alérions. ℞. MONETA D NACEI. Epée en pal et bande aux aux alérions. *Double denier.* Saulcy, pl. III, n° 22. Deux pièces.

305 F·DVX. Cavalier à gauche. ℞. NANCEI. Épée en pal. *Denier.* Saulcy, pl. III, n° 21. Deux pièces.

306 FER' D'. Personnage debout tenant un bar et un alérion. ℞. MONETA. Épée en pal. *Denier.* Quatre pièces variées.

307 **Raoul** (1329-1346). RADVLPHVS DVX. Épée en pal entre deux écus. ℞. ✠ MONETA·DE·NANCEI. Croix. *Quart de gros.* Saulcy, pl. V, n° 6.

308 **Jean I** (1348-1389). IOHANNES·DVX, etc. Écu dans une épicycloïde. ℞. MONETA·SIERK et ✠ BNDICTV, etc. Croix pattée. *Gros.* Saulcy, pl. VII, n° 3.

309 IOHANES DVX. Alérion. ℞. MONETA·IN·CIER. Épée en pal entre deux rosaces. *Denier.* Saulcy, pl. VI, n° 17. Deux exemplaires. — Mêmes types avec MOTA NOVI CAST. *Denier.* Inédit. Troué.

3

310 **Charles II** (1390-1431). KAROLVS, etc. Écu dans une épicycloïde. ℞. MONETA·SIERK et ✠ BNDICTV, etc. Croix. *Gros.* Saulcy, pl. VIII, n° 6.

311 Ecu de Lorraine. ℞. Épée entre deux rosaces. *Denier* fr. à Sierck. Saulcy, pl. VIII, n° 7. — Même type. ℞. Épée entre deux feuilles de houx. *Obole.* Saulcy, pl. VIII, n° 12. — Écu surmonté d'un aigle. ℞. Épée. *Denier.* Saulcy, pl. IX, n° 7. Quatre pièces.

312 KAROLVS, etc. Écu penché sous un heaume. ℞. MONETA·IN·SIERK et BNDICTV, etc. Épée en pal entre deux feuilles de houx. *Gros.* Saulcy, pl. VIII, n° 8.

313 *Gros* au type du duc debout, frappé à Nancy. Saulcy, pl. IX, n° 18, et pl. X, n° 3. — *Double denier* de S. Mihiel. Saulcy, pl. IX, n° 15. Sept pièces.

314 **René I** (1431-1455). RENATI·DVX·BARREN·Z· LOH·M. Écu brochant sur une épée. ℞. SIT· NOMEN, etc. Croix de Lorraine. *Gros.* Saulcy, pl. X, n° 12. Six exemplaires.

315 Même pièce. Six exemplaires.

316 *Demi-gros* aux armes en plein champ, frappé à Saint-Mihiel. Saulcy, pl. XI, n° 2. Dix-sept exemplaires.

317 **René II** (1473-1508). *Gros* au type du duc debout. Saulcy, pl. XII, n° 2. Quinze exemplaires.

318 *Demi-gros* à l'écu sur une épée. Saulcy, pl. XI, n° 17. — *Doubles deniers* au même type. Huit exemplaires.

319 RENATVS : D : G : REX : SI : IE : LOTHO.
Grand écu couronné ; la couronne coupe la légende.
℞. FECIT, etc. Bras armé. *Plaque.* Saulcy, pl. xiii,
n° 8. Deux pièces.

320-322 *Demi-plaque* au même type. Saulcy, pl. xiv, n° 1.
Trois lots de douze pièces.

323 *Quart de plaque* au même type. Saulcy, pl. xii, n° 9.
Seize pièces.

324 Type analogue à celui du n° 319, mais l'écu est plus
petit et la couronne ne coupe pas la légende. *Plaque.*
Saulcy, pl. xiii, n° 9. Cinq pièces.

325-326 *Demi-plaque* au même type. Saulcy, pl. xiv, n° 2.
Deux lots de douze pièces.

327 *Quart de plaque* au même type. Saulcy, pl. xiv, n° 12.
Seize pièces.

328 Écu de forme légèrement échancrée, surmonté d'une
couronne. Le bas de l'écu coupe la légende. *Demi-
plaque. Inédite.* Trois exempl.

329 *Quart de plaque* au même type. *Inédite.*

330 Monnaies divisionnaires au type de la bande de
Lorraine ou de l'écu brochant sur une épée en pal.
Saulcy, pl. xiv, n°s 3, 4, 5, 7, 8 et 9. Vingt-sept
pièces.

331 **Antoine** (1508-1544). *Plaque* à l'écu et au bras
armé. Saulcy, pl. xiv, n° 12. Quatre pièces.

332 *Demi-plaque* au même type. Saulcy, pl. xiv, n° 13.
Quatre pièces. — *Quart de plaque.* Saulcy, pl. xiv,
n° 14. Neuf pièces.

333 *Plaque* de type analogue, mais la couronne est à
pointes, sans fleurons. *Inédite.*

334-335 *Demi-plaque* au même type. *Inédite*. Deux lots de huit pièces.

336-337 *Quart de plaque* au même type. *Inédite*. Deux lots de neuf pièces.

338 Monnaies divisionnaires diverses au type de la bande de Lorraine ou de l'écu brochant sur une épée en pal. Saulcy, pl. xiv, n⁰ˢ 16 et 17. Quatorze pièces. — *Gros* à la bande de Lorraine dans un quadrilobe. *Inédit*. Exemplaire ébréché.

> Toutes les pièces qui précèdent, depuis le n⁰ 313 jusqu'au n⁰ 338, proviennent d'une trouvaille acquise en entier par M. P.-Ch. Robert.

339 **Charles III** (1545-1608). *Teston*. Saulcy, pl. xix, n⁰ 7. — *Quart de teston*, n⁰ 9. Deux exemplaires. — *Teston*. Saulcy, pl. xxiii, n⁰ 6. — *Quart de teston*. Saulcy, pl. xxi, n⁰ 5. — Monnaies divisionnaires diverses. Ensemble neuf pièces. Arg. et cuiv.

340 **Henri** (1608-1624). HENRI·D·G·DVX, etc. Armes. ℞. MONETA·AVREA·NANCEI. Saint Nicolas debout. *Florin d'or*. Saulcy, pl. xxiv, n⁰ 4.

341 *Teston*. Saulcy, pl. xxv, n⁰ 2. — *Gros*, n⁰ 10. *Demi-gros*, n⁰ˢ 18 et 11. Cinq pièces.

342 **Charles IV** (1626-1634). *Demi-teston*. Saulcy, pl. xxviii, n⁰ 4. — *Quart de teston*, n⁰ 5. — *Gros* de Charles IV et Nicole. Saulcy, pl. xxv, n⁰ 17. Quatre pièces.

343 **Léopold** (1697-1729). *Écu dit d'Aubonne*. LEOP·I·D·G, etc. Tête à dr. ℞. IN·TE DOMINE·, etc. 1724. Écu couronné. Saulcy, pl. xxxii, n⁰ 5.

344 *Gros* lorrains. Saulcy, pl. xxvii, n⁰ 10. Huit pièces.

345 **Vaudémont**. *Henri*. HENRIC · COMES. Croix pattée. ℞. Cavalier à droite. Petit denier. Catal. Robert, n° 1709.

346 **Saint-Dié**. ✠ S.....VS. Tête à gauche. ℞. ...ODA-TVS. Temple. Denier mal frappé. Catal. Robert, n° 1665.

347 SANCTVS. Croix ancrée. ℞. DEODATVS. Buste de face avec croix et livre. Petit denier. Catal. Robert, n° 1667.

348 **Remiremont**. Deniers au type de saint Pierre agenouillé. ℞. ROMARICVS. Croix. Deux pièces. Cat. Robert, n° 1668 et 1670.

349 Types analogues. Trois pièces.

350 Oboles au type de saint Pierre agenouillé. Catal. Robert, n° 1676 et 1677. Trois pièces.

351 Petits deniers au type de saint Pierre en buste. Catal. Robert, n° 1680. Quatre pièces.

352 Autres au même type. Variété inédite avec la tête nimbée. Catal. Robert, n° 1682. Quatre pièces.

ÉVÊCHÉ DE METZ

353 **Thiéri I et Otton I** (964-973) ...ƎOTT. Monogramme carolingien. ℞. ✠ ....DERICVS. Croix. *Denier*. Catal. Robert, n° 411.

354 ✠ SCA·METTIS DEODER.-EPS. Temple. ℟. IMPRT
AVG. Croix cantonnée de OTTO. *Denier*. Catal.
Robert, n° 415. Très bel exemplaire.

355 Mêmes types, légendes mal venues ou incorrectes.
Huit pièces.

356 **Adalbéron II et Otton III** (983-1002). ✠ ADEL-
BERO. Temple. ℟. ✠ IMPERATOR. Croix cantonnée de OTTO. *Denier*. Huit pièces mal frappées. Trouvaille de Thionville.

357 Mêmes types. Neuf exemplaires. Trouvaille de Thionville.

358 *Obole* aux mêmes types. Trois exemplaires. Trouvaille de Thionville.

359 **Thiéri II et Henri II** (1004-1014). ✠ DEODERI-
CVS PRESV. Croix cantonnée de quatre globules.
℟. HINRICVS REX MET. Temple tétrastyle.
Denier. Sept exemplaires dont les légendes se com-
plètent. Trouv. de Thionville.

360-361 Mêmes types. Dix-neuf exemplaires: Trouv. de
Thionville.

362 Mêmes types. *Obole*. Cinq exemplaires dont les
légendes se complètent. Trouv. de Thionville.

363 **Thiéri II, seul.** ✠ DEODERICVS PRESV. Temple
tétrastyle. ℟. ✠ DEODRICVS..... Croix cantonnée
de quatre globules. *Denier*. *Inédit*. Trois exemplaires. Trouv. de Thionville.

364 Lot très considérable de *deniers* et *oboles* de la trouvaille de Thionville. (Types des n°ˢ 356 à 363.)
Environ 300 pièces.

365 MED[IOMATRIC]VM. Temple rond. ℟. .....RICVS. Croix cantonnée. *Denier fr. à Metz*. Catal. Robert, n° 422.

366 Même type avec [M]ARSA[L] et DEODERICV[S]. *Denier fr. à Marsal*. Catal. Robert, n° 434.

367 Même type avec SPINAL et [DE]ODERICVS... *Denier fr. à Epinal*. Catal. Robert, n° 437.

368 ✠ SPINAL. Temple rond. ℟. [DEO]DERICVSP. Croix cantonnée de deux globules. *Obole fr. à Epinal*. Catal. Robert, n° 439.

369 [DEO]DERIC[VS]. Croix pattée. ℟. [S] PE[TR]VS en deux lignes. *Denier*. Catal. Robert, n° 433.

370 ✠ DEODERICVS P. Croix cantonnée. ℟. METTIS en deux lignes. *Denier fr. à Metz*. Catal. Robert, n° 430.

371 Même type avec SPINAL en deux lignes. *Denier fr. à Epinal*. Catal. Robert, n° 441.

372 DEODERICVC EPS. Tête à gauche. ℟. Légende confuse pour METTIS CIVITAS. Croix cantonnée. *Denier*. Catal. Robert, n°ˢ 424 et 428. Trois pièces.

373 **Adalbéron III** (1046-1073). ✠ ADELBERO EPS. Croix cantonnée de METTIS. ℟. SCS STEPHA-NVS. Saint Etienne agenouillé. *Denier*. Catal. Robert, n° 443. Très beau.

374 Types analogues, mais avec METTIS écrit en légende intérieure autour d'une croisette cantonnée. *Denier*. Catal. Robert, n° 445. Ebréché.

375 **Hériman** (1073-1090). S. STEPHANVS. Buste à dr. ℟. ✠ HERIMANN EPC. Croix. *Denier*. Catal. Robert, n° 452.

376 **Adalbéron IV** (1103-1115). S. STEPHANVS. Tête
à dr. ℞. ✠ ADALBERO EPS. Croix cantonnée de
quatre étoiles. *Denier*. Catal. Robert, n° 473. Trois
exemplaires.

377 Même pièce. Cinq exemplaires dont un avec ALBERO
EPS.

378 **Etienne de Bar** (1120-1163) S. STEPHAN. Saint
Etienne à mi-corps, les mains levées. ℞. ✠ METEN-
SIS. Croix cantonnée de deux étoiles. *Denier*. Catal.
Robert, n° 510.

379 S. STEPHAN. Tête à dr. ℞. ✠ METENSIS. Croix.
Denier. Catal. Robert, n° 512. Six exemplaires.

380 Mêmes types. *Obole*. Catal. Robert, n° 517.
Robert, n° 560. Deux exempl.

381 Même type. ℞. ✠ MARSAL. Croix. *Denier fr. à Marsal*. Catal. Robert, n° 523.

382 S. STEPHAN. Buste du saint à mi-corps, une palme
sur l'épaule et un livre à la main. ℞. METENSIS.
Main tenant une crosse. *Denier*. Beau. Catal.
Robert, n° 520.

383 Même pièce. Six exemplaires à légendes incomplètes.

384 Mêmes types avec MARSAL au revers. *Denier*. Catal.
Robert, n° 523. Trois exemplaires. — *Obole* au
même type. Catal. Robert, n° 526.

385 STEPHAN. Buste avec crosse à g. ℞. Edifice à trois
tours. *Denier fr. à Saint-Trond*. Fl. d. c. Catal.
Robert, n° 509.

386 SPINAL. Main tenant une fleur. ℞. SPINAL. Croix.
Denier fr. à Epinal. Catal. Robert, n° 1683. Cinq
exemplaires.

387 *Denier* de petit module au type de l'édifice, fr. à Epinal. Catal. Robert, n° 506. Huit exemplaires.

388 **Thiéri III** (1164-1171). METTIS. Buste crossé. ℞. ✠ METENSIS. Croix cantonnée d'étoiles. *Denier*. Catal. Robert, n° 528. Sept exemplaires.

389 Mêmes types avec TEODERIC au revers. Catal. Robert, n° 528.

390 **Frédéric de Pluvoise** (1171-1173). FRIDERIC'. Buste à g. ℞. METENSIS. Croix cantonnée. *Denier*. Catal. Robert, n° 534. Trois exemplaires.

391 **Thieri IV** (1173-1179) TEODERIC. Buste à gauche. ℞. [METENSIS] mal venu. Croix. *Obole*. Catal. Robert, n° 543.

392 **Bertram** (1179-1212). *Denier* au type du buste et de la dextre sur une croix. Catal. Robert, n° 544. Seize exemplaires.

393 **Conrad** (1212-1225). ✠ CONRADVS. Croix cantonnée. ℞. ESPINAL. Edifice crénelé. *Denier*. Cat. Robert, n° 560. Deux exemplaires.

394 **Jean I** (1225-1239). *Deniers* au type de l'évêque mitré, à mi-corps à g. Légendes altérées. Cat. Robert, n° 569 et suiv. Neuf pièces.

395 **Jacques** (1239-1260). IACOBVS. Evêque mitré à mi-corps à g. ℞. METENSIS. Croix. *Denier*. Catal. Robert, n° 577. Deux exempl. — IACOB. Tête mitrée à g. ℞. Croix cantonnée de lis. *Denier*. Catal. Robert, n° 583. Quatre exempl.

396 **Anonymes du III° quart du xiii° siècle**. Buste mitré à g. ℞. ✠ CHAISTE. Croix. *Denier fr. à Châtel-sur-Moselle*. Catal. Robert, n° 587. Trois exempl.

397 Même type avec ✠ ESPINAVS. *Denier fr. à Epinal.* Catal. Robert, n° 599 et suiv. Six pièces.

398 Même type avec ✠ DE MES. *Denier fr. à Metz.* Catal. Robert, n° 586.

399 Même type avec ✠ RANBERVILL. *Denier fr. à Ramberviller.* Catal. Robert, n° 608.

400 Même type avec ✠ CE VIT. *Denier fr. à Vic.* Catal. Robert, n° 592.

401 Buste mitré à g. ℞. SAREBOC. Ecu chargé d'une crosse. *Denier fr. à Sarrebourg.* Catal. Robert, nos 609. Trois exempl. variés.

402 **Gérard** (1298-1302). IERAD. Buste mitré à g. ℞. ✠ DE MES. Croix pattée. *Denier.* Catal. Robert, n° 613.

403 **Renaud de Bar** (1302-1319). R. EPS. Evêque debout. ℞. ESPINAVS. Epée. *Denier.* Catal. Robert, n° 620. Trois exempl.

404 **Adémar de Monthil** (1327-1361). Double tournois au type du lis. Catal. Robert, n° 627.

405 **Raoul de Coucy** (1388-1415). Angevine au type de l'M gothique. Catal. Robert, n° 653. Dix-huit exemplaires.

406 **Conrad Bayer** (1416-1457). CORAD·BEIER·EPS· MET. Ecu écartelé. ℞. MONETA·NOVA·MARSA. Croix. *Demi-blanc.* Catal. Robert, n° 662.

407 **Charles I de Lorraine** (1550-1574). S·STEPH· METEN. Le saint agenouillé. ℞. MON EPI METENS. Croix cantonnée. *Bugne.* Catal. Robert, n° 671. Quinze exemplaires.

408 **Robert de Lenoncourt** (1551-1555). ·Même type, mais avec un petit écu de Lenoncourt sur la croix du revers. *Bugne.* Catal. Robert, nᵒˢ 691 et 688. Trois pièces.

409 **Incertaine**. Tête avec bandeau à g. ℟. Croix cantonnée de quatre lis. *Denier*. Catal. Robert, nᵒ 736.

410 **Chapitre de Metz**. S. PAVLVS. Buste diadémé à dr. ℟. ✠ SAREBVRC. Croix cantonnée d'étoiles. *Denier fr. à Sarrebourg*. Catal. Robert, nᵒ 717. Deux exemplaires.

411 Même type, la croix non cantonnée. Catal. Robert, nᵒ 718.

412 S. PAVLVS à rebours. Buste à g. ℟. S..VT.. Main tenant une crosse. *Denier*. Catal. Robert, nᵒ 722.

413 S. PAVLVS· Buste à dr. ℟. Edifice. *Denier*.

CITÉ DE METZ

414 *Florin d'or* au type de saint Etienne debout; légendes en caractères de la première partie du xvıᵉ siècle.

415 Même pièce du xvııᵉ siècle. Trois exempl. faux du temps en cuiv. doré.

416 *Gros*. S·STEPH·PROTHO. Saint Etienne debout dans une ellipse.

417 *Gros*. Saint Etienne agenouillé entre deux écussons. Dix exempl. variés.

418 *Gros de petit module*. S·STEPH·PROTHOM. Même type. ℟. GROSSVS METE et SIT·NOMEN, etc. Croix cantonnée de quatre étoiles. Catal. Robert, nᵒ 776.

419 *Bugne* et *demi-bugne* au saint Etienne agenouillé. Huit pièces. — *Double denier* à la tête de face.

420 *Angevines* au type de l'écu. Trouvaille composée d'environ 70 pièces.

421 *Thaler* au type de saint Etienne debout et de la double aigle. 1630.

422 Autres de 1632 et 1633. Deux pièces.

423 *Thaler* au buste de saint Etienne. ℞. Ecu échancré. 1646.

424 *Teston* au saint Etienne debout de 1593. Deux exemplaires.

425 Autres de 1598 et 1599. Trois pièces.

426 *Franc* au buste de saint Etienne, 1611 et 1620. Deux pièces.

427 Autres de 1621, 1622 et 1657. Quatre pièces.

428 *Demi-franc.* Même type. Variétés de 1623 et 1641. — *Liards* à l'écu et à l'M. Ens. 3 p. arg. et 5 p. cuiv.

429 *Imitations de la monnaie messine.* Angevine de Jean de Pirmont, sire de Reckheim et gros de Stevensweert.

ÉVÊCHÉ DE TOUL

430 **Bertold** (995-1019). [✠ OTT]O[REX.] Tête à g. ℞. [✠ BERT]O[LDVS]. Croix cantonnée de deux globules. *Denier* de la trouvaille de Thionville.

431 **Udon** (1051-1069). ...IIA... Édifice à étages. ℞. ...VASA... ? Croix cantonnée de EPIS. *Denier.* Catal. Robert, n° 986.

432 **Pierre de Brixei** (1168-1191). PETRVS. Évêque à mi-corps à dr., tenant un livre. ℞. TVLLI. Croix cantonnée. *Denier*. Catal. Robert, n° 965. Deux exempl.

433 ..PET.... Buste de saint Pierre de face, tenant la clef. ℞. PETR.... Clef. *Denier*. Catal. Robert, n° 974.

434 Même type. ℞. [D]E TOV[L]. Clef entre deux rosaces. *Denier* inédit.

435 **Mathieu de Bitch** (1198-1207). MAHE EP. Buste crossé et mitré à gauche. ℞. TVLLI. Église. *Denier*. Catal. Robert, n° 975. Cinq exemplaires.

436 Même pièce. Cinq exemplaires.

437 **Renaud de Senlis** (1210-1217). *Denier* au buste et à la main tenant une crosse. Catal. Robert, n° 979.

438 **Gilles de Sorcy** (1253-1271). GILES AVESKES. Crosse. ℞. TOVL. Croix chargée d'une main bénissant. *Denier*. Catal. Robert, n° 984. Trois pièces.

439 GILES. Tête mitrée de face. ℞. TVLLENSIS. Main tenant une crosse. *Denier*. Catal. Robert, n° 986.

440 Cavalier à dr. ℞. ✠ TVLLVS. Croix pattée. *Denier*. Catal. Robert, n° 988. Deux exempl.

441 Cavalier à dr. ℞. Lég. mal venue. Croix en pal. *Denier*. Catal. Robert, n° 989.

442 VIDLVS ? Évêque bénissant, à mi-corps à g. ℞. TOVL. Croix chargée d'une main bénissant. *Denier*. Catal. Robert, n° 987.

443 **Conrad Probus** (1271-1296). Buste crossé à g. ℞. ✠ TVLLV. Croix. *Deniers*. Catal. Robert, nᵒˢ 992, 995 et 997. Cinq pièces.

444-445 Mêmes pièces. Deux lots de six exemplaires.

446 **Cité de Toul sous Amédée de Genève** (1320-1330). TOVL. Guerrier debout. ℞. NO·CITEI. Épée en pal. *Denier*. Catal. Robert, nᵒ 1019.

447 **Thomas de Bourlémont** (1330-1353). ✠ EC MONETA·NOSTRA·. Tête de face couronnée. ℞. LVNTOLENGIEN. Croix cantonnée de douze globules. *Esterlin*. Catal. Robert, nᵒ 1026.

448 Autre exemplaire de la même pièce. — *Esterlin* à légendes mal venues. Catal. Robert, nᵒ 1028.

ÉVÊCHÉ DE VERDUN

449 **Heymon** et **Otton III** (996-1002). Légendes frustes. AVC dans le champ. ℞. Croix cantonnée. *Obole*. Catal. Robert, nᵒ 1063.

450 **Thiéri** (1057-1088). ✠ TEOD.....S. Tête de face. ℞. ✠ VIRDVNVM. Édifice. *Denier*. Catal. Robert, nᵒ 1072.

451 TIEDERIC... Buste avec crosse à dr. ℞. VIRDVNVM. Église. *Denier*. Catal. Robert, nᵒ 1073.

452 Mêmes types. *Obole*. Catal. Robert, nᵒ 1074. Deux exemplaires.

453 *Denier* avec ✠ VRBS CLAVORVM et S MARI A en trois lignes. Catal. Robert, nᵒ 1075. Deux exempl. frustes.

454 TEODERIC EPS en trois lignes. ℞. MARIA VIRGO en croix; dans le champ, deux croisettes. *Denier*. Catal. Robert, nᵘ 1080. Deux exemplaires.

455 Mêmes types. Dans le champ du revers, deux oiseaux. Catal. Robert, n° 1081. Quatre exempl.

456 Mêmes types. *Obole*. Catal. Robert, n° 1082. Deux exemplaires.

457 TIEDERICVS EPS. Croix pattée. ℞. MARIA VIRGO. Tête voilée à dr. Catal. Robert, n° 1084. Deux exemplaires.

458 Mêmes types. ℞. Croix cantonnée de globules. Catal. Robert, n° 1086. Trois exemplaires.

459 Mêmes types. ℞. Croix avec globule à l'extrémité de chaque branche. Catal. Robert, n° 1088. Deux exemplaires.

460 Mêmes types que le n° précédent. *Obole*. Catal. Robert, n° 1090. Deux exempl.

461 **Richer** (1088-1107). ✠ RICHERVS EPS. Édifice à deux tours. ℞. MARIA VIRGO. Croix. *Denier*. Catal. Robert. n° 1097. Six exempl.

462 ✠ HAT]TONIS CAS]TEL. Édifice à deux tours. ℞. RICHERVS EPS. Croix. *Denier fr. à Hatton-Châtel*. Catal. Robert, n° 1101.

463 Variété avec ✠ HA[TTO]NIS. Catal. Robert, n° 1102.

464 Même pièce. Trois exemplaires.

465 ✠ SAMPINIACV. Édifice à deux tours. ℞. RICHE-RVS EPS. Croix chargée d'un petit cercle. *Denier fr. à Sampigny*. Catal. Robert, n° 1105. Deux exemplaires.

466 **Henri** (1117-1129). *Denier* et *obole* à la tête voilée de la Vierge. Catal. Robert, n° 1108 et 1110. Deux pièces.

467 **Albéron** (1131-1158). ALBERO... Tête à g. ℞. ✠ SCA MARIA, mal frappé. Quatrefeuille. *Denier*. Catal. Robert, n° 1114.

468 **Erric de Lorraine** (1593-1611). ✠ ERRIC·A· LOTH, etc. Buste à g. ℞. Ecu couronné, 1610. *Huitième de teston*. Catal. Robert, n° 1137.

469 **Charles de Lorraine** (1611-1622). *Huitième de teston* et *gros* au type ducal de Lorraine. Catal. Robert, n⁰ˢ 1151 et 1154. Dix pièces.

COMTÉ DE VERDUN

470 **Gozelon** (1019-1044). Légendes mal venues. Tête diadémée à g. ℞. Deux figures tenant un arbre. *Denier*. Catal. Robert, n° 1060.

471 S MARIA. Tête à dr. ; devant une fleur. ℞. GOSEL... Figure debout. *Denier*. Catal. Robert, n° 1059.

MONNAIES ÉTRANGÈRES

472 **Trèves.** *Poppon d'Autriche* (1016-1047). Buste de face sous une arcade. ℞. ✠ POPPO... Croix cantonnée. Denier. Trois exemplaires.

473 *Jean I* (1189-1212). IOHNES. Buste mitré à g. ℞. Lion passant à dr. Denier. Quatre exemplaires.

474 *Thierry II de Wied* (1212-1242). TEODERICVS. Buste mitré à dr. ℞. TREVERIS. Eglise à deux tours. Denier et obole. Quatre piéces.

475 *Arnould II* (1242-1260). ARNOLD. Buste mitré à g. ℞. TREVERIS. Edifice. Deniers. Quinze pièces.

476 *Henri de Fenestrange* (1260-1286). Deniers et oboles au type du buste mitré et de la clef. Quinze pièces.

477 *Boémond de Warnesberg* (1286-1299). Deniers. Trois pièces.

478 *Baudouin de Luxembourg* (1307-1354). Deniers et esterlins frappés à Trèves. Sept pièces.

479 *Boémond de Sarbrück* (1354-1362). Esterlin. Trois exemplaires.

480 *Conon de Falkenstein* (1362-1388). Gros à l'écu écartelé et esterlin à tête. Deux pièces.

481 *Werner de Falkenstein* (1388-1418). Florin d'OR au saint Jean frappé à Coblence.

482 WERNER·ARCP·TREVER. Buste de saint Pierre. ℞. MONETA NOVA·WESA. Ecu accosté de trois petits écus. Demi-gros. *Inédit.*

483 *Otton de Ziegenhain* (1418-1430). Florin d'OR au type de l'évêque debout, fr. à Coblence. Deux exempl. variés.

484 *Raban de Helmstadt* (1430-1439). Weisspfennig de 1438 et heller. Deux pièces. — *Jacques de Sierck* (1439-1451). Raderalbus et heller. Cinq pièces. — *Lothaire de Metternich* (1599-1623). Albus et heller. Deux pièces.

485 *Charles Gaspard* (1652-1686). Groschen, albus dit petermännche et pièce de 4 pfennig. Ens. quarante-sept pièces.

486 *Jean Hugo* (1676-1711). Zweidrittel (2/3 de thaler), pièces de 3 albus, et albus. Ens. trente-six pièces.

487 *Clément Wenceslas* (1768-1794). Thaler. Deux pièces variées.

488 **Allemagne,** Bohême, Pologne, Russie, etc. Lot d'environ cinquante monnaies du xe au xviie siècle. Arg. et bill.

489 Lot de vingt-trois bractéates allemandes, bohémiennes, etc.

490 Monnaies allemandes diverses, Salzbourg, Friedberg, etc. Neuf pièces.

491 Thaler commémoratif de la guerre de 1870-71 au buste de Charles, roi de Wurtemberg.

492 Gros d'un archevêque de Cologne contre-marqué d'un écu au lion de Palatinat.

493 Florin d'or au type de Florence de Wenceslas I (1348-64), duc de Liegnitz.

494 **Angleterre.** Monnaies diverses, depuis Guillaume le Conquérant jusqu'à Edouard VI. Quarante piéces. Argent.

495 **Italie.** *Etats pontificaux.* Paul III (1534-49). PAV·III· P·M·PLAC·D. Ecu. ℟. NON·ALIVNDE·SALVS. Croix fleurdelisée cantonnée de PLAC· Scudo d'or.

496 Monnaies papales diverses depuis le xive jusqu'au xviie siècle (Rome, Ancône, Macerata, Bologne, Avignon, etc.). Environ quarante pièces. Arg. et billon.

497 *Passerano*. Blanc d'Hercole Radicati imité des douzains de Henri II. Bill. — *Messerano*. Imitation du spadin de Lorraine. Cuiv.

498 *Vigevano*. Gros au saint Georges de Jean-Jacques Trivulce (1500-18), maréchal de France, et monnaies italiennes et espagnoles diverses. Ensemble trente-une piéces.

499 *Naples*. [HEN]·DE·LOREN·DVX... Ecu couronné. ℟. S·I·REGE, etc. Buste mitré. Teston.

500 Monnaies françaises et étrangères frustes et non classées. Un lot d'environ cent cinquante pièces.

JETONS & MÉREAUX

---

501 *Marie de Brabant, 2ᵉ femme de Philippe III*. Ecu fleur-delisé; bordure de globules. ℟. Ecu au lion de Brabant; bordure de globules. Cuiv. *Inédit*, comp. Rouyer et Hucher, pl. VI, n° 49.

502 *Jeanne d'Evreux, femme de Charles IV*. ✠ PAR AMOVRS : SVI NOME. Ecu parti de France-Evreux dans un trilobe. ℟. ✠ CE·SONT·LES· GETOVES. Croix fleurdelisée dans un quadrilobe. Cuiv.

503 *Anne d'Autriche* ANNA·DEI·GRA, etc. Ecu parti. ℞. SIC·NOS·PRVDENTIA·SERVAT. 1617. Trois lis dans un serpent qui se mord la queue. Arg.

504 Même type. ℞. VT·MARTIS·SPONSA POTITVR. 1636. Trophée. Arg.

505 ANNA·D G. etc. Ecu parti dans un collier de lacs d'amour. ℞. HIS·PLVRES·FŒDERE·IVNGAM. 1658. Deux couronnes. Arg.

506 *Ponts et chaussées.* ℞. SVNT·OMNIA·PERVIA·GALLIS. 1652. Mercure debout dans un paysage sillonné de routes. Arg.

507 *Monnaie.* Tête de Louis XV. ℞. ET·LEGE ET PONDERE. 1723. Balancier. Arg.

508 NIL·NISI·CONSILIO. Ecu de France. ℞. MEDIA· INTER·NVBILA·FVLGET. 1589. Soleil dans les nuages. Arg.

509 *Ecuries du roi.* Buste de Louis XV. ℞. BELLI PACIS QVE DECVS. Cheval. Arg.

510 *Experts des bâtiments.* Buste de Louis XV. ℞. RECTI IRREQVIETA CVPIDO. Edifices. Arg.

511 *Extraordinaire des guerres.* Buste de Louis XV. ℞. COHIBENS LABOR. 1725. Cheval attaché. Arg.

512 *Artillerie.* Tête de Louis XV. ℞. TACTU EMICAT INTONAT ARDET. 1754. Pièces d'artifice. Arg.

513 *Maison de la reine.* Buste de Marie Leczinska. ℞. NOVUM EX SERIE DECUS. 1755. Jardin. — Même type. ℞. QUOT AB UNO LUMINE SOLES. 1758 Miroir reflétant le soleil. Deux pièces. Arg.

514 *Amérique française.* Buste de Louis XV. ℟. SUB OMNI SIDERE CRESCUNT. Sauvage à côté de lis en fleur. A l'exergue : COL·FRANC·DE·L'AM. 1751. Cuiv.

515 *Académie française.* Buste de Louis XVI. ℟. PROTEC-TEVR, etc. Dans une couronne : A L'IMMORTA-LITÉ. Arg.

516 Jeton du mariage de Napoléon Ier et de Marie-Louise, 1810. Arg.

517 *Etats de Bretagne.* Jetons de Louis XV et de Louis XVI. Deux pièces. Arg.

518 *Etats de Cambrai.* Jeton de Louis XIV par Roettiers. Arg. (Frappe moderne).

519 *Pierre de Berne* (1351-52). ✠ GIETOIRS·PIERRE·DE· Deux clefs et une couronne dans un quadrilobe. ℟. BERNE. Croix fleurdelisée dans un quadrilobe coupant la légende. Cuiv. R. et H. pl. IV, n° 35.

520 *Jean de France, duc de Berry* (1340-1415). Ecu fleurde-lisé à bordure engrelée, dans un quadrilobe; enca-drement de douze lis. ℟. ✠ SIT·NOMEN, etc. Croix fleurdelisée dans un quadrilobe. Cuiv. R. et H. pl. XII, n° 106.

521 *Ecurie des comtes de Nevers.* Ecu semé de billettes et chargé d'un lion. ℟. Rateau accosté de deux ∾. Cuiv. *Inédit.*

522 *Charles le Mauvais, roi de Navarre.* ✠ ARMS·A·REI· NOBL·ET·POS. Ecu parti d'Evreux-Navarre, dans une épicycloïde. ℟. AVE V·MAR·GAR·SIA. Croix fleurdelisée cantonnée de quatre lions. Cuiv. Var. de R. et H. pl. x, n° 88.

523 *Louis de Crécy, comte de Flandre.* ✤ MAIN·PREV-
DONS·EN·EST·DECEVS. Lion dans une épicy-
cloïde. ℞. ✤ AMIS·GARDES·VOVS·DE·BARAT.
Croix fleurdelisée dans un quadrilobe. Cuiv.

524 ✤ LES·GEOIVERS·DE·LATA. Ecu au lion. ℞. Croix
dans un quadrilobe. Cuiv.

525 *Bourges.* ✤ LA·CHAMBRE·DES·COMPTES·DE·
BOURGES. Trois moutons dans une épicycloïde. ·
℞. ✤ GARDE·TOI·BIEN·DE·MESCOMPTER.
Croix fleurdelisée cantonnée de quatre couronnes.
Cuiv.

526 *Comté de Valois* Ecu de France avec bordure. ℞. Croix
ornée. Cuiv. *Inédit.*

527 *Dieppe.* Société des Cœurs réunis. 1784. Arg.

528 *Lille.* PHS·ET·ELISABEL, etc. Ecu parti d'Espagne-
France. ℞. 1560. G. DE·LA·CHAMB. DES
COMPTES·A·LILLE. Ecu avec collier. Cuiv. —
Autre de 1565 aux bustes du roi et de la reine en
regard. Cuiv.

529 *Lille.* Sainte Cathèrine debout auprès d'une tour.
℞. IAN BAPTIST BOUCHY. Plomb.

530 *Metz.* Buste de saint Etienne. ℞. G. D'AVBVSSON·
EPVS·MET·CAPIT·ADMI·SEDE·QVASI·VAC.
Ecu ovale avec le chapeau de cardinal. 1696. Cuiv.
Catal. Robert, n° 727.

531 CAPITVLO·METENSI·ADMINISTRANTE. Ecu au
bras armé. 1615. ℞. CAMERA·COMPVTORVM·
VICENSIVM. Écu d'Henri de Verneuil. Cuiv.
Catal. Robert, n° 726.

532 Thomas de Bérard, maître échevin. Jeton de 1680. — Henri Poutet, jeton de 1686. Deux pièces. Cuiv. Catal. Robert, n°ˢ 891 et 903.

533 CIVITAS METENSIS. 1610. Armes de la ville. ℞. HENRICVS IIII. Ecus de France et de Navarre. — Méreau uniface au buste de saint Etienne. Deux p. Cuiv.

534 *Namur.* C. RENARD·R·A·CONS·N·P·G. 1597. Ecu heaumé et lambrequiné. ℞. ✠ SI·IN·PVTEO· ETIAM·IN·FONTE·SALVS. Cours d'eau, arbres, etc. Cuiv.

> L'attribution de ce curieux jeton *inédit* est due à M. J. Rouyer, qui, dans une lettre à M. Robert, interprète la légende du droit par *Regis a consiliis Namurcensibus procurator generalis.*

535 *Ath.* Croix de Bourgogne cantonnée d'une couronne et des lettres C F D. ℞. BVREAV D'ATH en deux lignes. Cuiv.

536 *Soissons.* LOYSE·DE · LORRAINE · ABBESSE · DE· SOISSONS. Ses armes. ℞. Pyramide. 1598. Cuiv.

537 *Guise.* FRAN·D·LORRAINE·D·D·GVYSE, etc. Ses armes. ℞. ✠ ANNE DE·EST·DVCHESSE·DE· GVYSE. Armes d'Este. Cuiv.

538 *Roubaix.* Méreau de 12 patars de la fondation Louis de Croix. Cuiv.

539 *Paris.* Jeton de l'Académie des Inscriptions. Sou Louis XV. Arg.

540 Jeton du collège de pharmacie, 1778. Arg.

541 Essai en plomb du jeton de l'Académie celtique par Dupré.

542 Jeton de J.-B.-T. Martinenq, doyen de la Faculté de médecine. Cuiv.

543 LES · IOVRS · LES · AVLTRES · IOVRS · ET · VIVE. 1613. Moulin. ℞. MAIS · POINCT · SEMBLABLES · ILS · NARIVENT. Nef. Cuiv.

544 *Nantes*. Jeton de la mairie de M. Gellée de Prémion. 1754. Arg.

545 *Nancy*. Jetons de la ville. Huit pièces. Cuiv.

546 *Reims*. CAROLVS · CARDI · DE · LOTHA · ARCH · DVX · RHEM. Armes. ℞. Espalier. Cuiv.

547 *Dauphiné*. ✠ FRANCISCVS · DELPHINVS · VIENEN-SIS. Écu écartelé et couronne de France-Dauphiné. ℞. ✠ INTER · ECLIPSES · EXORIOR. Deux plantes et deux astres. Cuiv.

548 *Rouen*. Méreau de N.-D. 1595. Buste de la Vierge ; dessous, IV. Cuiv.

549 Jeton de la ville au buste de Louis XV enfant. Arg.

550 Jeton de G.-L. Chauvelin, garde des sceaux. 1727-1733. Octogone. Arg.

551 Jeton au type du jardin des Hespérides. ℞. CVLTORI AVREA POMA. Corbeille de fruits. Octogone. Arg.

552 Jeton de N. Lambert, prévôt des marchands de Paris. 1725. Arg.

553 Le maréchal de Tesse, général des galères. 1713. Jeton. Arg.

554 Danton, président du district des Cordeliers. 1790. Jeton. Cuiv.

555 *Vendôme*. ✠ POVR : LA : CHAMBRE : DES : COMP-
TES : Croix ornée. ℞. ✠ DE : MONSIGNEVR :
LE : DVC : DE : VENDOSME. Écu couronné entre
deux monogrammes. Cuiv.

556 *Bruxelles*. Jetons des receveurs municipaux. Huit
pièces. Cuiv.

557 *Saint-Omer*. Méreau de saint Jean, 1619. Plomb.

558 *Middelbourg*. Méreau de l'Académie de Saint-Luc.
Cuiv.

559 AC · DE · DOVHET · , etc. Armoiries, 1682. ℞.
SVSANNE · DE · ROFFIGNAC. Armoiries. Jetons
de mariage. Arg.

560 *Paris*. Jeton de la 6ᵉ prévôté de L.-B. de Bernage.
Arg.

561 Jeton abbatial. Écu billeté chargé d'une croix et posé
sur une crosse. Cuiv.

562 *Sens*. Jeton de la ville, 1579. — Jetons de F. de Ville-
montée, 1632 et 1633. Trois pièces. Cuiv.

563 *Verdun*. NICOLAS · BOVSMARD · EVESQVE · ET ·
CONTE · DE · VERDVN. Buste. ℞. 1584. Écu
couronné. Cuiv. Catal. Robert, nº 1131.

564 Villes et administrations de France : Chartres, Orléans,
Mantes, Rodez, Metz, Auxerre, Bar-le-Duc, etc.
Quinze pièces. Cuivre.

565 Jetons divers de villes, administrations, etc. Trente-
trois pièces. Cuiv.

566 Jetons français et italiens du Moyen-Age. Trente-sept
pièces. Cuiv.

567 Méreaux de fondations religieuses, etc. Cinq pièces.
Plomb.

MÉDAILLES

568 *Cambrai.* HEVREVX·LES·MISERICORDIEVX. Tête de saint Jean sur une table. ℞. LA CHARITÉ FRATERNELLE DE CAMBRAI en trois lignes. Arg.

569 Médaille du Comice agricole de Cambrai, 1866. Arg.

570 Médaille sur la mort de l'empereur François I à Innspruck, 1765. Arg.

571 Siège de Grave. ARS·GRAVE·TOLLIT·ONVS. Hollandais soulevant une meule. ℞. 1602. Bèche couronnée ; vue de Grave. Arg.

572 Médaille au buste de Charles-Louis d'Autriche sur l'expulsion des Français des Pays-Bas, 1793. Octogone. Bronze.

573 *Verdun.* Médailles offertes à Charles X, 1828. Arg. et br. — Médaille au buste de Chevert. Br. — Médailles. de N.-D. de Benoistevaux. Deux pièces. Cuiv.

574 *Metz.* Médailles de Louis XV sur les nouvelles fortifications messines et la construction du portique de la cathédrale. Deux pièces. Br.

575 Médaille par A. Bellevoye (de Metz) au buste de Mgr Dupont des Loges, 1886. Br.

576 Médaille par le même, sur la distribution, à Metz, des eaux de Gorze. ℟. Vue de l'aqueduc romain de Jouy. Br.

577 Médaille par le même, sur le monument élevé par la ville de Metz aux soldats français morts pour la patrie, 1871. Br.

578 *Saint-Urbain.* EQVES · FERDIN · DE · Sᵣ VRBAIN · LOTHˢ · ARTIS · NVMMARIÆ · PRINCEPS. Buste du médailleur à g. Belle médaille par A. Bellevoye. Br.

579 *François d'Anjou, duc d'Alençon.* Médaille sur son inauguration, comme comte de Flandre, à Gand. 1581. Plomb.

580 Médaille au buste de Charles V, duc de Lorraine. Br.

581 *Necker.* Médaille à son buste, 1789. Plomb.

582 Médaille au buste de Bonaparte sur la paix de Lunéville. Br.

583 Bulle du pape Martin IV de Brion (1281-1285). Plomb.

       Ce pape naquit à Montpilloy en Champagne.

584 Médailles des papes Pie III, Alexandre VII et Grégoire XV. Trois pièces. Bronze.

MACON, IMPRIMERIE PROTAT FRÈRES

Lightning Source UK Ltd.
Milton Keynes UK
UKHW020941110219
337097UK00012B/841/P